Couverture inférieure manquante

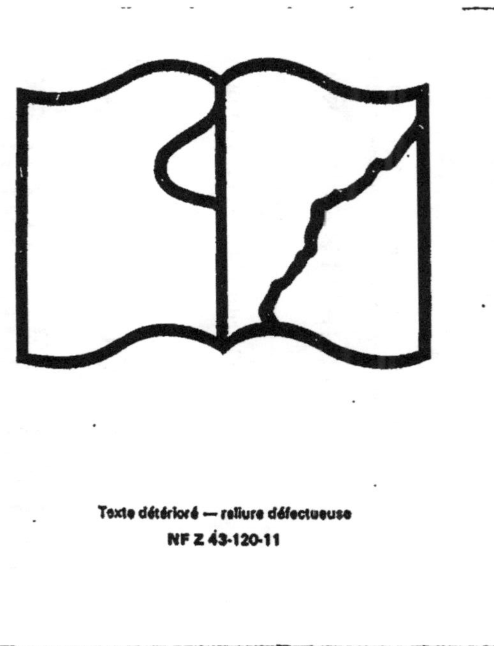

Texte détérioré — reliure défectueuse
NF Z 43-120-11

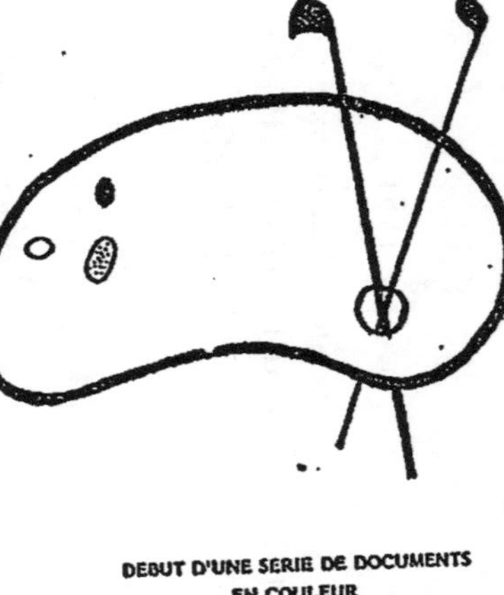

DEBUT D'UNE SERIE DE DOCUMENTS
EN COULEUR

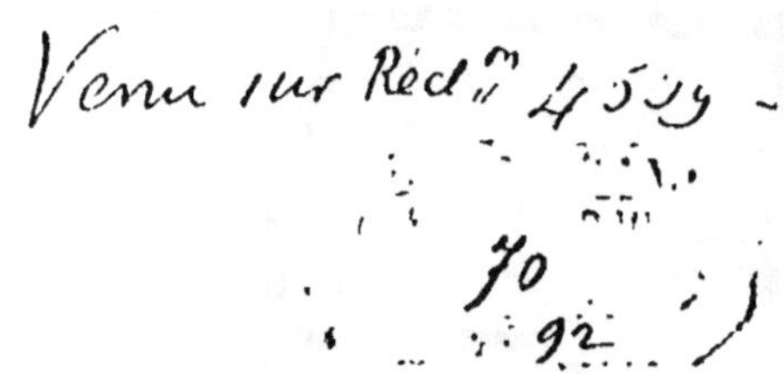

BIBLIOTHÈQUE MÉRIDIONALE

PUBLIÉE SOUS LES AUSPICES DE LA FACULTÉ DES LETTRES DE TOULOUSE

2ᵉ SÉRIE — TOME I

DOCUMENTS POUR L'HISTOIRE

DE LA

DOMINATION FRANÇAISE

DANS LE MILANAIS

(1499-1513)

RECUEILLIS ET PUBLIÉS

PAR

LÉON-G. PÉLISSIER

Ancien Membre de l'École française de Rome
Chargé de Cours d'histoire à la Faculté des Lettres de Montpellier.

TOULOUSE

IMPRIMERIE ET LIBRAIRIE ÉDOUARD PRIVAT

RUE DES TOURNEURS, 45

—

1891

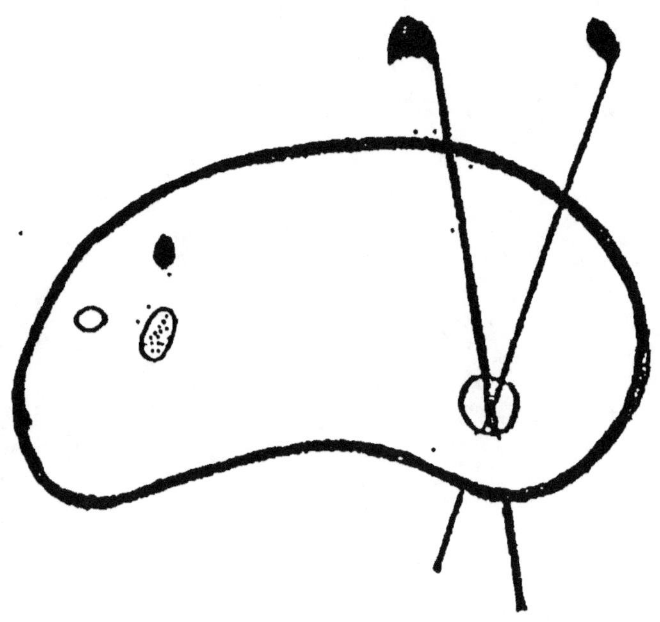

FIN D'UNE SERIE DE DOCUMENTS
EN COULEUR

DOCUMENTS

SUR

LE MILANAIS

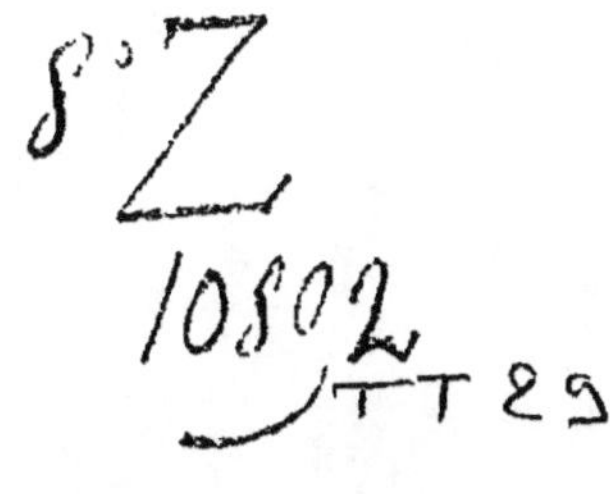

BIBLIOTHÈQUE MÉRIDIONALE

PUBLIÉE SOUS LES AUSPICES DE LA FACULTÉ DES LETTRES DE TOULOUSE

2e SÉRIE — TOME I

DOCUMENTS POUR L'HISTOIRE

DE LA

DOMINATION FRANÇAISE

DANS LE MILANAIS

(1499-1513)

RECUEILLIS ET PUBLIÉS

PAR

Léon-G. PÉLISSIER

Ancien Membre de l'Ecole française de Rome
Chargé de Cours d'histoire à la Faculté des Lettres de Montpellier.

TOULOUSE

IMPRIMERIE ET LIBRAIRIE ÉDOUARD PRIVAT

RUE DES TOURNEURS, 45

—

1891

AVERTISSEMENT

L'histoire de la domination française dans le duché de
Milan de 1499 à 1513 est peu et mal connue. Les chroni-
queurs contemporains, inexacts et incomplets dans leurs
récits de l'expédition de Louis XII, sont presque muets en
ce qui touche son administration[1]. Les historiens modernes,
du seizième siècle au nôtre, ont imité le silence des chroni-
queurs, chez qui ils ont presque exclusivement puisé leurs
informations. De là la lacune de douze années que présen-
tent avec le gouvernement de Louis XII les annales de
Milan[2]. Il s'en faut pourtant qu'elles manquent d'intérêt, et

1. Voir notamment Ambrogio da Paullo, Andrea da Prato, Gru-
mello, Jean d'Auton, le moins recommandable de tous. Le chroni-
queur vénitien anonyme et le *Diario Ferrarese* sont encore moins
renseignés. Les chroniques anonymes Crémonaises ne le sont pas
davantage. Les correspondances recueillies par Marino Sanuto conservent des anecdotes, mais insuffisantes.

2. Bernardino Arluno par exemple, qui est curieusement informé
sur Ludovic Sforza, termine le premier livre de son histoire (*Historia
Patriae*) à la captivité du More (*ab origine ad A. D. MD*). Le second
livre, quoique intitulé : *Ab A. D. MD ad Franciscum primum*, commence en réalité avec la guerre de la Ligue de Cambrai. Corio, Tristano
Calchi ont fait de même : ils ont terminé leurs ouvrages à la défaite
définitive de Ludovic. Parmi les modernes, Verri, Cantù, après la conquête du Milanais en 1499-1500, placent un tableau des arts et des lettres
sous Ludovic Sforza, puis racontent la guerre de la Ligue de Cambrai
et les guerres de la Restauration des Sforza. Dans son ouvrage sur
« I Visconti egli Sforza nelle loro attinenze col Castello di Pavia »,
Carlo Magenta supprime, même dans les titres des chapitres, la période

que les grands événements militaires et politiques de l'époque doivent nous faire méconnaître l'intérêt de l'histoire intérieure de Milan. Le présent recueil de documents est une simple contribution à l'histoire de ces douze années.

Ces documents se rapportent presque tous à l'histoire administrative et municipale de Milan, et proviennent des Archives Milanaises. Les Archives du gouvernement de Louis XII sont certainement au nombre des séries les plus endommagées des collections du Palazzo del Senato[1]. Pour des raisons politiques ou matérielles [2], il n'en reste que des débris. Malgré tout, elles sont encore la source essentielle de l'histoire, sinon de la conquête[3], au moins du régime français.

Ces archives françaises, dont les limites de cette notice m'interdisent de donner une description développée, sont presque toutes conservées, d'après un classement parfois arbitraire, dans la section historico-diplomatique [4]. J'ai puisé

française. Dans son *Ducato di Milano*, Formentini ne dit presque rien de l'administration de Louis XII. Les compilateurs français, Henri Martin, Dareste, etc., sont encore plus mal informés.

1. Sur les Archives de Milan, voir d'une façon générale la *Relazione* de N. Vazio qui, quoique déjà ancienne et maintenant erronée sur plusieurs points, reste toujours utile à consulter.

2. Peut-être le gouvernement d'Ottaviano Sforza en a-t-il fait détruire une partie; peut-être les Français en ont-ils emporté dans leur retraite; de plus les Archives ont subi plusieurs déménagements.

3. Le *Carteggio generale*, si abondant pour le gouvernement des Sforza, cesse presque complètement en septembre 1499. Au lieu de dix-neuf *buste* (portefeuilles ou cartons) pour les trois premiers trimestres de 1499, il n'y en a que quatre pour le quatrième. La proportion est la même pour les autres séries.

4. Les Archives de Milan sont divisées en quatre sections : Administrative, financière, judiciaire, historico-diplomatique. Les documents antérieurs, dans les unes à 1830, dans les autres à 1848, ont été déclassés. Les Archives des diverses secrétaireries d'Etat des Visconti et des Sforza, des administrations françaises, espagnoles et autrichiennes ont

pour former ce recueil dans les registres des Lettres patentes et des Lettres missives, dans les registres du Sénat, dans le *Gridario Generale* et les registres Panigarola; enfin, dans des séries purement politiques et diplomatiques, telles que la Correspondance générale et les *Potenze Sovrane*. Je me borne ici à donner quelques indications sur ces diverses séries.

Les *Registri Ducali,* au nombre de deux cent neuf, contiennent les privilèges, lettres patentes, investitures, traités de paix, actes d'engagements de troupes, concessions de toute nature, émanés de l'autorité ducale ou royale, suivant les époques[1]. Ils conservent environ trois cent cinquante actes du gouvernement de Louis XII[2]. Ce sont pour

naturellement été démembrées. La section la plus importante pour nous est la section historico-diplomatique. Elle comprend les séries suivantes : *Pergamene* (collection des parchemins extraits des Archives des corporations religieuses supprimées, XI-XVIIIe s.). — *Bolle e brevi papali* (XII-XIXe s.). — *Diplomi imperiali reali et ducali* (XIIe s.-1535). — *Carteggio generale* (1265-1750). — *Carteggio diplomatico colle Potenze estere* (XVe s.-1848). — *Registri ducali* (XVe s.-1535). — *Registri delle Missive* (id.) — *Registri Panigaroli* (XIV-XVIIIe s.). — *Gride e gridarii governativi* (1292-XVIIIe s.). — *Trattati* (1183-1851). — *Potenze Sovrane* (XIVe s.-1859, histoire personnelle des souverains et de leurs dynasties). Il y a encore quelques séries moins importantes : *Araldica, Feudi e feudatarii, Famiglie, Statuti di città, borghi,* etc., *Vicende de' Communi, Reddituarii, Confini.* Plusieurs de ces séries n'ont rien de fixe; quelques-unes sont en voie de formation; peu ont des inventaires ou des catalogues.

1. La série des *Registri ducali* où sont transcrits les privilèges, les lettres patentes, les investitures, etc., depuis le quatorzième siècle jusqu'en 1535, forme une collection de 209 volumes divisés en trois catégories : 56 registres désignés par des lettres simples ou doubles (A, B,... Z, AA, BB, etc.); 135 registres numérotés en chiffres arabes de 1 à 133, plus 27 *bis* et 129 *bis*; 18 registres numérotés en chiffres romains de I à XVIII. Il existe un inventaire manuscrit de chaque série, plus un inventaire général par ordre chronologique de 1183 à 1535.

2. Ces actes sont contenus dans trois registres désignés sous les cotes et les titres suivants :

la plupart des actes de privilèges et de concessions indivi
duelles [1], base de toute étude sur les relations du roi de
France avec le patriciat milanais, surtout guelfe. Un nombre d'actes considérable se rapporte aux privilèges accordés
avec profusion à la maison Trivulce, dont le faux dévoue-
ment ne méritait pas tant de faveur [2]. Il y a cependant dans
les trois registres RR, IV et VI où ces actes se répartissent,
des actes relatifs à la politique générale et des ordonnances
d'un plus grand intérêt historique sur les réformes judiciaires et financières [3].

La série des Lettres Missives a été encore plus maltraitée

[1] RR. *Donazioni, essenzioni, concessioni* (1486-1506), in-folio,
papier, 309 ff. contenant 119 actes, concessions, donations, confirma-
tions de privilèges, ou pièces de procédure annexes;

[2] IV, *Lettere e concessioni di Lodovico re di Francia* (1479-1512),
in-folio. papier, 150 ff.. contenant 165 actes de Louis XII, de même
nature que ceux du registre précédent. Ce registre provient du Bureau
de la comptabilité de la chambre du Magistrato straordinario;

[3] VI, *Lettere e Concessioni Ducali* (1487-1499), in-folio papier,
196 ff. contenant 56 actes analogues aux précédents, dont plusieurs
sont aussi répétés dans le registre IV. Je publierai prochainement un
inventaire détaillé de ces trois registres de Louis XII.

Il n'y a aucun acte de Louis XII dans les registres VII *Lettere e
Concessioni* (1495-1541); R [2] alias KK, *Infeudazioni del ducato di
Milano ed altri documenti* (1495-1579); 63 *Concessioni, grazie* (1496-
1498) ni dans les *cartelle* et *filze, Estratti dei registri ducali* (1460-
1538) et *Missive, salvacondutti, patenti* (1493-1555). Un autre registre
R [3] *Feudi e confirmatione dei privilegi del duca Ludovico Maria*
(1495-1499). qui peut être en a contenu est actuellement mutilé; on en
a arraché les derniers cahiers; le dernier acte daté, qui est l'antépé-
nultième du volume, est daté du 24 mars 1499.

1. Le savant archiviste milanais, M. Ghinzoni, a retrouvé les originaux de quelques-uns de ces actes. Quelques autres se trouvent
enregistrés en français dans les registres JJ des Archives nationales.

2. Rosmini, dans son *Histoire de Trivulce*, a tracé du maréchal
un portrait chevaleresque qui a été accepté par les historiens posté-
rieurs, mais qui est absolument faux.

3. Voir ci-dessous les documents 10. 15, 23 à 28, 46. 64, 65, 76.

que celle des Lettres Patentes [1]. Il n'en reste qu'un seul registre; encore les lettres qu'il contient sont-elles toutes datées des premiers mois de l'expédition de Louis XII [2], et plus intéressantes pour l'histoire de la fondation du régime que pour celle de la domination française proprement dite [3].

Il ne reste que cinq registres de la chancellerie sénatoriale [4]. L'un est un recueil d'ordonnances, où se retrouvent

[1]. Cette série ne comprend que cinq registres se rapportant à la période 1499-1515; ils sont cotés 210 à 214. Les trois premiers ne contiennent que des actes du gouvernement de Ludovic Sforza. Reg. 210 : correspondance avec l'étranger, 30 mai 1498-22 août 1499. Reg. 211 : correspondance avec les communes de Milan, Novare et Lodi, 19 janvier-2 août 1499. Reg. 212 : correspondance avec Pavie, Parme et autres villes (mai-28 août 1499). Il faut y joindre quelques cahiers non reliés et en fort mauvais état, et quelques feuilles isolées qui forment une *filza* supplémentaire (*Missive, Patenti, Salvo condotti, 1499-15..*) et qui contient ce qui reste des lettres missives écrites par Ludovic Sforza pendant sa Restauration. Le dernier registre 214, classé évidemment par erreur, est un registre de la trésorerie française (*Registro Camerale, 1506-1510*). Le registre 213 seul contient des missives de Louis XII. (Cf. sur ce registre l'inventaire et les extraits publiés sous le titre : *Un registre de lettres missives de Louis XII* dans *Mélanges d'archéologie et d'histoire*, tome XI (1891).

[2]. Voir ci-dessous les documents 4, 5 et 6.

[3]. Une des affaires les plus importantes dont il y soit question est la succession de l'évêque de Parme, Stefano Taberna, qui se rattache à l'histoire des relations du marquis de Mantoue avec Ludovic Sforza et Louis XII.

[4]. Ces divers registres ne portent aucune cote particulière. Les cahiers du greffier Filippo de' Conti sont reliés grossièrement; ils ont une pagination continue et n'ont pas de titres. Ils s'étendent de 1501 à 1512. (Sept registres analogues du greffier Princivalle sont relatifs au règne de François Ier). Le premier (ff. 1-69, 1502-1504) commence par les mots « Millesimo quingentesimo secundo; » le second (ff. 232-291, 1508) par « Anno 1508, Nonnulla ordinata per senatum in publicis audientiis, » le troisième (ff. 292-379, 1508-1510 et 1511) « Comparuit coram nobis dilectus noster Antonius; le quatrième (ff. 380-469, 1510-1511), par « M. D. decimo, etc. Recitatis litteris pretoris Parme. Il manque un registre, celui des procès-verbaux de 1504 à 1508, qui devait s'intercaler entre le premier et le second actuels et être folioté

des copies de divers documents des *Registri Ducali;* les autres la série des procès-verbaux des séances du sénat rédigées par le greffier Filippo de'Conti : parmi ces procès-verbaux sont cités *in extenso* quelques actes qui n'existent pas ailleurs [1].

Les séries précédentes proviennent des archives des diverses administrations royales. Au contraire le *Gridario generale* et les *Registri Panigarola* sont d'origine municipale. Tous les actes de police du gouvernement royal et de l'autorité communale, étaient publiés et criés [2] en divers lieux déterminés de Milan par des trompettes assermentés, et ensuite déposés aux archives du Governatore degli statuti [3]. Depuis le milieu du quatorzième siècle, ils y étaient transcrits sur des registres spéciaux; cette pratique inaugurée par Paganolo Panigarola [4] fut régulièrement continuée par ses descendants qui se transmettaient héréditairement sa charge. Les actes originaux, écrits sur de simples feuilles volantes de papier, ont presque tous disparu; ceux qu'on a pu retrouver forment le *Gridario generale* [5]. Les copies for-

70-231. L'autre registre, in-folio, est intitulé simplement *Senatus Privilegii,* et comprend des actes datés de 1500 à 1516.

1. Voir ci-dessous les documents 67, 74, 86, 88.

2. D'où le nom de *grida* qui désignait ces proclamations. Les actes ainsi publiés sont de toutes sortes : non seulement on y trouve des arrêtés de police, de police des mœurs, d'hygiène, des avis d'adjudications, des tarifs de boucheries et de boulangerie, des annonces de bêtes ou d'objets perdus, des permis de séjour accordés aux exilés pour le jour de certaines solennités religieuses, des annonces de condamnations, d'expulsions et de confiscations, mais aussi des actes entre particuliers, comme les interdictions pour folie ou autres motifs, les donations, les procurations et les retraits de procuration.

3. Conservateur des Statuts de Milan.

4. En 1351, d'après Giulini.

5. Ces actes originaux sont manuscrits jusqu'au temps de la domination espagnole, ensuite imprimés. Ceux de l'époque française sont

ment la collection beaucoup plus complète des registres, appelés Panigarola du nom de leurs rédacteurs. Au temps de Louis XII il paraît y avoir eu deux séries parallèles de registres, la première réservée aux actes publiés par ordre de la lieutenance générale ; la seconde, moins bien soignée, consacrée aux actes directement émanés de la municipalité ou à ceux des particuliers [1]. Les copies des registres Panigarola ont la valeur d'originaux, car la collation des deux textes, quand elle est possible, prouve l'exactitude des transcriptions du *Gubernatore degli statuti*. Ces registres et le *Gridario* sont actuellement la source la plus

répartis entre quatre cartons ou *mazzi*. I (1392-1499) : un seul document est postérieur au 2 septembre 1499. C'est un arrêté rendu le 3 septembre par les *gubernatores statûs Mediolani*, pour assurer le maintien de la tranquillité publique. II (1500) : 65 documents, du 11 janvier au 3 novembre 1500. III (1501-1510) : 150 documents environ, du 11 décembre 1500 au 30 septembre 1520. IV (1510-1516) : 60 documents environ. Voir ci-dessous les documents 39, 40, 43, 44, 48, 51, 53, 54, 56, 57, 59, 61, 65, 72, 80.

1. Les registres Panigarola qu'il faut étudier pour l'époque de Louis XII, sont les registres K, L, N, EE, FF, GG, sur lesquels voici quelques indications : L, in-folio papier, 320 ff., contenant aussi des actes de Ludovic et de Maximilien Sforza et de François Ier. — K, *id.*, 363 ff., contenant aussi des actes des souverains susdits. — N, *id.*, 304 ff., tout entier rempli par les actes de Louis XII. — EE, petit in-folio, papier, en très mauvais état, 721 ff. ; le premier acte du gouvernement français est au f° 662. — FF, *id.*, 386 ff. — GG, *id.*, 617 ff. (la pagination continue celle de FF, de 387 à 1003). Ces trois derniers volumes sont composés de cahiers qui sont restés longtemps négligés ; les angles et les bords de presque tous les feuillets sont détruits ; on les a reliés et tant bien que mal restaurés à une époque récente. Il faut joindre à ces six volumes quelques actes épars dans les registres O, P, Q.

Les registres Panigarola renferment exactement, du 1er septembre 1499 au 27 décembre 1513, treize cent seize actes du gouvernement français, parmi lesquels, il est vrai, un grand nombre sont d'intérêt privé. Je publierai ultérieurement l'inventaire détaillé des registres Panigarola et du Gridario relatifs à l'époque française.

abondante d'informations sur l'histoire interne de Milan.

Par un déplorable hasard, un des registres Panigarola le plus intéressants pour nous, contenant des proclamations et actes de 1499 à 1505, manque depuis plus d'un siècle aux Archives de Milan, sans que l'on puisse ou que l'on veuille supposer comment il en est sorti. Inventorié au dix-septième siècle [1], Giovanni Sitoni di Scozia a encore pu le consulter au dix-huitième[2]. C'est à cet érudit que nous devons quelques extraits de ce registre perdu, insérés dans sa collection des *Singularia Vicariorum Imperialium... ab anno 1183 usque ad 1700*. Dans ce registre perdu était conservé notamment le texte de l'ordonnance sur le fait de l'administration générale du Milanais[3].

Le *Carteggio generale* et les séries arbitrairement détachées sous les titres de *Potenze Estere, Potenze Sovrane, Vicende de Communi*[4], qui contiennent un nombre immense

1. Par Cesare Picinelli, notaire milanais, dans ses *Monumenta Officii Statutorum inclitæ civitatis Mediolani*. (Mediolani apud Modoetiam, MDCXXXXIII), pp. 35-37. Mais cet inventaire est incomplet et manque totalement de précision.

2. Sur les travaux de cet érudit et ses manuscrits conservés à la Braidense, cf. Ghiron, *Bibliografia Lombarda*, ff. 128-129.

3. Milan, Bibliotheca Braidense (AG, X. 35-38). Le titre exact de la collection vulgairement appelée Raccolta Sitoni est *Singularia vicariorum Imperialium, ducum Vicecomitum et reipublicæ Mediolanensis, ducum Sfortiadum, regum Gallorum, Caroli Quinti imperatoris et Hispaniorum regum ab anno 1183 usque ad 1700, divisa in quatuor vol.* Les copies extraites du reg. M sont dans le troisième volume (AB, X, 37, in-fol. 309 ff.), qui contient des documents compris entre les dates 1449-1522. Voir ci-dessous les documents 7, 94, 95 à 98, 100 et 103.

4. Il est impossible actuellement de donner des indications utiles sur ces séries dont le classement varie tous les jours. Actuellement, pour les seules années 1498 et 1499, le *Carteggio generale* compte quarante-neuf portefeuilles et près de dix mille pièces. Mais cela n'est que provisoire : beaucoup de documents devront être versés dans les *Potenze Estere:* il faudrait en outre constituer deux séries nouvelles,

de lettres de toute nature reçues ou écrites par la chancellerie des Sforza, sont au contraire d'une pauvreté extrême ·pour la période française[1], et l'histoire administrative n'y est pour ainsi dire pas représentée[2].

Parmi les documents ici publiés et non extraits des Archives Milanaises, deux méritent une indication spéciale[3]. Le premier est un fragment de l'histoire inédite de Jérôme Borgia, aujourd'hui conservée à la Bibliothèque Marcienne, à Venise[4]. Ce Napolitain, élève de Joviano Pontano et évêque de Massa Lubrense, a écrit sous le titre de *Historia de*

l'une des minutes de lettres des ducs de Milan aux princes ou souverains étrangers (ce *minutario* serait presque aussi riche que celui de l'Archivio Gonzaga); l'autre des Instructions diplomatiques données aux secrétaires ou ambassadeurs milanais; il faudrait inventorier et timbrer toutes ces feuilles volantes; et enfin publier, comme le propose M. Em. Motta, le *Carteggio generale*.

1. Il n'y a que trois *Buste* pour les années 1500 à 1512; encore celle de l'année 1500 est-elle presque entièrement composée de documents relatifs à Ludovic Sforza. Dans la série des Potenze Sovrane, il n'y a qu'une quinzaine de pièces relatives à Louis XII.

2. Deux documents seulement sont tirés du *Carteggio* : Doc. 3 et 9. Il faut rapprocher de celui-ci un acte publié par Ceruti à la suite de son édition de la *Chronique d'Ambrogio da Paullo*, et daté du 1er février 1500 : « Instituzione d'una società per la conservazione della cita di Milano nella fidelità e devozione verso il Re di Francia, duca di Milano. » (*Miscellanea di Storia Italiana*, XIII, p. 362.)

3. Trois, les documents 16, 22 et 32, proviennent des Archives Nationales; un autre (n° 2) est publié d'après le texte qu'en donne Marino Sanuto. Pendant l'impression de ce recueil, j'ai découvert l'importante pièce qui le termine (n° 16 *bis*) dans la *busta* « Potenze Estere Ludovico Sforza, Vicende personali » où elle n'a aucune raison de figurer. Ce document explique et précise singulièrement la date et la valeur de celui que j'ai publié sous le n° 16.

4. Le manuscrit de Borgia est coté Cod. 162, 210 [L, X, XCVIII] Ve. Il a 287 ff. Les livres XIII à XV de l'œuvre de Borgia manquent. Ce manuscrit avait été emporté à Vienne par Seb. Gassler et ne fut rendu qu'en 1866 à la Marcienne. Cf. Valentinelli, Bibliotheca manuscripta ad Sancti Marci Venetiarum. Cod. mss. Latini, t. VI, p. 111. Tip. Commercio. 1873.)

bellis italicis ab anno 1494 *ad* 1541, une singulière compi-
lation, remarquable surtout par l'extrême crédulité de son
auteur[1]. Bien que je ne croie pas avec Valentinelli que son
ouvrage mérite d'être imprimé intégralement[2], le bref récit
qu'il fait de l'expédition du Milanais m'a paru digne d'être
publié, moins comme narration historique que comme témoi-
gnage de l'opinion contemporaine. L'autre pièce est tirée
de la Correspondance diplomatique du Conseil des Dix avec
ses ambassadeurs à Milan. Cette dépêche de Leone Blanco fait
regretter la pauvreté de cette série de l'*Archivio de' Frari*[3].
La disparition des lettres de Blanco et de Stella nous a sans
doute privés d'informations précieuses sur la situation intérieure du Milanais sous le gouvernement français. Celle-ci
m'a paru d'autant plus intéressante qu'elle est plus rare.

Pour publier les quelques documents que j'ai tirés de ces
diverses collections[4], l'ordre chronologique m'a paru le pré-

1. Il raconte sans sourciller les plus invraisemblables histoires sur
Alexandre VI et César Borgia. Les détails sur les mœurs intimes du Pape
qu'il a acceptés dépassent encore les énormités racontées par Burchard,
mais paraissent moins authentiques. Cela ne l'empêcha pas, en 1544,
de dédier son livre au Pape sur la demande de celui-ci. Il y joignit des
distiques qui commencent ainsi : « Accipe, sancte pater, laudum monumenta tuarum, etc. »

2. « Ceterum lucidus rerum fusius enarratarum ordo, sermonis
lepores ita auctorem commendant ut ea historia evulgari valde mereatur. » (Valentinelli, *ibid.,* p. 112.)

3. La dépêche publiée sous le n⁰ 20 est la plus intéressante que
contienne la *busta* XV des « Dispacci ai capi del Consiglio de' X
(1501-1515). On y trouve encore : du 1ᵉʳ septembre 1501, un billet de
Vincenzo Guidotti, secrétaire vénitien à Milan, pour annoncer l'envoi
de divers avis; d'autres lettres de Leone Blanco, du 14 novembre 1504,
11 et 15 mars 1506; des lettres de Nicolo Stella, 13 janvier et 8 avril
1507, et 26 février 1508. Au reste, les lettres des ambassadeurs en
France pour la même époque ne sont pas plus nombreuses. C'est
dans Marino Sanuto qu'il faut chercher les correspondances diplomatiques vénitiennes de ce temps.

4. Ces documents n'étaient pas tous inédits. Le deuxième est imprimé

férable : plusieurs d'entre ces textes se prêtaient d'ailleurs mal par leur nature complexe à une classification plus systématique.

La disposition chronologique de ces documents a d'ail-

dans les *Diarii*, de Marino Sanute, II, col. 947, et à la suite de la chronique d'Ambrogio da Paullo, *loc. cit.* ; le doc. 11 est imprimé dans l'*Historia Senatus Mediolanentis*, de Landi. Le doc. 60 a été publié sans indication exacte de son origine dans la *Miscellanea de storia Italiana*, III, p. 5. Le n° 22, que j'ai imprimé d'après le texte des Archives Nationales, est aussi inséré dans le registre Panigarola K fol. 88 verso, et copié dans le recueil AG, X, 7 de Brera, avec les lettres patentes de Louis XII pour la concession des priviléges demandés par les Milanais et la reconnaissance de ces articles à titre de lois. Ces patentes sont datées du 8 août 1502 et signées : Loys. Pro rege : ROBERTEꞮ. Visa contentor. Ameil « cum sigillo regio in cera viridi pendenti, cum cordula firiceli viridi et rubea. » Ces priviléges furent publiés à son de trompe par le crieur Andrea Pisoni, « super platea Arenghi et in Broleto Communis Mediolani, » le 23 décembre 1502. Ce document a été imprimé déjà par M. Biondelli, sous le titre peu précis de « Condizioni politico-economiche della città di Milano, » dans l'*Archivio Storico Lombardo*, V, p. 181, mais avec quelques erreurs de lecture. Dans le texte de la demande VI (p. 70, lig. 32), M. B., lit quæ ad *portas* au lieu de quæ ad *partes* domini in quibus alias hospitari ; dans la demande XX (p. 77, lig. 26, au lieu de digni *visi* fuerunt, il lit *viri ;* demande XXVIII (p. 81, lig. 5), il omet *aquæ* après *et aliæ* ; demande XXXI (p. 82, lig. 11), *offert*, au lieu de *affert*. — Enfin, dans les pièces justificatives de son second volume des *Chroniques de Jean d'Auton*, parmi d'autres documents qui auraient été mieux placés à la fin du premier, M. de Maulde La Clavière a inséré le document que j'ai donné sous le n° 16 et un budget du Milanais pour 1510 que j'avais l'intention de publier. Croyant à tort d'après son dire qu'il avait déjà imprimé ce document à l'époque où MM. Auvray et Stein voulaient bien le collationner pour moi, j'ai renoncé à l'insérer ici ; mais le document 16 était déjà imprimé et ne pouvait être supprimé. D'autres documents analogues à quelques-uns de ceux-ci se trouvent dans les ouvrages cités de Ceruti et Formentini. Je prie les lecteu·· de me pardonner ces rencontres presque inévitables et des rééditions motivées soit par l'importance des textes, soit par la difficulté qu'il y a en France à se procurer des collections comme les *Diarii*, la *Miscellanea* ou l'*Archivio Lombardo*.

leurs l'avantage de nous montrer déjà par elle-même l'évolution de cette histoire. On voit dans la première année les mesures transitoires prises pour la durée de l'expédition, puis la loi qui règle sommairement la condition du duché et son administration générale. Dans les années suivantes, deux séries de mesures sont destinées à compléter cette constitution et à asseoir le nouveau régime : celles-là sont des lois de parti contre les adversaires du vainqueur, celles-ci des ordonnances particulières sur la justice, sur les finances, sur les rapports des divers bureaux entre eux. En même temps que ces édits spéciaux assurent le fonctionnement de la machine administrative, d'autres protègent ou développent les industries particulières à Milan. Vers 1507, cette installation gouvernementale est achevée, les ordonnances se font moins nombreuses, les arrêtés municipaux commencent à prédominer ; la vie communale a repris son cours normal et régulier, traversée seulement par l'écho des événements qui intéressent tout le royaume ; les divers corps d'état acquièrent en droit la stabilité que leur donne cette paix générale. Avec l'année 1512 reparaissent les mesures révolutionnaires, les lois d'exception ; un édit de quelques lignes détruit l'œuvre de ces douze ans. La restauration s'opère aussi brutalement que s'est opérée la conquête ; l'anarchie recommence pour trois ans. Les registres des chancelleries de Milan, par la nature des actes qui y furent transcrits à ces divers moments, ont conservé la trace de ces alternatives de calme et d'orages.

Les documents que l'on consultera ci-dessous ne suffisent pas à faire connaître dans toutes ses parties l'administration de Milan par et sous Louis XII ; mais ils permettent d'en voir assez distinctement et par des exemples caracté-

ristiques les principaux aspects. Ils donnent l'impression
que cette administration, foncièrement despotique, protec-
·tionniste et méticuleuse, comme le voulaient les théories et
les mœurs du temps, fut plus sage et plus équitable que la
plupart des gouvernements que subissaient alors les autres
États italiens, et qu'en somme le duché de Milan, en mettant à part la question de l'origine étrangère de ce régime
qui était son vice essentiel, a rarement été aussi florissant
et aussi heureux que pendant ces douze années de domination française[1].

[1]. J'exprime en terminant toute ma reconnaissance à MM. Auvray,
H. Stein et Legrand, de la Bibliothèque et des Archives Nationales,
Ghinzoni et Cappelli, de l'Archivio di Stato de Milan; Jordan, de
l'École française de Rome, qui ont bien voulu faire pour moi des col-
lations ou des copies qui m'ont été fort utiles.

TABLE DES RÉFÉRENCES

1. Venise, Bibl. Marciana, cod. 162, fol. 43 v°.
2. Ap. Marino Sanuto, Diarii, t. II, col. 947.
3. Milan, Archivio di Stato, Carteggio Generale, Busta 886 (sept. 1499), minute, feuille volante.
4. — Lettere missive, reg. 213, fol. 27.
5. — *Ibid.*, reg. 213, fol. 25 v°.
6. — *Ibid.*, reg. 213, fol. 32 v°.
7. Milan, Bibl. Braidense AG X 37, fol. 2, v°.
8. *Ibid.*, AG X 37, fol. 3, v°.
9. Milan, Archivio di Stato, Carteggio Generale, Busta 887 (oct. 1499)[1].
10. — Registri Ducali VI, fol. 160.
11. — Reg. Panig. M. — Bibl. Braidense, AG X 36, fol. 5. — Landi Historia Senatus Mediolanensis, fol. 107 sqq.
12. Milan, Reg. Panigarola L, fol. 57.
13. — *Ibid.* L, fol. 64.
14. — Gridario Generale, busta II, 14. — Reg. Panig. L, fol. 65 v°.
15. — Reg. Ducali VI, fol. 165 v°.
16. Paris, Archives Nationales, J 507, n° 22.
16 *bis*. Milan, Arch. di Stato, Potenze Sovrane, Ludovico Sforza, Vicende Personali.
17. — Registri Panigarola K. fol. 76 v°.
18. — *Ibid.* K, fol. 78 v°.
19. — Reg. Ducali VI, fol. 169.
20. — Reg. Panigarola K, fol. 86.
21. — *Ibid.* K, fol. 87 v°.
22. Paris, Arch. Nat., J 507. — Milan, Reg. Panigarola K, 88 v°.
23. Milan, *ibid.*, Regist. Ducali IV, fol. 23 v°.
24. — Reg. Ducali IV, fol. 33. v°.
25. — *Ibid.*, IV, fol. 32.
26. — *Ibid.*, IV, fol. 39 v°.
27. — *Ibid.*, IV, fol. 36.
28. — *Ibid.*, IV, fol. 46.
29. Venise, Archivio di Stato, Dispacci ai capi del consiglio de' X (1501-1525); busta 15, dispaccio 2.

1. Le ms. Braid AG X 37, fol. 2 v°, mentionne à la date du 27 octobre 1499 la « Fidelitas facta per civitatem Mediolani in manibus Christianissimi regis Francorum rogata per Marium-Jo. de Perego » mais la signale comme perdue : « Non repetitur nisi in rubrica cum abbreviatura illius anni et aliorum deperdite sint. » Une note de la même époque, d'une autre main, rectifie la date et dit que le document se trouve « in fasciculo vulgo *mazzo*, sig. Littera 1 in Archivio Castri Portæ Jovis Mediolani. »

30. Milan, Arch. di Stato, Reg. Panig. N, fol. 20 v°.
31. — *Ibid*. N, fol. 25 v°.
32. Paris, Archives Nationales, J, 505, n° 9.
33. Milan, *ibid*., Reg. Panig. N, fol. 30.
34. — *Ibid*. K, fol. 122.
35. — *Ibid*. N, fol. 73.
36. — *Ibid*. N. fol. 57 v°.
37. — *Ibid*. N, fol. 59.
38. — *Ibid*. N, fol. 33 v°.
39. — Gridario Generale, III.
40. — *Ibid*. III.
41. — Reg. Panigarola N, fol. 64.
42. — *Ibid*. N, fol. 68 [1].
43. — Gridario Generale, III.
44. — *Ibid*. III.
45. — Reg. Panigarola N, fol. 66 [2].
46. — Registri Ducali IV, fol. 54 v°.
47. — Reg. Panigarola N, fol. 72.
48. — Gridario Generale, III [3].
49. — Reg. Panig. N, fol. 86.
50. — *Ibid*. N, fol. 90.

51. Milan, Gridario Generale, III [1].
52. — Reg. Panig. N, fol. 92 v°.
53. — Gridario Generale, III.
54. — *Ibid*. [2].
55. — Reg. Panig. N., fol. 95.
56. — Gridario Generale, III.
57. — *Ibid*., III.
58. — Reg. Panigarola N, fol. 100, 101, 107.
59. — Gridario Generale, III.
60. — Reg. Panig. K, fol. 123 v°.
61. — Gridario Generale, III.
62. — Reg. Panig. N, fol. 115 à 121.
63. — *Ibid*., N, fol. 121 v°.
64. — Registri Ducali IV, fol. 69.
65. — *Ibid*., IV, fol. 66. — Gridario Generale, III [3].
66. — Registri Senato IV, fol. 66.
67. — Reg. Panig. N, fol. 138.
68. — *Ibid*., N, fol. 138 v°.
69. — *Ibid*., N, fol. 142 v°.
70. — *Ibid*., N, fol. 143 v°.
71. — *Ibid*., N, fol. 148 v°.
72. — Gridario Generale, III.
73. — Reg. Panigarola N, fol. 155.
74. — Reg. Senato III, fol. 307.
75. — Reg. Panigarola N, fol. 169.
76. — Reg. Ducali IV, fol. 96.
77. — Reg. Panigarola N, fol. 186.
78. — *Ibid*., N, fol. 193.
79. — *Ibid*., K, fol. 297, v°.

1 Le personnage en faveur de qui cet acte est rendu n'est que mentionné, comme ayant vécu au quinzième siècle, dans Bradley, « Dictionary of Miniaturists, illuminators etc. London, Quaritch, 1887, Appendix III, 436. » Il appartient, vraisemblablement, à la même famille que Jo de Birago, autre copiste et miniaturiste cité par le même, *ibid*., I, p. 125, et que Jo. de Birago, avocat fiscal près le Sénat de Milan en 1499 Cette parenté expliquerait facilement le présent privilège.

2. Une note de l'époque dit que la *Grida* modifiée se trouve dans le reg. L, fol. 130. C'est une erreur. Il y a à ce folio un décret sur les monnaies.

3. Par un hasard exceptionnel pour les documents du Gridario, celui-ci a conservé son sceau : c'est un écusson aux trois fleurs de lys, entre les majuscules S A; le tout est surmonté de la Vierge portant l'Enfant Jésus; en exergue : « *Regii deputati sanitatis.* »

1. Feuille volante en très mauvais état ; la fin de toutes les lignes manque par suite de déchirure; j'imprime en italique les mots ou parties suppléées.

2. Cf Ceruti, *loc. cit.* p. 374.

3. Le document du G. Gen. est une traduction italienne de cet acte, formant six pages imprimées.

80. Milan, Gridario Generale III.
81. — Reg. Panigarola N, fol. 193.
82. — *Ibid.*, GG, fol. 612 vº.
83. — *Ibid.*, GG, fol. 626 vº.
84. — *Ibid.*, N, fol. 258 vº.
85. — Reg. Panig. GG, fol. 713 vº.
85. — Reg. Senato, *Decreti.*
87. — Reg. Panig. N, fol. 243 vº.
88. — Reg. Senato. *Decreti*, fol. 465.
89. — Reg. Panig. N, fol. 274.
90. — *Ibid.*, K, fol. 163.
91. — *Ibid.*, N, fol. 278 vº.
92. — *Ibid.*, N, fol. 283 vº.
93. — *Ibid.*, GG, fol. 840 vº.
94. — *Ibid.*, N, fol. 285 vº, 286 vº. Bibl. Braidense AG X 37, fol. 69.

95. Milan, Reg. Panigarola L, fol. 122 vº.
96. — *Ibid.*, L, fol. 121 vº. — Bib. Braid. AG X 37, fol. 72.
97. — *Ibid.*, L, fol. 123; *ibid.*, fol. 73.
98. — *Ibid.*, L, fol. 126; *ibid.*, fol. 73 vº.
99. — *Ibid.*, L, fol. 134 vº.
100. —' *Ibid.*, L. fol. 139 vº. Bibl. Braid. AG X 37, fol. 74.
101. — *Ibid.*, L, fol. 160 vº.
102. — *Ibid.*, L, fol. 175 vº.
103. — *Ibid.*, L, fol. 180 vº. Bibl. Braid. AG X 37, fol. 75.
104. — *Ibid.*, K, fol. 100 vº.
105. — *Ibid.*, K, fol. 124 vº à 127.
106. — *Ibid.*, K, fol. 128 vº à 151.
107. — *Ibid.*, N, fol. 242.

DOCUMENTS POUR L'HISTOIRE

DE LA

DOMINATION FRANÇAISE DANS LE MILANAIS

1.

HISTOIRE DE L'EXPÉDITION DU MILANAIS.

(Août 1499-mai 1500.)

Nunc ad exitii exordia majoris transeamus. Aperiebat Janus humane salutis annum millesimum quingentesimum quo saeculum claudebatur et jam Parcæ Mauro extrema fraudum fila legebant, cum Ludovicus hujus nominis duodecimus, Gallorum Rex, multis ob causis (*sic*) Mauro infensus, præsertim superiori bello lacessitus et imperii Mediolanensis invidia commotus (quippe ille legitima ortus matre, hic vero spuria fuerat), potiore confisus jure, Mediolanum reposcere ortus est. Itaque cum Venetis Mauro similiter infensis de tyranno evertendo agit, ictoque inter se fœdere, ejus imperium ita partiuntur ut Rex Mediolanum ceteramque ditionem reciperet, Veneti Cremonam, urbem claram, et Abduensem citra flumen regionem sortirentur; confestim Rex, misso ab Gallia sub tribus Albeniaco, Obigninio, Tramulia et Trivultio ducibus exercitu, parte alia Venetorum auxiliis sub Bartolomeo Liviano et Carolo Ursino, acerrimis ducibus, mature coeuntibus, inaudita celeritate Maurum fugat, Mediolano potitur, et Veneti, ex animi sententia Cremonam, urbem nobilissimam diù optatam, suæ ditionis fecere ; ita propemodum ante tubam, incruenta victoria parta de opulentissimo Mediolani imperio debellatum est. Paucis deinde interjectis diebus, Maurus qui in Germaniam ad Maximilianum Cæsarem et ad Helvetios confugerat, magna Helvetiorum manu instructus, Mediolanum recipit, Gibellina eum factione adjuvante. His rebus auditis, Rex, multo gravius commotus, potentissimum exercitum sub ductu Lignini, Tramulie atque Triultii celerius omnium judicio in Italiam misit. Hi autem, animadvertentes Helvetiorum animos venales facilius auro quam ferro expugnari solitos posse, proxenetis, ne dicam caduceatoribus, ultro citroque commeantibus, ingenti pecunia corruptis Helvetiis, Maurum Helvetico habitu inter peditum phalangem turpiter latentem, perinde atque copie recenserentur, capiunt, divineque resurrectionis die non minus tyranni clade quam solennibus statisque cerimoniis insigni, capto Mauro, Mediolanum e vestigio recipiunt. Interim Carolus Ursinus Ascanium, Mauri fratrem, supremi ordinis antistitem amplissimum, fugientem capit Venetiasque deducit. At Veneti captivum statim ad Regem reduci curant. Tum Rex, voti compos, in Galliam ambos jam transmissos hostili animo afflixit; Maurum Lochiæ in arctissimum carcerem intrudi jussit, Ascanium adhibitis custodibus aliquanto liberius regiam frequentare. In tanta rerum commutatione armorumque strepitu Isabella de Aragonia, tanti causa mali, domina Mediolanensium, Alfonsi regis filia Ferrandique junioris soror, virilem gerens animum, fortiter effugit; cupiebat enim ardenter ea Gallus potiri; at illa, virili solertia, ad Federicum regem patruum se Neapolim incolumem recepit, amisso filio jam pubere, quem Rex summa opera capere contendit.

Heus! Ludovice Maure, modo mundum pugno continens, capte (*sic*) jaces! Ubi nunc illa effera vis animi? Quid tibi tuæ profuere illæ artes? sine ullo prælio tuos in casses quibus alios excipere gestiebas, vulpes insuber, incidisti. Te tandem claudo pede pœna consecuta est; non cecidisti in acie pulchram petens per vulnera mortem quo invisam tetro in carcere vitam diutiùs traheres ; ecce Deum scelerum ultorem sensisti demum ; dolerem equidem tuam miseratus fortunam, nisi ardentis Italiæ, quæ miseris modis ob incendium tua stultitia et ambitiosa face excitatum ardere cœpit, sœvior me dolor tenet (*sic*). Quis, eheu ! quis ruentis patriæ dolore non excandescat et torqueatur ? Ecce nova Italicarum calamitatum origo, dum exitum bellorum mitem finemque malorum speramus.

(Hier. Borgia, *De Bellis Italicis*, liv. III, fol. 43 v°.)

2.

PRIVILÈGES DEMANDÉS A LOUIS XII PAR LA COMMUNE DE MILAN.

(Milan, 5 septembre 1499.)

Summario di capitoli rechiesti.per la citta de Milano al christianissimo signor Re di Franza, lecti in Milano a la Ruosa a di 5 settembre davanti li electi, patricii e populo.

Che la cita de Milano e tuto il stato che tenea lo illustrissimo signor duca Zuanne Galeazo sesto et signor Ludovico Sforza, excepto el stato di Zenoa, jurava fideltà ed omagio a la Regia Majestà de esser veri e liali e fideli servitori.

Che ditta città e stato daranno quello censo annuale a la Serenissima Majestà et ultra quo lei non se impazerà de altro.

Che Milanesi elegirano da loro il suo conseio et parlamento nel quale tractara tutte le cosse del stado, e che quella Regia Majestà no se impazi ne innovi altro.

Che el parlamento predito imponerano per la città e stato quelle gravezze, dacii e gabelle et impositione ordinarie et extraordinarie secundo li parerà senza che la Regia Majestà habia a circhar altro.

Che li Milanesi distribuirano li officii et magistrati de

Milano et stato, e se alguni de la città o subditi se volesseno gravare o appellare di le sententie altramente, non
possino andare altrove che al dito parlamento de Milano di
la sententia del quale non si possino appellare; e che la
Regia Majestà non habbi a cercar altro.

Che tutti li processi criminali et pendenti et civili siano
revocati e cassi, *sine prejuditio tertii*.

Che tutti li carcerati *ex quacumque causa* siano relaxati
sine prejudicio tertii.

Che la Serenissima Majestà perdona a tutti quelli de li
quali se intendesse lesa, maxime Alexandria e cadauno
altro et [*a*]li signori [*siano*] restituiti tutti li suoi beni senza
molestia alguna.

Tutti li presoni fatti o in guerra o altramente siano con
tutti li loro beni relaxati senza taia, etiam se gia lhavessero
facta.

Che tutti i fanti a piedi e gente a cavallo, soldati o altramente possino liberamente stare a caxa sua et andar dove
li parerà senza offesa alguna.

Che tute le condanatione reale o personale, *etiam* multe,
etiam confiscate, se ne habi a dispensar come vora dito parlamento, senza che la Regia Majestà se ne habi ad impazare.

Che tutte le exemptione, privilegi e concessione, immunitate *et cetera*, concesse per li illustrissimi signori passati
et dominio stiano valide e ferme.

Che le promesse e doni facte per la Regia Majestà de beni
e terre ed altramente de questo stato ad altri siano nulle.

Che la Regia Majestà non innovi cosa alguna a quelli del
stado che sono fora de caxa e se lhavesse, fato la revochi e
retornando lhoro a caxa nel tempo che Sua Majesta asse-
gnera, che se fazi per publiche cride.

Che tutti li Milanesi dil stado siano ben tratadi in Franza
et habino quello bono tratamento che hano li mercadanti da
Lione e quelli che sono de la Majestà sua meglio tratadi.

Che tuti li beneficii ecclesiastici se dagano per dicto parlamento a chi li parera, havendo perhò le bolle apostoliche,
senza che la Regia Majestà se ne impazi.

Che la illustrissima duchessa Isabella, fiolo e fiole possino star qui in Milano et andar dove li parerà senza che li siano molestati altramente; e de questo particolare Sua Majestà concedera li termini opportuni.

Se laccadesse che la Regia Majestà morisse (quod Deus avertat) senza fioli legiptimi maschi, che la non possa lassar Milano e lo stato ad altri, ma lassarlo in libertà.

Se la cità de Milano o stato occorresse bisogno e li fosse mosso guerra o altramente, la Sua Majestà a sue proprie spese sia obbligata defensarlo e mandarli quelle gente d'arme bisognarà.

Se messer Zuan Jacomo Triulzi o altri regii capetani intrarono in Milano, vengano civilmente e siano alozati in Corte Vecchia de la Ragion, e quanto quello alozamento non fusse capaze, alozarano il resto in borgo de Porta Vercellina.

Che niuna gentedarme francese non possi per hora ne in lo advenire per tempo alguno alozar in Milano ne in lo destreto apresso la cita dece mia.

Che de presente el castello de Porta Zobia se habia a spianare, e tuto butar in terra et quod *nullo unquam tempore* se possi redifichar.

Per che la cita de Milano ha bisogno de reformar statuti e decreti, che dicto parlamento possi elezer che li parera ad questo, e dicti ordini siano validi.

Che quelli che hanno sborsati danari per havere officii non possino esser mossi da li officii, fin che non habiano adimpito el tempo suo, se non li è restituito li soi danari.

3.

ARRÊTÉ RELATIF AU MAINTIEN DE LA DISCIPLINE DANS L'ARMÉE FRANÇAISE.

LETTRE DES GOUVERNEURS DE MILAN A ALBERTO DE MARLIANO.

(Milan, 25 septembre 1499.)

Alberto de Marliano.

Ogni hora ne sono sparse nove querelle de queste gente franzese allogiate intorno a Milano e per il paese, che voliano allogiare a discretione e non voleno pagare le robe che toglieno, e se pur ne paghino, non voleno dare li pretii limitati secondo li ordini facti, ma che pegio menazano e fano del malo alle persone; allaquale corrupte..a desiderando noi provedere per universale beneficio, havemo operato con lo illustrissimo Mgr de Ligni, lassato qui in castello per la Maestà christianissima, chel mandi uno o più di soi per il paese dove sono allogiate queste gente, per fare che ogniuno se contenga nelli debiti termini e paghi le robbe seconde li pretii taxati, e questo effecto lo facia in compagnia duno di nostri da far electo da noi; alquale effecto havendo noi designato la persona vostra, ve dicemo vi trovate con pre-dicto m^{gr} de Ligni, e vi accompagnate con uno de quelli sera electo ad questo per Sua Signoria, andando cum quella celerita sia possibile per li lochi dove sono questi allogia-menti; e provederete che esse gente se abstengano dare damni dale persone, e, tollendo del suo, lo paghino secondo li ordini facti et essendo alcuno che se lamenta, provederete ad questa cosa con quella melior via ve parera, in modo che li nostri habiano esser preservati più si possa, e noi habiamo restare liberi de tali rechiami.

In simili forma Cesari Vicecomiti, nomine gubernatorum Mediolani.

4.

PERMIS DE CIRCULATION POUR GERONIMO ET ANDREA
DE CERMENATE, POISSONNIERS DE LA COUR.

(Vigevano, 30 septembre 1499.)

Rex Francorum, etc.

Serie presentium precipiendo mandamus quibuscumque
officialibus et subditis nostris ad quos præsentes devenerint,
quatenus Hieronimum et Jo. Andream fratres de Cermenato
et quoscumque eorum nuntios harum exhibitores, et præsertim Bernardinum de Burgonovo, Antonium de Ferrariis de
Ixella, Antonium de Priore de Ixella, et Joannem de Marco
de Ixella et Galeacium de Marinonibus, undecumque acce-
dendo ad curiam nostram, sive conducendo ac conduci
faciendo ad quascumque partes Dominii nostri ubi nos esse
contingat, quosvis pisces expedientes pro municione et
fulcimento curie nostre opportunis, temporibus, indeque
redeundo, tam equester quam pedester, cum suis armis et
rebus ac bestiis a basto portaturis pisces prædictos in quavis
quantitate, nec minus cum predictis piscibus et sine, quacumque transire permittant ac per stratellas vetitas libere
et expedite omniaque impedimento prorsus cessante et sine
alicujus datii, pedagii, gabelle, fundinavis, traversus, passus quotienscumque expedierit pagamento, solutis tamen
datiis introitus portarum Mediolani juxta solitum, et dummodo non veniant per partes morbo infectas ; attribuentes
eisdem supranominatis Lacus nostri Majoris conductoribus
facultatem et arbitrium capiendi et arrestandi quamcumque
piscium quantitatem ipsius lacus quæ quovismodo quocumque conduci contigerit, contra dispositionem et formam
ordinum et proclamationum superinde factarum ; et denique
adversus quoscumque in fraude repertos procedant, juxta
predictam formam et dispositionem ipsorum ordinum in
materia piscium ipsius lacus confectorum.

Mandantes propterea quibuscumque officialibus et subditis nostris ut prænominatis conductoribus et eorum nunciis *ut supra* circa præmissorum executionem quibuscumque auxiliis juvaminibus et favoribus opportunis hinc ad annum unum proxime futurum faveant, quo tempore prænominati conductores onus susceperunt muniendi et fulciendi curiam nostram piscibus recentibus opportunis.

In quorum, etc.

Viglevani, die 30 septembris 1499. Per Tuzatum, B. CHALCUS.

5.

NOMINATION DE CONRADINO MARLIANI AUX FONCTIONS DE *Præfectus Annonæ*.

(Vigevano, 30 septembre 1499.)

Ludovicus, Dei gr. Scimus officia regum et principum esse, ubi Dei clementia aliquam status et populorum accessionem fecerint, in primis Deo maximo gratias agere debere et deinde populorum suorum studere commoditati et beneficio. Nos itaque in hac status nostri Mediolani felici reintegratione ob magnitudinem muneris accepti, sicuti non desinimus immortali Deo gratias agere, ita persæpe tacita cogitatione percurrimus quid populis nostris prodesse possit, ut intelligere possint muneri nostro minime nos deesse.

Quamobrem cum Dei clementia hic status noster Mediolani populorum frequens sit, ita imprimis curandum censemus ut bene eis sit circa provisionem annone ne blada extra hunc statum deducantur, cum ea res omnes tangat et nisi a prestantissimis et integerrimis viris gubernetur incommodum et damnum omnes sentire possint. Facto itaque a nobis diligenti scrutinio eorum quos præficere muneri annone possemus, ut res ipsa voto succedat, multorum sen-

tentiis comprobatus nobis fuit egregius vir Conradinus Mar-
lianus civis Mediolanensis noster dilectus, quando quidem
testati sint ipsum unum esse qui generi nobili suo integri-
tatem, modestiam, ac rerum usum ac virtutem singularem
conjunctam habeat.

Quapropter, opere pretiosum et conveniens existimantes
ipsi muneri illum præficere qui optimus judicatus fuit, per
has nostras ipsum Conradinum constituimus et deputamus
prefectum annone, ac aliorum præfectorum numero adjun-
gimus cum auctoritate in eo ordine consedendi, sententiam
suam in medium afferendi, suffragia dandi, ordinandi, providendi et deliberandi una cum collegis suis, minutasque
litterarum nomine nostro expediendi, signandi, et demum
alia omnia faciendi que ceteri deputati nostri ibi facere
possunt et is ordo postulat; ac cum mensuali salario, honoribus, oneribus et preheminentiis ad ipsum ordinem spectantibus ac per alios deputatos nostros licite percipi et
haberi solitis.

Mandantes ipsis deputatis nostris ut dictum Conradinum
in eorum ordinem admittant; thexaurarioque nostro generali injungimus ut ipsi Conradino de predictis sallario et
preheminentiis debitis temporibus respondeat et integre
respondere faciat.

Viglevani die ultimo septembris. Per Cambiagium,
B. CHALCUS.

6.

INTERDICTION DE LA VENTE DES MATIÈRES DE CONSOMMATION
DANS LE PAYS DE PIZIGHETONE AUX HABITANTS DE CRÉ-
MONE.

(Pavie, 3 octobre 1499.)

Comissario Laude.
Nomine regis.
Havemo veduto quanto hai scripto al signore Gio. Jacomo

Trivultio, nostro locotenente generale, circha la publicatione per te facta in la Giara de Pizighitone perche venesse ad notitia che si po andare in Cremonese et Giara d'Alda per condure di qua victualie e biade, e l'aviso che dai de quelli Cremonesi che venghino di qua a comprare vitelli, bestiami grassi e vini; circha le qual cosse meriti comendatione de la diligentia usata.

E per risposta de l'ultima parte, a noi pare cossa fora d'omne honesta che quelli che sono fora de questo stato venghino di qua a comprare tale cosse, perche andando noi ad Milano, et essendo di qua quello numero di gente con noy che si sa, più presto se ne haverebe condure di qua che lassarli andare di fora; e pero provederai, con quello più degno e meliore modo te parira, che non sia alcuno fora del stato nostro, *saltem* per questo tempo che staremo qui, venghi di qua ad comprare vitelli, bestiame grassi, vini ed altre victualie.

Papie, die tertiâ octobris 1499. Per Cambiaghum. B. Chalcus.

7.

Arrêté relatif au maintien de l'ordre a Milan pendant l'occupation militaire française.

(Milan, 12 octobre 1499.)

Si da notitia ad caduna persona quale se possa debitamente lamentare seu dolere de alcuni Francesi per alcuno maltractamento quale havesse havuto in la città, borghi e corpi sancti di Milano da dicti Francesi per qualunche causa, modo et forma, debia comparere nante al monsignore preposito de la casa seu corte del christianissimo e sacratissimo nostro Re e Duca, che li farà presta et celere et bona expeditione con satisfactione di quanto il dovere ricercherà. Jo. Jacobus.

Publicatum ad scalas pallatii Mediolani et ad plateam Arenghi Mediolani, die sabbati 12 octobris 1499, per Belvium de Penina, preconem communis.

8.

ARRÊTÉ ORDONNANT L'ARRESTATION DES PARTISANS
DE LUDOVIC SFORZA REVENANT A MILAN SANS SAUF-CONDUITS.

(Milan, 15 octobre 1499.)

Per parte de la Maestà del christianissimo Re di Francia e duca di Milano, se fà publica crida che se persona alcuna, maxime stapheri, famigli od altra gente de quelli se partirono et andorno al signor Ludovico Sforza, che sià tornato senza salvocondotto possa essere da ciascuno preso et presone e consignato al magnifico Monsignore lo capitano de giustizia di questa città; ed a ciascuno per la presente crida se concede licentia de posserli prendere per presone et consignarli al prefato domino capitanio.

Cridatur super platea Arenghi et in Broleto novo communis Mediolani per Augustinum della Scarpania, tubetam, die martis decimo quinto octobris 1499, sono tubarum premisso.

9.

FORMULE DU SERMENT DE FIDÉLITÉ PRÊTÉ A LOUIS XII
PAR LA COMMUNE ET LE PEUPLE DE MILAN.

(Milan, 29 octobre 1499.)

Die vigesimo nono octobris 1499.

Vos, scindici et procuratores totius universitatis civium nobilium et totius populi portarum urbis Mediolani solem-

niter et legitime electi, creati et constituti, ut patet per instrumenta sindicatuum et procurationum per vos exhibita
qui estis numero centum quinquaginta et ultra inferius
nominati, representantes totam Universitatem, corpus et
communitatem ipsius civitatis et populi Mediolani *ut supra*,
et omnes et singuli personaliter flexisque genibus reverenter
constituti coram Christianissimo Francorum Rege Ludovico XII, duce Mediolani et Janue domino, sedente supra
tribunali et in majestate sua regali et ducali, vestris propriis, sindicario et procuratorio nominibus dictorum consti-
tutorum et totius universitatis Mediolani, sponte, voluntarie,
ex certa scientia, nullo juris vel facti errore aut metu ducti,
scilicet animo mature deliberato et *ut supra*, omnibus modo,
jure, via, causa et forma quibus melius et validius esse possit in manibus christianissimi Regis stipulantis et reci-
pientis pro se, filiis, heredibus et successoribus suis in dicto
ducatu, promittitis et juratis, manibus propriis tacta yma-
gine crucifixi Domini nostri Jhesu-Christi et sacris scripturis super missalle ad sancta Dei evangelia, et in *(illisible)*
vestras proprias et constituentium predictorum, filiorumque
et descendentium suorum, et juratis per expressum quod ab
hodie in antea usque ad perpetuum eritis fideles, sinceri,
recti et obedientes homines, cives et subdicti prelibato Christianissimo regi duci Mediolani quoad vixerit et ipso Christianissimo domino Rege Duce antedicto decedente (quod
Deus avertat!) eritis fideles, sinceri, recti et obedientes
homines, cives et subdicti ejus liberis, heredibus et success-
soribus in dicto ducatu: et neminem alium viventem, seu qui
naturaliter vivere et mori possit, cujusque status, gradûs et
preheminentie possit esse, etiamsi de eo hic oporteret fieri
mentionem specialem, recognoscetis in dominum vestrum
naturalem et immediatum, nisi prefatum Regem ducem vestrum, et omnia agetis et facietis pro viribus et posse vestro
ad honorem et statum prefati Christianissimi Regis ducis
vestri, prout et quemadmodum facere debent et tenentur veri
et fideles homines et subdicti dominorum suorum, et quod
nunquam eritis nec vos reperietis in aliquo tractatu, consilio,

machinacione, opera vel facto in quo vel quibus modo aliquo contra prefatum christianissimum regem ducem Mediolani et suos *ut supra* nec contra eorum personas, aut honorem vel statum aut propter quod ipse christianissimus Rex dux Mediolani aut sui *ut supra* perdant seu amittant personam aut rem aliquam, quam de presente tenent seu in futurum tenebunt, nec committetis seu per vos patiemini committi aliquid, propter quod prefatus christianissimus Rex aut sui *ut supra* offensionem aliquam recipiant; quinymo, si vos vel aliquis vestrùm sentiant aut audiant aliquid ex predictis contra prefatum christianissimum Regem antedictum (*sic*) aut suos *ut premittitur* aut eorum aliquem, toto vestro posse et omni conatu et industria impedietis, resistetis et prohibebitis ne id fiat et ulterius id per vos vel nuncios aut litteras vestras prefate regie Majestati, si fuerit citra montes, sin autem, suis locumtenentibus et aliis officiariis suis protinus propalabitis et manifestabitis, nec ullo unquam tempore quovismodo facietis aut temptabitis rem aliquem quæ pertineat vel cessura sit ad injuriam seu contumeliam prefati christianissimi regis ducis Mediolani aut suorum *ut supra*. Quinymo ad omnem ejus requisitionem et suòrum omne mandatum ut fideles, recti, veri et sinceri cives et subdicti, agetis et facietis omnia omni tempore necessaria et utilia servicia et obsequia in omnem fortune et temporis eventum; nec ob aliquam causam præsentem, novam vel futuram aut status varietatem seu diminucionem ab obediencia et fidelitate prefati christianissimi regis et ducis ac suorum liberorum et heredum vos retrahetis seu abstinebitis; et si quid vobis vel alteri vestrum in secreto dictum fuerit vel commissum per dictum christianissimum regem ducem antedictum aut aliquem suorum, id nemini, sine licentia ipsorum, manifestabitis aut propalabitis, nec aliquid facietis propter quod pandatur; et consilium quod a vobis vel aliquo vestrum petitur per prefatum christianissimum regem ducem et suos secundum vobis ab eterno Deo prudentiam datam fidele et immaculatum prestabitis; et denique omnia vel singula omni tempore agetis pro posse vestro et omni industria quæ agere debent boni, fideles, recti, sinceri et obedientes homines, cives et subdicti erga naturales et directos dominos et superiores suos, bona fide et sine fraude et in omnibus et per omnia, prout requiritur et fieri debet ex natura vinculi totius fidelitatis, et prout in forma et secundum capitula utriusque fidelitatis... et prout in eadem forma continetur, sub obligacione vestrorum principalium honorum presentium et futurorum, et sub vinculo juramenti predicti; et renunciatis, nominibus quibus supra, exceptioni non facti et non prestiti hujusmodi juramenti fidelitatis et omnium et singulorum predictorum non sic et taliter actorum ac gestorum, omnique probationi et deffensioni in contrarium.

De quibus omnibus nomine regio petitur a notariis ibi presentibus fieri instrumentum in favorem Regis predicti.

Actum in arce Porte Jovis Mediolani sub porticu ubi depicta est imago Elefantis, astantibus et audientibus R.mo Domino Cardinali Borgio (*sic*), legato apostolico, R.mo Cardinali (*un blanc*) Rotomegensi duobus, oratoribus venetis, ill.mo D. Jo. Jacobo Trivulcio, locumtenente regio, ill.mo domino (*un blanc*) Marchioni Saluciarum.

10.

DÉCRET DE PUBLICATION DES NOMS ET DE CONFISCATION DES BIENS DES PARTISANS DE LUDOVIC SFORZA.

(Vigevano, 10 novembre 1499.)

Ludovicus Dei gr., etc. Dilectis nostris magistris intratarum nostrarum salutem.

Non magis bonum et equum decet principem fideles et obsequentes subditos liberalitate et beneficiis persequi quam inobedientes rebellesque et deficientes debitis penis pro modo culpe afficere. Cum igitur nostrum ducatum et statum

Mediolani divina ope et urbium subditorumque nostrorum alacri deditione, pulso Ludovico Sforza illius ultimo occupatore, nuper fuerimus assecuti, nonnullos subditorum nostrorum ratione ducatus et status predictorum cum prefato Ludovico Sfortia, aperto et notorio hoste nostro armaque et insidias nobis parante, et omnia quæ ad dicti status nostri perturbationem pertinere poterant machinante, perfugisse intellexerimus, humilitate et clementia illorum pertinatiam mollire gestientes, certum tempus preditum illis prefigi nostro nomine jussimus, intra quod eis libere et impune ad nos, si vellent, redire possent et deberent; communicatione adjecta quod eos, qui intra tempus presignatum non rediissent, rebellium, perfugarum et deficientium loco essemus habituri, et bona eorum ac jura universa velut lese majestatis reos prosecuturi. Quod edictum locis et temporibus opportunis publicari et proclamari fecimus, adeo ut in omnium noticiam absque ulla dubitatione pervenerit; idque ex eo aperte cognosci potuit, quod ex hiis nonnulli, rebus suis consulere ut par erat cupientes, edicto obedientes fuere, relictoque prefato Ludovico, ad nostram obedientiam intra præfinitum tempus redierunt; quos paterno affectu clementiæ nostræ sinu complexi sumus. Nonnulli vero, obstinato in nos et statum nostrum animo permanentes edictaque nostra et indictas a nobis mulctas contemnentes, hosti nostro predicto adherere quam ad nostram obedientiam confugere maluerunt.

Eos igitur indignatione nostra et penis illis communicatis dignos merito judicantes, harum serie, rebelles, perfugas majestatisque nostre reos, et illorum omnium et singulorum bona et jura quacumque jurisdictione existentia nobis et cameræ nostræ phiscali commissa adjudicata et confiscata esse pronunciamus et declaramus.

Verum ne a justitie tramite contra rebelles etiam et inimicos nostros discedere aliqualiter videamur, vobis, instante ad hæc procuratori nostro phiscali in dicto ducatu nostro generali, expresse committimus et mandamus quatenus predictos omnes et singulos, quos cum præfato Ludovico Sfortia profugisse nec intra prefinitum tempus rediisse, per legitimas informationes aut fama publica precedente, compereritis, proclamari particulariter et distincte locis publicis et consuetis faciatis, et illis non de minus legiptime comparentibus aut justam adversus predicta defensionem non facientibus, ad declarationem et executionem penarum predictarum adversus eos, ut juris est, procedatis, et nichilhominus interea bona quæcumque tam mobilia quam immobilia, juraque et actiones quæ tam per præfatum Ludovicum privato nomine quam et per Cardinalem Aschanium, Galeazium de Sancto Severino et alios qui cum ipso Ludovico, ut præmittitur, perfugerunt, eorumque discessus tempore occupabantur et possidebantur, vel quasi nomina debitorum qui illis quavis ex causa tenebantur, ad manus nostras sub debita inventarii descriptione reponatis et reducatis, bonaque ipsa regi et gubernari ac debita exigi sub nostra manu, debita ut nichil in sinistrum pergere possit omni diligentia, faciatis.

Mandantes idcirco locumtenenti nostro generali ac ceteris officiariis nostris mediatis et immediatis, quatenus, in præmissis et circa, vobis opem et auxilium, ubi et quoties oportuerit et per vos fuerint requisiti, præstent et exhibeant indillate, nostraque hujusmodi mandata sine contradictione fideliter exequantur, subditis vero et fidelibus nostris quibuscumque sub pena indignationis nostre et jussibus vestris circa præmissa pareant et intendant, cum penis et sine, veluti nobis.

Datum Viglevani, die decimâ novembris 1499 regni nostri secundo. Per Regem Ducem Mediolani, nobis et aliis præsentibus. Sign. : Duplessis. Cum sigillo regali pendenti.

11.

ORDONNANCE SUR LE FAIT DE L'ADMINISTRATION GÉNÉRALE
DU DUCHÉ ET DE LA CRÉATION DU SÉNAT DE MILAN.

(Vigevano, 11 novembre 1499.)

Ludovicus, D. G., etc. Ad aeternam rei memoriam.

Humanum fœdus, quodque fraterna primum violavit invidia, excrescente in dies mortalium ambitione et avaritia, nisi leges quibus malorum hominum audacia refrænaretur latae fuissent et principes et magistratus qui illas exequerentur creati, conservari diutius nequivisset. Inde Regum officium originem habuisse manifestissimum est : ut in pace et custodia populos urbesque, justitia mediante, continerent et eo pacto imperia sua stabilirent. Unde divino spiraculo Reges ipsi et qui terram judicant justitiam admonentur diligere : quam qui deserit Deo fit dissimilis et regio nomine indignus, sineque illa urbes et regna latrocinia nuncupantur.

Nos igitur, attendentes divos prædecèssores nostros Francorum reges præ cæteris principibus illam summopere coluisse et illius cultu atque observantia suum et solidasse imperium et auxisse, indeque maximam apud omnes exteras nationes gloriam reportasse, volentesque illorum vestigia quantum possumus imitari, cum nuper Ducatum et Statum Mediolani cum suis omnibus pertinentiis ad nos hereditario jure spectantem divina potius dispositione, quam humanis juribus fuerimus assecuti, illum justitiæ tramitem magis quam militum nostrorum robore regere conservare et augere divinis auspiciis constituimus. Verum animadvertentes nos continue in dicta Mediolanensi provinciâ non posse residere, sed pro regni nostri et aliarum provinciarum imperio nostro parentium necessitatibus ad alias nostræ ditionis provincias nos esse quoque transituros; impositum nobis onus exequi toto conatu gestientes;

Ad Dei immortalis, cujus beneficio tot populis et nationibus præfecti sumus, gloriam; Ducatusque et status nostri Mediolanensis ac subditorum nostrorum extramontanorum pacem quietem et tranquillitatem, perpetuo edicto et inviolabili decreto, omnia et singula in his nostris litteris inferius contenta, stabilimus et ordinamus et hac lege perpetuo valitura stabilimus.

Imprimis in dicto ducatu nostro et dominio Mediolanensi locumtenentem unum habebimus virum nobilem, æquum, strenuum et militari disciplina preditum. Et ex nunc creamus deputamus et ordinamus dilectum fidelem consanguineum consiliarium ac ciambellanum nostrum Joannem Jacobum de Trivultio, militem, comitem Pedenatici, marescalcum Franciæ, cujus fidem, prudentiam, strenuitatem ex plurimis rerum argumentis perspectam habemus. Cui in concernentibus guerram, armorum expeditionem, civitatum, oppidorum et aliorum locorum conservationem et defensionem, plenariam potestatem vice nostro relinquimus. Poteritque idem locumtenens super prædictis, quotiens sibi videbitur expedire cum senatu nostro Mediolani inferius nominando communicare. Vel quos voluerit ex senatoribus nostris dicti senatus et de capitaneis nostris ad se vocare. Et super concernentibus præmissa dum et quando erit extra civitatem Mediolani mandata, et literas patentes sub proprio nomine tamquam locumtenens noster generalis decernere et conficere, ac de negotiis et controversiis supra designatis super quibus non erit alius judex ordinarius deputatus cognoscere, vel causas cognoscendas aliis committere, prout bonum sibi videbitur. Ordinamus itaque ac præcipimus omnibus nostris capitaniis militibus stipendiariis armigeris tam equitibus quam peditibus, officiariis civitatum et aliis inferioribus quibuscumque, quatenus prefato nostro locumtenenti, super præmissis et ex eis descendentibus, indubie et sine difficultate pareant, obediantque veluti nobis.

Ordinamus insuper quod in dicto ducatu nostro et dominio Mediolanensi sit unus cancellarius ultramontanus qui caput et præsidens senatus nostri et justitiæ nostræ habebitur et cui custodia Sigillorum nostrorum committetur, aliisque honoribus et prærogativis, quibus cancellarii nostri Franciæ utantur, in dicto dominio potietur. Ad quod quidem officium præsentium tenore creamus, deputamus et stabilimus dilectum fidelem consiliarium nostrum Petrum de Sacierges, episcopum Lucionensem, qui erga nos et christianissimos prædecessores nostros Francorum reges plurima et maxima suæ probitatis, fidei, prudentiæ, virtutis et integritatis præbuit experimenta.

Et quia temporibus retroactis duo fuerunt in civitate nostra Mediolanensi, unum *secretum* et aliud *justitiæ* consilium ordinarium, quæ fere eamdem habebant auctoritatem; existimantes multiplicitatem magistratuum non necessariorum reipublicæ fore minus utilem, unicumque consilium ad omnia quæ utrique supradictorum consiliorum incumbebant onera sufficere; reipublicæ nostræ consulere, officiariumque multitudinem resecare in nostrum subditorumque nostrorum sublevamen cupientes;

Statuimus et ordinamus quod de cætero erit in dicto dominio nostro Mediolani unicum supremum consilium qui *Senatus* noster juxta veterum morem appellabitur, in quo dictus cancellarius providebit. Erunt præterea 17 consiliarii seu senatores : quorum duo erunt prælati, quatuor erunt militares, ceteri vero undecim erunt viri electi docti et graduati, quinque scilicet ultramontani et sex citramontani. Quos ex nunc harum tenore creamus et constituimus secundum ordinem infrascriptum videlicet dilectos filios nostros Magnificos Antonium de Trivultio Episcopum Comensem, et Hieronimum Pallavicinum Episcopum Novariensem; Petrum de Gallerate, Franciscum Bernardinum Vicecomitem, Gibertum de Borromeis comitem, Erasmum de Trivultio milites; Claudium de Seyssello, in magno consilio nostro et parlamento Tholosano consiliarium nostrum, Scipionem Barbavariam; Accursium Maynerii, in dicto magno consilio nostro etiam consiliarium et Provinciæ Majorem Judicem; Joannem Franciscum de Marliano; Michaelem Ritium, etiam in consilio nostro magno et in parlamento

Burgundiæ consiliarium nostrum; Jo.-Franc. da Curte; Japhredum Caroli, consiliarium nostrum in parlamento Delphinali; Joannem Stephanum de Castilliono; Hieronimum . de Cusano et Antonium Cacciam, juris utriusque doctores. Et hoc cum et sub stipendiis per nos particulariter illis in rotulo super hoc conficiendo taxandis et ordinandis, et cum aliis privilegiis, preheminentiis, prerogativis, immunitatibus, libertatibus, franchisiis et commodis, quibus consiliarii nostri magni consilii et parlamentorum nostrorum Franciæ et dicti ducatus nostri gaudent et fruuntur et antehac frui et gaudere consueverunt.

Ita tamen quod, cum primum unus tam ex dictis duobus prælatis quam ex dictis quatuor militaribus viris decesserit aut aliter eorum officia vacaverint, sint illa duo extincta officia et suppressa, nec alii possint in eorum locum subrogari, sed tantum unus prælatus et tres viri militares remaneant. Erunt etiam ipsi omnes senatores officiarii perpetui nec poterunt quovis pacto ab eorum officiis per dictum nostrum locumtenentem vel senatum aut alium removeri sine causa legitima, cujus cognitio et declaratio ad ipsum senatum nostrum pertinebit.

Item, quod quotiescumque aliquod dictorum officiorum præfatorum consiliariorum seu senatorum nostrorum citramontanorum per mortem, delictum aut aliter vacare contigerit; juramento prius per ceteros senatores de eligendo tres quos cognoverint magis idoneos ad tale officium obtinendum in manibus cancellarii vel præsidentis et per ipsum cancellarium vel præsidentem in manibus immediate sequentis solenniter præstito, eligent dicti senatores nostri tres quos ad tale officium sufficientiores et idoneos esse cognoverint, et electionem seu nominationem factam sic per eos nobis transmittere tenebuntur.

Nosque unum ex sic nominatis et electis ad dictum senatorium officium confirmabimus et deputabimus, qui dicto senatui nostro litteras nostras sue confirmationis et collationis dicti officii tenebitur præsentare; et deinde priusquam ad dicti officii exercitium admittatur, in præsentia totius senatus prædicti et in manibus in eo præsidentis juramentum præstare quod pro dicto officio per se vel interpositam personam nemini dedit vel promisit. seu promitti fecit pecuniam vel aliam rem æquivalentem. Et si aliquam pecuniam vel rem æquivalentem per se vel interpositam personam reperietur donasse aut promisisse directe vel indirecte, volumus et ordinamus ipsum a dicto officio repellendum et arbitrio nostri senatus puniendum.

In ista tamen nominatione et electione officium cancellarii præfati intelligimus minime comprehensum, idemque et de officiis senatorum ultramontanorum juxta prætextatum numerum, quæ, cum tempus vacationis occurrerit, plenariæ dispositioni nostræ reservamus absque aliqua nominatione.

Volumus etiam quod, aliquo ex dictis senatoribus nostris togatis absente vel in totum deficiente, alius immediatus subsequens, et eo absente vel etiam deficiente, alius subsequens, et sic deinceps eiusdem nationis locum aliorum ut præmittitur ascendentium obtineat, itaque ille qui de novo in locum deficientis creabitur novissimum locum inter ceteros de sua natione consequetur, et idem in militaribus viris volumus observari. Et quoniam eos qui retroactis temporibus in dictis consiliis secreto et justitiæ locum obtinebant, non ob antiquam eorum culpam vel defectum, sed ad numerum refrænandum, quem determinatum esse volumus, exclusos esse opportuit :

Volumus et declaramus quod, quamdiu aliqui ex eis supererint, et locus vacationis in persona alicujus ex senatoribus nostris citramontanis evenerit, non possint alii præter dictos antiquos consiliarios ad dicta officia vacantia nominari vel eligi, et nihilominus ipsos omnes antiquos consiliarios interim omnibus privilegiis, honoribus, prærogativis, preheminentiis et commoditatibus quibus antea gaudebant uti, gaudere et frui volumus quoad vivent. Poterunt insuper dictum senatum nostrum, quoties per dictum cancellarium vel alium præsidentem vocabuntur, intrare, et in omnibus actibus, cessionibus publicis post dictos senatores numerarios ceteris anteferri, et ulterius quoties aliquis actus judiciarius aut extrajudicialis per aliquem Senatorem nostrum fieri debebit, in difectum dictorum numerariorum per dictos ·antiquos consiliarios seu Senatores talis actus poterit explicari, nullique alii debebit committi.

Volumus præterea et ordinamus præfatos Senatores nostros sic in Senatu nostro ordinatos in dicta civitate Mediolani residentiam facere, ut sua valeant officia exercere et subditis nostris prout de eis confidimus, justitiam ministrare.

Quem quidem senatum poterit dictus noster locumtenens quotiens voluerit intrare.

Quantum autem ad alia officia Judicaturæ quæ sunt dicto senatui nostro inferiora et subalterna, prout sunt Capitanei Justitie, Potestates, Vicarii, Commissarii civitatum et oppidorum, Judices, Consules et alii similes, temporalia seu perpetua, quæ temporibus retroactis per duces Mediolani solebant conferri seu donari; quotiescumque aliquod prædictorum officiorum vacare contigerit morte, lapsu temporis vel aliter; volumus dictos senatores nostros, juramento juxta formam supradictam in manibus cancellarii vel alterius in dicto Senatu nostro præsidentis per eos præstito, procedere ad electionem trium virorum, quos in eorum conscientia cognoverint sufficientes ad tale officium obtinendum pro bono nostro et subditorum. Quam nominationem sic factam et in scriptis redactam habebunt dicto locumtenenti nostro generali præsentare, qui unum de tribus sic nominatis sine mora tenebitur acceptare. Et illi sic acceptato dabuntur et expedientur litteræ nomine nostro et sigillo nostro per dictum cancellarium sigillatæ; tenebiturque dictus officiarius juramentum in manibus dicti cancellarii vel alterius præsidentis *ut supra* præstare : « qui per se nec per alium pro dicto officio obtinendo aliquam pecuniam vel aliquam rem æquipolentem donavit seu promisit ». Et juramento sic per eum prius præstito tenebitur postmodum iterum jurare quod bene et legaliter dictum officium exercebit juxta naturam officii et secundum formam consuetam.

Item eidem Senatui nostro damus et concedimus per præsentes potestatem seu auctoritatem decreta nostra ducalia confirmandi et infirmandi, dandi omnes et quascumque dispensationes, statutorum et ordinationum confirmationes, rehabilitationes, temporum prorogationes, in integrum restitutiones et omnes alias provisiones justitiæ in dicto ducatu nostro Mediolanensi et aliis terris ab eo dependentibus ac in toto Dominio nostro Astensi.

Poterit etiam dictus Senatus noster contra statuta ducalia curiarum stylos dispensare, lecturis universitatis nostræ Papiensis prout expedierit providere, rotulosque legentium et stipendiorum suorum confirmare vel reformare et cœtera alia omnia facere quæ prædicta Consilia secretum et justitiæ Mediolani ordinata antehac facere consueverunt.

Et cognoscet dictus Senatus de causis arduis inter subditos nostros præfati dominii : utputa comitatuum, marchionatuum et quorumcumque feudorum nobilium, quando erit quæstio inter nos et nostros vassallos, seu inter ipsos vassallos, nec non de omnibus aliis causis magnis, quoties res de qua agetur erit et ascendet usque ad summam mille ducatorum in annuo redditu et supra, et etiam de causis per nos et cancellariam nostram illis specialiter commissis, et aliis de quibus per appellationem vel aliter dicta consilia secretum et justitiæ retroactis temporibus cognoscere consueverunt, nec non de causis appellationum a sententiis definitivis vel interloquutoriis vim definitivarum obtinentibus quæ per Magistros intratarum nostrarum proferentur; (exceptis iis, quæ super calculo ferentur a quibus nolumus appellari), item et de causis appellationum dicti dominii Astensis quæ ad nos devolvuntur et devolvi consueverunt sine præjudicio separationis olim factæ.

Et cognoscet ulterius dictus Senatus de verificatione et interinatione litterarum nostrarum donorum, remissionum, indulgentiarum, privilegiorum, ordinationum, et edictorum tam justitiam quam policiam concernentium. Quæ quidem litteræ omnes supradictæ, nisi per prius fuerint in dicto Senatu nostro præsentatæ, interinatæ, et verificatæ, nullius firmitatis, effectus vel momenti esse poterunt, easque tam concessas quam concedendas decernimus per præsentes irritas et inanes.

Habebit præterea dictus Senatus curam et superinten-dentiam super omnes officiarios justitiæ tam temporales quam perpetuos. Et poterit illos punire, suspendere, privare et corrigere secundum casus exigentiam et prout dicto consilio videbitur, et providebit de syndicatoribus juxta solitum.

Præterea ordinamus et perpetuo edicto declaramus quod sententiæ, decreta et ordinationes proferendæ per dictum consilium nostrum suum sortiantur effectum. Et tamquam sententiæ seu arresta curiæ supremæ, a quibus appellari seu provocari non potest nec de eorum nullitate, dictæ executioni mandabuntur. Et tenebitur dictus locumtenens ceterique officiarii nostri Ducatus et Dominii illa facere exequi et similiter alias provisiones dandas per dictum consilium et super his manum fortem concedere si opus sit; et similiter officiarii dominii nostri Astensis in his quæ eos modo præmisso concernant. Poterit tamen condemnatus per dictum Senatum infra terminum juris supplicare, recurrere et remissionem processus petere contra dictas sententias seu arresta, et punito prius judicato, super dicta supplicatione vel recursu a cancellaria nostra litteras revisionis impetrare, quas dicto senatui tenebitur præsentare, et deinde, priusquam ad dictam revisionem procedatur, deponere et consignare summam 60 ducatorum auri in manibus unius ex secretariis dicti senatus vel alterius per dictum consilium deputandi cameræ nostræ ducali, casu quo dictus supplicans succumbat, irremissibiliter applicanda. Quo deposito facto, tenebitur dictus Senatus noster infra unius anni spatium dictum processum revidere et denuo prout justum fuerit judicare; rejectis iis quos ex causa legitima altera partium instante suspectos esse cognoverit et aliis in eorum locum, si opus fuerit, subrogandis.

Volumus etiam et ordinamus quod in dicto senatui nostro teneatur cancellarius seu alius præsidens in eius absentia concludere materia sufficienter discussa a pluralitate vocum et opinionum.

Volumus ulterius quod dictus senatus habeat litigationibus causarum, expeditionibus supplicationum et aliis negotiis occurrentibus vacare duabus horis de mane et duabus post prandium diebus non feriatis in honorem Dei, horis congruentioribus et prout per eos pro meliori fuerit deliberatum; quodque ipse senatus sententias ordinarias decreta ceteraque sua ordinamenta sub nomine nostro faciat et expediat.

Statuimus præterea quod provisiones ordinandæ super supplicationibus quæ in dicto Senatu nostro per subditos nostros porrigentur, referantur, expediantur et subsignentur per unum ex dictis nostris senatoribus, secundum quam expeditionem secretarii habebunt litteras expedire et ad cancellariam nostram deferre.

Item et ad tuendum et jura nostra defendendum, volumus et ordinamus quod in corpore dicti nostri consilii habe bimus unum procuratorem et unum advocatum fiscales, viros in jure doctos et literatos a nobis debite stipendiatos. Quos ex nunc deputamus, videlicet ad officium advocationis dilectum nobis magistrum Hyeronimum Moronum, ad officium vero procurationis magistrum Joannem de Birago, juris utriusque doctores; ad quorum officia, cum locus vacationis contigerit, nominabuntur per dictos Senatores nostros tres nobis præsentandi et confirmandi, juxta superius declarata qui tamen non intrabunt dictum senatum nisi vocati aut pro negotiis nostris proponendis, horis congruis et per ipsum Senatum eis ordinandis.

Erunt et in corpore dicti Senatus nostri quatuor hostiarii salariati expensis nostris, quorum officia ad præsens et cum tempus vacationis evenerit ad collationem præfati cancellarii nostri et suorum in dicto officio successorum relinquimus. Et idem de hostiarios magistrorum intratarum nostrarum concedimus.

Item quoad cancellariam, statuimus et ordinamus quod in dicta cancellaria nostra erunt decem secretarii per nos ordinandi, qui in causis tam civilibus quam criminalibus processus, acta, ordinationes et appontuamenta dicti con

silii conficient et subscribent. Et ulterius signare habebunt
omnes litteras deliberatas et ordinatas per dictum cancellarium qui tenebit dictum sigillum et per consiliarios cum eo
deputatos, postquam dictæ litteræ fuerint in cauda per alterum consiliariorum subsignatæ. Duoque ex ipsis acta, processus, litteras et alia quæ in auditorio magistrorum intratarum nostrarum fient, ordinabuntur et erunt necessaria,
conficient et subscribent. Et tenebuntur dicti secretarii ante
dictorum suorum officiorum exercitium in manibus præfati
cancellarii juramentum solempniter præstare, secundum
qualitatem et materiam suorum officiorum et quod sibi pare-
bunt et obedient tanquam eorum judici et immediate superiori.

Et ex nunc ad dicta officia ordinamus dilectos nostros
magistros Bartholomæum Calchum, Petrum Magurey, Cons-
tantium Ferrerii, Petrum Garboti, Angelum Dominicum de
Grandis, Philippum de Comite, Joannem Magnum, Julium
Cattaneum, notarium intratarum ordinariarum, et Jo. Mol-
lam de Bellisona, notarium intratarum extraordinariarum.

Ordinamus præterea quod dicti secretarii tenebuntur et
jurabunt signare dictas litteras quas non composuerint et
tam expeditas per Senatum quam cancellarium, absque eo
quod aliquid a partibus occasione dictæ signaturæ recipiant.

Statuimus præterea et ordinamus quod dicti secretarii qui
eorum officia in dicta cancellaria exercebunt quolibet mense
habebunt bursas super emolumento dicti sigilli per manus
audientiarii distribuendas prout in cancellaria Franciæ hactenus fuit observatum.

Et hac de causa in dicta cancellaria ordinabimus unum
audientiarium et unum contrarelatorem seu scriptorem ex
numero dictorum secretariorum. Et ex nunc ordinamus dictum Petrum de Mansebrey audientiarium et contrarotulato-
rem seu scriptorem dictum Petrum Garboti, qui recipient et
contrarolabunt seu conscribent emolumentum et pecunias
procedentes ex dicto sigillo, et de illis tenebuntur computum et rationem reddere coram dictis magistris intratà-
rum, prout in cancellaria Franciæ fuit hactenus observàtum.

Erunt etiam in dicta cancellaria duo sigillatores qui habebunt salaria et stipendia prout per dictum cancellarium et consiliarios in dicta cancellaria modo quo infra deputatos fuerit ordinatum. Et collatio dictorum officiorum, ad præsens et cum locus vacationis contigerit, dicto cancellario et suis successoribus pleno jure pertinebit, similiter et collatio quorumcumque officiorum quorum stipendia summam vigintiquinque ducatorum auri annuatim non excedent.

Item volumus et declaramus quod in dicta cancellaria expediantur omnes litteræ justitiæ per dictum consilium *ut supra* decretæ. Concedet insuper dictus cancellarius omnes alias litteras justitiæ ac gratiæ et remissiones seu indulgentias casuum remissibilium, bannorum, carcerum infractiones, receptiones homagiorum quæ recipiuntur per dictorum nostrorum cancellarium forma et modo consuetis, confirmationes privilegiorum; investiturarum et similium gratiæ concessionum litteras spectabit, et similiter omnes et quascumque alias provisiones meræ gratiæ. Et ubi super dictis justitiæ provisionibus aliqua difficultas oriretur, quæ fuerit facta per dictum cancellarium vel alterum ex consiliariis sibi assistentibus, cancellarius prædictus tenebitur consilio remittere, ut super illis maturius per dictum senatum judicari et ordinari possit prout fuerit rationis.

Et si aliquam falsitatem in litteris nostris in dicta cancellaria expeditis committi contigerit, cognitio plenaria et emolumentum confiscationis (si locus sit) ad dictum cancellarium nostrum pleno jure pertinebit qui super dicti crimine ordinare et falsarium punire poterit aut illi indulgere, quemadmodum cancellarius Franciæ circa falsificantes litteras nostras facere consuevit.

Ordinamus ulterius quod dictus cancellarius dictam cancellariam tenebit, convocatis secum quatuor ex dictis senatoribus nostris tam ultramontanis quam citramontanis per dictum cancellarium nostrum eligendis, qui tamquam magistri requestarum habebunt quolibet mense unam bursam in dicta cancellaria quemadmodum magistri nostri requestarum in cancellaria Franciæ habere consueverunt.

Prohibemus igitur et destrictius inhibemus ne aliquæ personæ cujusvis status, gradus aut conditionis existant præter dictum cancellarium nostrum aliquod sigillum in quo arma seu insignia nostra sint insculpta conficiant aut confici faciant vel penes se habeant, neve litteras aliquas sub nomine nostro sigillent aut sigillare faciant alio sigillo quam apud dictum cancellarium nostrum existente et de eius mandato, neque deinceps aliquo modo in quovis loco sub nomine consilii nostri conveniant aut provisiones aliquas vel litteras decernant, exceptis dictis senatoribus nostris et aliis qui pro tempore in eorum locum successerint per modum superius expressum sub pœna falsi. Quæ omnia et singula per nos ut superius decreta, statuta et ordinata in vim edicti perpetui et constitutionis volumus observari.

Mandantes propterea omnibus et singulis officiariis et subditis nostris dicti ducatus et status Mediolanensis et comitatus Papiæ et dominii Astensis, mediatis et immediatis, præsentibus et futuris, sub pœna indignationis nostræ, quatenus prædicta omnia et singula in litteris nostris promulgata, statuta et ordinata inviolabiliter observent ac per quos expedierit faciant observari; mandantes insuper thesaurariis nostris, magistris intratarum ac ceteris ad quos spectabit quatenus dictis consiliariis et ceteris officialibus nostris superius nominatis stipendia et salaria per nos eisdem et cuilibet ipsorum statuta et ordinata, sine quavis difficultate, persolvant, eosque libertatibus, franchisiis, commodis, immunitatibus, preheminentiis et privilegiis quibuscumque eis aut alteri eorum quoquomodo concessis et debitis ac pertinentibus frui et gaudere faciant et permittant inconcusse has in testimonium concedentes; quas ad perpetui roboris firmitatem manu nostra signavimus et sigillo nostro jussimus sigillari.

Datas Viglevani die undecimo mensis novembris anno Nativitatis Domini 1499 et regni nostri secundo : Loys. — Per regem ducem Mediolani in suo consilio : Robertet.

Visa, lecta, publicata et registrata in senatu Mediolani die decimo quinto novembris 1499. — B. Calchus.

12.

Ordonnance de Ludovic Sforza sur le fait de l'administration de Milan pendant la guerre.

(5 février 1500.)

*Quod offitiales vadant ad eorum officia et pro credito-
ribus camere et ellectio certorum deputatorum.*

Per parte de lo illustrissimo et excellentissimo signore
Ludovico Maria Sforza Anglo, duca nostro de Milano, che
N. S. Dio salva et mantengha, se fa intendere che essendo
cum l'adiuto de lo omnipotente Dio, cum tanta jocundita et
alegreza de questi citadini et universo populo, reducto in
questo suo felicissimo stato, (che ne magiore exprimere se
poria ne S.ᵉ E. haveria possuto desiderare), pare conveniente al offitio suo de fare tutte quelle demonstratione
quale spectano non tanto a signore verso subditi soi, ma a
patre verso fioli; e veramente rincresce a la Signoria soa che
per le occorrentie grande che ogni hora accadeno per conservatione del stato, epsa non possa presentialmente attendere a questa expeditione; ma per esserli al core pensando
più in questo cha in alcuna altra cosa, cioè de gratificare
questa cita e tuto lo stato; havendo domani S. S. a transfe-
rirse in campo per proseguire la victoria contra li inimici
soi, ha pensato de deputare persone degne et idonee a le
infrascripte cose a beneficio de la cita et del stato, benche
La lassi qui lo illustrissimo et reverendissimo signore Vice-
canzelaro, suo fratello, cum arbitrio di fare tanto quanto la
Signoria soa.

Et, *ante omnia,* se notifica che la vole che ogniuno quale
fusse consiliero et in magistrato inanze la partita sua, *ex
nunc* sia remisso al loco suo e vada a l'officio secundo el
solito, quale se studiano de administrare cum fede e justitia.

Da poi, per procedere a la satisfactione de li debiti con-
tracti per li bisogni del stato, li quali el desiderio suo fu

sempre de satisfare, et a la partita sua fu in animo de darli tute le possessione sue, ma judicando chel sia stata opinione de qualchuni chel havesse dato quello chel non poteva tenere, penso de expectare meliore tempo el quale sperava chel sia questo quale e al presente, e pero certifica che La vole dare tute le possessione sue in pagamento a dicti creditori e dara ordine expediente a questo.

E perche S. E. e deliberata fare effectuale demonstratione del amore chela porta a questa cita cum recognoscere li boni effecti facti per epsa, non possendo de presente la signoria soa attendere a questo per la causa sopradicta de seguitare li inimici, lassa ordine al predicto signore vicecancelaro suo fratello de intendere li ricordi se vorano fare per beneficio de essa cita, acio che intesi seli habia accommodare ogni effectuale provisione, per fare el tuto como e dicto, a benefitio ed a leniamento de questa cita perche niuna cosa più pensa ne desidera cha de gratificare li soi subditi et populi cum effecti; e le persone ellecte sono le infrascripte.

El R. Vescovo de Lactua;

El generale de li Humiliati;

Lo R. arcivescovo di Bari;

El R. prothonotario de S. Celso;

El R. prothonotario Crivello;

El R. prothonotario da la Torre;

El R. proposito da Vidolbono;

D. Petro da Callara;

M. Francesco Bernardo Vesconte;

M. Baptista Vesconte;

M. Galeaz Vesconte;

M. Ambrosio del Mayno;

M. Jo-Francesco da Marliano;

M. Gaspar Vesconte;

El Conte Bartholomeo Crivelo;

D. Baptista da Landriano.

Sign.: B. Chalcus. — Publicatum die mercurii quinto februarii 1500.

13.

ORDRE DE DÉCLARATION DES BIENS DU PARTI FRANÇAIS ET
INTERDICTION DES CORRESPONDANCES AVEC L'ENNEMI.

(26 février 1500.)

*Habentes de bonis illorum qui sunt ad servitia Franze-
siorum notificent et de litteris contra statum non mitten-
dis nec acceptandis.*

Acioche tutti quelli subditi del nostro illustrissimo signore
Ludovico Maria Sforza Anglo excellentissimo duca di Milano
(che Dio lo salva e mantengha), che sonno ad servitio de
Franzesi habino ad sentire debita pena de li errori suori :

Per parte de S. E. si fa crida e publico commandamento
ad ogni persona di qualunca stato sia, che ciascuno che
sapesse dove fossino, o havesse alcuni beni mobili o immobili di tuti quelli sono con essi Franzesi, overo nel castello
de Milano, cosi persone ecclesiastice como seculare che
siano, li habino notificato sotto pena de rebellione e confiscatione de suoi beni, in termine de tri di proximi doppo la
publicatione di questa crida, a M. Bernardino de Aretio,
vicario de la provixione di Milano, et M. Hilario Gentile, deli
maestri ducali de le intrate extraordinarie, intendendo che in
esso termine niuno possa transfugare o fare transfugare
roba alcuna di quella havesse o sapesse dove fosse di predicti subditi alhora de la presente crida e comandamento,
con intentione de notificare poi e consequare quello li pa-
resse et inganare con tal malitia il predicto nostro illustrissimo signore, declarando *ex nunc* caduno essere caduto in
la pena predicta quando si trovasse commettere simile
fraude.

Item, acioche ogniuno sapi como deportarsi, andando

intorno a questi tempi, neli quali convene havere grande advertentia, che sotto spetie di mercantia o altri diversi colori, non si tractassino cose contral stato di S. E.

Per parte sua, si fa simile commandamento ancora e sotto medesma pena, che non sia alcuno che ardisca portare ne mandare intorno lettere o messi o ambasate, dove si tracti cose del stato di S. E., quando bene anche havesse salvoconducto in alcuno loco o in qua o in la, sive sia mercadante sive persona de altra condicione como si volia; certificando ogniuno che! sera diligentemente cerchato e sel si trovera in fallo sera tractato da rebelle o punito, como quello da chi sera mandato; facendo intendere ad ogniuno che notificando alcuno tuti li malefactori predicti ogni accusatore, etiam chel fusse conscio e colpevole di tal cosa, sera liberato e tenuto secreto, e li sara dato la tertia parte de la pena serano incorsi quelli chel accusasse, e non havendo li accusati roba sera in altro modo dignamente remunerato.

Jo. Molus, cum sigillo ducale.

Publicatum super platea Arenghi et in Broletto communis Mediolani, per Ant. de Pusterla, tubetam ducalem, die mercurii 26 februarii sono tube premisso. — *Item,* publicatum per omnia carubia portarum civitatis Mediolani per suprascriptum me, die jovis 27 mensis februarii, sono tube premisso.

14.

INTERDICTION DE L'IMPORTATION A MILAN DES DRAPS
ÉTRANGERS.

(28 février 1500.)

Pro drapis lane forensibus Mediolanum non conducendis.

Adcio che ogniuno intenda la intentione del illustrissimo

et excellentissimo signore Ludovico Maria Sforza Anglo, duca de Milano, essere che *omnino* sia observata la concessione *alias* facta per la E. S. alli mercadanti de drapi de lana, de la sua inclita cita de Milano, como appare per sue lettere patente « dat. Mediolani die 29 de novembre de l'anno 1481. Signato B. Chalcus. » per lequale furno confirmate altre lettere concesse ad dicti mercadanti per la felice memoria del quondam illustrissimo signore duca Galeaz, date a Cropello a di 11 settembre 1474, salvo la parte onde inhibiva che non se potesse condure drappi forexi de magiore pretio de libre 40 imperiali per ciascuna peza.

De novo, in executione de altre lettere del predicto illustrissimo duca de Milano, se fa publica crida e bando che non sia persona alcuna di qual condicione, stato, grado, dignità e preheminentia voglia se sia, che olsa ne presuma portare ne condure ne fare portare ne fare condure in questa cita de Milano e suoi burgi alcuna quantita de drapi de lana alti ne bassi, sayete, caresce ne lane laborate, salvo *ut supra*, ne tenere ne acceptare de dicti drapi de lana, sayete, caresce, che non siano facte in la dicta cita o burgi de Milano, sotto pena de perdere tali drapi, sayete, caresce e lana forestere a spese et damni de che serano; e quelli a chi se troverano in botegha, casa overo in fondeghi o in altri loci occulti o palesi, incurrerano in la pena se contene nele ducale predicte lettere, date a Cropello, confirmate *ut supra*, registrate al offitio de li Panigaroli.

Item che, non obstante la dicta inhibitione, che sia licito ad caduna persona securamente e senza pena alcuna portare, tenere, et acceptare, comprare e vendere in questa cita de Milano drapi facti nel predicto dominio del illustrissimo signore nostro, domente che non excedano el pretio de libre 50 imperiali per ceschaduna peza de dicti drapi. Cum questo pero che siano mercati e cum el nuntio et buliati e alla longhezza de panni de Milano e stamete como se contene in la dicta lettera, data a Cropello *ut supra*, laquale in tuto se debeno (*sic*) observare reservato *ut supra* sotto la pena se contene in ipse lettere.

B. Chalcus, cum sigillo ducali. — Publicatum super platea Arenghi et in Broleto communis Mediolani et per omnia carubia portarum civitatis Mediolani Antonium de Pusterla tubetam ducalem die veneris 28 februarii supra scripti, sono tubarum premisso.

15.

Liste des donations
faites sur les biens de rebelles confisqués.

(10 juillet 1500.)

Rotulus bonorum rebelium donatorum diversis personis.
Loys, par la grâce de Dieu, roy de France, duc de Millan, A tous ceulx qui ces présentes lettres verront, salut.

Comme pour récompenser plusieurs bons personnaiges, cappitaines, chiefs et conducteurs de nos gens de guerre, et aultres, nos serviteurs et subgets, des bons et recommandables services qu'ils nous ont faits au fait de nos guerres à la derrenière conqueste et reduction qui a esté faicte de notre dite duché depuys la révolte d'icelle et des grans peines et travaulx, frais, mises et deppenses qu'ils y ont eus, supportés et substenus, nous avons avisé de leur baillier et delaisser certains biens, rentes et revenus à nous appartenans, advenus, eschéus, et appliqués à notre chambre ducalle, par la forfaicture et confiscation des rebelles de notre dite duchié, qui depuys la prime conqueste et reduction d'icelle notre duché et estat de Millan, se sont révoltés, et tenu party à nous contraire. Et sur ce nous avons fait et signé ung rolle et estat selon lequel nous entendons les assignations estre faictes et baillées aux nommés en iceluy, pour faire lesquelles assignations et bailler les lettres desdits dons aux nommés endit roolle, soit besoin bailler et décerner nos lettres de pouvoir à quelque bon et notable personage de par dela à

nous seur et feable, savoir faisons que veus et considéré et la
confiance que avons de la personne de notre amé et feal con-
seiller, l'évesque de Luçon, notre chancellier, président et chef
de notre justice à Millan, à icelluy pour ces causes et autres
à ce nous mouvans avons donné et donnons pouvoir de
bailler particulièrement à ceulx qui sont nommés audit roolle
leurs lettres de dons et sommes annuelles qui y sont esti-
mées à prendre sur les biens desdits rebelles dont declaration
aura esté faicte comme il appertient, et icelles leur assigner
spéciffier et déclairer ès lieux et ainsi qu'il verra estre afaire
pour en jouyr et user yceulx à la charge qu'ils se tiendront
et feront résidence par dela d'icy à deux ou trois ans ou plus
se notre affaire le requiert; et quant ils s'en vouldront venir
après ledit temps que n'aurons aucun affaire, ils n'en pour-
ront vendre ne transporter que la moitié et au regard de
l'autre elle retornera à notre chambre ducale. Lesquelles
assignations, speciffications, déclarations et lectres que notre
dit chancelier aura baillees en la forme dessus dite, nous
voulons estre d'un tel effect vertu et valeur que si par nous
et nos propres lettres ils avoient esté et estoient fais et baillés
et quant à ce les avons auctorisés et auctorisons de notre
pleine puissance et auctorité royale et ducale par ces présentes lettres signees de notre main, ausquelles en tesmoing
de ce nous avons faict mectre notre scel.

Donné à Lyon le segond jour de juillet l'an de grâce mil
cinq cens, et de notre règne le troisième. — Par le Roy duc
de Millan, monseigneur le cardinal d Amboyse et autres présens : ROBERTET. — (Collationatum cum originali et concor-
datum : Jo. VALINUS.)

ROLLE DES CAPITAINES

et autres auxquels le Roy a desparty des confiscations des
rebelles de sa duché de Millan et dont il veut et entend que
Mgr de Luçon, chancellier et chef de son Conseil et Sénat
audit Millan, leur baille la possession et puyssance selon le

despartement et contenu cy-après et lettres patentes de don et octroy, par vertu du povoir qu'il lui envoye à ceste fin soubs les conditions et pourveux contenus audit povoir.

A M. d'Alègre, la confiscation de Jheronimo de Becquerio de Pavye.

A Fontrailles, son lieutenant, sur les biens et confiscation de Bernabo et Dominicque de Marillan et de Loys potero de Fignolle, jusques à 200 ducats par an.

A M. d'Oyson, sur les confiscations ainsi qu'il sera advisé, jusques à 600 ducats par an.

A Robert Stuard, son lieutenant, et Couranges, lieutenant de M. de Savoye, sur lesdites confiscations, jusques à 600 ducats pour les deux, qui est mᶜ ducats à chescun.

A M. de Monthoison, sur lesdites confiscations, jusques à 600 ducats par an.

A M. Aymar de Prye, sur la confiscation et biens des contes Jehan, Carles et Bartholomé d'Amguisola, jusques à 800 ducats par an.

A Jehannot d'Arbouville, sur lesdites confiscations, 200 ducats par an.

Au chevalier de Lonnain, la terre et seigneurie de Tricas, qui fut à ceux de Lampoignan.

A Montault, son lieutenant, sur les biens et confiscation de messire Anthoine de Lomagne, qu'il a en Novaroys, 100 ducats par an.

A Gimel, sur les biens et confiscation de Christophe Torelles, 600 ducats par an.

A Roquebertin, sur les biens et confiscation du conte Conart de Plaisance, 500 ducats par an.

A Sainct Prest, les biens et confiscation de Ludovic de Malespine, de Masse, s'il y a matière de confiscation, sinon sur aultres confiscations, jusques 500 ducats par an.

A la Mole Durette, son lieutenant, sur les biens et confiscation de Guide Anthoine Crivel, 100 ducats par an.

A M. de Montemart, gouverneur d'Ast, sur les biens et confiscation de ceulx de Becquerie et sur Saint-Nazare, jusques à 500 ducats par an.

A Pierre Damas, serviteur de M. de Ravastain, sur lesdites confiscations, jusques à 50 ducats par an.

A Loys de Saint-Symon, sur les biens des enfens de Cavalquin Guidebone, jusques à 100 ducats par an.

A Guyon le Roy, sur Castelnau Rat et aultres terr ; de Jehan Perrin Rat, jusques à 100 ducats.

A M. de Serreval, sur quelques confiscations, jusques à 300 ducats par an.

A messire Jean Cebal, sur lesdites confiscations, jusques à 200 ducats par an.

A Hginbault, lieutenant de M. le marquis de Salusse, sur lesdites confiscations, jusques à 300 ducats.

A Loys d'Ars, sur lesdites confiscations, ainsi qu'il sera advisé jusques à honze cens ducats par an.

A Gandebert Carré, sur Chasteau Saint George, qui fut à Ordras de Lampoingnan, jusques à 500 ducats par an.

A Georges Carré son frère, Guillaume Collichon et David Folerton, escossoys, sur les biens du chevalier Ferrusin, jusques à 300 ducats par an, qui est à chacun 100 ducats par an.

A M. de Cepy, sur les biens de Lodric Crivelle, jusques à 500 ducats.

A Jacques de Busserade son frère, Loys de Maines son cousin et Jehan Guenouille, jusques à 300 ducats par an, sur la confiscation de Galeaz Colla, qui est à chacun 100 ducats.

A l'Advocat de Naples, sur les biens et confiscation de Marc Anthoine de Coppelle, jusques à 200 ducats par an.

A messire Geoffroy Carles, sur les biens du comte Anthoine Crivelle et sur la place de Adorne, jusques à IIᶜ ducats par an.

A Aubert de Rousset, sur lesdites confiscations, jusques à 600 ducats par an et la cappitainerie et (*sic*) gardebosco.

A M. d'Albon, son lieutenant, sur lesdites confiscations, jusques à 100 ducats par an.

A M. de Chander, sur lesdites confiscations jusques à 400 ducats par an.

A Chastelart, son lieutenant, sur Semble, jusques à 200 ducats par an.

A Chavannes, nepveu de M. de Chander, sur lesdites confiscations, jusques à 50 ducats par an.

A la Lande, sur les biens et confiscations de Anthoine Marie de Sancto Alexo de Tortonne et de Mathe Passalacque, jusques à 300 ducats par an.

A Bernard Bodon, sur les biens et confiscation de Seguier Galleran, jusques à 200 ducats par an.

Au seigneur Troajan Papagode, sur la confiscation de Jehan Conti, qui fut cappitaine des stradiots du More et fist rebeller Biagraz, jusques à 300 ducats par an.

Aux Gasches de Gavy et aultres, leurs cousins germains, et à messire Françoys Trotes, jusques à 800 ducats par an, à despartir entre eulx par ledit evesque de Luçon et messire Alexandre de Mallebaye.

A messire Robert d'Estain, les cassines de Premulgy et d'Aiguebelle, qui furent à Francisque de Marillan.

A Pierre Anthoine de Fossan, sur la terre de Cantu, jusques à six vingts ducats par an. .

A messire Augustin Trivulse, jusques à 300 ducats par an.

A messire Alexandre de Malabayle et Iheronime son nepveu, Revelin, qui fut à ceux de Court.

Au conte Loys Borromée, jusques à 300 ducats par an sur lesdites confiscations.

A Armandaire, de la compaignie de M. d'Allègre, sur lesdites confiscations, jusques à 50 ducats par an, ou 200 ducats pour une fois.

Au nepveu et frère du bailly de Dijon, sur lesdites confiscations, jusques à 300 ducats par an.

A (?), jusques à 100 ducats par an, ou 500 ducats pour une fois.

A maistre Salomon, sur lesdites confiscations, jusques à 300 ducats par an.

A Édouard Bouillon, sur lesdites confiscations, jusques à 400 ducats une fois payés.

A Gaspard et son frère, sur lesdites confiscations, une fois payées, 200 ducats.

A Robertet, sur lesdites confiscations, jusques à 500 ducats une fois payés.

A Gabriel Scavagate, sur lesdites confiscations, jusques à 200 ducats par an.

A Hercules Rusque, jusques à 200 ducats par an.

A Venturin, sur lesdites confiscations, jusques à 200 ducats une fois payés.

A Henry, cappitaine de Plasemalle, jusques à 100 ducats par an.

A Gaspart de Mallebayle et son frère, sur lesdites confiscations, jusques à 100 ducats par an.

Fait à Lyon, le 10ᵐᵉ jour de juillet mil cinq cens. Ainsi signé : LOYS. — ROBERTET. — Collationatum cum originali per me : Jo. VALINUS.

16

LISTE DES PARTISANS DE LUDOVIC SFORZA, CONDAMNÉS
POUR RÉBELLION.

S'ensuyvent les noms des condamnés pour rébellion qui avoient suyvi le seigneur Ludovic en Alemaigne.

Messire Hermès Sforce, fils de feu sieur Galeaz, est en Alemaigne. Il n'a nulz biens.

Messire Galeaz Sforce, conte de Melce, bastard, est en Alemaigne. Il avoit la contée de Melce qui a esté transférée en messire Georges et les frères de Trivolce.

Messire Alexandre Sforce, filz bastard du sieur feu Galeaz, est en Alemaigne et n'a nulz biens.

Le conte Francisque Sforce, fils bastard de feu Sforce le secund, est en Alemaigne. Il avoit plusieurs biens et fiefz en Parmesanne et Plasantine qui ont estéz donnés à M. le mareschal de Gyé.

Messire Galeaz de Saint-Séverin est en Alemaigne. Cestuy

avoit plusieurs biens de ceulx de Vermes tant par donation que soubz quelque charge, lesquelz à présent tient Mgr de Ligny. Il avoit aussi ung lieu en la jurisdition de Pavye, nommé Silvan, qui a été donné à M. de Sampré; item Chasteauneuf en Tortonois, qu'a esté donné au conte de Minsoch. Et avoit aussi certains biens alodiaulx qu'on a réservé pour les créditeurs.

Aloys Chioque, autrefoys chambrier du sieur Ludovic est *filius familias* et est en Alemaigne et n'a nulz biens.

Albert Visconte, chambrier aussi autresfois dudit s^r Ludovic est *filius familias*, et est en Alemaigne. Cestuy pareillement n'a riens.

Dominique Torniel de Novaire a eu la rémission et habite Novaire. Cestuy avoit le revenu de trois cens ducas tous les ans, et a eu la restitution du tout par vigueur de la grâce à luy octroyée par le Roy ou par Mgr le Légat.

Andrie de Burgo, autrefoys cancellier du s^r Ludovic, est en Alemaigne. Il n'a riens en ce pays, pour ce qu'il est Crémonoys.

Michiel Sclafeta, autrefoys chambrier dudit s^r Ludovic, est à Crémone, et n'a riens en ce pays, pour ce qu'il est Crémonoys.

Jehan-Philippes Afflit, autrefoys maistre d'ostel dudit sieur Ludovic. L'on ne scet où il soit. Il n'a riens en ce pays pour ce qu'il est Napolitan.

Masin de Lode, autrefoys chambrier du s^r Ludovic, est ès terres de la seigneurie de Venise. Il n'a riens pour ce qu'il a père, lequel est de Lode et pouvre.

Ces sont les noms de ceulx qui ont estez rebelles à Milan.

Le conte Jehan Antoyne de la Somallie, qui fut des premiers aucteurs de la rébellion; pour ce qu'il a eu la rémission il demeure à Milan. Il avoit chacun an le revenu de deux mil ducas, comptant les biens feudaux.

Jehan Galeaz Visconte, des premiers aucteurs, est ès terres des Vénicians. Cestuy n'a quasi riens de propre, pour ce que au temps de la condamnation il y avoit son père, et luy est incapable de l'éritage, pour ce qu'il est bampny.

Maistre Aloys Marlian, autrefois médicin dudit s^r Ludovic, fut desdits premiers aucteurs; est en Alemaigne. Il a le revenu de cent soixante-quinze ducas tous les ans assignés à Loys d'Ars.

Alexandre Marlian, dit *Stradiot,* suyvant le conte Jehan Antoyne de la Somaille; pour ce qu'il a eu sa grâce, il se tient à Milan. Déduyt ce qu'il doyt, il n'a riens ou bien peu.

Jaques Crivel, autrefoys homme d'armes, vieil et presque hors du sens, est en Alemaigne et n'a riens.

Aloys de Landrian et son frère, frères du général des Humiliatz, ainsi malvaix que luy est; sont en Alemaigne. Ilz n'ont riens et sont bastars ainsi qu'est ledit général.

Badin de Pavye estoit capitayne dudit s^r Ludovic et bien vaillant; est à Mantue. Il a cent soixante-sept ducas tous les ans assignés à Liovyn Bilier.

Antoyne-Marie Crivel, pire que tous les autres. Il se tient tant en Alemaigne que ès terres des Vénecians. Il n'a riens pour ce qu'il a père.

Porre des Porres, estoit chambrier du s^r Ludovic; l'on ne scet où il soit. Il n'a riens en ce pays.

Blasin Crivel estoit des capitaynes du s^r Ludovic; très malvaix homme; se tient à Mantue et ès terres de Venise. Il n'a riens ou pays.

Marc-Antoyne de Cropel jeune, est ès terres de Venise. Il avoit le revenu de deux cens ducas chacun an assigné à Me Michel Rice, sénateur.

Jehan Maraveille est à Mantue et ès terres de Venise. Il a plus charge qu'il n'a de biens.

Gaspar Visconte est à Mantue. Il a le revenu de huit cens ducats chacun an assignés à M. de Chandea, et à son nepveu pour 450 ducas, et au capitayne Imbaud pour 300 ducas, et à messire Hercule Rusque pour cinquante ducas.

Messire Hieronyme de Carcano, docteur, est ès terres de Venise. Il avoit le revenu de 700 ducas chacun an assignés à M. de Corsinges pour 300 ducats, à Humbert Rosset ou a son hoir pour 300 ducas, et à Hans Ponier, capitaine des Suysses pour cent ducats.

Me Nicolas Arcimbold, docteur, a sa grâce et se tient à Milan. Il avoit chacun an le revenu de 300 ducas assignés à feu Humbert du Rosset, et despuis luy ont esté restituéz.

Le comte Bartholomie Crivel, des premiers aucteurs, est en Alemaigne et ès terres de Venise. Il avoit Lomel, qui a esté donné à Mgr le Légat, et oultre ce cent trente-huit ducas chacun an de revenu assignés à M. de Chastellar pour cent huit ducas, et à Argirot Armendare ou à son frère pour XXX ducas.

Ambrois del Mayno, des premiers aucteurs de ladite rebellion, est en Alemaigne et à Padue. Il avoit la ville de Bourgfranc et aucuns biens alodiaulx illecques donnés à la femme de M. le marescal de Trivulce, et oultre ce 380 ducas de revenu chacun an assignés à M. de Montald pour cent ducas, et à monsr de Chastellar pour ducas cent quatre, et maistre Salamon, médicin du roy, pour ducas 125, et demeurent à la chambre royale et ducale 51 ducas.

Aloys de Latuada a eu sa grâce et demeure à Milan. A cause qu'il a père, il n'avoit riens en biens immeubles, mais il avoit beaucop d'argent.

Lodris Crivel est à Soncin, ès terres de Venise. Il avoit trois cens ducas de revenu chacun an qui ont estéz donnés à M. de Sepy, capitayne à la garde du chasteau de Milan.

Le conte Antoyne Crivel se tient tant en Alemaigne que ès terres de Venise. Il avoit Adorno, qui a esté donné à M. le président du Daulphiné, et outre ce de revenu chacun an cent ducas donnés à Martin, sieur de la Mota.

Loys Visconte, dit Borroumé, qui fut desdits premiers aucteurs, est en Alemaigne. Il avoit l'héritaige de feu conte Vitalian Borroumé, laquelle maintenant poursuyt le fisque contre les contes Borroumé possesseurs d'ycelle, et d'aultre part il n'a riens pour ce qu'il a père.

Pierre-Martir Scampa se tient en Alemaigne et ès terres de Venise. Il avoit de revenu chacun an cent cinquante ducas assignés à Loys d'Ars.

Oldra Lampugnan fut des premiers aucteurs à Lode, où il estoit gouverneur; est à Mantue. Il avoit 582 ducas chacun an assignés au nom de M. de Saint-Quintin pour 281 ducas, à M. de Serpy pour 281 ducas, aux hoirs d'Humbert Rosset pour ducats 20.

Jehan de Landrian se tient ès terres de Venise. Il avoit de revenu 593 ducas asssignés à messire Augustin Trivolce pour 300 ducas, à messire Hercules Rusque pour ducas cent soixante-huyt, et à l'héritier de Pierre Damas, maistre d'ostel de M. de Ravastain, pour ducas XXV.

Bon Galeaz de Castronovate, se tient en Alemaigne. Il a le revenu de 700 ducas, chacun an, donné à M. le mareschal de Gyé.

Jehan-Ange, Féderic, Loys, frères de Baldo et nepveux du général, sont en Alemaigne. Ils n'ont aucuns biens en ce pays.

Me Michiel de Marlian, docteur, est en Alemaigne. Il avoit chacun an 204 ducas, assignés à M. de Gruyer.

Octavian Figin est avecques M. le cardinal de Saint-Severin, à Rome. Il n'a riens ou bien peu en biens immeubles.

Le conte Ludovic Bergamin est à Mantue. Il avoit 300 ducas de revenu chacun an, donnés à messire Catellan Trivolce.

Sige Galaran, des premiers aucteurs. Il a eu sa grâce et demeure à Milan. Il a chacun an 200 ducas, assignés à Bernard Dordos, capitaine de Lec.

Frederic Galaran, son frère, pour ce qu'il a aussi sa grâce, il est à Milan. Il a cens soixante quinze ducas assignés à Me Salamon, medicin du Roy.

Eneas Crivelle est en Alemaigne. Il a une maison vaillant chacun an dix ducas, donnés à Hercules Rusca.

Me Luquin Crivelle, docteur, est en Alemaigne. Il n'a gueres biens, assignés à nul.

Baldasar Magiolin. Il est mort en Alemaigne et n'a laissé nulz biens ou bien peu.

Galeaz Ferrier a esté décapité à Milan. Il avoit chacun an soixante ducas assignés à quatre portiers du chasteau.

Aloys Por a esté decapité à Milan et n'a laissé nulz biens.

Jaques-Andrie de Ferrare a esté décapité à Milan. Ses biens ont été donnés à maistre Téodore Guaynier, médicin du Roy.

Francisque du Conte se tient à Mantue. Il a chacun an 300 ducas assignés au frère de M. de Sepy et à deux ses compaignons.

Baptista de Landrian se tient à Milan et a sa grâce. Il avoit de revenu chacun an 180 ducas.

Galéaz Scampa est avecques l'évesque de Coyre. Il sert l'évesque de Coyre. Il avoit cent cinquante ducas chacun an assignés à messire César Guasc et son frère.

Jehan Hiéronyme Visconte est en Montferrat. Il n'a riens pour ce qu'il a père et estant détenu au chasteau de Milan il s'enfuyt.

Sforcin Sforce se tient en Alemaigne. Il a en Parmesane le revenu de certain lieu qui a esté donné à messire Hérasme Trivolce, sénateur.

Messire Hiéronyme de Castillion. Il a sa grâce et se tient à Milan. Il a bien peu ou presque riens.

Thomas Torniel. L'on ne scet où il soit. Il n'a riens.

Marc-Antoyne Cagnole a sa grâce et se tient à Milan. Il a le revenu de 300 ducas.

Bartholomie de Vicomercato. Il a sa grâce et demeure à Milan. Il n'a riens pour ce qu'il a père.

S'ensuyvent les rebelles qui n'ont encores esté condamnés pour ce qu'ilz sont ecclésiastiques.

Le général des Humiliatz, le chief et le tout de la rebellion, est en Alemaigne.

L'arcevesque de Bar, des premiers aucteurs de la rébellion. Il a sa grâce et demeure à Milan.

L'arcevesque de Gènes. Il a sa grâce et est à Rome.

L'évesque de Lodde est à Mantue.

L'évesque de Tortonne, aucteur de la rébellion dudit Tortonne. Il a maintenant composé.

Le prothonotaire de Saint Celse, des premiers aucteurs.
Il a composé et est à Carmagnole.

Le prothonotaire Crivelle, des principaulx aucteurs, a composé et est à Carmagnole.

Le prothonotaire Alexandre Sforce est à Rome et a sa rémission.

Le prothonotaire Alexandre Visconte est en Alemaigne.

Le prévost de Vicoboldon est à Milan ayant sa grâce.

Le prévost de Saint-Calmere est à sa maison, ayant sa grâce.

Le prévost de Vico qui fut le principal aucteur à Côme. Il se tient à Côme ayant sa grâce.

Le prévost des capuz se tient à Alexandrie ayant sa grâce.

Le prévot de Merinan se tient à sa maison et a sa grâce.

Messire Charles de Baldo demeuret à sa maison avecques sa grâce.

L'évesque de la Tuada se tient à son évesché en Provance et luy est défendu venir en Italie.

Ce sont ceulx de Pavye.

Augustin-Maria de Becharia est à Mantue. Il a de revenu chacun an 300 ducas assignés à M. de Ravastain pour 200 ducas, et cent sont à la chambre.

Messire Bernardin Carnevaz, docteur, est à Mantue et n'a riens.

Jacques Eustaque est à Mantoue. Il a chacun an ducas 450 assignés à M. de Ravastein.

Ceulx de Lodde.

Le conte Ugo de la Somallia des principaulx aucteurs de Lodde. Il demeuret à sa maison à Lodde ayant sa grâce. Il a composé avecques M. de Ravastain à qui avoit esté donnée la moytié de ses biens en laquelle il fut condamné.

Jehan de Calco demeure à sa maison avecques sa grâce. Il a composé et il est pouvre.

Vincent de Cassino demeure à sa maison et a sa grâce. Il avoit V^c ducas chacun an.

Martin Brandilia demeure ès terres de Venise. Il n'a riens pour ce qu'il a père, lequel est pouvre.

Benedit de Concorez, le mesme que dessus.

Antonel de Landrial, ainsi que dessus.

Ceulx de Plaisance.

Bernardin Tedald, docteur, fut des principaulx aucteurs de la rébellion à Plaisance. Se tient à Crémone. Il avoit VI^c ducas l'an assignés à M. de Montoison.

Jehan Francisque de Lando est ès terres de Venise. Il n'a riens pour ce qu'il est *filius familias*.

Messire Jehan Dominique de Lando, docteur, ès terres de Venise. Il a XXVI ducas l'an que sont à la main de la chambre.

Pedret Corsie, principal auctèur de la rébellion à Plaisance. Il est vagabund incogneu et meschant. Il n'a riens.

Pierre Dominique Anguissola, filz du conte Charles, est ès terres de la seigneurie de Venise. Il n'a riens pour ce qu'il a père.

Lancelag Palavesin, homme d'arme, est à Mantue. Il n'a riens.

Pierre Antoyne Anguissola se tient ès terres de Venise. Il avoit ducas cent XXV assignés à messire Jehan grand malabayle pour centz ducas, le remanant est à la chambre.

Francisque Brane, — Pierre-Bernardin Anguissola, — Scops, — Gamba, — Jehan-Pierre Falcon, — meschans personnaiges vagans par les terres de Venise, et n'ont riens.

Le conte Camile de Lando est à Plaisance et a sa grâce.

Ceulx de Parme.

Le conte Guido Torelle est à Mantue. Il ne possédoit riens en la duché et pays de Milan avant la rébellion combien que à luy appartint la portion des biens des Torelles à cause de laquelle maintenant plaide le fisque.

Le conte Christofle Torelle, principal aucteur à Parme. Il est à Mantue ou à Rege. Il avoit la portion des Caselles pour 250 ducas assignés à Loys d'Ars. Item avoit couvenz de revenu annuel de 700 ducas possédé par M. de Ligny; Guastalla pour 400 ducas, laquelle tient la chambre, pour le mariage de la mère et de la sienne femme et Montcleru assigné à M. de Gimel pour 600 ducas et à M. Aymar de Prie pour II^c ducas.

Ceulx de Come.

Le conte Anibal de Balbian, principal aucteur de la rebellion à Clavene est en Alemaigne. Il a chacun an 120 ducas assignés à Gabriel Scanagata.

Messire Pierre-Antoyne de Vicedominis, docteur, des principaulx aucteurs à Come, se tient en Alemaigne. Il a cent ducas l'an assignés à M. le capitayne de la Roche-Baravelle de Côme.

Messire Eleuctère Rusca, docteur, est à Mantue. Les créditeurs ont tout occupé.

Me Gaspar de la Tor, docteur, est à Mantue. Les créditeurs ont tout occupé.

Jehan Pierre Rusca, fils de Bertolas, est en Alemaigne, homme d'arme du roy. Il a de propre cent cinquante ducas chacun an, mais le père en a la joyssance et est riche.

Jehan de Zobiis, Francisque de Zobiis, frères, sont en Alemaigne. Ils ont ducas IIII^{xx} chacun an assignés à Gabriel Scanagata.

Me Octavian de Rippa docteur, — Jehan Pierre Malacrida, — Antoyne filz de Cataquin, Andrié dit Bagazia, sont en Alemaigne et n'ont riens.

A Domdossole.

Baptista du Pont est en Alemaigne. Il a chacun an 300 ducas assignés au conte Ludovic Borromée.

En Alexandrie.

De tous ces Alexandrins dessoubz nommés l'on n'a point de notice où ilz soient, mais l'on a raporté qu'ilz habitent entre les montaignes des Génevoys [1].

Mess[e] Lazare Inviciat, docteur, fut des principaulx aucteurs d'Alexandrie. Il a cent cinquante ducas chacun án, à la main de la chambre.

Francisque Lanzanegia. Il a cent ducas l'an assignés à Guillaume Stuard.

Vincent, George, Antoyne, frères de Carcaninge. Ils ont cinquante ducas l'an assignés à M. d'Alon.

Facin Inviciat. Il a 150 ducas assignés à Guillaume Stuard.

Gabriel Bos. Il a XXX ducas assignés à Loys d'Ars.

Jehan Maria et Tebaldin frères de Lenvigiis. Ils ont 30 ducas l'an assignés à M. d'Alon.

Ambrois Inviciat de Lacerda. Il a 25 ducas l'an assignés à Guillaume Stuard [2].

Pierre Lion...................	25 ducas.	Mess. Francisque Trot et ses frères.
Jehan Lanzanegia.	10 —	M. de Saraval.
Blais Villavegia...............	5 —	M. Francisque Trot.
Sebastian Castellain.	202 —	Guill. Stuard.
Carlin et Johandré Rebu......	35 —	audit Guillaume.
Jaquemin Millanegie..........	25 —	M. de Saraval.
Jaquemin Inviciat du Revelin..	15 —	M. Francisque Trot.
Antoyne Gromel...............	7 —	do
Jehan Balgen.................	2 —	do
Percival Perla.................	3 —	Nulle.
Antoyne de Mucio.............	6 —	do
Nicolas de Plaisance..........	8 —	Audit Trot.
Baptestin Squarzafig..........	10 —	Loys d'Ars.

1. Lire : de Genova = des Génois.
2. Il était inutile de répéter cette formule dans la longue liste suivante. Le premier nom est celui de l'ex-possesseur dépouillé; le second celui du nouveau concessionnaire. (L'emploi d'un plus petit caractère était nécessaire pour permettre de placer les noms en colonnes.)

Dominique Pétrobon..........	15 —	Guill. Stuard.
Symonin Taure...............	15 —	do
Jehan Marc Cremel...........	3 —	Nulle.
Tomen Col..................	3 —	do
Hieroyme de Ferugie.........	1 ½ —	do
Luquin Cavalaire............	10 —	Guill. Stuard.
Gasparin Crerivel...........	2 —	Nulle.
Baptista de La Val...........	8 —	Guill. Stuard.
Gerard de Varcio.............	52 —	Saraval.
Michiel Pétrobon.............	18 —	do
Jean Guillaume Rique........	15 —	Guillaume Stuard.
Luchin de Vercio............	10 —	do
Nicolas dit Gagie.............	15 —	do
Bernard Tarchie.............	8 —	Franc. Trot.
Symon Inviciat..............	6 —	Nulle.
Jacques Tasca...............	12 —	Trot.
Guill. de la Museta..........	15 —	Saraval.
Gasparin Lanzanegie........	13 —	Trot.
Jaquemin Cruvel............	3 —	Nulle.
Jehan Albert Favon..........	25 —	do
André Viola Inviciat.........	5 ½ —	Trot.
Nicolas Parazol..............	37 —	Nulle.
Lorans Viola................	30 —	Saraval.
Jehan Inviciat, docteur........	30 —	do
Blais Villanegia..............	3 —	Nulle.
George Villanegia............	5 —	Trot.
Bernardin Philibert..........	15 —	do
Jehan Nicolas Ferrier........	50 —	Saraval.

Et toutes lesdites sommes sont de revenu d'un an.

Ceulx d'Alexandrie qui n'ont riens.

Bernardin Col, filius familias. — Jean Jacques Granier,
ff.[1] — Dominique son frère. — Baptista Granier, ff. — Marc,
Cornel, Anbal, frères de Col, ff. f. — Cesar Inviciat, ff. —
Jehan-Bernardin et Jehan, frères des Ganons, pouvres. —
Spigale de Sezadio, pouvre. — Fabrice, Alpin, Augustin et
Boniface de Col, ff. — Blasin Bulla, ff. — Estienne Lanzanegia, ff. — Magaron Millanegia, ff. — Bartholomie Rebut,
ff. — Francisque Muranegie, ff. — Le serviteur du chevalier Férufflin. — Lorans, clerc, ff. — Tibaldin de Casate,

1. L'abréviation ff. = *filius familias.*

ff. — Bertranini Junerald, ff. — Jacquemin Levinge, dit Padele, pouvre. — Jean Tomás Inviciat, pouvre. — Bernardin Bergamin, pouvre. — Bastian Filibert, ff. — Gérardin, dit Cherra, pouvre. — Dominique Pavesie, pouvre. — Daniel Tanz, ff. — Jaques Brambillá, ff. — Innocent Cabalaire, ff. — Marc Villanegia, pouvre. — Manfred Façine, pouvre, ff. — Martin de Sezadio, ff. — Ubertin Aguzot, pouvre. — Vincent Tasca, ff. — Jehan Tasca, ff. — Lucas Gavon, pouvre. — Thomas Scanque, pouvre. — Bartholomie Tacon, pouvre. — Bartholomie dict Agnexe, pouvre.

Ceulx du Bosc.

Et sont vagabuns et se retirent pour la plus grant partie ès quartiers de Montferrat, Gennes et de Piémont.

(Toutes les sommes s'entendent de revenu chacun an.)

Marc Passera	16 ducas.		Nulle.
Federic Zelant	4	—	do
Bernard Zuchot	24	—	M. de Gibanel.
Jehan Gamond	19	—	do
Bernardin Gamond			
Jehan Francisque Gamond	8	—	Nulle.
Anselme Gamond			
Jehan Mathieu Gamond	3	—	assignés pour la garde
Guillaume Gamond			du chasteau.
Parmesan Grindel	½	—	comme dessus.
Conrad Agnata	1	— ½	do
Ruffin Passera	1	—	do
Marquin de Costa	1	— ½	do
Zanin Cavagine	4	— ½	do
Guillaume Cavagine			
Alexie Polastre	5	— ½	do
Jaquemin du Lac	¾	—	do
Conrad du Lac			
Blason Polastre	2	—	do
Gabriel du Lac	2	—	do
Lanzelot Passera	5	—	do
Estienne Passera	12	— ½	do
Nicolas Passera	5	—	do
Jehan Francisque Polastre	1	—	do

Galeot Vita................	1	—	do
Aloys Barbarin..............	3	—	do
Jehan André Gamond....... Hieronyme Gamond.......... Francesquin Gamond.......	2	— ¼	do
Innocent Roman.............	11	—	à Gibanel.
Bernardin Costa.............	2	—	la garde du chasteau.
Santin de Costa....	½	—	do
Julian Brocard...............	¼	—	do
Jacquemin Panzon...........	2	—	do
Gasparin du Lac.............	½	—	do
Pierre Costa.	½	—	do
Paulin Costa.....	½	—	do
Jehan de Costa..............	¼	—	do
Paulin Roman...............	1	—	do
Jehan Dominique Passera.... Baptestin Passera..........	15	—	assignés comme dessus.
Julian Bonabel...............	½	—	do
Lorans Polastre..............	2	— ¼	do
Bernardin de Terzag..........	2	—	do
Gabriel Gamond.............	25	—	assignés audit Gibanel.
Antoyne Grindel.......... certains meilloraments de l'église.)	18 16 (sur	—	assignés audit Gibanel. assignés pour la garde du chasteau.
Lancelot Grindel............	18 16	— —	assignés aud. Gibanel. comme dessus.
Pierre Zelant.................	7	—	assignés à nulle.
Dominique de Auda...........	4	—	do
Buschelle de Tixa.............	4	— ½	do

Les dessoubz nommés du Bosc n'ont nulz biens.

Julian Polastre, — Gérard de Trevilio, — Morel Cultela, — Jaquemin de Pavye, — Pierre-Antoyne Saint, — Guill. Zelant, — Percival Vita, — Jaques de Costa, — Jean-Francisque Passera, — Pierre de Lac, — Bogirel de Lac, — Roland de Lac, — Bernardin Polastre, — Cesar de Baldrino, — Hierosme de Unda, — Guill. Gamond, — Nicolin Roman, — Luquin de Coste, — Bernardin Bonabella, — Charles, Eusebe, Parmeser et Guillelmel de Passeris, — Bartholomie de Lac, — Francisquel Arnulf, — Paulin Vita, — Galeot Zelant, — Augerel du Lac.

Ceulx de Tortonne.

Se retirent ès terres de Montferrat, de Piémont et montaignes dessus Gènes.

Lorans de Opizonibus.		Il a chacun an L ducas, assignés à mess. Janot de Arbomilla.
Jehan Antoyne Rat.......... } Estienne Rat. .... }		15 ducats, à mess. Bernardin Guast.
Bernardin Guidobon..........	60 —	assignés audit Janot.
Jehan Pierre Rat.............	100 —	chastellain de Gennel.
Galet de Sancta Agata........	50 —	audit d'Alon.
Jehan Antoyne, dit Cagnaz de St-Aloise...................	3 — ½	à Milli.
J. Domin. Guidobon..........	85 —	à messir Bernardin Guast.
Hieroyme Calvin.............	20 —	do
Manfrin Malcolza............	75 —	do
Pierre, Blais et Lorans de Medasino...................	20 —	do
George de Busseto...........	50 —	do
Hiéronyme Guidobon.........	60 —	do
Jehan et Antoyne frères des Rampins.	10 —	do
George Opizon..............	7 — ½	do
Bartholomie et Antoyne frères de Cereto...................	25 —	do
Masin de Saint Alosio........	7 — ½	do
Barth. de Cereto.............	15 —	à Janot.
George Ferrier..............	22 —	audit Saraval.
Ant. Maria de S. Aloisio......	300 —	au capitaine de la Lande.
Perin et Otto frères de Montelegali.....................	400 —	à Me Aymar de Prie.
Ambrois Aliprand........,.....		Il a payé 500 ducas audit de Prie pour une fois seulement.

Tous les dessoubz nommés n'ont point estéz assignés.

Jehan Antoyne et Manil de Riali, 2 d.; — Jehan André Calunie, 7 d.; — Gasparin de Busseto, 50 d.; — Aloys et Francisque de Vulponis, 10 d.; — Philippes Opizon, 5 d.;

— Anthoniet Guidobon, 11 d.; — Thomasin Omerime, 2 d.;
— Anthoyne Guidobon de feu Cavalquin, 150 d.; — Estienne,
Hieronyme et Nicolas de Busset, 50 d.; — Julian Guidobon,
5 d.; — Bernardin Guidobon filz de Pagan, 60 d.; — Cas-
telin de Ceret, 7 d. 1/2; — Estienne de Ceret, 3 ducas : et
tous de revenu.

Ceulx sont de Tortonne ayans nulz biens :

Jehan-Philippe et Jaques frères de Opizonibus, fil. fam., —
Jehan-Francisque Opizon, — Barth. de Riali, f. f. — Tebald
de Butero, f. f., — Jaques Massinat, pouvre, — Joseph et
Janon, frères des Gualons, ff. f., — Pierre de Attendolis, —
Daniel Tanz, — Nicolas et Pierre, frères de Silvan, — Se-
bastian et Barth. de Medasino, fil. fam., — Michiel de Pa-
lenzola, fil. fam., — Lorans Rat, f. f., — Jaques Guidobon,
f. f., — Jehan-Pierre de Montbon, — Barth. de Siguerio, —
Bonifort de Cassan, — Lorans de Calabre, — Augustin
Cagnamot, — Antoyne-Marie et Jehan Estienne, frères de
Pouzan, — Maistre Paulin de Lugano, frère, son fils, —
Jehan-Jaques de Cereto, fil. fam., — Hieronyme de Cereto,
fil. fam., — Barth. de Cornugliusca, — Jehan de Sezano, —
Antoniet Catellie, — Pin Lec, — Francisque Aliprand.

Les dessoubz nommés sont aussi des quartiers de delà de
Po :

Le conte Féderic de Verme se tient à Vérone, le conte
Pierre de Verme pareillement est à Vérone, où ils ont plusieurs biens, et en la duché et pays de Milan ils n'ont riens
sinon les terres que tient Mᵍʳ de Ligny.

Francisque de Verme se tient à Mirimbergami (*sic*) en
Alemaigne. Il estoit filz bastard du conte Pierre de Verme
et na riens en ce pays.

Le conte Frégosin se tient en Mantuane. Il estoit filz du
cardinal de Gennes et n'a aucuns biens au païs de Milan.

Anthoine Féruffin, chevalier Hierosolomitain, se tient à
Rege. Il a de patrymoine 300 ducas de revenu assignés au
capitayne de la roquete de Milan et a aussi des bénéfices
lesquelz tient la chambre.

Ilz sont aussi plusieurs bannys qui ne sont point nommés

ès procès ny sont condamnés pour ce que le fisque n'en avoit eu aucune notice, et maintenant leur absence a esté entendue.

Gaspar du Conte, autrefoys chastellain de Crémone, est en Alemaigne. L'on dit qu'il a de revenu chacun an ducas II⁰.

Jehan-Anthoxne Bilia estoit chambrier du sʳ Ludovic, se tient en Alemaigne et n'a riens.

Vincent de la Toile, aussi chambrier comme dessus, est en Alemaigne. Il n'a riens.

Silvestrin de Lodde, chambrier comme dessus, se tient en Alemaigne. Il n'a riens.

Le conte Philippes Ros est à Mantue. Il n'a rien pource que ses prédécesseurs ont estéz despoillés et deschassés.

Ambrois de Valle est en Alemaigne et n'a riens.

Jehan-Antoyne de Castillion est en Alemaigne et n'a riens.

Messire Ant.-Maria de Saint-Severin est en Alemaigne et n'a riens ou pays de Milan.

Francesquin de Mayno, Antoyne de Landrian sont, aveques les filz du sʳ Ludovic Sforce, en Alemaigne et n'ont riens.

Ils sont plusieurs de Lugan et pays voysins qui ont esté rebelles tant pour le temps de la rébellion au retour du sʳ Ludovic que au temps du tumulte des Suysses, lesquelz combien ne soient de valeur, néanmoins èsdits quartiers ils menèrent beaucop de tumulte; leurs biens ne sont encores extimés ne distribués par la chambre, et sont en nombre environ cinquante.

17.

ORDONNANCE SUR L'ADMINISTRATION DE LA JUSTICE (RÈGLE-
MENT POUR LA DIMINUTION DU NOMBRE DES PROROGATIONS
ET SUSPENSIONS DES CAUSES CIVILES).

(17 septembre 1500.)

Decretum de prorogationibus et suspensionibus.

Ludovicus Dey gratia Francorum Siciliæ et Hierusalem
Rex ac Mediolani Dux, etc. Cunctis presentes inspecturis
salutem.

Cum nichil tam cupiamus quam ut lites et discordie
inter subditos nostros quam citius fieri possit tolantur, et
litigantium astus indebiteque dilationes precidantur, pro-
rogationibusque et suspensionibus quantum fas sit modus
adhibeatur, ne dillationibus fomenta prebeantur :

Decrevimus quod amodo non deveniatur ad concessionem
alicuius prorogationis preterquam in causis compromissi
voluntarie facti, ubi non deventum ad ollectionem tertii ex
necessitate, nisi prius detur iuramentum tam commissario
cause quam littigantibus, a quibus postulabitur an per ca-
lumniam et ut res protrahatur vel ex necessitate prorogari
causam postulant; et quod ea necessaria sit pro cognitione
et decisione cause; et jurantibus commissario similiterque
altera partium de necessitate *ut supra,* eo casu possint concedi due prorogationes; et hoc juramentum prestari debeat
vel in manu notarii ad rogati vel in manu secretarii vel
cancellarii senatus ad id deputati; sufftiatque si juramentum
predictum infra duos dies immediate sequentes postquam
prorogatio ipsa fuerit petita prestitum fuerit; et possit pro-
curator cause tale juramentum prestare loco principalis sui,
et solum due in una causa concedi possint, interveniente

tamen semper ejusmodi juramento : et nulla earum prorogationes excedere possit mensem unum continuum.

Quod si ultra secundam prorogationem alie etiam postu-
labuntur, non concedantur, nisi ultra ejusmodi juramentum,
re senatui significata et probata, ab eo rescriptum fuerit ut
concedantur : cujus mentis est ne he que tertio loco prorogationes concedende videbuntur mensem unum continuum
ut alie supradicte excedant ; hoc tamen declarato quod predicte prorogationes concedende modo quo supra initium
sumant in causis ordinariis, completis prius terminis a
decreto in causarum instantiis limitatis ; et in causis summariis vel cridarum et aliis quibuscumque causis extraordinariis finitis dillationibus a lege vel a judice datis et
concessis : verum si utraque pars convenerit de proroga-
tione qualiscumque postulabitur, ac libere assentiantur et
petant ac subscribant ipsi principales, modo non sint absentes, valitudinarii aut mulieres vel pupilli, aut ex aliquo ge-
nere eorum qui ipsi petere aut subscribere non possint, ut
cautius omni dillationis generi occuratur, et in casu quod
in aliquo generum supradictorum principales sint, pro eis
liceat procuratoribus petere ac subscribere tunc pro eorum
arbitrio ; censuit senatus ipsam esse concedendam quandoquidem ex libera voluntate partium in contractum transire
dici potest ; hoc idem etiam observetur in causis pendentibus que longo tempore duraverunt et ultra concessas
prorogationes in illa causa due etiam dumtaxat ex ordine
concedi possint modo quo supra. Et si alie prorogationes
ulterius postularentur, non concedantur, nisi servato ordine
de quo supra, firmis tamen et suo robore manentibus aliis
prorogationibus antea concessis.

Item, ordinatum est quod si hactenus alique prorogationes
vel suspensiones concesse fuissent absque temporis presun-
tione quod ad querellam illius partis que talli prorogationi
non consenserit, prefigatur terminus illi prorogationi vel
suspensioni ; qui tamen mensem continuum ut supra non
excedat ; ut ipsi lite (*sic*) celeriter finis imponi possit ; hoc
tamen addito quod amodo tales prorogationes vel suspen-

siones .. temporis prefinitione non concedantur, nisi procedant ex libera et spontanea partium ipsarum voluntate petite ab principalibus *ut supra;* insuper cum ultra prorogationes contingat etiam peti suspensiones causarum, decrevimus quod finitis prius terminis seu dillationibus a decretis vel statutis limitatis vel a judice datis, tam in causis ordinariis et summariis quam etiam cridarum, non possint fieri nec admittantur nisi due suspensiones. Quarum singule non excedant mensem unum; ita tamen quod in eis concedendis juretur de necessitate, et reliqua serventur que in concedendis prorogationibus *ut supra* disponuntur, salvo si fierent de partium voluntate, quo casu suspensiones admittantur juxta ipsarum partium voluntatem, durantibus et etiam finitis terminis de quibus supra.

Preterea si in causis ipsis aliquid contingat propter quod alie suspensiones fatiende sint, fieri possint pro qualibet contingentia quatuor suspensiones singule videlicet quatuor dierum in civitate Mediolani vel ejus ducatu et non ultra; extra civitatem vero vel ejus ducatum a quatriduo usque dies XII continuos juxta distantiam locorum et temporum qualitatem; a predictis vero suspensionibus supra si alie deferantur secretario vel cancelario ad id deputato, non admittantur, nisi senatui aliqua necessaria et urgenti ac provisione digna causa concedende videbuntur; nichilominus in suspenso remaneat instantia cause, a tempore et hora quo portate fuerint usque quo per senatum declaratum fuerit an sint concedende vel ne, et partibus data sit notitia de deliberatione senatus. Et predicta omnia locum habeant etiam in causis pendentibus respectu prorogationum et suspensionum in futurum concedendis; circha autem prorogationes et suspensiones hactenus factas, senatus reservat facultatem providendi in casibus particularibus prout sibi videbitur.

Mandantes vicario provixionum Mediolani ceterisque omnibus ad quos spectet, ut hoc decretum et ordinem nostrum publicari in locis consuetis, et in volumine aliorum decretorum et ordinum inseri.

Datum Mediolani die XVII septembris millesimo quingentesimo, et regni nostri tertio (*sic*) et sub fide nostri sigilli.

Per regem ducem Mediolani, ad rellationem senatus,
signatum : Julius, et sigillatum sigillo regio in cera rubea,
ut moris est. — Publicatum ad scallas pallatii Mediolani per
Nicholaum de Castello preconem comunis Mediolani, die
Sabati XVIIII° septembris 1500 sono tubæ premisso.

18

ORDONNANCE SUR L'ADMINISTRATION DE LA JUSTICE.
RÈGLEMENT DES ATTRIBUTIONS DE L'*executor camere*.

(21 octobre 1500.)

Decretum contra executores camere.

Ludovicus, D. G. Universis et singulis offitialibus et jusdicentibus nostris et quibuscumque ad quos presentes devenerunt salutem.

Non possunt recto tramite et sine confusione civiles cause
que inter subditos nostros agitantur ad expedicionem perduci, nisi singule causarum species singulos habeat (*sic*)
magistratus, et eorum quilibet jurisdictionis sue limites
observet, finibusque suis coerceatur. Et enim si eveniat unumquemque magistratum qui specificam quarundam causarum
habeat notionem posse de quibuscumque causis directe aut
per indirectum se intromittere, jamjam dilacerata corruet
tota ordinaria jurisdictio, ac mayores animi passiones inter
jusdicentes exorientur quam inter litigantes controversie
tractabuntur. Hunc morbum inter alios extumescere intelleximus maxime apud tribunal executorum camere nostre
ducalis, cuius offitium, cum potissimum sit circha merum
executionis factum, et aliquod leve incidens quod forte circha
executionem ipsam emergat idque etiam solummodo in iis
consistat que aut camere prefate interesse immediate aut

datiariam materiam, etiam inter privatos, respectu execu-
tionum concernat; assiduis tamen in dies querelis afficimur,
inibi plerasque inter privatos et pro actionibus mere civilibus et juris indaginem causeque cognitionem exposcentibus
tractari, et in forma causarum camere dirimi et expediri; ex
quo subditi, quoniam eorum jura sepe minus bene intelli-
guntur, et in modo procedendi et in diffiniendo non medio-
crem jacturam patiuntur,

Deliberavimus igitur pro subditorum nostrorum commodo
et ordinarie quoque jurisdictionis conservatione medellam
remediumque adhibere; et ne quempiam lateat bona imprimis nostra erga subditos dispositio, de hinc quibus ex causis possint coram dicto executore camere tribunali conveniri, ut etiam sciant, quibus in causis possint declinare; per
hoc nostrum publicum decretum, quod vim legis obtinere
decernimus, edicimus, et declaramus :

Quod prefatus camere nostre executor qui de presenti est
et ii etiam qui in futurum erunt, ultra executiones, quas
contra debitores camere nostre ex proprio eorum offitio facere possunt, etiam valeant de causis illis cognoscere et eas
terminare que circa executiones ipsas pro camera facien-
das, et etiam circa executiones que pro materiis datiorum
inter privatos fiant, oriantur, et incidenter emerserint; nec
non etiam in causis executivis, quas ad instantiam offitialium nostrorum contra aliquos eorum debitores moveri continget; dummodo tamen quo ad ipsos offitiales etiam speciale mandatum aut commissionem a nobis et cancellaria
nostra habeant.

Inhibentes, quod ultra causas et negotia de quibus supra,
non possit prefatus executor nunc vel in futurum de aliquibus aliis cuiuscunque qualitatis existant se intromittere,
etiam si fuerit sibi per aliquem jusdicentem aut offitialem
nostrum demandatum, quacumque dignitate aut preheminentia talis jusdicens aut offitialis prefulgeat, nisi demum in
dictis aliis casibus litteras sub sigillo nostro in cancellaria
senatus Mediolanensis expeditas habeat;

Mandantes ex nunc prefato executori presenti, et iis etiam

qui per tempora erunt, quatenus non audeant de aliis causis aut negociis quam de supra permissis se aliqualiter intromittere; sub pena etiam pro prima contraventione ammissionis offitii ipsius et ducatorum centum prefate camerae nostre applicandorum; ac notario banchi sui pariter inhibentes, ne pro notario interveniat, nec offitium exerceat in aliis causis quam supra permissis, sub pena etiam ipsi notario, si contravenerit aut executorem contravenientem non notificaverit prefato senatui, perditionis notarie et ducatorum vigintiquinque prefate camere applicandorum;

Volentes etiam quod si contigerit occaxione causarum illarum quas ad tribunal ipsum inter privatos tractari et expediri *ut supra* permisimus, aliquem articulum oriri qui juris habeat difficultatem, eo casu dictus executor altera ex partibus petente teneatur consilium accipere ab uno ex consultoribus suis, casu quo non sint merito suspecti partibus vel alteri earum; quo in casu teneatur assumere consilium unius de collegio jurisperitorum urbis nostre Mediolani, partium confidentis, vel unius partis in alterius contumatiam, et sequi ut omnia maturius et consultius procedant.

Circha autem salaria et emolumenta que percipere habet prefatus executor et eius familia, tam pro dirimendis negociis ad cognitionem suam spectantibus *ut supra*, quam pro executionibus fiendis imposterum, ut unusquisque intelligat quid sibi incumbat: statuimus et decernimus, quod si absque consilio sapientis prefatus executor aliquid terminaverit ad offitium suum spectans, possit pro sententia per eum proferenda accipere unum pro centenario a qualibet partium; si vero judicaverit de consilio sapientis, ultra salarium quod consultor habuerit a partibus, ipse non possit ab eis accipere ad summum ultra soldos viginti vel grossonum unum, prout in aliis tribunalibus fieri consuevit; et hoc pro sententiis diffinitivis; pro interlocutoriis vero de consilio sapientis proferendis, non possit ultra soldos decem accipere; sed moderatum salarium abinde infra accipiat juxta qualitatem sententie interlocutorie que proferetur; pro executionibus autem, quas ad dictum tribunal fieri continget, sive reales sint sive personales vel aliter, volumus quod ipse executor aut executores aliquid accipere non possit ultra unum pro centenario in totum; eius autem familiam pro predictis executionibus quas faciet, nolumus posse percipere a partibus ultra id quod ex statutis hujus inclite urbis disponentibus executiones fatiendas coram aliis offitialibus permittitur.

Et si prefatus executor etiam eius familia hanc mentem et dispositionem nostram non observaverint, incurrat executor penam de qua supra, et familia incidat penam ducatorum decem pro quolibet, vel in deffectu pecuniarie pene in aliam penam arbitrio nostro imponendam quotienscumque contrafactum fuerit.

Declarantes pro minuendis partium expensis, quod presens decretum nostrum non trahatur ad causas pendentes, nisi quatenus concernit consilium sapientis et salarium prefati executoris et familie *ut supra,* sed tantum locum habeat in causis in futurum inchoandis, nisi etiam respectu causarum pendentium a nobis vel a senatu nostro Mediolani specialem inhibitionem habeat prefatus executor, quam servari volumus.

Signatum JULLIUS, cum sigillo regali impresso in cera rubea. — Publicatum ad scallas pallatii Mediolani per Andream Pisonum preconem comunis Mediolani die mercurii XXI octobris 1500, sono tubarum premisso.

19.

LIQUIDATION DES COMPTES DES ADMINISTRATEURS
DES BIENS SÉQUESTRÉS DES REBELLES.

(18 novembre 1500.)

Pro computis administratorum rebelium bonorum.
Ludovicus D. G. etc. Dilectis nostris magistris intratarum nostrarum extraordinariarum salutem.

Cum superioribus diebus multorum civium et subditorum nostrorum in dominio nostro Mediolanensi, qui rebellionis criminis in nos perpetrati auctores et culpapiles (*sic*) fuerant, bona universa camere nostre spectare pretenderentur, ad quorum gubernationem ob ipsorum fugham nemo aderat;

Nos, instantibus agentibus pro camera ipsa, multorum ex ipsis administrationem et curam commisimus diversis administratoribus, ne in sinistrum transirent et ut de bonis ipsis ac fructibus disponi posset prout postea ordinatum fuisset; et cum exinde per sententias promulgatas bona ipsa camere et fischo nostro adjudicata fuerint, ita eorum incorporatio et reliqua omnia juxta ordinem camere per vos expedienda sint, convenire nobis visum est ut vos pariter dictorum administratorum rationes et computa faciatis.

Quare vobis committimus ut singulos administratores ad bona quorumcumque rebellium in dominio nostro Mediolanensi deputatos coram vobis habeatis; videatisque diligenter et cum accuratia quecumque per eos percepta et habita ac percipienda et habenda ex bonis ipsis, pariterque impensas erogatas et cetera per eos exbursata; et habita illa omnium ratione que habenda erit, nec non sallarii quod vobis inspecta laborum ac rerum magnitudine videbitur, calchulos cum eis faciatis, et quicquid in manibus eorum restare compereritis, id omne in manibus texorerii nostri Mediolanensis tradi faciatis, retento penes vos chalculorum istorum registro, prout de aliis extraordinariis in cameram pervenientibus retinere soletis; providendo etiam ut si quid exigendum restat per ipsos administratores occaxione bonorum ipsorum, id quam citius fieri poterit exigatur, dando eis opem et auxilium, ut cum celeritate exactio ipsa fiat; quod si aliqua sint, que longiorem dilationem in exigendo requirere vobis videantur, non per hoc volumus aliquorum administratorum officium durare, sed pro hujusmodi residuis exactori camere vestre onus demandabitis.

Et ne singulis annis tales impensas camera sustinere habeat, volumus ex nunc servatis ordinibus camere bona immobilia meliori qua poteritis condictione locetis pro annua pecuniaria mercede, mobilia vero alienetis ac vendatis; et de locationibus et venditionibus ipsis registrum penes cameram retineatis; ficta autem et pretia mobilium prefato texaurario nostro responderi faciatis. Et ut cautius et rectiori tramite omnia procedant, volumus in predictis omnibus peragendis adhibeatis dilectum et fidelem nostrum Jo. Andream de Parisius, computorum nostrorum Francie auditorem generalem et ex magistris Intratarum nostrarum ordinariarum Mediolani, cujus sinceritatem et in talibus experientiam compertam satis habemus, sine quo nolumus expeditionem aliquam vos facere et quem parem quoad predicta auctoritatem vobiscum habere decernimus.

Datum Mediolani die 18 novembris A. D. 1500, regni vero nostri tertio. Per regem ducem Mediolani, ad relationem consilii, Do. Grandus, M. Ritius, Her. advocatus petit : *ut supra* signatum cum sigillo regali intus.

20.

ORDRE AUX OFFICIERS DE JUSTICE DE SE RENFERMER
DANS LEURS PROPRES JURIDICTIONS.

(23 décembre 1501.)

Confirmatio Decreti de Mayore Magistratu.
Al nome de Dio.

Perchè non senza grande confusione se poteria governare il stato del chiarissimo Re Duca de Milano se li offitiali non observasseno li termini de le sue jurisdictione, et non se ingerischeno ne le aliene, le quale pretergradendo veneno a violare il decoro dil stato, et anche a fare non mediocre detrimento a la regia camera;

Intendendo aduncha la Maestà dil prefato Serenissimo Re et Duca de Milano, che molti feudatarii o vassalli suoi et altri officiali cosi de Milano quanto del ducato suo quali hani *(sic)* jurisdictione, abutendo de la benignitate e clementia de S. M. hanno ardire procedere contra li cittadini et altri quali per la dispositione de li decreti, statuti et ordini non sono sottoposti a la loro jurisdictione, exercendo contra loro cause civile et criminale e vexandoli mulctandoli et condempnandoli, dopoy applicando le condempnatione et multe ad chi non spectano secundi *(sic)* li decreti, statuti et ordini, et per altri varii modi contraveniendo a tali decreti statuti et ordini ;

Deliberando S. M. dignamente provederli et redimere suoy subditi da indebite vexatione, e deffensare le ordinarie jurisdictione et sucorrere a le indempnitate del suo fisco, et de chi specta : per le presente, fa fare publica crida che alcuno officiale cosi de dicta città quanto del ducato suo et anchora vassalo o feudatario dil dicto ducato de Milano, o vero alcune terre de quello, et anche suoy officiali o vero dellegati o altro a loro nome non ardisca exercere jurisdictione ne fare exercere ne procedere ne fare procedere contra qualunche persona, comune, collegio o universitate ne condemnare ne fare condempnare ne transmitere ne fare transmitere condempnatione, multe o confiscatione alcuna a se medesmi ne ad altri cha queli ad chi deno essere transmisse secundo la forma di decreti et ordini *ut supra*, ne atemptare ne fare temptare alcuna altra cosa contra la dispositione del decreto *de majore magistratu*, et altri decreti et ordini o vero statuti disponenti e militanti circa cio, et similiter che alcuno notaro cosi de civile quanto de criminale olza ne presuma sottoscrivere ne rogare comandamenti, inquisitione ne altri acti quali se facesseno contra la forma de la presente crida.

Et hec omnia sotto pena de ducati ducento per ogni volta serà trovato essere contrafacto a la presente crida, de li quali la mitade se dia a lo accusatore et laltra mitade sia aplicata *ipso facto* a la prefata regia camera, ultra che se incorrerà anchora in le altre pene apposite per dicti decreti ordini et statuti : a le quale per la presente non se intende essere derogato.

Per regem Ducem Mediolani, ad relationem consilii; JULIUS, cum sigillo regio in cera rubea consueto. — Publicatum ad scallas pallatii Mediolani et super platea arenghi per Andream Pisonum tubetam comunis Mediolani, die jovis XXIII decembris 1501, sono tubarum premisso.

21.

ORDONNANCE SUR LA GRATUITÉ DE LA PROCÉDURE SOMMAIRE.

(2 décembre 1502.)

Ludovicus D. G. etc. Universis et singulis presentibus et futuris notum facimus, quod quandoque miserati aliquorum inopiam, nonnullorum sexus aut etatis fragilitatem, aut aliis dignis ex causis moti, quo celerius jus suum consequantur, ad ordinarios judices ad quos alioquin etiam cognitio spectaret, scribimus ut in illorum cognitione procedant summarie, simpliciter et de plano, sine strepitu et figura judiciaria, ipsa facti veritate attenta, et aliquando etiam clausula illa a se ipso adjecta ut hoc modo pauperes, minores, mulieres, inflrmi et alie hujusmodi persone in quorum favorem scribimus dispendio temporis et eris subleventur; sed quod a nobis vel a magistratibus majoribus, quibus sub ea forma scribere licet, in benefltium predictarum personarum fleri creditur, ab ipsis ordinariis in dispendium converti percepimus, cum ab iisdem pro talium decisionibus causarum sallarium extorqueant, sub hoc commento ut quasi per hujusmodi concessionum formam eorum jurisdictio sit alterata, ita ut ex ordinariis effecti fuerint delegati; quod quidem genus questus exosi, indigne ut par est ferentes quod in alicujus commodum conceditur in ejus damnum prejuditiumve converti;

Per has nostras perpetuo valituras edicimus et declaramus nulli ordinario judici mediate nobis vel immediate subdito licere posthac, sub pena quadrupli sallarium ullum consequi ex processu vel decisione cause alicujus sibi commisse et que alioquin jure ordinario ad ejus jurisdictionem pertineret, nec commissione hujusmodi cessante sallarium ullum ei deberetur. Quam penam a contrafacientibus exigi volumus, non expectato sindicatu, habita statim notitia, cujus dimidium significanti condonatum ex nunc esse statuimus; mandantes presidenti et senatoribus senatum nostrum Mediolani tenentibus, Magistrisque utriusque camere nostre et ceteris omnibus ad quos spectare quomodolibet possit, ut hoc edictum et declarationem inconcusse observari faciant. Quia sic fieri volumus.

Datum Mediolani die 2 decembris 1502 regnique nostri quarto. Per Regem Ducem Mediolani ad relationem consilii JULIUS. Publicatum ad scallas pallatii Mediolani, die Mercurii XVIIIJ° mensis Januarij 1502 per Baptistam de Bonfiliis publicum preconem comunis Mediolani, sono tube premisso.

22.

PRIVILÈGES CONCÉDÉS PAR LOUIS XII A MILAN EN RÉPONSE AUX REQUÊTES A LUI PRÉSENTÉES AU NOM DE LA COMMUNE.

(23 décembre 1502.)

Ludovicus rex Francorum et dux Mediolani. Dilecte noster, quantum] afficiamur civitati communitatique nostre carissime Mediolani, cum ob multa alia beneficia in eam per nos collata satis constiterit, tum id præsertim declaravimus ex privilegio nostro liberalissime super peticionibus ipsius civitatis et communitatis nuper concesso nam; eiusmodi privilegium si diligenter inspicias nullum amantissimi et beneficentissimi regis erga dictam communitatem officium prætermittere videbimur. Si quidem inter alia amplissima et ei concessa, etiam centena et 25 milia scutorum ipsi civitati et communitati ex benignitate nostra fuimus elargiti; hæc autem omnia libenter et munifice per nos concessa, quemadmodum ad publicam communemque utilitatem spectant, ita publicam ingentemque læticiam et jucunditatem, si ad omnem noticiam deveniant, toti civitati merito sunt allatura et non circa ejus modi concessiones vobis mittimus volentesque eas in locis publicis et horis debitis ante proximi natalis dominici festum proclamari simulque in libris communitatis registrari faciatis ne quispiam munificentissime amantissimeque voluntatis nostre erga ipsam civitatem et communitatem simulque publice hilaritatis et leticie expers relinquatur.

Datum Mediolani 23 decembris anno 1502 et regni nostri quinto FILIPPUS. *A tergo :* Dilecto nostro vicario provisionis Mediolani. *et* Sigillatum sigillo regio et ducali more solito.

Petitiones factæ per agentes nomine civitatis ac communitatis Mediolani Christianissimo et serenissimo regi Francorum et duci Mediolani, etc, ac responsiones subsequenter suæ Majestatis nomine factæ in capitulis triginta tribus descriptæ.

Christianissime et serenissime rex et dux noster observandissime, petitiones civitatis vestre Mediolanensis quietem, subditorum tranquillitatem et regii nominis honorem concernentes, quas Reverendissimo et Illustrissimo D. D. Legato et Citramontis Regio Locumtenenti Generali primum porrexeramus easque postmodum per oratorem nostrum ad M. V. transmiseramus, qui expeditiones earum in adventu hic majestatis vestræ reservavit expediendas, reverenter porrigimus. Supplicat igitur civitas, que pene jam collapsa est et preteritos turbines et maxima damna perpessa, ut pro regia clementia et summo amore quo civitatem hanc suam prosequitur, petitiones ipsas honestissimas concedendo, reficere et consolari dignatur, ita ut regiæ majestatis summa Clementia ubique extolli et commendari possit et eidem subditos esse felicissimum reputetur.

PETITIONES.

I.

Primo supplicatur regia majestas dignetur fovere hanc civitatem in sinu benignitatis sue, eam fidelem et obedientem existimare, illi benefacere, quoniam, dum civitas hæc inclyta erit, magna, honorata et potens, etiam potentia regni sui in Italia erit gloriosa, stabilis, potens et honorata, ut ab omnibus dici possit : Hæc civitas Regis magni est.

II.

Item, pro majori subditorum commodo regius locumtenens qui est et per tempora erit in civitate Mediolani moretur in curia Arenghi Mediolani, ad quem cives accedere possint, et ei tribuatur omnimoda potestas gratias faciendi in criminalibus.

III.

Item, rogat civitas, ut supplicatio nomine ejus superioribus diebus Chr^mo Majestati vestræ porrecta, et omnes eius petitiones concedantur, reservata petitione remissionis scutorum quinquaginta millium, quæ scuta, si

RESPONSA.

I.

Ad primum R. Majestas optat quantum potest præfatæ civitati benefacere et eam taliter tractabit quod erit inclyta, magna, potens et honorata inter civitates Italie.

II.

Ad secundum respondet prefata Regia Majestas quod gubernator dictæ civitatis residebit in curia Arenghi. Quovero ad locumtenentem generalem totius status Mediolani, illud comode concedi non potest, cum habeat vagari per totum Dominium et providere insolentiis, si quæ fiant tam per milites præfatæ regiæ Maiestatis quam per alios, ceteraque agere que suo incumbunt officio in dominio Mediolanensi; et quo ad potestatem tribuendam gratias faciendi in criminalibus, provisum est, et relicta potestas DD. locumtenenti et cancellario in prefato statu Mediolani, constantibus littoris super hoc concessis et concedendis.

III.

Ad tertium respondetur quod attenta solutione scutorum centum quinquaginta millium facta per civitatem, et attenta remissione scutorum centum viginti quinque millium facta per Chr. Regem, sit generalis remissio et

Chri-tma M. V. persolvi vult. provideat quod forma et modi in ratificatione civitatis appositi circa predictam solutionem observentur, et fiat liberatio per instrumentum de receptis et remissis.

IV.

Item, quamvis proximis diebus preces porrectæ pro impetranda absentium restitutione admissæ non fuerint, scientes tamen apud reges nihil esse clementia præclarius, consideratoque etiam quod Chr^mi regis et ducis nostri res, tam domi quam foris feliciter (ut optamus) succedunt, cessantque suspitiones quæ ex Alamaniæ partibus adesse videbantur ; tum etiam quod illi qui ex civibus nostris huic petitioni adversari dicebantur, nedum nunc consentiunt, sed etiam id fieri cupiunt; et ad perficiendam civitatis quietem, absentium restitutionem plurimum civitati conferre arbitramur; impellantque nos non minus regie glorie ratio, quam publicæ sanitatis totius civitatis, rursus et confidenter audemus ad hostium supremæ bonitatis Chr^me M. V. pulsare eidem humillime supplicando ut absentibus prædictis veniam et plenariam restitutionem concedere dignetur et quod detenti et alii inquisiti libere relaxentur et liberentur, et in omnem casum provideatur uxoribus quorumcumque predictorum ut habeant dotes suas ac bona et jura sua, et filiis eorum masculis et feminis sua legitima relinquatur; provideatur quoque sororibus predictorum de dotibus suis; et hæc omnia sine aliqua

liberatio respectu instrumenti obligationis scutorum trecentum millium, solventibus tamen ipsis obligatis scuta vigintiquinque millia restantia, pro quibus fiet liberatio cum erunt soluta.

IV.

Ad quartum habita ratione personarum, qualitat.. criminum et delictorum, Regia Majestas pro sua clementia eas faciet indulgentias que sibi videbuntur et quoad uxores et filios ac filias bannitorum, non obstantibus bannis vel lapsu cridarum, contentatur præfata R. Majestas quod possint remeare et se reducere ac tute morari in statu et dominio ducali, ipsis promittentibus et caventibus in forma debita quod nihil molientur contra ejus majestatem, statum et dominium ; et quoad dotes dictarum uxorum, veras tamen et non fraudolentas, ubi etiam dotes ipsæ non fuerint constitutæ per D. Ludovicum Sfortiam de bonis cameræ ducalis; pariter et quoad bona propria ipsarum mulierum, contentatur præfata R. Majestas quod illas et illa habeant, non obstantibus cridis, dummodo intra tres menses a publicatione præsentium compareant et petant dictas dotes: et quod de bonis dictorum bannitorum dotentur interea eorum filiæ et sorores, et uxores alimententur secundum qualitatem et conditionem personarum, habita etiam ratione temporis, arbitrio R. D. Cancellarii, adhibitis aliquibus senatoribus et magistratis intratarum; quoad legitimam, relinquitur dispositioni juris ac de-

impensa; et quod uxores, sorores
et filii ac filiæ predictorum in patria tute vivere et residere possint.

V.

, *Item*, pro communi omnium
utilitate providendum est, quia
dira pestilentiæ vis civitatem hanc
vexare cepit et in dies augetur,
cui nisi celeri provideatur remedio, cum invaluerit nullo humano
poterit ingenio provideri, et mo-
rientibus incolis civitas deserta
relinquetur, regii census deficient
et fere ad nihilum deducentur;
petit igitur, ut precedentium principum exemplo etiam augendo,
prout R. Majestati conveniⁱ, provideatur dum adhuc novum malum est, ut Chrᵐᵃ M. V. ad se pesti
præfectos venire jubeat, ab eisque provisionem percunctetur,
nec desit in his que sedando huic
morbo pertinere possint auxilio et
favoribus opportunis.

VI.

Item, quia etiam contra edicta
regia plurima mala regii milites
intulerunt direptionibus et an-
gariis, victualiaque solvere recu-
saverunt, petit civitas ut militaris
hæc licentia reprimatur, tollan-
turque hæc allogiamenta a civitate et ejus ducatu, transferantur-
que ad partes dominii in quibus
alias hospitari consueverunt aliorum principum tempore; obser-
veturque consuetudo, ne Mediolanenses cives in urbe aut in rure
alogiamentorum onere agraventur, nam in civitate et ducatu
datium doane solvitur constitutum loco dicti oneris alogiamentorum; et ubi contingeret regiis
stipendiatis victualia dari, teneantur ea solvere quando eis datur
pro currenti pretio.

cretorum et statutorum civitatis.

V.

Ad quintum conceditur.

VI.

Ad sextum servetur solitum,
prout requiritur in articulo, nisi
videatur agentibus pro R. Majestate subesse causam necessitatis,
vel expedire necessitati status,
quo in casu solvere debeant verum pretium ipsarum rerum tempore traditionis; et ad compri-
mendam licentiam militarem ex
nunc imponit R. Majestas ipsi
D. Locumtenenti Generali qualiter secundum casuum contingen-
tiam, dirreptiones, angarias, vio-
lentias coerceat et contrafacientes
puniat.

VII.

Item, petitur ut pro aliqua onerum allevatione et prout ceteri principes in eorum principiis facere consueverunt, Chr^{ma} M. V. dignetur facere plenariam remissionem omnium delictorum hactenus perpetratorum ac homicidiis, habita pace cum offenso occasione dicti homicidii, et processuum pendentium et omnium condemnationum, tam spectantium regiæ cameræ quam quibuscumque feudatariis, et communi Mediolani ac communibus aliarum terrarum, et salvo semper et reservato jure tertii.

VII.

Ad septimum R. Majestas quietat et remittit omnes et quascunque pœnas, emendas, et mulctas fisco regio et ducali spectantes quorumcumque criminum perpetratorum de temporibus Sfortiadum, aboletque omnes et quoscumque processus et delicta de dictis temporibus, excepto quod si quæ bona sint ratione criminum 'et processuum predictorum incorporata et actualiter ac vere apprehensa per cameram ducalem, aut donata aliquibus per litteras Majestatis Regiæ, vel ratione dictorum criminum processus fuerint renovati per officiales regios a tempore quo ipsa Regia Majestas recuperavit statum Mediolani, tales processus, pænæ, mulctæ, emendæ, et etiam bona non sint nec censeantur in presenti quietatione et remissione comprehensæ et comprehensa, salvo tamen semper in dicta remissione jure tertii; et quæ remissio habeat locum in casibus de quibus supra, non obstante decreto incorporante bona delinquentium ipso jure; et remissiones, et quietationes, de quibus in responsione presentis septimi articuli vult valere et sortiri effectum a tempore quo præsentes responsiones fuerunt tractate Lumeli cum R. D. Cardinali Ambosiæ Legato Franciæ, videlicet de anno proxime elapso, die 15ma septembris.

VIII.

Item, petitur quod alienationes facte per D. Ludovicum et alios

VIII.

Ad octavum contentatur Regia Majestas quod observentur ven-

præcessores suos civibus Mediolanensibus qui magna ex parte coacti fuerunt emere, in futurum observentur et restituantur redditus unius anni quibus privati fuerunt; quodque proprietates civium, tam in viridario Castri Portæ Jovis Mediolani quam alibi existentes, quæ per Ludovicum et præcessores indebite et injuste detinebantur, eorum dominis restituantur cum fructibus perceptis; et similiter pretium ædium destructarum super platea dicti castri et partibus ibi vicinis.

ditiones in futurum, et quod restituantur redditus anni proximo preteriti, qui in cameram ducalem non pervenerunt; committens Illri D. Magno Magistro locumtenenti generali in dominio Mediolani et R. D. Cancellario Mediolani quod eligant et deputent commissarios ad estimandum proprietates Viridarii et alias de quibus in articulo; quibus estimationibus factis, provideant quod detur equivalens aut solvatur pretium iis quorum bona fuerunt indebite occupata et idem observetur quoad aedes diruptas prope castrum.

IX.

Item, provideatur quod itinera sint tuta et itinerantibus pro eorum deffensione, ut decreta disponunt, liceat arma portare.

IX.

Ad nonum mandat R. Majestas præfatis DD. Locumtenenti et cancellario, quod omni cura et studio próvideant quod itinera sint tuta; et conceditur dictis Mediolanensibus quod itinerando et in rure possint arma deferre non hastata; hastata vero etiam deferri possint, habita ratione conditionis et qualitatis personarum; ita tamen quod tales itinerantes non possint esse ultra tres simul in societate ipsa itinerantium qui deferant arma inhastata.

X.

Item, fiat provisio quod illi ducati quinquagenta millia qui per R. Majestatem deputati sunt ad satisfactionem creditorum solvantur creditoribus singulis annis pro cujuscumque rata, et eligantur aliqui probi viri qui hoc exequi faciant.

X.

Ad decimum debet sufficere præfatæ civitati quod præfata R. Majestas proprio motu decreverit solvi debere creditoribus, de quibus in articulo, singulis annis summam per eam ordinatam, quam præfata Majestas secundum sibi occurrentia in statu et dominio Mediolani pro conservatione et manutentione ipsius status, subsistente causa, moderabitur; si eidem videbitur taliter agendo cum dictis civibus quod nulla eis relinquetur justa causa querele, et illa summa qua dimittetur solvetur dictis creditoribus pro rata, liquidatis tamen prius ipsis creditis; quæ liquidatio fieri debeat absque aliquo salario.

XI.

Item, petitur quod venerandi collegii DD. Jurisperitorum Mediolanensium, Phisicorum, Mercatorum, Procuratorum et Notariorum honos observetur, serventurque eorum privilegia prout hactenus fuerunt observata, et quod causæ omnes per DD. Doctores Ven. Collegii cognoscantur et terminentur, ut statuta huius urbis possit et ordines disponunt, nec de eis senatus aut regii officiales judicare aut terminare; et ad hoc advertentes retroacti principes sub gravissimis penis constituerunt, ut etiam senatores non possent causas decidere, sed eas doctoribus prefati collegii committerent; nec præfati doctores, ut per dominum Cardinalem alias decretum est, alogiamentorum oneribus agraventur in civitate nec in rure.

XI.

Ad undecimum conceditur, exceptis tamen causis de quibus in erectione senatus et ordinibus per R. M. edictis, et servetur privilegium allogiamentorum circa doctores de Collegio et procuratores etiam de collegio, nisi subsit necessitas aut expediat R. Majestati aliter fieri debere, quod intelligitur quando alibi commode alogiare non possint.

XII.

Item, quod omnes mercatores dominii Mediolanensis possint libere et tute mercari, seque exerceri in tota Italia et ditione Chr. Regis Francorum et ducis nostri feudatariorumque suorum, tam acquisita quam acquirenda, et immittere et extrahere omne mercimonium et pecunias, ac uti omnibus franchisiis et immunitatibus quibus utuntur mercatores Lugdunenses, vel qui vis dicte jurisdictionis mercatores privilegiati.

XII.

Ad duodecimum conceditur ut petitur.

XIII.

Item, provideatur quod per quoscumque Magistratus et officiales justitia ministretur, etiam per capitaneum justitiæ Mediolani et eius vicarium, servatis statutis et ordinibus civitatis, crimine læsæ-majestatis dumtaxat excepto, et boni et docti officiales ad officia ponantur, et eis dentur salaria quibus stent contenti, nec subditis quicquam exigere et accipere possint directe nec per indirectum. Ad hoc multum conferet si provideatur quod non sint perpetui, nec ultra biennium durare possint; et qui soliti sunt sindicari in fine officii sindicentur secundum ordines antiquos, nec concedantur litere sindicatum tollentes, et si sunt concesse, revocentur. Bonum quoque erit quod officiales non possint, nisi cum regia licentia et maxima urgente necessitate substitutos relinquere, et quod durante absentia officialium substituti eorum ad evitandas extorsiones integra salaria habeant.

XIV.

Item, petit pro majori subditorum commodo, ut in curia Arenghi Mediolani senatus bis in die sedeat, et supplicationes partibus contra quas supplicatur præjuditium afferre valentes legantur in senatu; et non expediantur littere, nisi facto scrutinio inter ipsos senatores; et in rebus arduis littere non expediantur nisi partibus auditis; et litere registrentur; et ut hæc commodius fieri possint, ordinentur ad ipsum senatum scribæ et hostiarii cum

XIII.

Ad tertium decimum servetur solitum, et discusso negotio statutorum et ordinum de quibus in ipso articulo, circa omnia providebit senatus; et quoad sindicatum officialium, quodque non possint nisi maxima urgente necessitate et cum licentia agentium pro R. Majestate se absentare et relinquere substitutos, libere hoc dictæ civitati conceditur, pariter et quod ipsis officialibus absentibus dicti eorum substituti percipiant stipendia pro rata temporis, et dum inservient ipsi officio; intelligendo tamen præmissa de officiis quæ sunt temporalia.

XIV.

Ad quartum decimum mandatur quod sedeat senatus bis in die omni septimana, diebus tamen Lunæ, Mercurii et Veneris ubi expediat senatum teneri; ceteris vero diebus, semel in die et etiam bis, si opus fuerit et semper in curia Arenghi Mediolani. Quo vero ad supplicationes alicujus momenti, judicio cancellarii et assistentium illi, remittentur ad Senatum. Cetere vero expedientur in cancellaria, prout est fieri solitum; et registrabuntur literæ re-

salariis competentibus juxta solitum.

giæ per secretarios vel eorum deputatos providebiturque hostiariis de competentibus salariis.

XV.

Item, petit provideri ut famuli officialium quorumcumque, barnerii omnes, notariique, sive in civili sive in criminali, pro eorum mercede non accipiant nisi quod eis ex ordinum dispositione constitutum est, et in causis de animo deliberato aliquem occidendi, et ubi dicitur quod res habet originem a contractu, unicam et non dupplicatam solutionem notarii tantum accipiant; et quia olim constitutus erat magistratus collateralium super extorsionibus prædictorum, loco eius deputetur alter magistratus, videlicet protectores carceratorum Mediolani qui ordines prædictos observari faciant cum opportuna potestate.

XV.

Ad quintum decimum cogentur notarii civiles et criminales, famuli officialium et barueri, quo ad exactionem eorum mercedis stare dispositionibus ordinum super hoc editorum, nec non in causis de animo deliberato, et ubi res habet originem a contractu, unicam dumtaxat solutionem accipere, si sic ex ipsis ordinibus caveatur; et in defectu magistratus collateralium si recessit ab aula per dissuetudinem vel non usum, tribuitur jurisdictio circa extorsiones de quibus in articulo protectoribus carceratorum Mediolani cum potestate opportuna, quoad tamen placuerit eidem Regiæ Majestati.

XVI.

Item quia a paucis diebus citra conditum fuit decretum contra eos qui animo deliberato occidendi aliquem, insultum faciunt ut teneantur ac si homicidium commisissent, et aliqui officiales, ipso decreto abutentes, fere quoslibet insultos animo deliberato occidendi factos esse dicunt, et inquisitiones eo modo formant, quo fit ut necesse sit inquisitis se constituere et gravissima vexatione et impensa molestari, nec ulla Regiæ Cameræ utilitas insurgit; ideo petitur provideri ut inquisitiones de predicto animo deliberato formari non possint nisi cum participatione et subscriptione duorum notabilium doc-

XVI.

Ad sextumdecimum mandatur senatui quod provideat ut unus vel duo per ipsum eligendi interveniant quandocumque inquisitiones de quibus in articulo formabuntur, ne quispiam indebite vexetur.

torum Mediolamensium super hoc deputandorum qui non præsint aliter causis criminalibus, et si inquisiti ex quovis delicto ante condemnationem in fortiis fuerint, servetur jus commune quoad confiscationem bonorum.

XVII.

Item petit decretum captiosum editum per D. Ludovicum paulo ante eius recessum tolli debere, disponens quod, positis aliquibus bonis ad cridas per ducalem cameram, et elapsis temporibus datis ad contradicendum, quod (*sic*) contradictores teneantur instare liquidationi, et liquidari facere infra duos menses eorum contradictiones, aliter privati sint juribus suis; quia hoc videtur admodum inhonestum, cum sit in potestate agentium pro ducali camera expeditiones facere; et quod contradicentes, quorum contradictionum facta fuerit liquidatio, possint consequi satisfactionem suam, et etiam ante factam liquidationem aliorum contradicentium, sine tamen prejuditio jurium illorum quorum postmodum jura liquidarentur, ubi reperiantur habere anteriora jura; aliquibus in contrarium facientibus non attentis, et in causis liquidis per instrumenta magistri regalium intratarum in declarationibus superinde faciendis nulla possint accipere salaria; in causis vero in quibus eis liceret accipere salaria, nihil accipere possint directe nec per indirectum a partibus pro parte Regiam Cameram tangente.

XVIII.

Item provideatur quod a sen-

XVII.

Ad decimum septimum comittitur senatui quod, auditis Magistris Intratarum, provideat circa contenta in articulo, et decretum ipsum amoveat ubi videbitur amovendum, idem decernendo circa salaria de quibus in articulo.

XVIII.

Ad décimumoclavum stet de-

tentiis in causa criminali, cum sint maximi prejudicii, appellari possit juxta dispositionem juris communis, appellante expensas litis principalis factas deponente, et satisdante occasione depositi pro expensis faciendis in causa appellationis.

cretum sed antequam Judices veniant ad prolationem sententiæ mortis naturalis vel abscissionis membri, poterit videre senatus processum, vel comittere alicui ex senatoribus qui viso processu referat.

XIX.

Item quod ne, datis duris adversariis, litigantes graventur plusquam debeant, supplicatur ne prius fiant concessiones aut donationes vel promissiones bonorum delinquentium, quæ ad regiam Cameram spectare dici possent, antequam liquidata fuerint jura contradicentium, et jam factæ tollantur.

XIX.

Ad decimumnonum, quoad præteritas concessiones, donationes vel promissiones, illæ teneant et et valeant; in futurum vero non fient, et si fient, ex nunc, ipso jure sint nullæ, cassæ et irritæ.

XX.

Item, ut immensa benignitas et in subditos Mediolanenses summa Majestatis V. Clementia magis eluceat, petit civitas ut officia publica et ecclesiastica beneficia dominii hujus gratis Mediolanensibus qui R. M^tati V. probi et digni visi fuerint conferantur, et quod beneficia libere impetrare possent; digneturque R. M^tas V. etiam assumere ad ejus stipendia ex subditis suis Mediolanensibus.

XX.

Ad vigesimum R. Majestas habet et habebit caros suos Mediolanenses, et tam in officiis quam in beneficiis, et eosdem accipiet ad stipendia sua, cum non minus eos diligat quam Gallos et alios subditos suos, procurabitque R. D. Cardinalis apud prefatam R. Majestatem quod officia status Mediolani minime conferantur non subditis pref. R. M., pariter et beneficia pro quibus, si expediet, rescribi faciet ad Pontificem Maximum.

XXI.

Item, quia fere omnes Italie civitates creant ex civibus suis presidentes qui publicæ utilitati presint et provideant et habeant in commune ex quo super occurrentibus necessitatibus provideri possit; cum hoc populosissimæ

XXI.

Ad vigesimum primum non conceditur pro nunc prima pars ipsius articuli; et quoad salaria de publico constituenda, ut sint legentes in hac civitate inclita et institutores, conceditur.

civitati Mediolanensi sit perne-
cessarium, supplicat civitas ut eli-
gere possit sex probos viros pro
qualibet porta, et singulo semes-
tri decem octo eorum mutare et
eorum officium sit providere quibuscumque publicam utilitatem
vel necessitatem civitatis concernentibus, et quod aliquis redditus
civitati relinquatur ex quo his
necessitatibus provideri possit,
attento quod intratæ dicti communis fuerunt per retroactos principes usurpatæ; provideaturque
quod in civitate hac sint legentes
arte oratoria, et institutores qui
sint salariati de publico ut fuerunt hactenus, ne bonæ litteræ
quibus civitas hæc abundare so-
lebat deficiant.

XXII.

Item petit provideri quod feuda,
donationes, privilegia, beneficia, concessiones, immunitates,
exemptiones ac venditiones per
præterita dominia et per quoscumque qui statum et dominium
Mediolani tenuerunt hactenus
concessa non infringantur; sed
manuteneantur, defendantur et
confirmentur his quibus concessa
sunt, aliquibus in contrarium
facientibus non attentis.

XXII.

Ad vigesimum secundum, habita ratione qualitatis personarum, temporis, rerum ac viridis
observantiæ, providebitur ad casus particulares super confirmatione feudorum, privilegiorum,
donationum, exemptionum et
aliorum beneficiorum de quibus
in articulo.

XXIII.

Provideatur etiam ne civitas
fame pereat et ne blada ducantur
extra Dominium, et quod absque
aliquo impedimento a quacunque
civitate vel loco regii dominii
conduci possint Mediolanum, sine
pedagii vel alterius oneris solutione; et quod intra dominium
blada de loco ad locum, sine impedimento, etiam sine impetra-

XXIII.

Ad vigesimum tertium commit-
titur senatui quod auditis deputatis super bladis provideat ut
videbitur expediens.

tione licentiæ conduci possint, dummodo non dirigantur versus confines per quatuor miliaria.

XXIV.

Item, ut Deus contra R. M^{tis} V. hostes victoriam facilius prestare possit, et fines imperii vestri latius amplientur, rogat civitas ut R. M. V. dignetur fieri facere omnes elemosinas et oblationes per priores dominantes fieri solitas monasteriis, piis locis, capellanis publicis, puellis maritandis et ad quoscunque alios pios usus.

XXIV.

Ad vigesimum quartum Regia Majestas consulet suis honori et conscientiæ.

XXV.

Item ad hoc ut de felici adventu Ser. R. Majestatis V. in patriam hanc gaudere possint agricolæ et pauperes rurales, qui non tantum nullam commoditatem senserunt de adventu pref S. M. V., sed potiùs magis gravati sunt quam antea gravabantur, ex hospitiis quae tribuunt stipendiariis M^{tis} V., propter quae gravissimis damnis et incommodis afficiuntur, supplicatur Chr. M. V. dignetur prædictos rurales et pauperes exonerare ab onere salis, ita quod non graventur inviti levare sal aliquod, sed pro pretio honesto quod taxabitur unusquisque accipiat quantum voluerit; quia si modus adhibeatur, nihil de suis redditibus R. M^{tas} V. perdet et pauperes ab extraordinariis expensis relevati libentius solvent pretium quod constituetur.

XXV.

Ad vigesimum quintum nihil decernitur circa contenta in articulo ipso pro nunc, et providebitur super extorsionibus executorum. Communicabitur tamen cum Generali et Thesaurario de modo habendi sal liberum sine diminutione intratæ regiæ ut supplicantibus inde possit R. Majestas gratificari.

XXVI.

Item, quia gravissimæ exactiones factæ sunt occasione salis anni MCCCCLXXXXIX rusticis

XXVI.

Ad vigesimum sextum fiat si et prout ordinatum fuit novissime in civitate Astensi.

et hominibus ducatus Mediolani, et exactio facta est pro maiori parte, et pro restanti gravissimæ in dies fiunt exactiones, et cum eo tempore Chr^{mus} Rex et dux noster nondum dominium hoc recuperasset, ideo petitur ut exacta restituantur, et provideatur ne ulterior exactio fiat; quodque posterii salis pro sale per gallicos eis violenter direpto non vexentur, nam aliqui ex ipsis posteriis patriam deseruerunt ut hujusmodi vexationes effugerent.

XXVII.

Item, quia solebant in hac civitate visitare pro libito pistrinarios qui panem venalem faciunt D. Vicarius provisionum cum aliquibus ex XII ibidem deputatis et judex datiorum, et a pauco tempore citra potestas hæc soli judici datiorum demandata esse dicitur in maximum civitatis detrimentum, ideo petit civitas ut hæc potestas etiam detur D. Vicario provisionum qui una cum aliquibus ex dictis XII pro libito pistrinarios visitet, et quod dictus Judex datiorum subsit D. Vicario provisionum, secundum dispositionem statutorum et ordinum hujus civitatis.

XXVII.

Ad vigesimum septimum, audito vicario provisionum et judice datiorum ac agentibus pro communitate, providebitur circa contenta in articulo per senatum.

XXVIII.

Item, quia maiores nostri cum magna impensa fabricari fecerunt navigia defluentia ad hanc civitatem, pro molendinis et pratis ac rebus ad civitatem vehendis, sine quibus navigiis vix civitas permanere possit, et quia etiam nonnullæ aquæ per civitatem defluebant ex quibus civitas purgabatur, et aliæ commoditates

XXVIII.

Ad vigesimum octavum servetur solitum et mandetur Magistris Intratarum Extraordinariarum quod super novis casibus occursis et aliis qui occurrent provideant opportune.

percipiebantur que nunc diversimode divertuntur, petitur ut provideatur quod navigia ad civitatem taliter defluant quod continuo
sint navigabilia, et aliae aquae
ad et per civitatem labantur et
decurrant.

XXIX.

Item petitur quod inquintum
Datii Mercantie detrahatur, sicuti
de aliis datiis detractum est, quia
non potest sino onere conscientiae
exigi.

XXIX.

Ad vigesimum nonum non con-
ceduntur contenta in articulo.

XXX.

Item, ut civitas sit mercimoniis
abundantior et regio beneficio fiat
locupletior, rogatur, ut feriae bis
in anno concedantur, quarum
singula per dies decem durare
debeat, temporibus per civitatem
ordinandis, in quibus singulae
merces libere immitti et extrahi
possint, absque pedagii solutione,
et gaudeant omnimoda immunitate, ut fit Lugduni; non tamen
immitti possint drapi lanæ, aut
serici, quia horum civitas satis
abundat et in maximo incommodo et damno ipsi civitati cede-
ret.

XXX.

Ad trigesimum, communicata
re cum Magistris Intratarum, Generali et Thexaurario, dummodo
partita fieri possint sine damno
præfatæ R. Majestatis et sine diminutione suarum intratarum,
libentissime annuet et morem ge-
ret votis eorum.

XXXI.

Item, quia tempore fabricationis castri Porte Jovis Mediolani
et successive propter edificia principum superiorum, inductus erat
quidam abusus per quosdam incantatores salis Lacus Maioris, ut
nulli praeter eos ex partibus prædictis calcinam aliquam ad civitatem Mediolani vel alio conducere possent absque eorum licentia, mediante quadam extorsione
pecuniarum, et nunc cessat causa

XXXI.

Ad trigesimum primum com-
mittitur senatui quod vocatis et
auditis commissariis salis et in-
cantatoribus de quibus in articulo, nec non aliis quorum interest, provideat ut ei videbitur
expedire.

præedictorum edificiorum, petitur quod quilibet possit coqui facere calcinas et eas conducere ad civitatem et alio quo velit, tam per terram quam per aquam, et eas conducere, non obstante quod dicti incantatores nitantur perseverare velle in hujusmodi exactione; quod quidem nullo commodo Regie Camere cedit, et maximum affert damnum civitati et dominio.

XXXII.

Item, quod Mediolanenses uti valeant omnibus privilegiis, immunitatibus et franchisiis quibus utuntur Gallici in omnibus partibus subditis R. Majestatis V., et per quoscumque Regios Magistratus habeantur pro habilibus ad quæcumque beneficia et officia in toto regio dominio, aliquibus in contrarium facientibus non attentis.

XXXII.

Ad trigesimum secundum libentissime conceditur.

XXXIII.

Item, ne civitas pecunia ære contaminata repleatur, petitur provid[eri] quod monetæ forenses non expendantur nisi secundum ordines antiquos et quia hoc fieri non poterit nisi monetæ novæ cudantur in presenti civitate, petitur quod ad cecham laboretur; *Item* que deputentur aliqui qui moderentur decreta super ipsis monetis condita, inter quae sunt quædam aspera et inhonesta.

Hæc sunt, Christianissime et Serenissime rex et dux noster Observandissime, quae Civitas sibi pernecessaria esse existimat, et sibi concedi supplicat, omnia tamen Sapientissimo Serme Majestatis Suæ arbitrio subjicit.

XXXIII.

Ad trigesimum tertium providebitur in firma facienda novissime conductoribus Datiorum.

23.

ÉDIT FIXANT LES SALAIRES DES EMPLOYÉS DE LA CHAMBRE
DES ENTRÉES EXTRAORDINAIRES.

(Milan, 23 juin 1502.)

Lois, ecc. Al nostro amato et fidele consiliero Sebastiano
Farrere (*sic*), cavalere, generale sopra el governo de tutte
nostre finanze si ordinarie come extraordinarie del nostro
paese e ducato de Milano, et Signoria de Genoa salute et
dilectione.

Noi vogliamo, et vi mandiamo, che per nostro amato e
fidele consiliere Maestro Zoanne Erouet, thexorero generale
de dicte nostre finanze, faciati pagare, dare, et deliverare
ale persone qui appresso nominate, officiali in la camera de
nostre intrate extraordinarie al dicto Milano, le somme di
dinari qui appresso declarate et che sequita. Cioe :

Ad Zo. Angelo da Castiliono, cancellere, 48 L. tornese;

A Sigismondo da Osio e Bernardino Mombreto, coadju-
tori, 46 libre et soldi 10 per mitade, che e a caduno de
loro XXIII L. et S. V ;

A Felix Vesconte notaro LXIII L.;

E a Jacobo Pelegrino exactore XXII (*sic*) et S. X.;

Aliquali noi l'havimo ordinato, et ordinamo per questa
presente, per loro salarii de sei mesi integri, de Zulio,
Auosto, Septembre, Octobre, Novembre et Decembre di lanno
finito lultimo di del dicto mese di Decembre lanno 1500, et
del anno integro appresso, cominzando al primo di Zenaro
1501 et finito lultimo di de Decembre appresso et ultimamente passato. Aquelle somme se ha havere et prehendere
sopra una partita de LX libre Tornese stabilite nel stato
generale de dicte nostre finanze del dicto anno 1500, comenzando al luocho de cancelleri che erano tri, et tri coad-

jutori se prehendera uno di secretarii che sera griffero
criminale; e sopra una altra partita de CXX L. tornese, stabilite nel stato generale de dicte nostre finanze del dicto
anno sequente 1501, comenzando a Mro Alan Portineger
secretario che servira de grifferi in la dicta camera al
luocho de cancelleri, per questo che a noi e debitamente
apparso per la certificatione de dicti Maestri de nostre intrate extraordinarie, che tutti li sopranominati et caduno de
loro respectivamente ne hanno continuamente servito de poi
el dicto tempo, et servano continuamente in li dicti officii in
epsa nostra camera, et che alchuni de nostri secretarii ne el
dto Mro Alan non ne hanno in alchuno modo servito de grifferi in luocho de cancelleri.

Vogliamo ulterius et vi mandiamo che per el nostro dicto
thexorere generale vui faciati pagare, dare et delivrare
ali appresso nominati per loro salarii durante el tempo
sopradicto, le somme di dinari che sequiteno, cioe a Zo. Pedro
Bossio et Bernardino dala Gazada cosi notari in la dicta
camera la somma de 140 LL. tornese per mitade; a Bapta da
Oppreno 120 LL. tornese, et ad Bmeo dal Pozo, Michele da
Basalica, Christoforo da Carimate, et Antonello da Pozo-
bonello, uschieri in dicta camera 135 LL. tornese, a partire
per loro por equale portione; a quelle somme cosi havere et
prehendere sopra tri partiti stabiliti in caduno de nostri
dicti stati generali de dicti duoi anni, luna al nome de
uno rationatore italiano et laltra al nome de duoi notari; e
laltra al nome de tri uschieri in la dicta camera, e poi
reportando queste presente, e loro quitanze, e de caduno de
loro particularmente sopra queste sufficiente, insieme cum
el vidimus de loro lettere del dono de noi de dicti officii se
alcuno ne ha havuto facto sotto sigillo autentico, et la certificatione de sopradicti de li dicti maestri dele nostre intrate,
noi vogliamo le dicte somme e (*sic*) a caduna di quelle, et tutto
quello che pagato e dato li sera ad questa causa, per el
dicto nostro thexo generale sia acceptato in li suoi conti, e
rebatuti dela sua recepta per li nostri amati e fideli le
gente de nostri conti come appartenera; a i quali noi man-

diamo cosi farlo senza alcuna difficultate perche così e il
nostro piacere, non obstante, che per li dicti stati generali
de dicte nostre finanze de dicti duoi anni, le dicte somme non
siano ordinate a li sopradicti, et de sopra nominati, ne stabilite a loro nome, et che loro o alchuno de loro non hab-
bino havuto da noi lettere de dono de dicti officii, che
non vogliamo nocerli nec prejudicarli quanto ad questo in
alchuna maynera, anzê li habiamo relevati et relevamo de
gratia speciali, piena possanza et auctoritate regale et ducale
per queste dicte presente, perche loro ne hanno sempre servito, et serveno in dicti officii come dicto è. E non obstante
qualuncha altra ordinanza, o stillo, rigore de conti et de
finanze, restrinctione, mandamenti, o defense e qualuncha
altra cosa a questo in contrario.

Dato a Milano a 23 di de Junio lanno di gratia 1502 et
de n^{ro} regno el quinto, cum lo sigillo grande pendente. Per
el Re duca de Milano a la vestra relatione : LE CHARON.

<h2 style="text-align:center">24.</h2>

CONFIRMATION DE J.-A. DE CAYMIS DANS L'OFFICE DE MAITRE
DES ENTRÉES EXTRAORDINAIRES.

(Lomello, 24 septembre 1502.)

Georgius de Ambosia, Dei et apostolice sedis gratia.
S. R. Ecclesie tituli S. Sixti presbyter cardinalis, archie-
piscopus Rotomagensis, comes Sarazani et Chr. mi D. N.
Francorum regis et ducis Mediolani locumtenens citra montes generalis, universis et singulis presentes litteras nostras inspecturis, salutem.

Cum prelibatus Chr.mus D. N. Rex nobis expresse impo-
suerit amplamque facultatem dederit videndi et intelligendi
quibus juribus et titulis officiarii in predicto ducatu Mediolanensi obtinent et possident officia quæ ab ipso Chr.mo

regi et duci tenent, et pariter si ipsi officiarii se bene gesserint et eodem officia recte fideliterque administraverint, et illis inde, si nobis ita visum fuerit expedire pro prelibati chr.mi regis et ducis ac reipublicæ bono et commodis, super hiisque litteras nostras opportunas decernendi.

Notum facimus, ex premissis consideratis, et propter nobis factam laudabilem et optimam rellationem de persona dilecti nostri Jo. Antonii de Caymis, necnon de ejus scientia, sufficientia, legalitate et diligentia, eumdem Jo. Ant. de Caymis, his de causis et aliis ad hoc nos moventibus, continuamus et confirmamus per presentes in statu et officio Magistratus Intratarum Extraordinariarum quod hiis temporibus superioribus tenuit et exercuit et adhuc tenet et exercet virtute donationis, commissionis et concessionis ei facte per dictam R. Majestatem; fidemque Jo. Antonio Caymo predicto statu et officio Magistri Intratarum Extraordinariarum, uti de novo et quatenus expediat, donavimus et concessimus, donamus et concedimus per presentes, ad illud de cetero tenendum et exercendum cum honoribus, prerogativis, preheminentiis, salariis, privilegiis et utilitatibus ac emolumentis solitis et eidem officio pertinentibus quamdiu placuerit prefato Chr.mo D. N. Regi.

Mandantes idcirco per hasmetipsas litteras nostras dilectis et carissimis nostris cancellario Mediolani, gentibusque consilii et senatus ejusdem ducatus Mediolani, ut recepto a dicto Jo.-Antonio de Caymis juramento in talibus solito, eumdem ponant et instituant parte dicti Chr.mi D. N. Regis in novam possessionem et investituram dicti officii, et illo, una cum honoribus, prerogativis, preheminentiis, salariis, juribus, utilitatibus et emolumentis supradictis, ipsum Jo.-Antonium de Caymis faciant, patiantur et permittant uti et frui plene et pacifice, eidemque obedientiam præstari et intendi ab omnibus quibus et prout spectaverit circa ipsius officium concernentia.

Mandantesque ulterius generali financiarum tam ordinariarum quam extraordinariarum magistrisque intratarum ordinariarum ducatus dominii Mediolani et eorum cuilibet

prout ad eum pertinuerit, quod per thesaurarium et recepto-
rem generalem dictarum financiarum sive per alium ad quem
spectaverit, persolvi faciant salaria dicto officio pertinentia
singulo anno et temporibus solitis. Quae salaria et jura
volumus allocari, computari et deduci de receptis dicti
thesaurarii et receptoris generalis, sive alterius qui supradicta salaria persolverit ubicumque fuerit expediens; reportando has presentes aut duplicem ipsarum confectum sub
sigillo autentico semel duntaxat et quitantiam dicti Jo.-
Antonii de Caymis super hoc sufficientem, omne difficultate cessante.

In cujus rei testimonium his presentibus duximus appo-
nendum, etc. Dat Lomello, die 24 mensis septembris anno
D. 1502. Per R. D. Cardinalem locumtenentem generalem
Gédoyn et sigillata sigillo solito.

25.

CONFIRMATION DES PRIVILÈGES DE DIVERSES CORPORATIONS
DE PAVIE.

(Milan, 25 octobre 1502.)

Ludovicus, D. gr., etc. Notum facimus quod nomine nau-
tarum, molendinariorum ac pischatorum civitatis et com-
mittatus nostri Papie expositum nobis fuit sicuti ipsi
habent nonnulla privilegia, franchisias, immunitates et
indulta per antecessores nostros in ducatu Mediolani eis
concessa quibus hactenus usi et gavisi sunt ac utuntur; de
presenti vero, quod dubitant ne aliquando in eis molestentur et turbentur nisi a nobis confirmentur, quam humillime nobis supplicatum fuit eorum nomine ut dicta privilegia, franchisias, immunitates et indulta juxta illorum
formam et tenorem approbare ac confirmare dignaremur

et super eis gratiam et liberalitatem nostram impertiri ac opportunas litteras concedere.

Nos itaque ipsorum exponentium requisitioni tanquam juri et honestati consone benigne annuere volentes, etiam attenta eôrum erga nos et statum nostrum fide et devotione;

Tenore presentium, dicta privilegia, franchisias, immunitates et indulta rata et grata habentes, ea laudamus, approbamus et confirmamus juxta eorum formam et tenorem; ac volumus et concedimus ut dicti exponentes in futurum prout hactenus rite et recte usi et gavisi sunt, utunturque de presenti et gaudent, uti et gaudere possint et debeant; Mandantes omnibus et singulis magistratibus, officialibus et jusdicentibus nostris aliisque subditis nostris presentibus ac futuris quibus spectat et spectabit, quatenus eosdem exponentes dictis privilegiis, franchisiis, immunitatibus et indultis, prout retroactis temporibus rite et recte uti et gavisi sunt utunturque et gaudent de presenti, usi et gaudere in futurum faciant et omnino permittant quoniam sic nobis placet et fieri volumus. Quæ omnia ut firma et stabilia perpetuis maneant temporibus sigillum nostrum præsentibus apponendum duximus; salvo in omnibus jure nostro et quolibet alieno.

Datum Mediolani die xxv octobris A. D. 1502 et regni nostri quinto. Per regem ducem Mediolani ad relationem vestram : Julius. Visa, Contentor, Morel.

<h2 style="text-align:center">26.</h2>

Enquête et autorisation
pour une dérivation de sources.

(Milan, 24 décembre 1502.)

Universis et singulis presentes litteras nostras inspecturis, nottum facimus quod nomine dilectorum nostrorum Jacobi Philippi de Pegiis, cognomento Fratris de Ghiringellis et Galdini Carpani, civium Mediolanensium, nobis porrecta extitisset supplicatio continentie in effectu sicuti dicti supplicantes intendebant diversa fontium capita fodi et fabricari facere in prediis ipsius Galdini pro aquis hauriendis et deducendis in flumen Lambri et deinde extrahendis in territorio Sancte vel ibi prope et derivandis ad eorum usus in territorio de Gradi, et propterea supplicabant per nos concedi licentiam prædicta faciendi;

Ejusmodi supplicationem carissimus et fidelissimus consanguineus noster dominus Caldimontis, magnus magister Francie et locumtenens noster citra montes generalis, cui ipsa supplicatio data fuerat, prout conveniebat transmisit magistris intratarum nostrarum extraordinariarum, eisdem committendo ut, visa ipsius supplicationis continentia, sumerent informationes circha id de quo supplicabant et etiam interesse camere et tertii, et deinde reffererent (*sic*) ut constat ejus litteris de quibus infrascripta relatio est. Magistri vero, duobus ex eorum collegis prius ad loca opportuna destinatis qui res occulis subjecere, visis videndis intellectisque intelligendis, retulerunt ut infra, videlicet :

Illustrissime domine, domine noster honorandissime.
Per exeguire quanto havemo in commissione da la Signoria Vestra per sue lettere date al Castelazo a di 8 di Zugno proximo passato concesse ad supplicatione de Fra Ghiringelo e Galdino Carpano, havemo facto commissione a li spectabili doctori nostri college M. Joanne Morexino ed Aluysio Dalla, quali sono stati sopra il loco dove epsi supplicanti voleno cavare laqua, del che se ne fa mentione in la loro supplicatione et ne hano refferto quello che la S. V. potera vedere per lincluxa copia et inherendo noi al parere dessi nostri colege, dicemo il medesmo che hanno refferto; intendendo et declarando pero che dove li predicti nostri colege hanno dicto che li supplicanti hanno richiesto de derivare le aque nel territorio de la Sancta, dicemo che si possino in epso territorio della Sancta, vel ibi prope, e cosi fidelmente refferissemo a la S. V. a la cui gratia si recommandiamo.
Mediolani, xxiii Septembris MDII.-E. Ill. D. V. fideles servitores, Regii Magistri Intratarum Ducalium Extraordinariarum Mediolani. *Signatum* : Jo.-Petrus Bossius. A *tergo* : Ill.mo D. D. nostro honor. mo D. Carolo de Ambaxia ecc.

Magnifici et prestantissimi college et patres honorandissimi.
Ad executionem commissionis nobis a M. V. per earumdem litteras

diei vigesimi quinti Augusti proxime decursi facte, nos ad locum Incini capitis plebis ducatus Mediolani transtulimus et simul cum D. Galdino Carpano et procuratore D. J. Ph. Pegii dicti Fra Ghiringeli et cum eorum advocato et ingenierio, parte una, et cum venerabilibus DD. presbytero Cresoblo de Ledesino et Benedicto de Cassano, çanonicis ecclesie S. Joannis Baptistæ Modoctie, et Jo.-Augustino de Bertonis de Modoctie ac cum eorum advocato et ingeniario parte altera, et in contumacia quamplurimorum alliorum ut in actis apparet, ad instantiam dictorum Dominorum Fra et Baldini accessimus ad quatuor loca dicti territorii Incini existentia intra lacum Herbe et lacum Publiani quorum locorum tria sunt ipsius D. Galdini proprie, ut ex informationibus sumptis constitit, videlicet : petia una terre laborative et prative ubi dicitur *ad Ronchazium*; petia una terre ubi dicitur *ad Paradosum ;* et alia petia terre pastive plantate gabis salicum ubi dicitur *ad Cariyiolum* eaque vidimus et diligenter inspeximus; et in eis tribus locis propriis dicti D. Galdini intendunt ipsi D. ni Fra (*sic*) et Dominus Galdinus fodi facere et diversa fontanilium capita confici facere pro aquis hauriendis et deducendis in flumen Lambri petieruntque eis debere concedi licentiam possendi extrahere a dicto flumine aquas ipsas et postmodum derivare in territorio Sancte juxta eorum supplicata et deducere ad eorum usus. Vidimus etiam alia loca et diversas aquas scaturientes tam in prediis dicti D. Galdini quam aliorum; audivimusque oppositiones factas per dictos canonicos et Jo.-Augustinum et eorum advocatum et ingeniarium, et petita ac opposita hinc inde in scriptis redigi fecimus, et omnibus mature consideratis, M. V. referimus judicii nostri esse ut ipsi D. Fra. et Galdinus in dictis tribus petiis terrarum propriis dicti D. Galdini possint fodi facere et construi ea fontanilium capita et aqueductus que et qui eis videbuntur pro aquis hauriendis, modo non impediant alios aqueductus nec alias aquas in presentiam per ipsos aqueductus defluentes in dictum flumen Lambri quarum aliarum aquarum cognitionem et decissionem nobis reservamus; de quibus aliis aquis et locis per nos visis in presentiarum nichil refferimus nec judicamus, quia de eis inter partes disceptatur et nondum clari sumus de juribus partium; et eas aquas hauriendas ex dictis cavamentis faciendis in flumen Lambri deducere et immiscere et postmodum derivare in territorio Sancte ad eorum usus *ut supra* in ea quantitate que immittetur in ipsum flumen juxta modulum et formam que ordinabitur per ingeniarium in arte peritum per Magistratum elligendum, sed quod per tempora modulus ipse reaptari et reffici debeat, habito respectu ad aquarum quantitatem que per tempora defluent a dictis fontanilibus et aqueductibus fabricandis in dictum flumen Lambri et habito respectu ad crescentiam et decrescentiam ipsarum aquarum hauriendarum, ita ut plus aquarum ab eo flumine derivari non possit quam in illud deflui per tempora continget ex dictis fontanilibus et aqueductibus fabricandis; et hoc arbitramur fieri et concedi posse absque aliquo publico vel privato prejudicio. Agant modo M. V. hac in re quicquid eisdem agendum videbitur; quibus ex corde nos commendamus.

Cum autem a dictis rellationibus appellatum fuit parte Andree de Agugiariis et aliorum consortium adversariorum dictorum Fra et Galdini, èt ultimo loco dicti Fra et Galdinus nobis porrexerunt supplicationem tenoris infrascripti, videlicet :

« Rex Chr^{me} duxque Ill^{me}, alias fidelissimi M. V. servitores Jacobus-Philippus de Pegiis, dictus Fra de Ghiringellis et Galdinus de Carpanis supplicaverunt Dno Ludovico Sfortiæ quod conducere volebant certas aquas a certis terris dicti Galdini in flumen Lambri et post modum eas extrahere volebant a dicto flumine in territorio de la Sancta vel ibi prope et eas derivi (sic) facere ad irrigandum certas terras dicti Fra Ghiringelli sittas in territorio loci de Gradi et propterea petierunt sibi concedi quod possent aquas ipsas conducere in dictum flumen, et deinde aquas ipsas extrahere et conducere ad irrigandum dictas terras dicti Fra et prout latius in ea supplicatione continetur. Qui prefatus Dnus Ludovicus per litteras suas commisit et mandavit Dominis magistris intratarum extraordinariarum ut informationes acciperent et sibi judicium et apparere suum transmitterent si hujusmodi concessio prejudicium aliquod privatum sive publicum fieri possit et prout in eis litteris continetur ; qui prefati Domini magistri presentatis ipsis litteris miserunt duos ex prefatis magistris ad locum in quo extrahi volebant dicte aque, facta eis comissione ut locum viderent, informationes opportunas sumerent, et quicquid compererint reffererent (sic) Dominis magistris et licet ipsi ellecti ad locum accesserint et viderint ac retulerint, tamen prefati Domini magistri rellationem non fecerunt prefato Domino Ludovico. Deinde Ill. d^{nus} magnus magister Francie ad supplicationem d. supplicantium scripsit Dominis magistris ut informationes assumerent·et rellationem suam sibi facerent; ipsi vero DD. magistri comiserunt in scriptis magistris juris utriusque doctoribus DD. Joanni Moresino et Aluysio Alle ex prefatis magistris ut ad locum predictum accederent et informationes assumerent et deinde predictis DD. Magistris judicium et apparere refferrent. Qui DD. Johannes et Aloysius ad locum predictum accesserunt et ibi, partibus presentibus seu agentibus pro eis, viderunt videnda et demum retulerunt prefatis DD. Magistris ut ipsi supplicantes in tribus petiis terrarum dicti Galdini possint construi facere ea fontanilium capita que eis videbuntur pro aquis hauriendis modo et forma ut in ipsa rellatione continetur et eas aquas hauriendas ex dictis cavamentis faciendis in dictum flumen decurrere et postmodum eas derivare in territorio Sancte hiis modo et forma prout in ipsa rellatione continetur et quod haec arbitrabantur fieri et concedi pòsse absque aliquo publico vel privato prejudicio, Que relatio M. ti V. exhibetur.

Ipsi vero DD. Mgri ittidem retulerunt predicto DD. Magno magistro cum additione quod ipse aqua derivari possint in dicto territorio Sancte vel ibi prope. Que relatio similiter exhibetur. M. V.

Et dum adversarii dictorum supplicantium appellationem interposuissent a rellatione dictorum d. norum Johannis et Aloysii facta prefatis DD. Magistris et non a rellatione prefatorum DD. Magistrorum, et obtinuissent litteras per quas mandabatur D. pretori Mediolani quod si causa erat appelabilis et debito tempore esset appelatum, causam dicte appelationis comitteret, et ubi refricaretur in dubium an esset facienda dicta commissiơ vel ne, comitteret articulum, predicti supra recursum habuerent ad R^{mum} et Mag^{um} senatum in quo expedite erant predicte littere, et re intellecta per prefatum senatum, et attento maxime quod aliquibus appellationibus interpositis a similibus relationibus nunquam fuit dellatum, M. V. per litteras in senatu expeditas scripsit prefato domino pretori ut virtute predictarum litterarum concessarum predictis adversariis dictorum supplicantium ulterius non procederet, sed litteras ipsas predicto senatui remitteret, quibus omnibus attentis aliud non superest, nisi M. V. exequatur rellationem predictorum DD. Magistrorum et sic deveniat ad comissionem (*sic*) licentie per ipsos supplicantes requisite.

Quapropter dicti supplicantes humiliter rogant M. V. ut dignetur exequendo dictam rellationem prefatorum DD. Magistrorum concedere dictis supplicantibus licentiam deducendi aquas, de quibus in ea rellatione fit mentio in dictum flumen Lambri et deinde eas derivandi in loco, modo et forma, prout ipsa rellatio predictorum DD. Magistrorum disponit.

et, eiusmodi supplicatione in senatu nostro Mediolani recitata, fuisset per nos comissum dilecto et fideli consiliario nostro Magistro Jafredo Karolo, Presidi Delphinali, ut supplicata videret et circha requisita faceret et exequeretur prout sibi justum et conveniens visum foret, ut constat litteris nostris datis Mediolani die xxvii octobris proxime preteriti; prefatus magister Jafredus suam fecit rellationem predicto D. Caldimontis locumtenenti nostro tenoris subsequentis, videlicet :

Ill^{me} et excelse Domine gubernator et regie locumtenens generalis citramontes,

Dudum ad supplicationem nobilis Jacobi Philippi de Pegiis dicti *Fra de Ghiringellis* et Galdini de Carpanis fuit per litteras patentes senatus datas Mediolani die xxvii octobris anni presentis michi comissum et mandatum quatenus supplicata ipsa viderem et circha requisita facerem et exequerer prout justum et conveniens michi visum foret, et cum ex productis et deductis coram me comperiam primo loco et ab initio, jussu et mandato Ill. D. V. et per litteras suas datas Castelazii octava junii proxime preteriti, fuisse hoc negotium comissum Magistris intratarum extraordinariarum ipsosque suam rellationem de qua nunc agitur fecisse, prout tenebantur, Ex.tiae V., censui eam ipsam ad caudam Ex. V. refferendam ; vidi in primis litteras commissionis facte per senatum sub data de qua supra ; vidi relationem predictorum magistrorum intratarum extraordinariarum ad p. E. V. transmissam una cum rellatione in eis inserta DD. Johannis Morexini et Aluysii di Alla ad hoc commissariorum per prefatos magistros ; vidi appellationem ab ipsa rellatione juxtaposita parte Andree de Agugiariis, Ludovici de Pesina, Vistardi de Rinzis et alio rum consortum, una cum litteris directivis potestati Mediolani ut causam, si sit appellabilis, committat confidenti partium ; et si refricetur dubium articulum etiam ipsum comittat ; vidi deinde litteras predicti senatus subsequentes quibus mandatur dicto pretori ut de ea causa ipsa non se intromittat, et litteras predictas senatui Mediolani transmittat ; audivi dehinc repetitis vicibus partes tam supplicantes quam supplicatam cum eorum advocatis discussique negotium quatenus fuit virium mearum, sumpsique ex post informationes summarias super stillo, per quas michi apparet quod ab ordinationibus et rellationibus factis super causis aquarum etiam inter privatas personas habent dependentiam a ducali camera, non sollet appellari et si appelletur, non obstante appellatione, ordinationes seu rellationes consuerunt mandari executioni ; et demum ut clarior redderer in mente mea, habui predictos DD. Johannem Moresinum (antequam accederet in Germaniam) et Aluysium de Alla commissarios a predictis magistris intratarum et alias deputatos coram me, et de eorum rellatione ac de hiis que gesserunt super loco mecum longo sermone contulerunt ; volui tandem palpare, videre et intelligere et tractare dictam rellationem predicte E. V. factam, et comperio quod dicti fra Ghiringhelis et Galdinus ea capita fontanilium intendunt fodi facere pro aquis hauriendis et deducendis in flumen Lambri in agros proprios dicti Galdini, quodque auditis oppositionibus factis per partem supplicantium eorum advocatum et ingenierium (*sic*) decrevere quod ipsi Fra et Galdinus in dictis terris propriis dicti Galdini possint fodi facere et construi ea fontanilium capita et acqueductus que et qui eis videbuntur pro aquis hauriendis ; cum ea tamen condicione et modificatione quod non impediant alios aqueductus nec alias aquas in presentiarum per ipsos aqueductus defluentes in dictum flumen Lambri ; et sit sine prejudicio dictorum supplicatorum quorum jus expresse reservatur et aliorum quorumcumque ; nec etiam intendunt aliquod prejudicium generari aliis aqueductibus nec aliis aquis dictorum supplicatorum aut aliorum ; volunt deinde quod eas aquas procedentes ex dictis capitibus fontanilium quae fodient in agris dicti Galdini possint ipsi Fra et Galdinus deducere in flumen Lambri et immiscere et postmodum derivare in territorium Sancte in ea quantitate que per eos emittetur in ipsum flumen Lambri prout ordinabitur per ingeniarium peritum·per magistratum eligendum et quod per tempora modelus ipse reffici debeat habita ratione temporum, quantitatis aquarum et crescencie ac decrescencie ipsarum ; itaque plus non derrivetur quam mittatur, et hec fieri posse sine prejudicio publico et privato ; et cum Ill. Dnis perpendam ex omnibus supradictis oppositiones dicte partis supplicatae frivolas nec debere nec posse impedire quin

in agro suo liceat eisdem fodere seu fodi facere ea fontanilium capita
que ipsis Fra et Galdino videbuntur et illa deducere et immittere in
flumen Lambri et inde derivare pro ea quantitate que immittetur,
fuisseque expresse et speciffice riservatum jus ipsius partis supplicate
per rellationem predictam dum in ea dicitur « dummodo non impediat
alios aqueductus nec alias aquas per ipsos aqueductus in presentiarum defluentes in dictum flumen Lambri *ut supra* »; censeo pro mea
sententia relationem ipsam magistrorum intratarum extraordinariarum, non obstantibus oppositionibus predicte partis supplicatae, fore
et esse exequendam prout jacet, et si aliquid sit in quo inter exequen-
dum dicti supplicati pretendant sibi prejudicium, poterit eo tempore
haberi ratio et ita refferri prefate Ex V. cui me humiliter comendo et
que valeat feliciter. Ex Dumo, die xiiij° decembris 1502. E. Ill. D. V.
humilis servitor Jafredus Karoli. *A tergo* « Ill. et excelso Caldimontis
Magno Magistro Franciae et regio Locumtenenti Citramontes Generali,
D^o Observantissimo ».

Qua relatione ad prefatum magnum magistrum Francie
et locumtenentem nostrum generalem delata, eamdem ipse
locumtenens noster ad senatum nostrum Mediolani predictum transmisit ut conveniens et opportuna super supplicantis (*sic*) prenominatorum Fratris et Galdini provisio fieret et
ordinarent.

Nos igitur, considerata honesta supplicatione ipsorum
Fratris et Galdini et attentis predictis, cum ad subditorum
nostrorum comoda et uttilitates, quatenus sine injuria atque
jactura publica vel privata fieri queat, prout ex dictis rellationibus ellicitur libenter inclinemur. Harum serie rellationes ipsas tam magistrorum quam predicti magistri Jafredi
approbantes, ex auctoritate nostra et de nostra potestatis
plenitudine concedimus et dispensamus ac liberam facultatem ac potestatem tribuimus nominatis Jacobo-Philippo et
Galdino fodiendi et construi faciendi ea fontium capita et
acqueductus de quibus littere per rellationes prefatorum
magistrorum et magistri Jafredi mentionem faciunt, et modo
et forma in eis contentis. Insuper concedimus et dispensamus
et *ut supra* eisdem Jacobo-Philippo et Galdino aquas per
eos percipiendas seu colligendas et derrivandas ex dictis
cavamentis in flumen Lambri immittendi et immiscendi
necnon post modum derivandi et extrahendi in territorio
Sancte vel ibi prope prout eisdem melius videbitur in ea

quantitàte que per eos immittetur in dictum flumen Lambri
juxta modulum et formam que ordinabitur per ingeniarium
per prefatos magistros elligendum ac in omnibus et per
omnia prout ex dictis rellationibus decernitur esse faciendum et deinde de dictis aquis disponere pro eorum libito
voluntatis; mandantes propterea supradictis magistris intratarum nostrarum extraordinariarum ac ceteris officiariis et
subditis nostris mediatis et immediatis ad quos spectaverit
ut has nostras dispensationis et concessionis litteras predictis Jacobo-Philippo et Galdino observent et observari faciant
juxta illarum formam et tenorem eisque uti et frui faciant
et permittant, quibuscumque in contrarium facientibus non
obstantibus, quoniam sic nobis placet et fieri volumus.

Datum Mediolani, die 24 decembris anno Domini MDII et
regni nostri quinto. Per regem ducem Mediolani ad relationem consilii : MAYNA. Que quidem littere sunt in carta
nervata cum sigillo pendenti magno in cera rubea et in
capsa lignea.

27.

LETTRES DE BOURGEOISIE A MILAN
POUR MAÎTRE LOUIS ALLA ET SES FILS.

(Milan, 4 février 1503.)

Ludovicus Dei gratia etc., universis et singulis presentibus et futuris salutem.

Quia semper consuevimus gratioso favore eos prosequi,
ac dignitatibus et privilegiis ornare, quos animi sinceritate
ac fidei integritate nobis affectos esse cognoscimus; quapropter, cum... (*sic*) Genuensium omnium fidem ac devotionem erga nos jampridem experti sumus, congruum
videtur ut universis ipsis, et presertim hiis, qui jugiter in
servitiis nostris versantur magnopere propensiores red-
damus (*sic*).

Cum igitur dilectum Aluysium Allam genuensem, nostrum magistrum intratarum extraordinariarum, juris utriusque doctorem, inter cives hujus inclytæ urbis nostre Mediolani ascribi cupere intelligamus, eo libentiori animo ad id benigne concedendum descendimus, quo illum preter supradicta in nos studia, propriis etiam virtutibus in dicto magistratu per multa temporum curricula invigilasse non ignoramus, considerantesque ob rellationem de ipso nóbis factam quanta usus est in ipso officio diligentia, quanto animi ardore res nostras tractet, et de ejus scientia, legalitate, sufficientia ac probitate undequaque nobis occurrunt hominum fidedignorum testimonia.

Volentes itaque illi morem gerere, per presentes has nostras litteras patentes, antedictum Aluysium, eiusque liberos ac descendentes tam masculos quam feminas, ac descendentium descendentès usque in infinitum, ex potestate et auctoritate nostra regali et ducali, ac omnibus modo, jure, via causa et forma quibus melius et efficacius fieri possit facimus, creamus et constituimus cives nostros Mediolanenses, et de omnimoda jurisdictione eiusdem urbis nostre, et ducatus Mediolani, et potestatis ipsius eo munimine, robore et firmamento ut posthec ipsi Aluysius ejusque filii ac descendentes et descendentium descendentes, emere, acquirere, consequi, contrahere, distrahere, vendere, alienare, ac quecumque facere, tractare, operari, agere, tam in juditio quam extra, nec non succedere tam ex testamento quam ab intestato, et relicta quecumque capere cum effectu a quocumque cive sive de civitate et jurisdictione civitatis et potestatis Mediolani, et retinere possint et valeant perinde ac alii cives nostri Mediolani veri, legitimi, naturales et originarii Mediolanenses possunt ac posse quovismodo cognoscerentur, idemque facere possint quecumque mulieres, quas ipsi vel aliquis eorum in uxores acceperint in ipsa civitate vel eius jurisdictione, et quicunque ex talibus uxoribus progeniti fuerint, tam masculi quam femine, non obstante statuto dicte civitatis Mediolani posito sub rubrica speciali *de Pena mulieris nubentis cum hereditate extra jurisdictio-*

nem Mediolani, cum ejus continuantiis et contentis in eo seu in eis.

Decernentes etiam ac volentes ipsum Aluysium eiusque filios ac descendentes ac descendentium descendentes *ut supra* in prefata nostra civitate et ducatu et ubique civitatum et locorum totius nostre dictionis fungi, gaudere et frui posse omnibus honoribus, dignitatibus, juribus, privilegiis, gratiis, pactis, exemptionibus, immunitatibus, preservationibus, prerogativis, preheminentiis, emolumentis, commoditatibus, decretis, statutis, provisionibus, ordinibus, consuetudinibus, stillis, usibus et usantiis et aliis quibusvis quibus frui et gaudere possint aut aliquando possent ipsius civitatis Mediolani veri ac naturales et legittimi et antiqui oriundi cives et incolle, etiam si dominus, suprema spirituali vel temporali auctoritate prefulgens, vel alius quicumque auctoritatem habens, privilegium aliquod civitati, vel naturalibus et antiquis civibus et originariis tantum concessissent; quia volumus dictum Aluysium eiusque filios et descendentes ac descendentium descendentes *ut supra,* omnibus predictis gaudere et uti posse perinde ac si veri et naturales et oriundi seu originarii et antiqui cives eiusdem civitatis Mediolani essent et per immemorata tèmpora hactenus continue extitissent.

Supplentes propterea omnem defectum cuiuslibet solemnitatis, tam intrinsece quam extrinsece, que in premissis servari et intervenire debuisse dici posset, aliquibus legibus, decretis, statutis, ordinibus, provisionibus, ac aliis omnibus secus disponentibus et caventibus, vel aliter formam dantibus non obstantibus, quibus omnibus et singulis ex nostri decreto et de auctoritate nostra et potestate regali et ducali derogamus, hac in parte duntaxat, et derrogatum esse volumus, etiam si talia essent quorum hic specialem et individuam fieri mentionèm opporteret.

Declaràmusque et intendimus quod ipse Aluysius et ipsius descendentes *ut supra* hujus nostri diplomatis pretextu sint exempti et immunes a solutione datii rippe et datii veteris mercantie predicte urbis nostre Mediolani, eo quod ex certa informatione nobis constitit dictum Aluysium habitasse in dicta civitate nostra Mediolani per decennium, et jam habitatum esse cum tota familia tanquam in loco originis sue, et etiam quia nobis obtulit habere et possidere in eadem urbe nostra et ducatu Mediolani bona immobilia maioris valoris quam summam florenorum ducentum et sustinere onera prout sustinent et sustinere tenentur alii cives Mediolanenses, prout ordines nostri disponunt.

Mandantes omnibus et singulis justitiariis, datiariis, officialibus et jusdicentibus nostris tam presentibus quam futuris, ceterisque ad quos spectat et in futurum quomodolibet spectabit, ut has nostras civilitatis et concessionis litteras observent et observari faciant et apponant et apponi faciant presentem concessionem seu exemptionem in incantibus presentibus et futuris. In quorum testimonium presentes fieri jussimus nostrique sigilli munimine roborari.

Datum Mediolani, die quarto februarii anno D. 1503, regni vero nostri quinto. Per regem Ducem Mediolani. Ad rellationem consilii. Tr. CHALCUS.

28.

NOMINATION D'UN RECEVEUR GÉNÉRAL DES CONDAMNATIONS
ET FRAIS DE JUSTICE.

(Milan, 26 février 1504.)

Pro commissario criminali.

Cum diuturna experientia satis superque perspectum habeamus camere nostre non parum conducere aliquem fidum et expertum virum praeficere qui de omni criminali totius hujus ducatus et dominii nostri Mediolani, videlicet de omnibus condempnationibus, confiscationibus, aprehensionibus bonorum, compositionibus et remissionibus que in dies fiunt, computum et rationem teneat ac procuret, tam Mediolani quam alibi in dicto dominio nostro, ut quecumque inquisitiones, processus et condempnationes super re criminali, juxta occurrentia, fiant et omnia ad cameram nostram spectantia eidem transmittantur et exigantur ac solvantur in manibus comissarii et receptoris nostri extraordinarii super hoc deputati; item qui noticiam habeat de omnibus qui in civitate nostra Mediolani et toto hoc dominio nostro circha dictum criminale occurrent et opperam det cum effectu ut ea que camere nostre utilitatem concernunt exequutioni mandentur, ita ut nichil in sinistrum, immo omnia equo libramine et justo tramite transeant et quicquid circa premissa fiet et in cameram nostram pervenerit quotienscumque et quandocumque opus fuerit inspici et videri possit ac nichil oblivioni mandetur, cameraque nostra decepta et fraudata non remaneat;

Itaque, ad dilectum nostrum Paulum Ghisulfum, secretarium carissimi fidelis consanguinei nostri Caroli de Ambasia, magni Franciæ magistri ac citramontes locumtenentis nostri generalis, mentem convertentes, quem ex his in quibus apud prefatum consanguineum nostrum ut audivimus versatus est satis dignoscimus qua industria et prudentia polleat, quam multa rerum experientia doctus sit quantaque fide et devotione erga nos et statum nostrum se comendabilem effecerit, concipientesque de persona sua quicquid et quantum de viro fidelitate et integritate comprobato assumi possit, eumdem ellegimus et assumpsimus ac tenore presentium eligimus et creamus commissarium nostrum generalem super premissis omnibus et singulis, ac modis et formis quibus supra, donec aliter per nos provisum fuerit, cum auctoritate, arbitrio, baylia, cura, sallario, honoribus, oneribus, preeminentiis, prerogativis, emolumentis, utilitatibus et juribus quibuscumque dicto officio spectantibus et pertinentibus; eidem Paulo comittentes ut rationem et computum teneat ac procuret *ut supra*, injungentes suprascripto commissario et receptori nostro et aliis omnibus super extraordinariis deputatis ut nichil in premissis sine participatione dicti Pauli exigant et nisi prius de eo sibi notitiam dederint.

Mandantes dilectis et fidelibus nostris generali et thesaurario ac Magistris Intratarum utriusque camere nostre
Mediolani et aliis omnibus ad quos spectat ut predictum
Paulum, recepto prius ab eodem per benedilectum fidelem
cancellarium nostrum Mediolani episcopum Parisiensem debito in similibus juramento, in possessionem dicti commis-
sariatus ponant et inducant, positumque manuteneant et
deffendant ac de dictis sallariis et emolumentis cum integritate respondeant et debitis temporibus responderi faciant, capitaneo vero justitie Mediolani ac ejus vicario nec
non omnibus aliis capitaneis, comissariis, refferenderiis,
potestatibus, officialibus et jusdicentibus ac subditis nostris
mediatis et immediatis ut pro arbitratu suprascripti Pauli
quascumque querellas, inquisitiones, processus, condempnationes, confischationes, ac alia omnia ad cameram nostram spectantia exhibeant, et eidem circha premissa pareant; quoniam sic mentis nostre est et sic fieri volumus. In
quorum fidem premissorum presentibus sigillum nostrum
duximus apponendum.

Datum Mediolani, die xxvi^a mensis Februarii regni vero
nostri sexto *(sic)*. Per Regem ducem Mediolani ad rellationem vestram : Mayna. Cum sigillo magno pendente in cera
rubea more solito.

29.

J.-J. Trivulce et l'état des partis a Milan en 1504.
(Lettre de l'ambassadeur vénitien Blanco au Conseil des Dix.)

(Milan, 19 septembre 1504.)

Illustrissimi et excellentissimi Domini colendissimi,

Più volte uno M^{ro} Simon Rigon; zentilhomo de questa
terra e maistro de le intrade del Christianissimo Re in
questo ducato, el qual fo quello che amazò el Tesorier da
Landriano a tempo del signor Lodovigo mi ha dicto che ha

desiderio de parlar cum mi de importantissime materie, et
anchor che più volte li habi offerta la occasione, mai ha
voluto ussir fuora, sinon hieri, chel vene a casa, e trova-
tomi solo, dapoi qualche ragionamento et excusatione chel
non vien spesso a visitarme, perche lha respecti a venir
(come etiam hanno molti altri), me disse :

« Io ho servito per el passato el signor Lodovigo et el
Re di Franza cum tanta fede et tanto bene che (*deux mots
illisibles*) in le facende e l'uno et l'altro mi voleano far
quello sapea dimandar, et tandem mi hanno dato et tolto in
tal modo che non ho possuto dir cum certeza : « Questo e
mio », e ad questo proposito mi narò molte cosse che longo
saria nararle, sì circha le gratie come le cose de odii cum
tutti doi. Poi disse alhora, ancora che facesse de le cosse,
non di meno havea pur qualche respecto a doi fiole sole :
« che altro bene non mi trovo al mundo ; cum la Dio gratia
una e maridata, e laltra spero maridar la settimana futura,
ne mi resta altro che la meglier che non fa fioli et e de
poco respecto ; e sero poi conduto in conditione che potro
mettere in operatione lanimo che ho sempre havuto de
operar cosa de qualche mia gloria ; et a questo effecto ho
impetrato uno loco, ne ho voluto altra cossa, el qual mi ho
messo a fortificar, et ho speso più de VII M ducati in far
una forteza, oltra che non compro piere perche se cavano
de le proprie, fosse, ne calcina che la fazo far io, et ho legne
e tuto senza spesa. De questa forteza depende ogni mio pensier e speranza ; ne godo più le cosse da Milano ne altre per
attendere a quella. »

(Et in effecto, Excellentissimi Signori, questo è vero che
son stato a certo zardin e bella possessione sua fuora inante
di una porta de Millano in sito amenissimo, e ho visto che
tutta va in ruina.)

Questa forteza disse esse nominata la rocha de Bayé, forteza de monte inexpugnabile in Valsasena, sopra la riva del
lago de Como, i porti del quale dice essere in poter suo ; et è
sopra Lecho miglia VII et confina cum Suiceri et cum la
Val de S. Martin, territorio de quella illustrissima Signoria,

di tanta importantia si ad utilità come a danno de quella, che non se potria dir più; perche *inter cætera* a la morte del christianissimo Re, laqual crede non differira molto, over a tempo de altra novità, sera in poter suo farsi uno canto de Suiceri e mettere a i confini de quello illustrissimo Dominio quella zente che e la pezor del mondo da haver vicina, perche non possono esser offesi e loro fano de le cosse note a tutti, senza alcun rispecto, come e costume de villani che hanno signoria. E converso quando lhavesse intelligentia cum quel primo stado, chel seria una muraglia contra aloro perche convengono prima passar da quella forteza ne altra via hanno de poter passar prontamente sopra el territorio de quello; *ulterius* che volendone haver a suo soldo le Ex. V. ne potrano haver e farli per quella via passar nel loro paese securamente come se fusseno ne le sue terre; e che de la persona de epso M^ro Simon, V^re Ex^tte etiam se ne potrano servire in Milano e come le vora:o, e questa parola de Milano me replichi più volte, e disse :

« So che questo ve par una legereza, come in effecto la die parer a chi non sano i miei fondamenti; ma quando ve li facesse intendere cum qualche mio discorso, ve faria toccar cum mano cosse che ve piaceriano; ma hora lassamoli andar, *solum* a questo proposito ve diro de la intentione de questi capelaci qualche cossa. »

« Io son stato cum el Sr Juan Jacomo, avanti che ultimamente el se partisse de qui, longamente, el qual mi alde volentiera e ha gran confidentia in me, et scorrendo diverse materie li ho dimandato el suo animo, e perche lhavea poco pensato a quello che in effecto è el bisogno suo, e communicatomi de i sui pensieri, gie ho dicto, come bon Gelfo che son, e suo affectionatissimo, che quando el pensava de (*illisible*) el se portava da homo vere magnanimo e gagliardo; ma chè hora che lha el stado e maxime Vegeveno, el qual pero e stà qualche volta dicto da Francesi de tuorgielo, como che sa molto bene lui istessu, et che lha facto gran summa de denari, el vuol star cum tanti rispecti e sperar da tante bande senza voler spender lui, che una furia che venga el sera tagliato a peci da Gibelini, e niun de chi el spera sera presente a poterlo aiutare, e che sel fa fondamento de stare fuor e volersi tenere cum le zente darme, ne el tempo bastera ad unirse, ne de epse se ne potra valere, perche quasi tutti i Lombardi li serano inimici comenzando da molti de la sua compagnia che per haver loro et le sue case favorevole li ha tolti, e tum paria farla creder che non siano per fare come el resto di sui; ma che el remedio è star a Millano e tenir le zente darme più in ordine chel puol, perche *omnino* li sera a proposito, e metter man a li sui danari che questo è el principal remedio; e se lha respecto a Francesi come el die haver el avvisera secretamente far venir de boni contestabeli chel sa ben dove i sono, e darli dinari che loro cautamente conduchino di provisionati et li facino le spese e cum quelli mediante i suoi adherenti el se potra aiutare et in uno momento potra ussir fuor cum le arme in mano, e chi e primo in Milano a moversi ha vincto, perche l'è cita che ha molta gente e pochi homeni, come per experientia el vide al tempo de la rebelion, che tuti i Gebelini erano uniti cum tanta forza, tamen perche el fo primo a monstrar el volto se preseno e mons. Francesco-Bernardin Vesconte che alhora era quello li havea uniti et era il capo lo accompagnò fuora e lo salvò; che se fusseno stati homini lo hariano tagliato a peci lui e tutti chi erano cum lui, e per el paese seria sta facto simile a le altre zente francese, ne mai francesi tornavano. El S^{re} Juan Jacomo dice che se mosse tuto e disse : « M^{ro} Simon, l'animo mio era de voler far star le zente d'arme in ordine et io star cum epse, e por venendo Mons^{re} Ascanio come el fare mi haria potuto acordar con lui over cum Suiceri, che per essere io uno di sui cantoni non mi porano manchar, » (e questo e il contado de Misocho), *tamen* chel vedea chel dice el vero e facta la mostra el mettera pensier a questo e forse ne vora parlar cum lui.

Circa i Gebelini dissemi dicto M. Simon che hanno el fondamento suo sopra Mgr Ascanio e sono divisi in più parte perche non se fidano l'un de l'altro, ma se uniriano in el bisogno. Una parte è M. Baptista e M. Galeaz Visconte e M. Juan Francesco de Marlian e questi tirano gran coda. L'altra è quelli di Landriano, el conte Zuan-Antonio de Sumaia et alcuni altri, i quali tuti sono guidati dal general de Landrian che e in Alemania e li promette assai. L'altra è M. Francesco-Bernardin Visconte et i Palavesini suoi cugnati et alcuni Criveli sui parenti, e questo e la più debele anchor che per fama M. Bernardin sia de più nominati e sia il più rico, che i altri sono più poveri per esser stati molto pelati dal christianissimo Re, ma per esser misero e molto tirano lè odioso assai; e poi ne l'altra ribelione che l era (*illisible*) come e dicto, e se portò talmente chel fò ruina de tutti loro tal che hora non se fianno e tanto più chel vuol tenir pie in troppo luogi e finge star benafetto cum M. Joan Jacomo; *tamen* consultano insieme molte cosse e dicto M. Jo. Jacomo li communica qualche cossa perche el dicto mostra di voler star unito con lui insieme cum i suoi partesani et ello dicto ne ha piacer che li par non li poter nuocer, ma M. Jo. Jacomo afferma chel non sene fida : primo che quando ben Gibelini volesseno unirse tuti cum lui, crede chel non se ne fideria perche l'altra volta i feceno el simile e tamen come i sepeno chel signor Ludovigo verria tuti voltorono contra. M. Scaramuza Visconte, che e el più exercitato de casa Visconte ne le arme, par che non se ne impaci, ma attendi a Pavia cum speranza de governarla a sua voglia, mediante si che puol assai e molti parenti et adherenti che sono di principali stariano. I dicti Gibelini hanno qualche speranza nel Re de Romani ma tengono chel non potria esser preso a sui bisogni; Suiceri che li sono vicini non se fideriano practicar cum loro, ne sperano haverli, perche sano la amicitia e dependentia ha M. Juan Jacomo cum loro. Tamen M. Carlo da Dugnano mi' disse circa Suiceri haver dal dicto M. Juan Jacopo et da M. Francesco Bernardin quanto in altre mie scrissi a le Ex^{tie} V^{re}. Ce potria però fare che ambedue loro havesseno de queste parlato fra loro perche in ogni modo le tanta la dependentia de M. Juan Jacomo cum Suiceri che quasi el non la puol asconder et el christianissimo Re proprio lha suspecto e questo lui medemo me lha dicto parlando de questi accordii cum i dicti Suiceri e che tamen i altri Gibelini. non ne pensasseno per i respecti soprascripti.

Dicto che me hebe M. Simon predicte tute queste cose cum longo discorso me disse : « Non pensate che la indulgentia e servitù che desidero cum la illustrissima Signoria sia per speranza de premio, che mi non ho heriedi e non ho bisogno, ma *solum* haver padroni che sia certo habino grato el mio servicio. Scrivete questo mio desiderio in loco secretissimo, accio in non patisca, che non potria essere senza incommodo de la illustrissima Signoria e ricommandatemi a quella. »

Lo ringratiai del suo buon animo e li promissi de satisfar cumulatissimo ad quanto el mi rechiedea, e cossi per le presente ho voluto fare. *Tamen* anchor che tanto libere el mi habi parlato, ho sempre usato summa circumspectione nel mio parlar, come cum tuti io fazo. El dicto zentilhomo expecta qualche resposta e credo restera qualche zorno per expectarla, anchor che la stantia sua hora sia a la sopradicta sua rocha. Havendo io longamente pensato in queste cosse et maxime circa M. Juan Jacomo e ricordandomi de le parole che me disse sua Signoria che fò uno over do zorni dopoi questo parlamento cum questo M.^{ro} Simon, *circa videlicet* el motizar de conducta come per mie lettere de decimo terzo io scrissi, mi ho confinato in opinione chel lo dicesse per star a veder, se li respondeva a proposito che forsi non li haria dispiaciuto ne li despiaceria se se li parlasse *post mortem regis;* perche per haver poggio che apresso li altri seria potentissimo a conservarli el suo che sopra ogni altra cossa el desidera e brama. In quel suo parlar el me disse de la forteza, de la sua natura, la sua età, molti sui gesti e molte parte che mi hanno posto ne la opinion che ho sopradicto. Cognosco esser presumptuoso in dir mia opinione a le Ex. V., ma una sviscerata servitù mi tora a dir più de quel che deveria. De che supplico quelli mi pardonino e similiter si son stato longo, perche a voler narar molte cose senza reservar alcuna parte come e debito mio non ho potuto esser più brieve. *Nec alia.*

Mediolani, die xviii septembris 1504. Servulus, Leonardus Blancus. — *Suscription :* Illustrissimis et excellentissimis Dominis Principibus excelsi consilii Decem.

30.

Nomination d'un contrôleur général des hommes d'armes et gens de justice et règlement pour les exécutions judiciaires.

(Milan, 3 mars 1505).

Electio M.ci D. Laurentii de Mozanicha loco collateralium
et contra famulos seu barruerios.

Per havere il ser^{mo} re di Franza e duca nostro de Milano compreso di quanta importantia e bisogno he il magistrato de li colaterali generali de la banca di stipendiati, per tuti li respecti concerneno esso officio et maxime per le injuste executione, inique extorsione et excessive mercede quale fano e togliono li cavaleri, conestabili, barueri, fanti, et servitori et altri executori de li officiali de questa sua inclita cità de Milano e suo ducato, contra la dispositione de li ordini, decreti e statuti facti sopra le executioni reale e personale quali essó magistrato era solito di fare observare.

S. S^{ma} M^{ta}, per lettere date 7mo *Januarii proximi* con il sigillo grande pendente, ha novamente deputato il m.co suo consiliero M. Laurentio de Mozanicha in collaterali generale cum la pristina auctoritate e possanza haveva dicto tribunale in tuto il dominio, e per essere S. M^{tia} disposta al tuto de adimpire la mente de la p^{ta} M^{ta} Regia, in ogni cosa concernente l'imprexa sua e in non patire che tante extorsione ne robarie sortischono più ad effecto contra li subditi; ma che tali ordini decreti e statuti si sanctamente fabricati siano *ad unguem* servati ; acciochè ciascuno sia avixato e niuno habia a pretenderse di ignorantia a fare il debito suo, il p^to M. Laurentio colaterale generale fa fare publica crida e commandamento da essere inviolabiliter observata, cioè :

Primo, in executione de le presente lettere, fa noticia a qualunche potestate, judice, rectore, e altro officiale che da hora inanze non se intromettano in alcuna causa civile ne criminale pur che non gli ingerischa pena di sangue, quale tracta de materia spectante al tribunal del p^to magistrato de li colaterali, perche ad alcuno non he licito mettere la falce *in alienam messem* e similmente in fare servare li p^tl decreti, ordini e statuti e punire li contrafacienti; ma remetteno tale cause, querelle e differentie si principiate como quele haverano a seguire nelo advenire al tribunale de S. M^tia metuto nela corte de larengho de Milano nela camera del Taliono, perche dala M.cia soa se reportara expedita e veloce raxone.

Item, che non sia alcuno marozero de cavalli quale ardisca da hora inanze impazarse de fare vendere cavalli ne mulli ne mulle se prima non se fato scrivere al banco del p^to m. collaterale, sotto pena de ducati dece, applicandi a la regia camera per caduno malosso.

' *Item*, fa comandamento a qualuncha contestabile de porte de la citade del p^to dominio non ardiscano tore alcuni fructi, vino, legne, feno, paglia, vel altre cose intrante da dicte porte, sotto pena de uno florino per la prima volta e per la secunda de la sua provixione d'uno mese, e per la terza de duy tracti de corda como dispone il decreto sopracio facto.

Item, che non sia cavalere, conestabile, baruero, fante, ne altra persona che ardisca ne presuma fare alcuna de le predicte executione reale ne personale de mandato de li m^cl e spectabili Domini capitano de justitia e potestate de Milano e soi vicarii e judici, vicario de provisione, judici de datii, strate, victualie, vino da minuto, dovana, commissario et exactore dela regia camera, consuli de justitia, abbati e consuli de mercadanti, capitanei de Seprio e de Martesana e deciascuno offitiale e paratico et altri che habiano jurisdictione et auctoritate de far fare executione in la prefata citta de Milano e suo ducato, seu alcuno de loro; sel non he de la familia de li officiali et jusdicenti de la pf. città e ducato; e se prima non he scripto al banco del p^to m^co colaterale, como li p.fati ordini voleno, ovvero siano servitori del commune de Milano; comandando a li predicti cavaleri, conestabili, fanti e baruerii et altri quali vorano fare tale executione che avante ne fazano alcuna se vengano prima a fare scrivere al p^to bancho nel partito de alcuni de li p^tt officiali et jusdicenti excepto dicti servitori sotto la pena dessi decreti *ut supra*.

Item, che dicti fanti scripti o servitori *ut supra* non ardiscano apresso a se retenire ne vendere ne impegnare pegni robati ad hosteri ne altre persone; ne li hosti ardiscano dare mangiare ne bevere ne prestare dinari sopra tali pegni; *Imo,* se le robarie se fano in Milano aut neli borgi hano portati e depositi al camarero overo a l'anziano de la parochia dove se fara la executione, *aut* appresso de uno vicino fidato; e se defora de li corpi sancti siano messi apresso de uno tale vicino overo consule de quela terra dove tale robaria si fara; salvo che possano dicti hosti acceptare pegni vivi aloro consignati per il consule dela terra dove saranno robati, tolendo solamente le spexe cibarie secundo li predicti ordini, et non dando alcuna cosa per consegna de tale bestie e tali servitori et offitiali ac depositarii de le predicte cose robate o deposite siano tenuti a consignarli ad ogni termini gli statuera il judice *de cuius mandato* saranno robati como li p^tt ordini disponeno e a la pena in epsi contenta.

Item, che non toliano *per directo* ne *per indirecto* ancora dachi vorra dare de sua spontanea voluntà per fare executione reale ne personale più mercede de quella se contene neli prefati ordini, decreti e statuti sotto la loro pena.

Item, che dicti fanti scripti o servitori non fazano alcuna executione reale ne personale pecuniaria se non hanno il commandamento in scripto e signato con il numero de li fanti del quale debiano lassare la copia signata dal judice et *etiam* monstrare lo originale achi se fara dicto executione, bisognando e chel non passa la instantia del mese ne vadano in mazore numero disponeno li predicti ordini e non fazano executione se li sara vedato per la prima volta, ma fazano scrivere esso veto como voleno li statuti *ut supra* sotto la pena dessi.

Item che non fazano executione de pegni scuza la presentia de l'anziano de la parochia o del consule de la terra dove se fara o d'altro in loco desso consule quale sia dessa terra e cossi siano atenuti dare ogni adjuto; bisognara ali fanti e servitori per fare tale executione ogni volta sarano richesti a la pena sopra cio disponente.

Item che epsi fanti e servitori fazano scrivere tuti li pegni de le robarie faranno tanto in Milano e borghi quanto ancora ne le ville, a la banca dell' offitiale sotto il quale sara facta la executione cum le qualitade, quantitade, extimatione ed altre solemnitade se li richedeno neli termini sopra annotati per li p^{tt} statuti *ut supra* et ala loro pena.

Item che tuti li fanti e servitori dopo che haverano havuto li comandamenti vadano a fare le executione ne li termini se conteneno neli p^{tt} statuti *ut supra* senza tore dinari per avixare ne per aspettare ne possano fare executione sopra comandamenti generali contra altri che quelli serano precixe descripti e nominati in tale comandamento sotto la pena sopra cio facta.

Item che vendendose alcuno pegno robato se restituischa il soprapiù del prezzo a colui de cui era esso pegno sotto la debita pena.

Item che quando fano alcuna captione debiano condure li detenuti davante al judice per il quale he concessa tale executione prima che li conducano a la prixone ne siano posti per debito in altre carcere che ne la malascalla essendo loro contenti de stargli et essendo misse in alcuna camera non siano streti a pagare più como fariano in dicta malascalla vigore decreti, *etc.* ne li tabernari quali stano oltra tre miglia fora de li corpi sancti possano fare prendere alcuno suo debitore robare si a la pena de li decreti *ut supra*.

Item che non ardiscano epsi fanti *ut supra* robare alcune lecitie da massaro ne altri utensilii ad il laborerio de la terra e similmente del molino ne veste de dona, robe sponsalitie, dotalitie, ne letti da dona che habia marito ne fioli, ne prendere molinari se non in li casi se conteneno in li statuti *ut supra*, e chi havera appresso a se alcuna bestia robata sia tenuto restituirla a de chi le daragli per scontro uno pegno morto equivalente a la pena sopracio precixa.

Item, che non ardiscano impedire in ere nec in persona vegnando stando ne retornando alcuno conducente victualie a Milano et altre cose comprese ne li decreti *ut supra* ne ancora fare alcuna captione ne le confine, ne in Brolleto ne in caxa dell' habitatione del detento ne in alcuna giexa ne prendere ne robare sonata l'*Ave Maria* ne la matina prima possa essere levato il sole, ne in zorni de feste annotati neli statuti a la loro pena.

Item, che essi fanti e servitori *ut supra* non ardiscano per stare in possessione veramente e non fictamente tore per caduno giorno e fante più de soldi cinque, salvo il caporale de havere soldi dece ultra le spexe cibarie e la mercede del viazo ad computo de uno soldo per miliario ala debita pena.

Item, che niuna persona possa vedare alcuna executione ali fanti e servitori ne torgli alcuno prixionere ne pegno robato contra la loro voluta a la pena de li predicti ordini.

Item, che essi fanti o servitori e ogni altra persona aciò obligata vogliano exeguire in tuto e per tuto la dispositione de ogni ordini segreti e statuti disponenti sopra tale executione reale e personale e dependente connexe ed emergente da queli (perche longo saria narrarli) tuti alla pena de qualuncha dessi debite refferendo.

E guardase ciascuno officiale e fante ac servitori *ut supra* de contrafare in alcuna parte ali p^{tt} ordini decreti e statuti de sopra specificati e non specificati, ma che parleno de tale materia et intenda chi ha contrafacto da qua in dietro sopracio che sarano puniti e condemnati secundo la pena soprascripta se contene in qualuncha dessi debitamente refferendo ed anche al arbitrio del pf. D.no colaterale perche cosi he la mente de la p^ta regia M.tà e non mancara in rexone a qualuncha reclama davante a lui, si per le extorsione a loro facte per il passato quanto per lo advenire, si ancora in fare obedire li relasci saranno concessi per li judici et officiali predicti dale persone renitente; Recordando etiam esso m. collaterale per la presente cum instantia aqualuncha de li p^ti d^nti officiali vagliano operare che la sua famiglia faza il debito suo perche ultra gli seguira graveza decio appresso ala M^ta Regia, etiam sarano atenuti ali loro mancamenti e de qualuncha dessi.

Signatum : Laurentius Aug^s Scanz^s, cum sigillo p^ti D. Laurentii.

Publicatum super platea Arenghi, et in Broletto novo communis Mediolani per Andream Pisonum, tubetam regium, die lune tertio martii 1505, sono tubarum præmisso.

31.

Édit relatif aux exactions et usurpations de pouvoir de certains officiers révoqués de la monnaie.

(Milan, 20 mars 1505).

Decretum contra officiales monetarum.

Havendo li M^d maestri de le intrate ordinarie, alle quali la ser. R. M^ta del Re di Franza, *etc.* per sue littere, ha dato special cura e mandato che omnino faciano observare li ordini e cride facte circal spendere e recevere de l'oro e monete, presentito : che quelli faceano officio sopra le inventione de le monete, inante fossero facte le cride ultimo loco, per le quale cride son stati cassati, vanno ancora facendo

officio e tollendo dinari e robe da li artisti e da quelli che
fano exercitio de vendere e comprare supportandoli etiam
che sia contrafacto a le dicte cride; e deliberando provedere
a questo inconveniente quale e causa del inobservantia
·desse ;

Per parte de la pr. R. M^tà S. se fa publica crida e comandamento ad qualuncha persona de qual conditione voglia
se sia non ardisca ne presuma directo ne per indirecto in
don ne per altro modo che sapiano usare dare ne fare dare
dinari ne niuna altra cosa ad dicti offitiali, sotto la pena di
xxv ducati d'oro da essere applicati per la terza parte a la
regia camera, per la terza parte ali magistri de la zeca e per
l'altra terza all' accusatore; quale sara tenuto ogni volta sera
trovato contrafare alla presente crida e ulterius se da octo
giorni in qua hanno dato cosa alcuna a dicti offitiali debano
havere notificato al commissario de le monete achi hano
dato et quello hanno dato infra duy giorni.

Item, se comanda ad dicti officiali che non ardischano
ne presumano andare cerchando ne togliere da alcuna
persona dinari ne altra cosa; etiam gli volesse essere dato
in dono *ut supra* e se fin a qua hanno ricevuto cosa alcuna
debano anche loro havere consignato *ut supra* et non presumano fare offitio et inventione de monete, se prima non
hanno dato securta nel modo e forma e stato ordinato, debano
dare quelli vorano fare tale officio e facto tuto quello se contene ne li ordini circa cio, e se non haverano lettere de novo
concesse di potere fare officio como in dicte cride ultimo
loco facte se contene; e questo sotto la pena de tre tracti de
corda achi presumera fare tal offitio, senza havere dato
tale securita, e facto quello se contene in dicti ordini e tolto
le sue lettere *ut supra.*

E per observatione de la presente crida, e data special
cura e commissione al spectabile doctore M. Bernardino
Morexino *etiam* commissario sopra le monete de punire
tali officiali che serano trovate contrafare ipso facto et
incontinenti senza altro processo ne altra commissione.

Signatum : Jo. Julius.

Publicatum super plateam arenghi et in Broletto novo
communis Mediolani per Andream Pisonum tubetam regium
die Jovis 20 martii 1505, sono tubarum præmisso.

32.

(Haguenau, 5 avril 1505.)

Maximilianus, etc.

Recognoscimus tenore presentium nos recepisse a sere-
nissimi principis Domini Ludovici, regis Francorum, fra-
tus nostri carissimi, consiliario et receptore finantiarum
magistro Henrico Bohier summam centum milium librarum
turonensium in pecunia numerata, videlicet in scutis auri
cugni regni Francie tam ad solem quam ad coronam, nobis
manualiter, realiter et de facto traditam, et hoc pro parte
ducentarum milium librarum turonensium quas nobis tenebatur solvere prefatus serenissimus Francorum rex tam ratione investiture per nos eidem serenissimo Francorum regi
de ducatu Mediolani, comitatu Papie, ceterisque terris in
investitura comprehensis facte, quam pro quibuscumque aliis
rebus et causis contentis in tractatibus et articulis initis,
factis et conclusis inter nos et charissimum filium nostrum
Philippum archiducem Austrie et regem Castelle nostros-
que oratores ex una parte et prefatum ser^{mum} regem Francorum et eiusdem oratores ex alia, tam Tridenti quam Blesis,
prout in dictis tractatibus et articulis latius continetur : de
qua quidem summa centum milium librarum turonensium
nos pro bene satisfacto tenemus, quittamus et liberamus
prefatum ser^{mum} Francorum regem fratrem nostrum, dictum Bohier et alios quoscumque ad quos spectare poterit.

I   s

In quorum fidem presentes signo manu propria confecto et sigillo nostro muniri fecimus.

Datum in civitate nostra Hagnaw die quinta Aphrilis, (*sic*) anno Dni 1505 RR. NN. Romani 20mo, Hungari vero xv^{mo}.

33.

ÉDIT CONFIRMANT LE MONOPOLE DES GREFFIERS ET NOTAIRES.

(Milan, 30 avril 1505.)

Ludovicus D. gr., etc. Universis et singulis, capitaneo et pretori Mediolani ac aliis jusdicentibus et offitialibus Mediolani ad quos spectat et presentes he nostre devenerint salutem.

Quoniam noster animus est ut offitiales et subditi nostri non solum studeant sed invigilent ut statuta, decreta et proclamationes omnino exequtioni demandentur precipue ubi de commodo et interesse camere nostre tractetur. Et quia multe querelle de inobservantia decretorum, statutorum et proclamationum banci causarum civilium civitatis et ducatus Mediolani nobis facte sunt per notarium causarum civilium a quo etiam accepimus annexam presentibus querimoniam:

Serenissime Rex Duxque Mediolani,
Si statuta decreta ordines et cride condita favore datii notariae causarum civilium non servantur, profecto, Maiestatis Vestrae, fidelis servitor Johannes Mirabilia datiarius huiusmodi datii destructus remanebit et datium ipsum solvere non poterit, in eius regieque camere maximum prejuditium, quia datium ipsum fraudatur transgreditur et statutis, decretis, crdinibus et cridis predictis contravenitur per capitaneos, exequtores et alios incompetentes judices et quamplures notarios, qui denarios datii predicti recipiunt et in se fraudolenter retinent et nisi provideatur datium ipsum anichilabitur et ex huiusmodi incompetentia jurisdictio ordinaria venerandumque collegium dominorum judicum Mediolani et infiniti subditi infinita dampna patiuntur ; verum, quia frustra essei leges condere nisi observentur, ideo humiliter supplicat Maiestatem Vestram dignetur vestris litteris mandare universis et singulis pretori, jusdicentibus et

offitialibus quibus littere ipse presentabuntur, quatenus huiusmodi statuta, decreta et cridas favore datii predicti condita et conditas exequantur et executioni demandari faciant et quoslibet capitaneos ceterosque judices incompetentes et notarios inhobedientes et transgressores huiusmodi statutorum decretorum et cridarum tam pro preteritis presentibus et futuris puniat sine aliquo respectu et omni postposita exceptione juxta huiusmodi statutorum, decretorum et cridarum *ut supra* dispositionem, nulla admissa excusatione, et supplicanti restitui faciant pecunias actuum sententiarum et rellationum civilium supplicanti debitorum ex ordinibus datii predicti per quoslibet notarios camere et alias personas perceptas et habitas, procedendo quanto citius et celerius fieri poterit et quibusvis executionibus penis et mulctis ut justum est aliter, etc.

Ideo volumus et vobis et cuilibet vestrum mandamus ut visis supplicatis, statuta, decreta, ordines et proclamationes ac capitula banci notarie, de qua in supplicatione, observetis et observari faciatis ac exequamini et executioni mandari faciatis, etiam puniendo quoscumque contrafacientes et transgressores juxta decretorum, statutorum et proclamationum predictarum dispositionem; et etiam restitui faciatis pecunias actuum, sententiarum et rellationum civilium spectantes dicte notarie per quoscumque notarios et alias personas receptas et habitas; prout juridicum fuerit procedendo tam per executiones et cridas quam aliter per omnia juris remedia, realiter, personaliter prout conveniens fuerit; ita et taliter quod ipso notarius habeat satisfactionem juxta decretorum et proclamationum ac datorum predicti banci causarum civilium dispositionum.

Datae Mediolani die ultimo aprilis 1505 et regni nostri octavo. Per Regem Ducem Mediolani ad rellationem consilii: *Julius*, et sigillatae sigillo regio ut moris est. A tergo: Falco.

Per parte del Magnifico domino potestate de Milano, Regio Commissario delegato et executore deputato per lettere del Christianissimo et Serenissimo Re de Franza et Duca de Milano, se fa a sapere a qualuncha persona como novamente la Regia Maesta a concesso et firmato lettere del tenore qua de sotto anotato ad instantia del notario de le cause civile;

è pero volendo el prefato domino potesta (*ut supra*) exequire quanto se contene in essa sua comissione, fa fare la presente crida, precepto et intimatione : che caduna persona de quale stato, grado et condictione voglia se sia debia observare esse lettere, statuti, decreti, proclamatione et capituli contenuti in esse lettere et supplicatione, et *in omnibus* et *per omnia* come se contene in esse et soto le pene se conteneno in quelli. Altramente il prefato domino potestà procedara a la executione de le dicte pene recitate in dicti decreti (*ut supra*) irremissibilmente senza exceptione alcuna tante volte quanto sara contrafacto.

Signatum : Johannes BARTHOLOMEUS.

Publicatum super platea Arenghi et in Broleto novo comunis Mediolani per Andream Pisonum tubetam regium, die Mercurii 7mo maii 1505, sono tubarum præmisso.

34.

DÉCRET PUNISSANT L'EXCITATION AU CRIME.

(Milan, 25 août 1505.)

Ludovicus D. gr., etc. Universis et singulis presentes inspecturis salutem.

Nunquam potest humana providentia multos adeo casus in coercendis facinoribus comprehendere quin pravi et scelesti homines novos in die fallendarum ac evitandarum legum modos adinveniant; quo fit ut novis et legibus et provisionibus sepenumero indigeamus.

Comperimus in dominio nostro Mediolani, vigentibus plerisque decretis, statutis et ordinibus contra homicidas, auxiliatores ac insultantes cum animo deliberato occidendi dantesque consilium vel favorem per diversa tempora promulgatis, sepe in dubitationem deventum extitisse an mandantes homicidium aut aliud maleficium perpetrari, decreto aliquo plecterentur; cum tamen dantes consilium, auxilium aut favorem multis casibus pari pena cum principalibus delinquentibus punirentur, nec minus odio sint habendi qui mandant quam qui consilium aut opem prestant, nec minus causam delicto dari dicantur huic frequenter admodum evenisse intelleximus plures qui pene formidine, ab homicidiis et delictis aliis pariterque ab auxiliando consiliumque aut favorem prestando abstinebant, sepenumero data etiam seu promissa pecunia et delicti mercede mandasse ut huiusmodi crimina committerentur sibi persuadentes vel se impunitos vel leviter admodum plectendos iri;

Quamobrem dubitationem istam resechare intendentes ac subditis nostris quanto magis possumus tute et quiete in dominio nostro vivendi occasionem tribuere cupientes, hocque delicti genus adeo pululans refrenare volentes, per has nostras vim perpetui decreti obtenturas, edicimus, decernimus ac sancimus eamdem penam imponi debere, ac per presentes imponimus mandatoribus extra rixam ut homicidium aut aliud quodvis maleficium perpetretur etiam si homicidium aut dictum aliud delictum nullo modo sequatur nec attemptetur que ipsi mandatario casu quo delictum consumasset imposita est; volentes tamen quo in casibus in quibus nec homicidium nec vulnus sequutum fuerit et in aliis delictis ubi consumatio criminis facta non fuerit liceat huiusmodi mandatoribus penitere et mandatum revocare. Sed eisdem incombat onus penitentiam et revocationem mandati probare solummodo antequam pro huiusmodi mandato imputatus vel ad offitium judicum criminalium delatus fuerit, postremo volumus et decernimus ut in preparatoriis et ordinativis judiciorum et in modo procedendi pariter et iisdem legibus procedatur tam contra predictos mandantes quam contra quoscumque alios, contra quos homicidii penam imposita est prout contra veros homicidas procedi debet ut sicuti quo ad penam exequuti sunt, ita eadem norma procedendi iisdemque legibus, decretis et ordinibus expediantur, volentes ut hoc nostrum decretum futuros tantummodo casus comprehendat.

Datum Mediolani sub fide nostri sïgilli die vigesima prima augusti Millesimo quingentesimo quinto et Regni nostri octavo. *In calce:* Augustus P. Hieronimus Moronus advocatus sic petit. Cum sigillo regio in cera rubea.

· Publicatum ad scallas pallatii Mediólani per Baptistam de Bonfiliis, preconem comunis Mediolani, die lune xxv Augusti 1505 sono tubarum premisso.

35.

Lettres de rémission pour Francesco de Conte, précédemment condamné pour rébellion.

(Blois, ... novembre 1505.)

Remissio et gratia concessa domino Francesco de Curte. Ludovicus D. gr. Universis et singulis presentibus et futuris notum facimus nobis parte Francisci de Comite, civis Mediolani, humiliter expositum fuisse quod: cum, in revolutione status nostri Mediolani superioribus annis facta, ipse Franciscus adheserit Ludovico Sfortie, adversario nostro, eidemque servierit et eius partes imitatus fuerit; ex hoc processum fuit contra ipsum Franciscum, et ipse inquisitus bannitus ac demum pena capitali condemnatus est, bonaque sua veluti confiscata per cameram nostram apprehensa et de ipsis nomine ejusdem camere nostre proclamata opportuna ‚et consueta facta fuerunt; quibus per quosdam contradictum fuit per nonnullos qui declarationes sive etiam sententias obtinuisse dicuntur, maxime eo pretextu quod ipsi (*sic*) Francisco existente bannito et incapace, ipsi contradicentes admittendi et fisco preferendi essent, auctoritateque nostra nostris servitoribus benemeritis bona ipsa donata fuerunt. Nuper vero fuit nobis ejus nomine suplicatum, ut dignaremur sibi quecumque per eum contra nos et statum nostrum hactenus

commissa in rebellione Mediolani remittere et indulgere, ac
eumdem ad predicta omnia bona sua, honores et famam plenissime restituere; ita quod nihil ei deinceps objici queant
de banno et confiscatione bonorum, etiam ipsum restituendo
in integrum adversus quoscumque processus factos, et sententias latas contra eum, et eo absente vel etiam pro bonis
antedictis, ac demum ipsum reponere in eo statu et gradu
in quibus erat, antequam sententie, banna et declarationes
facte fuissent, et ante commissa delicta prenarrata, maxime
cum prodictis bonis concordaverit cum iis quibus dicta
bona auctoritate nostra donata fuerunt seu agentibus pro
eis.

Nos vero, premissis consideratis et attenta compositione
facta cum iis *ut supra,* censentes proprium esse principis
uti clementia erga subditos, presertim quos erroris com-
missi penitet, volentes annuere sue petitioni et gratiam ac
misericordiam rigori preferre et eidem Francisco ignoscere;
ex nostra certa scientia et de nostre potestatis plenitudine,
ipsi Francisco quietavimus, remisimus et indulsimus, ac presentium tenore quietamus, remittimus et indulgemus quecumque crimina et delicta rebellionis contra nos et statum
nostrum per eum hactenus quomodolibet commissa et per-
petrata una cum omnibus penis, emendis, offensis civilibus
et criminalibus, in quas erga nos et cameram nostram occasione ipsius rebellionis et perduelionis per eum ut praenar-
ratur commisse potuerit incurrisse; cassantes et annullan-
tes quoscumque processus, banna, condemnationes, sententias, confiscationes, declarationes, poenas et mulctas quomodolibet exinde occasione premissorum secutas et que sequi
possent, etiam quod lese-majestatis crimen dici possent et si
talia forent que mentionem exigerent magis specialem; et
ex habundantiori nostra gratia eumdem Franciscum ex
eadem nostra certa scientia plenissime restituimus et rein-
tegramus in omnibus et singulis bonis et juribus suis mobi-
libus et immobilibus, in quibus et prout erat tam antedictas
sententias et declarationes quam ante delicta *ut supra* commissa, nec non ad illos statum, gradum, honorem, famam et

patriam nostram in quibus erat ante predictam rebellionem et delicta prenarrata imponentes in premissis perpetuum silentium procuratori nostro fiscali, et quibuscumque aliis; proviso tamen ante omnia quod dictus Franciscus de Comite debitum fidelitatis juramentum prestet in manibus Cancellarii nostri Mediolani seu ejus vicegerentis ac idoneam cautionem pro summa mille ducatorum auri, quod deinceps nobis erit bonus et fidelis subditus observabitque et faciet que verus et fidelis subditus erga dominum suum facere tenetur, additis aliis clausulis in talibus opportunis; mandantes propterea dilectis et fidelibus consiliariis nostris cancellario et gentibus senatum nostrum Mediolani tenentibus, Magistris intratarum omnibusque justitiariis et offitialibus nostris eorumque locumtenentibus presentibus et futuris et eorum cuilibet prout ad unumquemque spectabit, quatenus eumdem Franciscum de Comite presenti nostra gratia, concessione, reintegratione et restitutione uti, frui et gaudere faciant plenarie, quiete et pacifice nec eum quovismodo turbent, molestent vel inquietent, nec ab aliis inquietari permittant in persona nec bonis, quorum si aliqua capta, detenta aut occupata sint, illa omnia statim et libere restitui et relaxari faciant deleantque et annullent ac deleri et annullari faciant omnes processus, declarationes et condemnationes, banna ac omnia in dictum Franciscum expleta premissorum occasione, que nos per presentes cancellamus et annullamus, quibuscumque ordinationibus, reformationibus, mandatis, defensionibus et decretis ad hoc contrariis non obstantibus, quibus omnibus per presentes in hac parte ex certa scientia nostra et potestatis nostre plenitudine derogamus. Et ut predicta omnia firma et stabilia perpetuo maneant, sigillum nostrum presentibus apponi jussimus, salvo in ceteris jure nostro et in omnibus quolibet alieno.

Datum Blesis in mense novembris anno Domini 1505 et regni nostri octavo. Per regem ducem Mediolani : ROBERTET. Visa, contentor : A Grangis. Cum sigillo regio magno in cera rubea more solito.

36.

RÈGLEMENT SUR LES DUELS.

(Milan, 7 décembre 1505.)

Vedendo ogni giorno lo Illustrissimo Monsignore gran maestro e mareschal de Franza, Regio de qua li monti locotenente generale, li subditi de la Christianissima Maestà e Duca nostro prorumpere in tanta temerità che l'uno ardisse provocare l'altro e invitare al combatere, chi a pede et chi a cavalo, et per tal causa andare a richedere campo fora del dominio ducale senza saputa o licentia alcuna de la prefata Christianissima Maestà o suo locotenente che cede non solamente in dispendio de dicti subditi ma anchora in dishonore e contempto de la prefata Regia Maestà per essere maximamente contra la dispositione de rasone. Et volendo sua Illustrissima Signoria per ogni modo provedere a tanto disordine et comprimere la insolentia de tali presumptuosi temerarii per bene e quiete universale de subditi, ha ordinato et per le presente se ordina, notifica e commanda per parte de sua Signoria che de hora inanti non sia persona alcuna di qual stato, grado e condictione o preheminentia voglia se sia che olsa ne presuma invitare o provocare alcuno in dicto dominio de Milano a combattere cum arme tanto a pede como a cavallo ne per tal causa andare richedere campo in qual parte o da qual Signoria o republica voglia se sia senza licentia expressa de la Christianissima Regia Maestà o suo locotenente de qua li monti o vero che tenera tal loco in sua absentia, sotto pena de la confiscatione de la medietà de loro beni, e chi non harà beni de essergli tagliata la mano drita. In la qual pena se intenda incorrere non solamente colui chi invitarà al duello e combatere, come è dicto de sopra, ma anchora colui che sarà invitato e acceptarà lo invito senza licentia come è di sopra dicto. E quando alcuno pretenda havere legiptima causa de potere invitare de rasone alcuna altra persona al combatere et duello, deba prima avanti chel facia tale invitamento havere ricorso da dicti superiori o l'altro de loro, e nanti a quelli proponere la causa per la quale pretende esserli permisso lo invitare e combatere l'altro a duello; la quale intesa, si per dicto superiore sarà judicato o declarato non essere licito el combatere mai più per tal causa non poterà l'uno provocare l'altro nè invitare al dicto duello, sotto la pena di sopra declarata. E si altramente sarà dicto et declarato, cioè essere licito el combatere, se gli dara e concedera licentia de poterlo fare. Et non la concedendo, deba tale chi pretende provocare et invitare l'altro a duello nanti al dicto superiore, de tri mesi in tri mesi fin in capo del anno, comparere et richedere e domandare dicta licentia, la quale si in capo del anno et un giorno apresso non gli sarà per dicto superiore concessa, possa alhora e in tal caso e non altramente colui che legiptimamente potrà fare tal invitamento andare a richedere campo in qual parte li piacerà fora de dicto dominio, et invitare e provocare lo inimico suo come e dove a lui parerà senza altra licentia e senza incorrere pena alcuna. Et in ogni caso però dove sia declarato licito o concesso el combatere o duello come è dicto di sopra, siano tenuti e obligati sotto la pena predicta, quelli che combatarano ad observare tute le solempnità, ordini e modi se servano in tal caso in lo reame de Franza, le quale solempnità, ordini et modi sono riduti in scripto apresso lo offitio de Panigaroli.

E questa presente crida, bando e comandamento e ordinatione vole lo prefato illustrissimo Monsignore sortisca et habia vigore et effecto de perpetuo decreto et inviolabile lege et essere registrata ne li altri volumi de decreti. *Signata :* Damboyze.

Cridata super platea Arenghi et in Brolleto novo comunis Mediolani per Andream Pisonum, tubetam regium, die mercurii decimo septimo mensis decembris 1505, sono tubarum premisso.

37.

RÈGLEMENTS POUR LA FABRICATION DES ÉTOFFES DE SOIE
ET DE BROCART.

(Milan, 20 et 24 décembre 1505.)

Pro testoribus sete.

Essendo per il Christianissimo et Serenissimo Re di Franza
e duca nostro de Milano a li giorni passati, confirmati e
publicati certi statuti et ordini a li mercadanti de oro,
argento e sete de Milano, publicati e proclamati altre volte
e tra li altri ordini, uno circha l'alteza deli drapi doro
argento e seta, azo che ognuno fusse certo de tale alteza et
havendo deliberato li egregii homini Domini Leonardo de
Osii e Bernardino de Valle, abbati dessi mercadanti, per il
beneregio e republica ac honore de questa alma cita di
Milano, omnino esso ordine metere in observantia e provedere a tale corruptella, per tanto se fa publica crida per
parte dessi Domini abbati chi se retrovava dal giorno presente inanze havere drapi doro o dargento o di setta in
casa vel altrove a suo nome e telle etiam in tellaro, fra
giorni quindeci proximi a venire, che siano mancho dell'
altezza infrascripta, sia tenuto et obligato ad comparere
nante aloro abbate e dare in scripto tali drapi et telle e
quelle farle bollare dal bollo consueto quale sta apresso ad
uno di loro Domini abbati et li saranno bollati senza spesa
alcuna et questo sotto pena de perdere tali drapi e telle, che
non saranno bollate depso bollo; la terza parte de la quale
pena sia applicata a la regia e ducale camera, l'altra terza
parte a la camera depsi mercadanti, e laltra terza parte alo
accusatore sive inventore.

Ancora fornite che saranno le telle sono in tellaro di

minore altezza de la infrascripta non se ne possano metere
più in telaro ne fabricare per alcuno modo directo ne per
indirecto se non sarano de l'alteza infrascripta sotto la
medesima pena applicanda *ut supra.*

Le alteze sono queste :

Drapi veluti e rasi e brochati rizi siano et debano essere
alti de neto tra le cimose sive cordoni dessi drapi *videlicet*
12 brazi.

Drapi damaschini e brochati damaschini debano essere
alti al soprascripto brazo de neto tra le cimose sive cordoni
brazi 14 e meza.

Drapi tabili debeno essere alti computati li cordoni brazi
3 e meza.

Drapi terzaneli debeno essere cum li cordoni brazi 3.

Et chi contrafara ipso jure et facto cada in pena : per
caduno contrafacente e caduna volta cum per caduno brazo
de Brochato, Libre 4 imperiali,

e per caduno brazo de veluto, Lib. 2 imp.,

e per caduno brazo de raso e damaschino, Libra 1 imp.,

e per caduno brazo de tabili sive terzanelo, Soldi 10 imp.

Lequale pene sieno aplicate como e dicto sopra.

Signatum : Leonardus abbas, Bernardinus abbas.

Publicatum super platea Arenghi et in Broletto novo
communis Mediolani per Ant. de Pusterla tubetam regium
die sabati 20.mo mensis decembris 1505 sono tubarum præmisso. Item publicatum per omnia carubia portarum civitatis Mediolani per Stephanum Oldanum tubetam *ut supra,*
sono tubarum præmisso.

Vedando li nobili e circumspecti homini M. Aluysio Ghiringelo abbate, Gaspar del Conte et Johanne Dugnano, consuli de li testori de drapo doro dargento e di seta in Milano
le fraude et errori esser multiplicati in dicti drapi et in larte
depsi drapi et havendo loro novamente ricerchato et diligentemente considerato li ordini vechii facti in dicto mestero, quali cognoscano esser ben convenienti et honorevoli e
perche li testori apreso a quali alcuna volta se ritrovano tali
manchamenti si excusavano che erano necessitati cosi fare

per comandamento e volunta di quelli che daseveno li drapi da texere et altre varie excusationi aducevano essi textori, botigheri et altre persone apreso quali si ritrovavano tali drapi deffectuosi ; per tanto, li predicti abbate e consuli per redure in observantia dicti ordini vechii cum alcune zonte e correctione, quale in examine sopra cio facto tra essi abbate e consuli et anche li consiglieri et altri officiali dessi textori son parse expedienti a la perfectione de drapi predicti, se ta publica crida che de mo inante, niuno textore ardisca mettere in tellaro telle per fare drapi alcuni de qualunche sorte si voglia quale sieno de menore alteza o vero largheza e de menore bontade che le infrascripte forme.

E queli drapi quali de presente se ritrovarano essere in tellaro de diversa forma o maynera che le forme infra scripte se possano finire de texere e serano cerchate e bolate le telle per li p^{tt} abbate e consuli o vero per soi officiali quali ad cio serano deputati epoi che serano finiti de texere essi drapi quali de presente sono in tellaro niuno ardischa remetere in tellaro tella de drapo de menore alteza ne daltra forma che le infrascripte :

Le quale alteze e forme che de mo inante se hano ad observare sono queste, cioè :

Imprimis : brochato d'oro e d'argento filato e tessuto alla dalmaschina, alto brazi 1 ¼ che sono onze 15 senza li cordoni, e cosi d'oro e d'argento tirato.

Tella d'oro e d'argento filato e d'oro e d'argento tirato alto senza li cordoni brazi 1 ¼, che sono onze 15.

Tocha doro e d'argento taliata brazi 1 ¼ che sono onze 15.

Planza d'oro e d'argento tirato cosi figurato como piano alto (senza li cordoni) brazi 1 ⅛, che sono onze 13 ½.

Strapontato d'oro e d'argento filato cosi como tirato alto brazi 1 ⅛ che sono onze 13 ½ senza li cordoni.

Hogiolito a la Palavixina d'oro e d'argento filato cosi como tirato alto (senza li cordoni) brazi 1 ⅛ che sono onze 13 ½.

Tabi d'oro e d'argento filato alto brazi 1 ⅛ che sono onze 13 ½.

Brochato d'oro e d'argento filato rizo cum pello e senza

pello cosi tellato como filato senza li cordoni alto brazi 1 $\frac{1}{8}$ che sono onze 13 $\frac{1}{2}$.

Brochateli de seda de diversi colori tessuti ala damaschina e cosi pizolati d'oro e d'argento e de seda alto senza li cordoni brazi 1 $\frac{1}{4}$ che sono onze 15.

Dalmascho alto senza li cordoni brazi 1 $\frac{1}{4}$ che sono onze 15.

Veluto figurato cosi como piano, alto senza li cordoni brazi 1 $\frac{1}{8}$ che sono onze 13 $\frac{1}{2}$.

Raxo alto, senza li cordoni brazi 1 $\frac{1}{8}$ che sono onze 13 $\frac{1}{2}$.

Sendali senza corda de reso e per le cimose se non una cordolina facta de seda perche questi tali cordoni pexeno più che non fa lordidura de la tella che questi cordoni sie una bararia che se fa per vendere reso per seda alto brazi 2.

Hormexino alto (senza li cordoni) braze 1 $\frac{1}{8}$ che sono onze 13 $\frac{1}{2}$.

Hogiolito a la Palavixina de seda, alto senza li cordoni brazi 1 $\frac{1}{8}$ che sono onze 13 $\frac{1}{2}$.

Tabi de seda alto brazi 1.

Terzaneli cosi de meza torta como de tuta torta, se may se ne facesse, che se faceno alto braze $\frac{1}{8}$ che sono onze 10 $\frac{1}{2}$.

Cambaloti, anchora se mai se ne facesse, che li faceno alto brazi 1 $\frac{1}{8}$ che sono onze 13 $\frac{1}{2}$.

E che niuno textore ne altra persona ardisca dare ne far dare aque, gome, colla ne altra cosa artificiosa a dicti drapi de quale sorte si voglia per far li parere più forti ne de melior bontade excepti ali cordoni overo cimose conveniente ad essi drapi.

Et anche che li peteni dessi drapi si debeno de qua a mezi il mese de zenaro proximo reddure in modo che ne reusischa li drapi ale alteze predicte e non minori, excepti queli pecteni in quali si ritrovano essere poste telle quali non possiano finire de texere fra il termine predicto e questi subito che serano vachuati de esse telle presente se debeno redure come di sopra.

E tute queste cose se debeno inviolabilmente observare sotto pena de florini dece per ciascuna tella per ciascuna volta che alcuno contrafara a li ordini predicti e per ciascuna persona contrafaciente quale irremissibilmente deba essere scosa et applicata per la mitta a la camera regia, per uno quarto al paratico de li textori predicti, e per l'altro quarto a lo inventore et accusatore.

Avvisando ciascuna persona de quale grado e condicione si voglia che passato dicto termino de mezo zenaro si fara diligente perquisitione per case de li textori e per boteghe etiam de pateri e per altri lochi opportuni per ritrovare li manchamenti e fraude e punire li culpabili.

Sig.: Aloysius, abbas; Johannes, consul; Gaspar, consul; Antonius de Medicis, Cesar, sindicus; Gaspar de Comite nomine Bartolomei de Santis subscripsit; Pradinus de....., sindicus; Conradinus de Casate, sindicus; Jo. Jacobus de Varixio, sindicus; Johannes de Dugnano, nomine Georgini de Grandate sindici, subscripsit; Christoforus de Carchano, sindicus.

Publicatum super platea Arenghi et in Broletto novo communis Mediolani per Andream Pisonum tubetam regium die mercurii 24° decembris 1505, sono tubarum præmisso.

Item publicatum per Stephanum Oldanum tubetam regium die suprascripta per carubia portarum Cumane, Novæ, Gioviæ et Romanæ, sono tubarum præmisso. •

Item publicatum die martis XXX^{mo} per carubia portarum Ticinensis et Vercellensis Mediolani per Stephanum Oldanum tubetam *ut supra,* sono tubarum præmisso.

38.

AVIS RELATIF A LA NAVIGATION SUR LE CANAL
DE LA MARTESANA.

(Milan, 19 septembre 1505.)

Pro Navigio Martexane.

Havendo el Signore Antonio Maria Pallavicino, patrono del navilio de Martesana, afictato de presente epso navilio a li spectabili Messer Zoane Andrea da Corte, Messer

Alexandro Panigarola et Messer Johanne Petro Orabono, cum pacti et capituli de sorte che cederano al benefitio publico del navigare, et privato de li gentilhomini che li hanno sopra prati, cosi la Signoria sua volendo che dal altro canto siano observati li capituli e cride, che vechiamente se solevano fare per la camera ad manutentione depso navilio, e per evitatione de le fraude che se poteriano commettere, gli è parso, per la presente crida, renovare et inthimare a tuti epsi ordini et capituli; et cosi se notificano de parte de Sua Signoria, et de parte del magnifico Messer Zohanne Taberna, locotenente de Sua Signoria, substituto per lo governo depso navilio per la presente crida, acio che niuno possa pretendere de ignorantia. — Et in prima :

Lo tenore de la crida che fu facta nel 1468.

Se notifica a caduna persona, de quale grado et stato se sia, che non ossa (*sic*) ne presuma ne ardisca ad navigare in el dicto navilio de Martesana, se prima non habiano satisdato in mane del magnifico Messer Johanne Taberna, suo locotenente, videlicet de non contrafare a li ordini de li infrascripti capituli, sotto la pena che se contegnera in epsi; quale pena pervenga, videlicet in terza parte a la camera del prefato Signore, per l'altra terza parte a li prefati conductori, et per l'altra terza parte a li accusatori, quali sarano tenuti secreti, senza alcuna remissione, *prout infra.*

Primo, che non sia navarolo, habia nome como se voglia, che ardisca ad discharigare a la ripa del navilio alcuna quantità de legname da opera ne da focho, calcina, cuppi, quadrelli, prede, biade, farina e vino ne altra roba ne mercantia alcuna, de quale grado e condictione se sia, navigato e conducto per dicto navilio, senza pagamento del datio de la concha, sotto pena de florini dece, de valore de soldi trentadue per caduno florino, e de perdere la lor nave et cavalo per caduna volta contrafarano a dicti ordini.

Item, che non sia navarolo alcuno ne niuna altra persona che ardisca ad caricare ad Milano et (*sic*) mercantia ne roba alcuna, de quale maynera voglia se sia, senza el scripto de pagamento de dicto datio de la concha, sotto la pena che se contene *prout supra*.

Item, che non sia bebulco, caratore ne cavalante alcuno che ossa ne presuma a caricharo roba ne mercantia alcuna, de qual grado et condicione se sia, per navigare et condure per lo dicto navilio, a pena de dui florini a soldi trentadue per florino, per caduno beolco et caratore, et soldi trentadue per caduno cavalante che contrafarano al dicto ordine et cride, se prima non è pagato el dicto datio de la concha.

Item, che non sia navarolo alcuno ne lhoro compagni che, navigando o non, rompa porte, elbori, temoni, stanghete et capeli a li sostegni de dicto navilio, et, rompendoli, siano obligati ad conzarli a le loro spexe, in termino de uno dì, sotto la pena de libre quattro imperiali per ciaschaduno sostegno, se contrafarano al dicto ordine.

Item, che non sia navarolo alcuno che ardisca navigare senza dui altri compagni insema cum loro, per modo che siano tre persone in tuto per acaduna nave, et che habiano li soy remori ferrati, sotto la pena de soldi trentadue imperiali per caduno navarolo che contrafara al dicto ordine.

Item, che non sia persona alcuna, de qualuncha condictione voglia se sia, la quale habia facto prati o voglia adaquare terreni, che ardisca ne presuma de tore aqua fora del dicto navilio per adaquare loro prati o terreno, nisi per la via del commissario deputato sopra el dicto navilio o de li campari deputati a dare dicta aqua; la quale se li dara ne li tempi limitati, sotto la pena de florini dece per caduna volta che se trovera havere adaquato dicti prati o terre, cioe quelli che haverano adaquato fine a la quantità de cento pertiche et da li in gioso, et quelli che haverano pertiche cento et da li in suso, cada in la pena de florini venticinque per caduna volta; la qual pena se applica per la terza parte al prefato Signore Antonio Maria, et l'altra terza parte ad lo accusatore (*sic*), tante volte quante contrafarano sia che quantità se voglia o pocha o assai che adaquarano, *singula singulis referendo*. *Signata* : Johannes DE TABERNIS.

Publicata die veneris 19 septembris 1505, in publicis plateis locorum Carzenzaghi, Gorgonzole et Cisnusculi asinarii, ac ad Fornaces, per Ambrogium Pisonum, tubetam comunis Mediolani, sono tube premisso. — *Item,* publicata die sabati 20 suprascripti in publicis plateis locorum Inzagi, Corpeli, Vaprii, Cassani et Vimodroni, per suprascriptum Ambrogium, sono tube premisso. — *Item,* publicata die martis 23 suprascripti ad Sanctum Marcum extra portam Cumanam Mediolani, per suprascriptum Ambrogium, sono tube premisso.

Presentata ad officium statutorum Comunis Mediolani, die 21 octobris 1505.

39.

ARRÊTÉ RELATIF A LA VOIRIE DE MILAN.

(Milan, 13 février 1506.)

Per parte et comandamento del speciale e generoso Dno-Christoforo di Beaqui, judice regale de le strate, ponti et aque de la cita e ducato de Milano,

Se fa publica crida e comandamente che non sia persona alcuna, de quale stato, grado e condictione voglia se sia, che volsa per modo alcuno tenire ne far tenire obstaculi alcuni ne le strate de la cita e borghi de Milano, che impedischano landito de le persone, contra li ordini e statuti del comune di Milano, e se alcune persone se trovarano haverli, li debia havere levati infra giorni tri, sotto la pena che se contene neli statuti et ordini de Milano; notificando a qualunche persone che serano renitente, *ipso facto* li sera proceduto in scodere la pena, senza rispecto alcuno, realmente et personalmente.

Item, che non sia alcuna persona *ut supra* che ardischa ne presuma tenire terra, fango, ne ledame, ne altre immonditie per mezo le loro caxe, et havendoli le debiano infra giorni tri haverle fatto condur via, sotto le pene che se contene ne li statuti et ordini *ut supra;* laquale pena sara scossa *ipso facto,* senza altra comdemnatione da esse facta.

Item, che non sia persona *ut supra* che ardischa far ne fare far tope da sabiono ne le strate ne pasquari de la cita e borghi de Milano, ne ancora ne le strate mastre de fora de li borghi, sotto la pena *ut supra* da essere schossa *ut supra.*

Item, che non sia persona *ut supra* che se retrovasse havere rotto el sollo per mezo le loro caxe aut apoteche, lo debiano havere, nel termino de giorni cinque proximi, haverlo (*sic*) fatto conziare, sotto la pena se contene in li statuti *ut supra;* avisando chi sara negligente in fare aconziare li soprascripti solli, li sara mandato li muratori a le loro spexe, etiam sotto la pena se contene in li statuti *ut supra* et serano schosse *ut supra.*

Item, che non sia persona alcuna che ardischa lassare decorrere aqua spandibile per li loro vali de le sue caxe, ne lobie, ne finestre, ne la cita ne borghi de Milano ne le strate, de dì ne de nocte, sotto la pena se contene *ut supra,* laquale sara scossa *ut supra.*

Item, che non sia persona alcuna che ardischa tenire obstaculi in essi fiumi, ne butare dentro alcuna immonditia che impedischano landito de le aque, sotto la pena se contene *ut supra,* laquale sara *scossa ut supra.*

Item, che, nel termino de mexi dui proximi ad venire, ciaschune persone che harano le caxe per mezo li dicti fiumi de Nirono, Cantarane, Senexo, Vetra et Canossa, lo debiano havere facto spazare, cossi ne la cita de Milano como de fora, et, infra octo giorni, habiano facto condure via lo fango e terreno et immonditie extracti da essi fiumi, sotto la pena se contene *ut supra,* laquale sara scossa *ut supra;* et in el termino soprascripto, habiano fato fare li mureti per mezo le loro caxe in li dicti fiumi, sotto la soprascripta pena.

E che qualuncha persona che non habia cisterna in le loro caxe aut in piaza, le habiano facto fare infra giorni trenta, sotto la pena de libre venticinque se non li harano facto far, laquale sera scossa *ut supra*.

Item, che non sia persona alcuna che ardischa spazare ne far spazare dextro ne cisterna alcune, senza speciale licentia del predicto maestro de le intrate, sotto la pena de libre dieci imperiali da essere aplicata per la mita a li acusatori, e per laltra mita al comune de Milano, laqual pena sara scossa *ut supra*.

Item, che non sia spazatore alcuno che ardischa mettere ganga alcuna de dentro de li redefossi, nec etiam apresso a le strate mastre a braza cento, sotto la pena de libre dieci imperiali, da essere aplicata *ut supra*, la quale sara scossa *ut supra*.

Item, che caduna persona sia obligata, per mezo le loro caxe ne la cita e borgi de Milano, schovare e spazare ogni fango et altre immonditie, e da poy farle condure via *ad minus* dentro la setimana, sotto la pena se contene neli ordini e statuti *ut supra*, la quale sara scossa *ut supra*.

E che ogni persona che hara fossati per mezo li loro beni suso le strate mastre, che sia pleni per modo che laqua non possa havere el suo corso, et anche habiano ponti obturati o vero pleni per modo *ut supra*, li habiano facto spazare e remondare nel termino de giorni quindeci, per modo che habiano il corso suo *juxta solitum*, sotto la pena se contene *ut supra*, la quale sara scossa *ut supra*.

CHRISTOFORUS.

Cridatum ad scallas Pallatii Mediolani et per omnia carubia portarum civitatis Mediolani per Jacobum de Bonfiliis preconem, die veneris 13 mensis februarii 1506, sono tubarum præmisso.

40.

ARRÊTÉ FIXANT LE PRIX DU POISSON.

(Milan, 20 février 1506.)

Meta delli pesci freschi e salati. Pretia piscium recentium et salsorum.

In nomine Domini. Millesimo quincentesimo sexto, indictione nona, die veneris vigesimo mensis februarii. Cum magnificus et præstantissimus, juris utriusque doctor, Jacobus Crottus, vicarius offitii provisionum comunis Mediolani, spectabilesque et præclari cives domini duodeci *(sic)* memorato provisionum offitio præsidentes, preteritis diebus pluries convocati sermonem fecerint inter eos circa pisces vendendos in civitate Mediolani, et de modis adhibendis quibus civitas piscibus abundaret pretio honesto et convenienti, venditoresque ipsorum nulla molestia afficerentur indebita nec queri valeant, voluerintque informari tam a mercatoribus pisces in grossum ad hanc civitatem conduci facientibus quam ab aliis, participarint quoque cum multis aliis civibus, cum quibus expediens visum fuit; tandem, precedentibus omnibus considerationibus et examinationibus opportunis, hanc in sententiam devenerunt et deveniunt, sicque servandum statuunt et ordinant, ut infra et prout infra; auditis etiam et intellectis venditoribus piscium ipsorum tam salsorum quam recentium, et omnibus quæ dicere et alegare voluerunt;

Primo, quod quicumque vendentes seu vendere volentes pisces, tam salsos quam recentes, in civitate Mediolani et corporibus sanctis, seu de eis se intromitentes, teneantur et debeant, donec aliter providebitur, eos dare et vendere cuicumque emere volenti pretiis infrascriptis, singulariter et debite refferendo, et ea excedere non presumant, neque plus potere, neque recusare dare nec a sponte dante vel offerente accipere, sub pena librarum trium tertiolorum pro quolibet contrafaciente et qualibet vice, a libra una infra, et pro libra una et a libra supra, librarum trium imperialium, pro qualibet vice et qualibet libra piscium tam salsorum quam recentium, applicanda pro dimidia comuni Mediolani et pro alia dimidia inventori seu offitiali quibus credetur juxta ordines, et liceat cuicumque acusare *(sic)* et ei credetur cum juramento, si predictis dominis vicario et presidentibus per tempora videbitur, et habeat eo in casu acusator medietatem condemnationis, et plus vel minus, arbitrio predictorum dominorum vicarii et presidentium, inspecta qualitate persone, facti et delicti, et statim fiet executio realis et personalis absque aliqua solemnitate.

Item, quod omnes habentes vel habituri pisces, tam salsos quam recentes, debeant ex eis exponere publice ad loca solita et consueta venditioni ad sufitientiam civitatis et omnium de eis habere volentium, pretiis infrascriptis, debite refferendo *ut supra;* et non prohibeant, abscondant nec occultent alicui emere volenti, nec deficere permittant, pretiis infrascriptis, debite referendo *ut supra*, sub pena librarum decem, pro quolibet contrafaciente et qualibet vice, et amittendi piscem seu pisces, applicanda *ut supra*, et plus vel minus arbitrio *ut supra.*

Item, quod nulla persona emat nec appellet in civitate Mediolani nec corporibus sanctis nec in itinere, nec eat aut mittat obviam in itinere pro emendo nec appellando, nec emi nec appellari faciendo, nec emat nec emi faciat aliquam quantitatem piscium recentium, nec piscariarum, nec gambarorum, nec lampredarum, ranarum, testudinum seu bisquelarum, cocleorum seu lumacarum, nec similium, pro remendendo, sub pena predicta applicanda *ut supra* et *ut supra (sic)* et credetur *ut supra*, et plus vel minus arbitrio *ut supra* et *ut supra;* et intelligatur ivisse obviam et emisse vel appellasse, si fuerit persona suspecta in pote solita merchari pisces vel intromittere in emptionibus vel venditionibus piscium seu aliquarum ex predictis rebus ; et an fuerit persona suspecta vel ne, stetur arbitrio et discretioni prefatorum dominorum vicarii et presidentium *ut supra*.

·*Item*, quod pisces recentes non vendantur, nec teneantur, nec exportentur extra solita loca in quibus soliti sunt vendi pisces recentes, videlicet super platea appellata *Piscaria grossa* apud portam Brolletti Mediolani, qua itur versus portam Horientalem et super platea appellata *Pullaria* seu *Piscaria minuta* apud Sanctam Thegam Mediolani et non alibi, sub pena predicta *ut supra* et *ut supra* et credetur *ut supra* et plus vel minus *ut supra* et *ut supra*.

Item, quod in omnibus et singulis suprascriptis et quolibet eorum ac dependentium conexis et emergentibus ac omnibus negotium ·predictum concernentibus, domini seu patroni teneantur pro famulis et agentibus pro eis, et e converso ipsi famuli et agentes pro patronis et dominis teneantur.

Item, quod in reliquis serventur statuta, ordines et provisiones in materia et negotio piscium disponentes.

Quæ vero manieres piscium et eorum pretia sic describuntur :

Tructe bone et pulcre a libra una et mēdia supra, pro libra soldi xII. Et a libra una et media infra, pro libra soldi vIIII.

Anguille vive bone et pulcre de pischera seu *nostrane* a libra una supra, pro libra soldi xII; et a libra infra, pro libra soldi vIIII.

Temelli boni et pulcri a libra supra, pro libra soldi xI; et a libra infra, pro libra soldi vIII.

Tenconi, lutii et psici (*sic*) boni et pulcri a libra supra, pro libra soldi vII; et a libra infra, pro libra soldi vI.

Agoni appellati *de Cumis et Lacus maioris* boni et pulcri, pro libra soldi v.

Agoni appellati *de Lugano* boni et pulcri, pro libra soldi vII.

Fersii parvi boni et pulcri, pro libra soldi Iv.

Anguille vive ferrarienses bone et pulcre, pro libra soldi vIII.

Arborelle, vayroni de lacu et scardore boni et pulcri, pro libra soldi III.

Vayroni *nostrani* boni et pulcri, pro libra soldi IIII.

Trixe, cavedoni, cavezali, pighi et balbi parvi boni et pulcri, pro libra soldi iv.

Balbi grossi a libra supra pulcri et boni, pro libra soldi v.

. Carpani boni et pulcri, pro libra soldi v denari vi.

Fregarolli boni et pulcri, pro libra soldi iiii denari vi.

Lamprede vive bone et pulcre, pro libra soldi x.

Piscaria bona et pulcra non mista piscibus albis nec gambaris, pro libra soldi v.

Piscaria bona et pulcra mista gambaris mutatis, pro libra soldi iiii.

Strige bone et pulcre, pro libra soldi iii.

Pisces albi et omnes alii boni pisces pro libra soldi ii denari vi.

Gambari boni et pulcri, pro libra, soldi ii denari iiii.

Anguille salse de pischera bone et pulcre a libra supra, pro libra soldi x; et a libra infra, pro libra soldi viii.

Anguille salse de Ferraria bone et pulcre a media libra supra, pro libra soldi vii; et a media libra infra, pro libra soldi vi denari vi.

Anguille salse venete bone e pulcre a libra supra, pro libra soldi viiii; et a libra infra, pro libra soldi viii.

Buratelli boni et pulcri, pro libra soldi iii.

Tomna bene pinguis et bona, pro onzia denari vi.

Tomna non sic bene pinguis, tamen bona et pulcra, pro onzia denari iii.

Buga bona et pulcra, pro onzia denari iii.

Pisces de folia, albi, zarri et omnes alii boni pisces salsi, pro onzia denari ii 3 (*sic*).

Anglunie bone et pulcre, pro onzia denari iii.

Sardene bone et pulcre, pro onzia denari ii.

Zinolli veneti grossi ab onziis sex supra boni et pulcri, pro onzia denari iii.

Zinolli parvi et arenghi misollati boni et pulcri, pro onzia denari ii 3.

Morona bona et pulcra, pro onzia denari ii 3.

Arenghi de barilli boni et pulcri, pro quolibet soldo uno.

Arenghi de balla boni et pulcri, pro quolibet denari x.

Cridata et publicata die sabbati ultimo mensis februarii 1506, ad scallas pallatii Brolletti novi comunis Mediolani, et ad publicam plateam Arenghi per Ambrosium Pisonum, publicum præconem comunis Mediolani, sono tube premisso.

Franciscus de Homate provisionatus, et comunis Mediolani notarius, subscripsit.

41.

ÉDIT SUR LES INDULGENCES POUR LA FÊTE DE L'ANNONCIATION.

(Milan, 18 mars 1506.)

Pro indulgentia Hospitalis Magni Mediolani.

Al nome de lo omnipotente Dio e de la gloriosissima Nostra Dona Vergine Maria. Non solamente è contenta la serenissima et christianissima Maestà regia e duca nostro de Milano, etc., de ogni bene et acrescimento de l'hospitale grande de questa celeberrima cita sua de Milano, ma mette qualunche cura, opera et studio che continuamente più se bonifica, florisca, e se magnifica; si che, siando concessa da la Sede Apostolica plenaria indulgentia ad epso hospitale ne la proxima festa de la Salutatione de la gloriosissima Nostra Dona Vergine Maria et la vigilia, secundo el solito;

Fa proclamare la predicta regia Maestà e duca nostro, che qualuncha persona, cosi non subdita como subdita a la sua regia Maestà, mentre non sia ribella o bandita, o vengha da loco suspecto de morbo, e de loquale per altre imputatione o cagione non veneria securamente se questa crida non se facesse, possa venire ad ipsa indulgentia securamente, arditamente e liberamente, *absque eo* che venendo, dimorando, e ritornando, etiam per alcuno debito publico o privato, sia molestata, personalmente ne realmente, per directo ne per indirecto, per li dicti duy giorni, cioè de la vigilia e de la festa, et per quatro avante el dì de la vigilia e per tri altri giorni doppo el dì dela festa, che sono in somma nove giorni continui; et cosi, dal canto de la predicta regia Maestà e duca nostro de Milano, non manchara mai che il dicto hospitale di questa sua preclarissima cita non proceda di bene in meglio. Tr. Chalcus.

Publicatum super platea Arenghi et ad Sanctam Mariam de la Scalla Porte Nove, et ad Sanctum Franciscum Mediolani, et ad Sanctam Mariam de la Roxa, per Andream Pisonum, tubetam regium, die 18 martii 1506, sono tubarum premisso.

42.

ÉDIT RELATIF A LA PROPRIÉTÉ ARTISTIQUE.

(Milan, 7 avril 1506.)

In favorem Domini presbyteri Johannis Petri de Birago, et quod nullus audeat imprimere nec contrafacere aliqua designia facta per dictum dominum Johannem Petrum.

Ludovicus, D. G., etc. Universis et singulis presentes inspecturis salutem.

Volendo noi provedere che il dilecto nostro prete Joanne Petro da Birago, miniatore, quale, secondo n'è stato significato, con grande vigilie, studio e faticha, ha facto certi designi di qualche momento e queli facti imprimere, non resta defraudato e privato del suo debito premio, e altri habino el commodo e fructo del sudore suo.

Per tenore de queste nostre, inhibissemo a ciaschuna persona, de quale stato e condictione voglia se sia, non ardisca ne presuma per anni dece proximi a venire, in questo nostro Dominio contrafare ne fare contrafare alcuno designo stampato de mane del suprascripto prete Joanne Petro, tagliato in arame de bolino sive intagliato in legno, con el signo della gloriosissima Vergine Maria o vero senza signo, ne vendere ne fare vendere de dicti designi; sotto pena de ducati cinquanta d'oro per ciaschuno designo seu stampa o forma de dicti designi, et de perdere dicti designi, a qualuncha contrafaciente, da essere applicata per la terza parte a la camera nostra, l'altra terza parte al prefato prete Joanne Petro et per l'altra al accusatore seu inventore de questo; mandando a ciaschuni officiali nostri, mediati et immediati, che queste nostre inviólabilmente observano et faciano observare.

Date Mediolani die septimo aprilis 1506, regni vero nostri octavo. Per Regem Ducem Mediolani, ad relationem consilio : Mayna; cum sigillo regio in cera rubea, more solito. *In calce :* Falco.

43.

Arrêtés pour prévenir la propagation des maladies contagieuses et empêcher l'exercice illégal de la médecine.

(Milan, 23 et 29 avril 1506.)•

Pro officio sanitatis.

Regii Conservatores Sanitatis totius status Mediolani, etc. Essendo precipua cura nostra a togliere tuti quelli principii, quali possessino a questo regale dominio portare male e causargli infectione di peste, essendo ognidi secumdati da qualche novo loco, havemo pensato fare tute quelle provisione quale cognosciamo possere tenire questo regale dominio, a tutto il possere nostro, mediante il divino adiuto, illeso da tale contagione. Pero, havendo nui noticia come a Mantua et in Mantuana ogni dì tal aspera infirmitate va serpendo, e non mancho in Geriacho, loco in Bergamascha, per torgli la via, che al canto nostro non causassino male, le havemo bannite per tute le citate e porti del dominio. e cosi ancora, per la presente crida, si fa commandamento che alcuno veniente da epsa cita e terre, con bulleta ne senza ne de ogni altra sorte di fede, sia admisso, sotto pena de la privatione de suoi beni et ultra in pena corporale ad larbitrio nostro, havuto respecto a la qualita de la persona et excesso; et a questa non se gli havera remissione alcuna, per concernere il bene publico et privato; et agli accusatori se gli dara uno quarto de la condemnatione, e sarà tenuto secreto.

Parindone ancora, per evitare tali inconvenienti, esser necessario provedere alla conservatione e guarda di questa cita, per le presente si fa publico commandamento ad qualuncha persona, de quale grado, conditione e stato si voglia, hosteri, tavernari, si dela cita quanto de borghi e corpi sancti, che *quovismodo* non presumano alogiare alcuno parente, amico, o come se sia altra persona, se non sono consignati ale bullete de Milano, perche non venendo da loco securo non se gli fara la fede de alogiare, secundo che da nui a la giornata haverano in commissione, e quando a la nocte, passata l'ora de l'officio, qualcuno venesse per alogiare ne li borghi, havendo loro le sue bone bullete e dandoli il sacramento como non siano stati ne praticati in lochi infecti, se possino alogiare, e subito la matina mandarli a consignare ad epso officio, havendo sempre consideratione ale qualitate de le persone; e questo, sotto pena de ducati cento dapplicare irremissibilmente ad la regia camera, per uso de la sanita, e chi non porra pagare, tracti quattro di corda.

Ancora havendone il Collegio de Phisici scoperto che in questa cita vi sono molti ignoranti, quali se impaciano nel medicare, inexperti de scientia, quali fano li judicii sotto il nome de li collegiati, che porria produre gran ruyna in questa cita, gli havemo con participatione de tutto il loro collegio ordinato, e cosi si fa publico comandamento ad qualuncha persona, maschio o femina como si voglia, che non presuma ne ardischa medicare *quovismodo,* sel non è di collegio di medici, overo comprobato et collaudato da loro o da nui, per la admissione de li judicii; sotto pena de ducati cinquanta dapplicare como sopra, per uno e per ogni volta

se trovarano contrafare; e sarano irremissibilmente puniti et
ad lo accusatore sara dato il quarto de la condemnatione e
sara tenuto secreto; ed aquesto modo questa inclyta cita,
mediante il divino aiuto, la solicitudine, amore e ferventia de
tutto il predicto collegio, se preservera illesa da tanta dira
contagione.

Ancora, volendo provedere, che da altro canto non ce sia
portato male, trovando il commercio de chadegipti e cari-
toni posservi portare malo, per le presente facemo publico
commandamento che zinghari e charitoni non possino venire
ne stare in dominio, sotto pena de tracti tri di corda, per
uno et ogni volta se trovarano contrafare, et a quelli quali
li lassarano passare et li alogiarano in questo regale dominio, florini venticinque dapplicare como sopra per ogni
volta; e per uno non havendo il modo, in quella pena che a
nui parera, havuto consideratione a la persona e natura de
l'excesso, e sarano irremissibilmente puniti. Ex officio Sanitatis Mediolani, die 23 aprilis 1506 — G. Crottus.

Regii Conservatores Sanitatis totius status Mediolani.
Havendo novi avisi come le terre infrascripte, Ferrara, Pizighetone, Fontanella in Gieradadda, Corno Giovene, Le
Casace a Pontemiro, se vano ogni dì contaminando di peste,
e parte depse, præcipue Ferrara, [esser] bannite a Venetia
et altri lochi de la Signoria, ne pare ancora a nui per custo-
dire questo regal dominio farle bannire; pero, per le presente, si fa commandamento che niuna persona, sia de qual
conditione se voglia, presuma lassarli andare commer-
tiando, aloziare, passare ne admettere quovismodo, con bulleta ne senza, sotto pena de la confiscatione de suoi beni,
bando de la persona et ultra ad larbitrio nostro, havuto
respecto ad la qualita de la persona; et ad lo accusatore gli
sara dato il quarto de la condemnatione, e sara tenuto secreto. Mediolani, die 20 aprilis 1506.

Publicatum super platea Arengni et in Broleto novo comunis Mediolani, per Antonium de Pusterla, tubetam regium,
die jovis ultimo aprilis 1506, sona tubarum premisso, et per

omnia carubia portarum civitatis, per Stephanum Oldanum, tubetam regium, die suprascripta, sono tubarum premisso.

44.

ARRÊTÉ FIXANT UN MAXIMUM POUR LA VENTE DU PAIN.

(Milan, 4 mai 1506.)

1506, die quarta maii. Benche ogni giorno, secundo li pretii de le blade in scripto portati al offitio de provisione de questa cita per li malosseri laudati, se statuisca il debito penso al quale se habia fare il pane da vendere, cosi de frumento como de sicale e meglio, e sia tassato e limitato il pretio per quale se debano vendere le farine de furmento, sichale et miglio separatamente, nientedimanco, intendendosse molte persone lamentarse chel pane non se fa como pare se dovesse fare, havendo consideratione al vero valore de le blade, et similmente che le farine se vendano ad majore pretio non sia conveniente, havendo respecto al predicto valore de le blade, e da qui nasce che molte volte se da carico ad chi non lo merita, che sel intendesse como se regulano le cosse, cessariano molti ad detrahere e prenderiano megliore sentimento non fano, perche in verita se usa ogni possibile diligentia per occurrere ad le fraude e provedere che questa cita sia ben trattata, e perche, per non intenderse publicamente di quanto penso se habia fare il pane, e per quanto se habiano vendere le farine, benche se ne facia le opportune e debite scripture, poteriano passare mali effecti; impero, adcio che ad ogniuno sia manifesto e più charamente et apertamente caduna persona il sapia, ha ordinato il magnifico e prestantissimo doctore M. Jacobo Crotto, vicario de provisione de questa cita, farlo sapere a sono de trombe, cosa non ce facta da qua indreto.

E per tenore de la presente, se da publica noticia chel

pane de furmento, bono e bello, ben condito e asasonato, de essere de onze quatro e meza per dui danari.

Il pane de sicale e miglio, bono e bello, ac ben condito et asasonato, de onze nove per dui dinari.

La farina de furmento, bona et bella, se debe dare per soldi xiii denari vi per staro, che pensa libre xvi.

La farina de sichale, bona e bella, soldi viii denari vii per staro che pensa libre xv.

La farina de miglio, bona e bella, soldi vii denari vi per staro che pensa libre xv.

E queste cose, secundo i pretii correnti de presente ad dicto offitio de provisione descripti, e sino ad tanto non se variarano li pretii; quali variandosi, se adjungera vel detrahera, secundo se hara ad fare per il dovere, adcio che ogni persona habia il debito suo, et ogni persona che vora le potera intendere.

Sel sara adunque persona alchuna che compri pano che non sia ben condito et asasonato e del debito penso, portando il pane, quale non sia manco duno penso, videlicet dinari 20 de pane, per servare li ordini, sel sara pane de furmento, e de mistura quale se vora, al offitio predicto, se fara intendere chel non mancha ne manchara per il predicto M. Vicario ac domini presidenti ad dicto officio ad fare che ogniuno habia suo debito, e che li malfactori siano puniti.

E chi comprara farina al qual sia tolto più del dovere, havendo ricorso al dicto offitio de provisione et exhibendo la farina, subito sara restaurato e ben satisfacto e li malfactori puniti.

Et ogniuno che justamente se habia dollere, venga volunteri a dicto officio, che cognoscera con effecto cosa li piacera, e li predicti domini vicario e presidenti niunaltra cosa più desiderare che li populi e subditi regii e ducali siano ben tractati, como c' è mente del christianissimo et serenissimo signore Re e duca nostro, quale Idio in felicità e prosperità conservi.

E perche anchora son deteste malitie, quale usano alchuni prestinari, per havere intelligentia maxime con gli posteri suoi de ponera (*sic*) a la mostra in publico il pane bono e bello, adcio che venendo li offitiali trovano il pane bono, e ne occultano in casa molto più quantita defectivo, quale vendano per bono, e fraudano la brigata;

Per tenore de la presente, se comanda ad caduna persona quale accepti pane per vendere seu se intrometa da vendere aut far vendere pane, che non accepti nec se intrometa de pane alcuno da vendere, sel non sara facto secundo li ordini et al debito penso, aut *saltem* notifica il defectivo al dicto officio, nante chel se venda, seu, aliter, se ne dispona altramente, cadera in la pena de ducati venticinque per caduna volta, quali se applicarano per la tertia parte a la regia e ducale camera, e per la tertia parte a la comunita de Milano, e per laltra terza parte al inventore; e, sel sara persona non possa pagare tale pena, sara posita alla berlina aut fustigata, al arbitrio deli predicti domini, vicario e presidenti.

E sel sara persona alcuna, maxime lavoratori de pristinari, quali notificano li pristinari che fano fare il pane non bene, aut alterato, vel contrafacto, vel defectivo in pondere, che cometa vel facia comettere fraude alchuna in el pane, modo aliquo, notificandolo aguadagnara la mitta de la condemnatione, et sera tenuto secreto sel vora, e simile se intenda de le farine. — JACOBUS.

Cridata et publicata die martis quarto mensis maii 1506, ad scallas pallatii Brolletti Mediolani, per Baptistam de Bonfiliis, publicum præconem comunis Mediolani, et ad plateam Arenghi Mediolani, ac per omnia carubia omnium portarum civitatis Mediolani, sono tubarum præmisso. — *Item*, cridatum et publicatum die suprascripto, per Ambrosium Pisonum, publicum præconem comunis Mediolani, ad et per omnia suburbia omnium portarum civitatis Mediolani, sono tubarum præmisso. Et dimissa est solempnis copia ad offitium statutorum communis Mediolani.

45.

ÉDIT EXPLICATIF ET RESTRICTIF D'UN ÉDIT RELATIF
A L'AMNISTIE DES BANNIS.

(Milan, 16 mai 1506.)

Moderatio cridarum contra receptantes bannitos, et banniti possint impune offendi.

Ludovicus, etc. Universis has nostras inspecturis salutem.

Notum facimus quod, licet mirum in modum appetamus provintiam nostram ducatus Mediolani scelestis et facinorosis hominibus purgari, et maxime iis qui ob eorum demerita a dominio ipso banniti fuerunt, et ob id, superioribus diebus, edictum nostro nomine promulgari fecerimus, per quod, nedum permittitur bannitos ipsos impune offendi posse, juxta antiquarum sancionum dispositionem, sed etiam ea remuneratione digni judicabuntur, qui banuitum occidissent aut captivum jusdicentibus consignassent, ut si quidem talis occidens aut capiens et ipse bannitus esset, ipse e banno suo liber et absolutus redderetur; si vero minime bannitus foret, posset alium quemvis bannitum a banno eximere; verum intelleximus mentem nostram sinistra interpretatione admodum extendi ut pleraque absona et scandalorum majorum fomenta oriantur, si quidem et ipsi offitiales nostri eorumque servitores, qui pro munere suo ad bannitos capiendos tenentur, in huiuscemodi prerogativa se inclusos putant, alii vero sibi persuadent posse quemcumque e banno cancellari facere, etiam si atrocissimum quodvis delictum perpetrasset, necnon etiam si nullam cum offensis et iis ad quos attinet pacem haberet. Ex quo evenit ut, aliquo ex levissima causa bannito vel trucidato vel capto, audeant alium ex gravissima causa et aliquando etiam ex pluribus delictis bannitum petere, et, ubi pax non existat, majoris scandali occasio præbeatur.

Quare, pro recto memorati edicti intellectu, declaramus in eo nullatenus comprehendi jusdicentes, nec offitiales, nec servitores aut famulos suos, et quoscumque alios qui pro offitio suo ad id teneantur.

Dehinc etiam ordinamus ut auctoritas illa eximendi bannitum, ubi bannitus occidatur vel capiatur, proportionabiliter intelligatur, ut, scilicet possit unus bannitus eximi qui pro pari vel minori causa damnatus sit cause illi pro qua talis occisus aut captus bannitus erat; secus autem, si pro graviori causa talis qui eximi petatur bannitus esset.

Rursus, nullo casu, quempiam bannitum eximi nec etiam redire posse, si ipsemet bannitum occiderit aut ceperit volumus et declaramus, nisi prius habita ab iis ad quos attinet pace et remissione; hancque mentem nostram vim decreti obtenturam decernimus.

Data Mediolani die 16 maii anno domini 1506 et regni nostri nono. Per Regem, Mediolani ducem, ad rellationem senatus : A. GRANGIS. — *A tergo :* Falco. — H. Moronus, advocatus, sic petit. Et sigillata sigillo regio in cera rubea, more solito.

Publicata in Brolleto Mediolani, die sabati 16 suprascripti mensis maii 1506, in vesperiis, per Andream Pisonum, tubetam regium et ducalem, sono tubarum premisso.

46.

NOMINATION D'UN ARCHITECTE-INGÉNIEUR.

(Milan, 30 mai 1506.)

Ludovicus, D. G., *etc.* Petiit a nobis dilectus et fidelis consiliarius et magister hospitii nostri ordinarius, guerrarumque nostrarum secretarius et controllator generalis,

Hieronymus de Malabaylis, quod cum Bertholinus de Cotiis
et ingenio et peritia doctus sit, ut merito in numero architec-
torum et ingeniariorum utriusque camere nostre Mediolani
constitui mereatur, id eidem Bertholino concedatur velimus.
Igitur, attenta ipsius consiliarii nostri informatione, ac illi
annuere volentes, tenore presentium, eumdem Bertholinum,
qui etiam nobis per carissimum consanguineum nostrum
Carolum de Ambosia, magnum magistrum et marescalcum
Francie ac locumtenentem nostrum citra montes generalem,
approbatus fuit, deligimus, facimus, constituimus et creamus primum architectorem et ingeniarium utriusque camere nostre Mediolani cum auctoritate, arbitrio, honoribus,
oneribus, juribus, prerogativis, pertinentiis et emolumentis
eidem officio spectantibus et per alios percipi solitis.

Mandantes benedilectis nostris magistris intratarum nostrarum ordinariarum et extraordinariarum, necnon vicario
provisionum hujus urbis nostre Mediolani, ceterisque omni·
bus et singulis quibus spectat, quatenus, prestito per eumdem Bertolinum de more opportuno juramento in manibus
benedilecti et fidelis vicecancellarii nostri Mediolani, ipsum
Bertholinum in dicti officii possessionem ponant e inducant positumque tueantur et deffendant, deque emolumentis,
juribus et preheminentiis dicto officio spectantibus respondeant et faciant integre respondere, quoniam sic nobis placet
et fieri volumus; in cujus rei testimonium presentes fieri
jussimus, et sigillo nostri apprehensione muniri.

Datum Mediolani, die 30 maii, anno domini 1506 et regni
nostri nono. Per regem, ducem Mediolani, ad rellationem
vestram : Mayna. Cum sigillo magno in cera rubea pendenti : Princivallus.

47.

ÉDIT ORDONNANT AUX ÉTUDIANTS MILANAIS D'ÉTUDIER
A L'UNIVERSITÉ DE PAVIE.

(Milan, 7 septembre 1506.)

Pro studio Papie.

Ludovicus, D. Gr., Dilecto nostro vicario provisionis Mediolani, salutem.

Quo studio elaboremus ut Gymnasium Ticinense celebre et glorificum reddatur, eos tantum latere credimus, qui nichil nisi privata aut propria respiciunt, cum undique accersiti a nobis sint qui in quacumque profitendi facultate probatissimi habiti sunt, preter eos qui jamdiù asciti erant, per summam doctrinam et diuturnam exercitationem laudatissimi ; nec ullo impendio pepercimus, ut nichil desit quod studentes in ipso gymnasio ad perfectam scientiam possit erigere ; ex quo non immerito damnandi viderentur quicumque ex subditis nostris ad aliene dicionis gymnasia se conferrent ; proinde, publice proclamari faciatis volumus in locis consuetis ne quis, sub pena in decretis et ordinibus alias ea in re editis contenta, ad alia se gymnasia studendi gratia conferre audeat, et, si quis jam se contulerit, eadem sub pena intra mensem redeat.

Datum Mediolani, die primo septembris 1506 et regni nostri nono. Per regem ducem Mediolani, ad rellationem consilii : Julius, *A tergo :* Augustinus, et sigillatum solito sigillo regio in cera rubea, ut moris est.

Publicatum die lune septima septembris 1506, ad plateam arenghi et in Brolletto comunis Mediolani, per Donatum de Bonfiliis, tubetam regium et ducalem sono tubarum praemisso.

48.

Arrêté d'expulsion contre les Bohémiens et mendiants.

(Milan, 13 décembre 1506.)

Regii conservatores sanitatis totius status Mediolani.

Ogni giorno cresseno in questa inclita cita de Milano zingoli, charitoni, quistoni, ghoghori et altri mendicanti, quali, non solo poriano portare qualche contagione da locho infecto, ma anchora, per il malevivere loco, poriano fare nascere qualche principio di male, et, essendo nostra precipua cura a provedere, fin dove si possia, che tali inconvenienti non seguiscano; per tenore de la presente, si fa publica crida et commandamento ad ogniuno hostero, tavernaro, o altra persona, sia come voglia, in la cita e ducato non presuma alogiare ne tenere in casa, directe nec per indirrectum, tali charitoni, zingoli, furfanti, et altri simili mendici; sotto la pena de ducati vincticinque per uno; da aplicare ad la regia camera per uso de la sanita, et ultra ad larbitrio nostro; anzi li cazino fora de dominio, ne li lassino habitare in questo regale ducato, in modo che, nel termino de quatro giorni, habino spazato, soto la pena de essere fusticati, e come meglio a nuy parira. Non intendendo per queste nostre lassare passare impuniti ogniuno quale habia contrafacto ad le altre nostre dil tenore medemo, perche non intendemo vadino impuniti simili transgressori, per havere misso in contempto loffitio e tribunale nostro. Ex officio Sanitatis Mediolani, die 15 decembris 1506. G. Crottus.

Publicatum super platea arenghi et in Brolletto communis Mediolani et per omnia carubia portarum civitatis Mediolani, per Donatum de Bonfiliis et Stephanum Oldetam, tubetas regios, die jovis 13 decembris 1506, sono tubarum praemisso.

49.

LIQUIDATION DES OPÉRATIONS DE LA CHAMBRE DES ENTRÉES
ORDINAIRES ANTÉRIEURES A L'AN 1500.

(Milan, 2 janvier 1507.)

Habentes venditiones a camera presentent.

Havendo la Maestà Regia ordinato che, senza più dila-
tione, se vengha a la liquidatione de li cuncti de tuti quilli
che hanno manegiato imprese, e havuto a fare con la Camera doppoi l'anno 1499 inclusive retro; *similiter* de le
vendite facte da la morte del quondam Duca Galeaz et soy
successori infino a li dece dì de aprile di l'anno 1500 proximo
passato, et *etiam* de tuti li debiti et crediti causati dal predicto tempo indreto;

et per mandare ad effecto la predicta ordinatione, novamente per lo illustrissimo Monsignore gran maestro de
Franza, *etc.*, è facto sopracio commissione in li magnifici
Domini Bartholomeo Moresino, Bernardino Malabaya, Francesco Beulcho et Alexandro Gambarana, de li maestri de le
regie intrate ordinarie, et Baptista Cribello, commissario
generale de le taxe di cavalli, cum·*tamen* participatione et
deliberatione de lo magnifico presidente de le prefate intrate ordinarie, como appare per lettere patente de lo prefato illustrissimo monsignore, registrate a l'officio e camera
desse intrate ordinarie;

Per tanto, in executione de dicta commissione, da parte
de li prefati commissarii, se fa publica crida et notitia ad
caduno, chabia comprato da la prefata Camera sive soy man-
datarii, da la morte de lo prefato Duca insino a li predicti
dece dì de aprile 1500 *ut supra*, debia portare le lor vendite
in mane de li Rasonati de la camera prelibata per li prefati
deputati, sive commissarii sopra cio electi, in termine d'uno

mese proximo, ita che se possano liquidare. Aliter, passato dicto mese, non serano admesse alcune vendite, nhe (*sic*) gli sara resposto l'intrata, ma serano astrecti a pagare a la Regia Camera li denari ch'averano havuti per dicte vendite che non sarano liquidate. MICHEL, cum sigillo prefatorum dominorum magistrorum.

Publicata super platea Arenghi et in Brolleto novo comunis Mediolani, per Donatum Bonfilium, tubetam regium, die sabati secundo suprascripti mensis januarii, sono tubarum praemisso.

50.

ARRÊTÉ RÉGLANT LA CIRCULATION NOCTURNE A MILAN.

(Milan, 13 janvier 1507.)

Arma non portentur de nocte, et non eant sine lumine.
Havendo monsignore capitaneo de justitia in questa inclita cita de Milano molestissimo le tante insolentie se fanno di nocte, maxime del tore cape e dare ferite a diverse persone in la predicta cita, che procede per il tanto portare de arme, e deliberando sua signoria, como he suo offitio, provedere ad tanti disordini, per la presente crida comanda ad ogni persona, sia de che condictione si voglia, *etiam* datieri, che al tempo di nocte non ardiscano portare arme vetate di veruna sorte, sotto pena de quatro tracti de corda e di ducati cento per ciascuno; *item* che niuno, sia che si voglia, non ardisca di nocte, dopoy la prima hora di nocte, andare per la presente cita de Milano senza lume, sotto pena de ducati vincticinque per ciascuno; certificando ogniuno che se farano diligente perquisitione dala famiglia adcio ordinata, e chi sera trovato contrafare, sera irremissibilmente punito. DE PARDINES.

Publicatum super platea Arenghi et in Brolletto novo

comunis Mediolani, per Ambrosium Pisonum, preconem comunis Mediolani, die mercurii 13 januarii 1507, sono tubarum premisso.

51.

Arrêté contre Simone Rigoni et consorts, accusés de haute trahison.

(Milan, 18 février 1507.)

Havendo Symone Arrigono comisso notorio tradimento e manifesta rebelione contra *il serenissimo* re e duca nostro de Milano, per tenore de la presente et per parte de lo illustrissimo monsignor *lo gran* maestro et mareschial de Franza, etc., *se* notifica et publica dicto Symone Arrigono per notorio, publico et man*ifesto* et (*sic*) rebelle de la predicta christianissima regia Mayestà, *facendo* notitia a qualunche persona [amazara] lo dicto Symone, se li donara ducati cinquecento, et ultra, si tale persona *serà* banniti da questo regio et ducal dominio, segli remettera, e per *vigore* de la presente, se intenda esser remisso dicto bando, e si dicto Symone consig*nara* vivo ne le forze del predicto illustrissimo regio locotenente, guadagnara et gli sara *dato* ducati mille, e remisso el bando se sara bannito, come e dicto di *sopra*, e segli concede potere etiamdio remettere e tirare fora de bando unno (*sic*) altro dal dicto regio e ducal dominio, sia per qual causa se voglia bandito, excepto *per* crimine de rebellione et lexa maestà.

Ancora, se fa intendere che qualuncha persona amazara uno de quelli sono *di* presente in la rocha de Baye come lo dicto Symone Arrigono, publico rebelle e traditore come e dicto de sopra, li sara donato ducati cinquanta, et *si consignara* alcuno de loro vivo in le forze del predicto illustrissimo regio locotenente, guadag*nara*, et li sarano dati ducati cento per chaduno se amazara o consegnara, *come* e dicto de sopra, et ultra, se sara bandito, dal dicto regio et ducale dominio, in qualunche caso se sia, gli sera et *ex nunc* per tenore de la presente *crida* se intenda esser remisso dicto bando, e non essendo bandito, *etiam* se gli concede potere remettere e tirare fora de bando unno altro bandito, *per qualunche* caso se voglia, excepto como e dicto de sopra.

Ancora, se prohibisse e comanda a chaduna persona sia che se voglia che non obsa ne *ardisca*, in dicto et in facto, o per messi, lettere o ambassate, ossia in qual modo voglia *se sia*, directo aut per indirecto, dare o prestare aiuto o favore alchuno al dicto Symone, traditore e rebelle come e dicto de sopra, o ad alchuno de quelli sono con luy, in dicto *loco* de Baye, sotto pena de la forcha e confiscatione de tutti *soy* beni.

Ancora se comanda e notifica che sel fusse *persona* alchuna de qual stato, grado, condictione voglia se sia, che, da *uno* anno in qua, havesse acomprato dal dicto traditore e rebelle, *come* e dicto de sopra o da li agenti per luy, alchuni beni, de qual sorte se *siano*, o vero ne havesse notitia, lo voglia notificare in *mano* del capitaneo de justitia o suo vicario, infra uno dì doppo la presente crida, *sotto* pena de perpetuo exhilio *(sic)* dal regio e ducal dominio et confischatione de *tutti* soi beni.

Certificando a chaduno che la presente crida sera ad unguem observata senza *exceptione* de persona alcuna. DE PARDINES.

Cridatum super platea Arenghi et in Brolletto bovo comunis Mediolani per Baptistam de Bonfiliis, tubetam regium, die 18 mensis februarii 1507, sono tubarum præmisso.

52.

ÉDIT RELATIF A LA REVISION DES DERNIERS ACTES FINANCIERS
DU GOUVERNEMENT DE LUDOVIC SFORZA.

(Milan, 24 mars 1507.)

Super venditionibus factis per cameram et pro debito-
ribus camere.

Essendo informato lo illustrissimo Monsignore gran
Maestro, etc., como el signore Ludovico, quando se parti
per andare in Alamania, fece vendite et liberatione ad diverse
persone de datii et beni immobili et administratione de
intrate, senza havere hauto pagamento ne facto rendere
computo alcuno, como quello che si voleva gratificare de
quello che ad lui in quello suo ultimo partire gli poteva dare
puocho dampno et jactura, per questo volendo el prefato
illustrissimo locumtenente che alcuno non golda se non
quanto il debito gli permette;

Se fa publica crida per parte sua che, se alcuno se pretende
dovere havere ragione cum la camera per causa depse
intrate ad loro vendute et liberatione facte, como è dicto, de
uno mese avante la partita del dicto Signore Ludovico da la
cità de Milano, la qual partita fue el giorno secundo de settembre l'anno 1499, debano in termine de giorni vinti havere
portato ogni loro ragione in mane, de l'advocato de la prefata camera, e, non comparendo, restarano privati de tute
loro ragione.

Apresso, perchè el prelibato illustrissimo Signore gran
maestro ha notitia como, in lo dicto partire del prefato
signore et da poi ancora, sono state aconzate parechie scripture, bolete et mandati ad li libri de la prefata camera in
prejuditio de le intrate spectanti ad la camera, et ad benefitio di persone che erano debitrice d'epsa camera; il che è

ad grande dampno de la regia camera, per questo vigore de
la presente crida, se fa notitia ad qualuncha persona, d'ogni
grado e condictione che voglia e se sia, che sapia de lo
aconzamento et ingano de dicte scripture, che se in termine
de giorni vinti non haverano notificato al prefato illustrissimo Monsignore gran Maestro *aut* ad Monsignori generale,
presidenti et deputati de la prefata camera ordinaria, quello
che saperano de tale affare, trovandosi poi lo errore, che
serano puniti como rebelli de la Maestà regia; e cosi se
alcuno havesse scripture, ricordi, libri, ordinatione et tes-
tificatione, che fussano al benefitio de la camera, non mani-
festandole in dicto termine al prelibato illustrissimo Monsignor lo gran maestro, aut ad li suprascripti, se troverano,
serano condemnati como è dicto di sopra, senza remissione
alcuna; et se darà plena fede a le probatione se farano circa
ciò, secundo lo arbitrio de dicti deputati, et a lo accusatore
serà donato una parte de li beni de quelli che haverano commisso tale errore per lui accusato, in arbitrio de epsi deputati, et cosi serà castigato ogni consentiente et sciente, como
lo agente.

Ultra di questo, se alcuno sa essere debitore de la regia
camera, e che, in lo termine d'uno mense, non compare
devante ad li deputati de le liquidatione de le vendite et crediti ad manifestare el debito suo, ritrovandosi poi per dicti
deputati essere debitori, se farano pagare per uno quatro del
vero debito, senza remissione alcuna, et maxime per che
sono per se diverse scripture de la camera, che poy trovan-
dose, se farà como è dicto di sopra. DAMBOYZE, cum sigillo
in cera rubea.

Publicata super platea Arenghi et in Brolleto novo comunis
Mediolani, per Stephanum Oldanum, tubetam regium, die
veneris 19 martii 1507, sono tubarum premisso.

53.

Arrêté relatif a l'approvisionnement de l'armée envoyée contre Gênes.

(Milan, 12 avril 1507.)

Quod victualie possint conduci in campo sine solutione.
Adcio chel felice exercito quale al presente si è preparato contral populo genuese, per reprimere le insolentie e temeritate sue, sia più copioso et habundante de victualie, per tenore de la presente crida, se fa noticia, per parte del serenissimo et christianissimo Re e duca de Milano, signor nostro observandissimo, e cussi per tenore de epso crida, se concede libera licentia, facultate et arbitrio, inherendo alli ordini, ad qualunche persona, di quale stato e condictione voglia se sia, che liberamente, senza alcuna exceptione, possino condure e fare condure, da caduno loco, cita, terra et altri loci de questo regio dominio e stato de Milano, etiam infeudati, victualie de ogni manera, cioè pane, vino, carne, formagio, bestie vive, carne salata, butyro, biada de cavalli, et ogni altra victualia, excepto frumento, rixo, sigale e milio. Quale victualie sopradicte se possano extrahere da le cita e loci, e condurle al dicto exercito senza alcuno pagamento de dacio, pedagio, né gabella, perche cusi è anche disposito per li ordini, cum questa condictione pero, che li conducteri depse victualie siano obligati ad portare li retorni, da li commissarii e sescalchi del campo, de la consigna depse victualie, ad li datiarii o altri offitiali de la cità e loci dove epsi conducteri farano transito, aciochò li datiarii non siano fraudati sotto pretexto de condurse in campo, e dicte victualie serano pagate secundo l'honestate.
Publicatum super platea Arenghi et in Brolletto novo comunis Mediolani per Antonium de Pusterla, tubetam regium, die lune 12 aprilis 1507, sono tubarum præmisso.

54.

ARRÊTÉ POUR L'ENTRÉE DE LOUIS XII A MILAN EN 1507.

(Milan, 8 mai 1507.)

Dovendo portarsi in questa città la Maestà christianissima del Re di Francia, duca di Milano, si ordina che fra quattro giorni prossimi ognuno debba spazzare, nettare, e ben mondificare tutte le strade e piazze della città e borghi. Nel giorno dell' arrivo predetto, le strade tutte ove passera siano coperte di panni ed ornate tutte le mure di tapezzeria, ed in vari luoghi più comodi, siano ornati ed apparati triunfali di argenterie, fiori, ed altre gentilezze, con sternire le strade di frondi verdi, fiori diversi e cose allegre e convenienti a tanta Maestà.

55.

ÉDIT RÉGLANT LES VACANCES JUDICIAIRES EN L'HONNEUR DU SÉJOUR DE LOUIS XII A MILAN.

(Milan, 10 mai 1507.)

Suspensio causarum pro adventu christianissimi regis ducis Medialani.

1507, die decima maii. Reverendissimus et magnificus regius senatus Mediolani, attento futuro adventu christianissime Regie Majestatis ad urbem Mediolani, et ne propter occupationes, quas in civitate ipsa causa ipsius felicis adventus esse continget, aliquod prejudicium habentibus causas coram jusdicentibus ipsius civitatis inferatur, et ut quietiori animo per homines ejusdem civitatis adventus predicte christianissime Regie majestatis decorari possit, indixit ferias repentinas, a die hodie exclusive usque ad adventum ipsius christianissimi regis nostri, et per tres dies post, ita ut interim instantie quarumcumque causarum civilium existentium coram quibuscumque jusdicentibus Mediolani; et quicumque termini pro ipso tempore non currant, sed suspensi sint et esse intelligantur. *Signatum :* Jo. FRANCISCUS.

56.

ARRÊTÉ INTERDISANT LA BRUTALITÉ AUX SOLDATS.

(Milan, 30 juin 1507.)

Per parte del signore capitaneo de justitia de Milano, gran prevosto, mareschial, se fa publica crida, bando, e commandamento, che non sia Guascone, venturere ne soldato alcuno de la Maestà del Re che olsa ne presuma per forza torre alcuna femina de dishonesta vita, ne meretrice, etiam che fosse in bordello, e menarla in le ville, ne anche fare forza a quelle che sono in villa, sotto pena de essere impicati per la gola. DE PARDINES.

Publicatum per platea Arenghi et in Brolletto Novo comunis Mediolani, per Stephanum Oldanum, tubetam regium, die Dominico ultimo junii 1507, sono tubarum præmisso.

57.

ADJUDICATIONS POUR LA CONSTRUCTION DU FOSSÉ
ET DU REMPART DE MILAN.

(Milan, 30 juillet, 11 et 17 août 1507.)

Incanto per lo scavo del redefosso.
Per parte del Reverendissimo Monsignore d'Ast, magnifico messer Vesconte, comito Lanzaloto Bonromeo, et M. Aluysio da Trivulcio, comissarii.

Li capituli se rechedano per fondare el redefosso de Milano, se alchuna persona le vora togliere ad fare sopra de luy, cum li capituli infrascripti, gli sara dati a chi fara megliore conditione, e tutti unitamente e separatamente, et domane, ad hore 19, se deliberara ad casa del Reverendissimo Monsignore de Ast.

Primo, voleno che dicti redefossi cominciando (*sic*) alle mure del zardino de Milano, et andando (*sic*) perfino alla citadella de Porta Ticinese, cioè da la concha de Nostra Donna insino al muro del zardino al redefosso de Porta Vercellina.

Item, voleno chel dicto redefosso sia largo tutto per adequato braza vinti e fondato braze nove, computando lalteza de li arzini, et el terreno sia butato tuto verso Milano, facendogli le sue rippe, cum la scarpa debita, che non habia causa o non possa facilmente ruynare, e che resta in cima largo braza tre et in fondo la debita proportione de largheza.

Item, in li lochi dove sara fondato li redefossi et dove non e de presente terra per fare li repari, che siano obligati farli portare la terra, per modo che tutto intorno siano essi ripari eguali.

Item, che siano obligati del legname che se ritrovera in dicto redefosso, streparlo et ad metterlo ad lavoro, per dicti repari, dove sara dicto per el signor M. Theodoro.

Item, voleno che dicta opera sia fornita infra cinque septimane.

Item, che siano obligati ad dare bona segurtate de fornire nel tempo sopradicto.

Item, che siano obligati ad compensare et detrahere del soprascripto pretio le opere se ritroverano essere facte da qui indreto.

Item, che siano obligati ad pagare li gierli, et cavaleti, zaponi, et altre spesie facte che gli sarano consignati, quali sono comprati per questa opera.

Item, volendo, tutto se gli dara, et seperato como vorano.

Signata : Antonius Trivultius, episcopus Astensis; Galeaz Vicecomes.

Ego, Camillus Cattaneus, regius secretarius, infrascriptam scripturam transcripsi ex originali signato manibus propriis predicti Reverendissimi Domini episcopi et magnifici Domini Galeaz, et in fidem bene me propria manu subscripsi.

. Publicatum ad scallas pallatii Mediolani per Ambrosium. Pisonum, preconem comunis Mediolani, die veneris 30 julii 1507, sono tubarum premisso.

Incanto per la fabricazione ed erezione dei bastioni della cita di Milano.

1507 die XI^mo augusti. Deputati alli statuti de li Panigaroli, farete subito cridare lo infrascripto incanto alli loci soliti :

Incanto de li bastioni quali se hano ad fare di presente a le poste e datietti del redefosso de Milano, se li è chi voglia tore ad fare sopra di loro, compara de nante a li signori conservatori del Stato de Milano in la corte vechia, in la camera de la loro congregatione, domane a le hore 19, che sarano dati ad chi fara megliore merchato.

Voleno che caduno bastione sia facto de terra et legname como e solito, et voleno siano longhi braze 48 et largi 40 et grosso (*sic*) intorno braze nove, alto da terra braze sei, senza el parapetto. Et el dicto parapetto sia alto braze tre et grosso braze quattro, che vene ad essere in tuto alteza braze nove.

Item, che li sia tre bombardere per cadauno bastione et lo parapetto sia con le sue deffese, et sia facto a la uscita da una parte.

Item, che habiano per caduno bastione ordini 19 de colonne, che sieno tre per ordine, ficate in terra ferma, ligate a traverso, incrosigiate et incavigiate de brazo in brazo, da terra fin in cima.

Item, chel sia misso de fora via dintorno braze una de codeghe overo daltra terra, e poi el resto de la grosseza sia facto de fassine e terra, con fare le canonere overo bombardere ben forte.

Item, voleno per caduno bastione dintorno una fossa de largheza de braze 16 in cima et in fondo fondata braze quattro.

Item, voleno dare tuto el legnamo andara in dicti bastioni consignato. Camillus Cattaneus.

Cridatum ad scallas pallatii novi comunis Mediolani, per Baptistam de Bonfiliis, preconem comunis Mediolani, die xi suprascripti, in tertiis, sono tubæ premisso.

1507, die xvi augusti in Milano. Per parte de li reverendi et magnifici provisori del ducato de Milano, si fa publica crida et incanto chi vole tore afare sopra di se li bastioni se hano ad fare ad le poste de li datietti de Milano, compara de nante a li predicti signori, in la camera sua solita, che e in corte vechia, e sarano dati a chi fara meglior mercato.

Primo, voleno che caduno bastiono sia facto de prede e calcina, longo braze 48 et largo braze 40 de dentro netto. El muro atorno sia grosso braze cinque et alto braze sei.

Item, voleno el parapetto grosso braze due e meza, alto braze tre con le sue canonere, como sara ordinato per lo signore Theodoro e li altri signori capitanei, facendo el muro castellano de fora de piede, grosso braze due e braze uno de dentro et in mezo de geroni braze due con li contraforti de muraglia grossi brazo uno, et in ogni cinque braza, a mezo a mezo, sia el relasso per li geroni, quali sieno grassi condecentemente a laude de chi sara deputato, zoe de li contraforti sopra li quali li sieno le sue grave de legnamo.

Item, siano obligati fare le porte de sarryo e similmente le canonere.

Item, siano obligati mettere le inaxature di sopra e di sotto, ad effecto che col tempo si possano mettere li bolzoni.

Item, siano obligati a fare le fosse atorno a dicti bastioni, larghi braze 20 in cima et in fondo 16 et alto braze sei.

Item, siano obligati palificare bene li fondamenti, dove sara bisogno, a laude de li soprascripti che sarano deputati.

Se gli dara la exemptione de le prede, calcina, ferramenti e legnami sarano expedienti per dicta fabricatione.

Item, chi vole la dicta impresa, compara giobia proxima ad hore decenove in corte, al loco dove se fa el Parlamento, che serano dati per deliberati ad chi fara meliore condictione. Dionixius de Caymis, ex magistris.

Publicatum ad scallas pallatii Mediolani, per Baptistam de Lactisvella', preconem comunis Mediolani, 17 augusti 1507, sono tubæ premisso.

58.

ÉDITS RÉGLANT LE COURS DE CERTAINES MONNAIES ÉTRANGÈRES.

(Milan, 8 et 13 novembre 1507 et 26 février 1508.)

Quod imperiales foresterii non expendantur.

Habiando lo Illustrissimo Monsignore Gran Maestro, etc., ogni giorni varie et grave querelle da molti citadini, bancheri, mercadanti, artesi, et altri di questa inclita città de Milano, de la gran jactura che ogni dì loro recevano e patiscano in le mercantie et exercitii soi, et così anchora et gran danno che ne hanno le regie intrate, et universalmente tuto el populo per la grandissima confusione, abusione, e multitudine de dinari minuti appelati *imperiali*, facti in altri dominii sotto stampi forasterii, liquali, per avaritia de alcuni tristi, se vano comprando fora del dominio regio, e dopoy, per cupidità de guadagno, se portano sive conducano in la dicta città de Milano e in altre citade e lochi d'esso dominio, dove li dispensano e spendano e fano spendere e dispensare, et alcuni ne fano etiamdio mercantia in grandissimo prejuditio de la republica e de tuti li subditi d'esso stato, e cusi de le predicte regie intrate, maxime per lo excessivo augumento che continuamente receva el ducato e le altre bone valute, non ha voluto ne poduto lo prefato Illmo Mgr Gran Maestro denegare che, per debito del officio suo, non li faza oportuna e conveniente provisione per la publica e privata utilità e benefitio de tuti;

E pero, per tenore de la presente crida, per parte de soa Illma Signoria, se fa publico bando e comandamento che non sia persona alcuna, de qual stato, grado, e condictione se voglia, che da hora inanze ardisca ne presuma portare, aut condure, ne fare portare o condure, spendere, recevere ne tenere, ne far spendere, recevere aut tenere, in questa città aut altri loci del prefato dominio de Milano, alcuni de dicti dinari minuti forasteri, sotto pena de perdere tuta quella quantità d'essi dinari che se trovara havere portato aut conducto, sive facto portare o condure, spendere, recevere, o tenere, aut facto spendere, recevere e tenere, aut haverne facto mercantia in la predicta città e dominio, dopo la presente crida, e ulterius de pagare per uno quatro, et anchora de perdere li cavali, muli e altre bestie e instrumenti, con li quali se conducesseno dicti dinari; la quale pena pervenga, per uno terzo, in li firmeri de le intrate de la regia camera sive a la cecha, e per l'altra terza parte a la regia camera, e per l'altra terza parte in lo inventore sive accusatore; e niuno se confida de reportarne gratia ne remissione, dando, per tenore de la presente crida, a dicti dinari minuti forasteri bando dal prefato dominio de Milano, con termine pero de di octo a poterli smaltire o reportare fora del prefato stato, commettendo e mandando al commissario generale de le monete d'esso stato et altri offitiali a chi·specta, che fazano observare le presente cride et ordinatione, per quanto hano cara la gratia regia.

Bernardinus Moresinus, juris utriusque doctor, commissarius officii monete generalis. A. Rozascus.

Publicatus super platea Arenghi et in Brolleto novo comunis Mediolani per Andream Pisonum, tubetam regium, die suprascripto lune octavo novembris, sono tubarum premisso.

Quod imperiales non expendantur, et aurum nec argentum non conducantur extra dominium Mediolani.

Ha inteso lo Ill.mo Monsignore Gran Maestro la difficultà e lamente se fanno per alcuni cittadini, artesi et altre persone populare et plebee circa la observantia de le cride facte questi dì per parte de S. E. per dare bando a li dinari minuti imperiali forasteri da questo regale et ducale dominio, per li intollerabili danni quali ogni di più succederiano a le regie intrate, et universalmente a tuti li populi e subditi regii, e sopra tal difficultà e lamente havendo lo prefato Illmo signore facto bona consideratione, ed essendo adver-tito che tale difficultà succede per non esserli de presente altre valute picole, de le quale li prefati citadini, artifici et povere persone se possano aiutare per spendere in le spexe minute, sua Exma Signoria, desiderosa de non mancare a quelle cose li seranno possibile fare per comodita de li pre-fati citadini, e generalmente de tuti li subditi regii, ha ordi-nato che de presente se faza lavorare la regia zecha de Milano, e che se faza fabricare una bona quantità de terline e duyne, a quella bontà, pexo, e liga, et in quello modo che fù ordinato li dì passati, per la Maestà del Chr^mo Re, nostro Signore, sopra la valuta *ultimo loco* stabilita a soldi novan-tatri per ducato; e più el prefato Illmo Signore, per majore commodità de tuti e maxime de le povere gente, ha ordinato che se tengano a la dicta cecha persone cum dinari ad ciò che tuti quilli vorano portarli alcuni de dicti dinari minuti o altre valute che non siano spendibile, possino portarli in essa cecha, dove li seranno pagate secundo la debita loro valuta, si che ogniuno se poterà valere.

E cusi, per tenore de la presente crida, per parte del pre-fato Illmo Signore, se notifica a caduna persona, et insuper se fa publico bando e comandamento, che non sia persona alcuna, de che stato et condictione se voglia, che ardisca ne presuma portare ne fare portare aut condure o fare condure fora de questa inclita città e dominio de Milano alcuna quan-tità d'oro et d'argento in grane, verghe, e monete bolzo-nate, sotto la pena contenuta e specificata in li ordini et decreti ducali, facti ultimamente per il passato, ma tale oro et argento sia portato a la predicta cecha, dove li sera pagato secondo la valuta soa. — Signato : A. Rozascus.

Publicatum super platea Arenghi et in Brolletto novo comunis Mediolani, per Stephanum Oldanum, tubetam regium, die suprascripta sabati 13 novembris, sono tubarum premisso.

Bannum datum certis scutis fabricatis extra regium dominium.

Essendo venuto a noticia al Illmo et ex^mo Monsignore Gran Maestro, etc., che, in questa inclita città e stato de Milano, dovi non se fabricano scuti alcuni, e nondimanco in epsa cità et dominio, se ne spendano e recevano de diverse manere, che non sono fabricati in le zeche de la Maestà sua, et ultra de questo sono debili et de assai mancho bontà che non debeno essere; el che, quando se havesse a tollerare, cederia non solamente in grandissimo damno de le intrate de la Regia Maestà, ma anchora de soi subditi, perchè cum dicti cativi scuti se exportino le bone valute fora del regio et ducal dominio; e sapendo la Maestà sua essere desiderosa del comune bene, volendo lo prefato ill^mo Monsignore provedere a tale coruptela per li respecti predicti,

Per tenore de la presente crida, se fa banno et comandamento ad qualuncha persona, de qual stato, condictione, grado e dignitate voglia se sia, e maxime a thesaureri, datieri, gabellieri, bancheri, e mercadanti, che non presumano per alcuno modo spendere ne fare spendere, recevere ne fare recevere scuti d'oro di manera alcuna, salvo e reservato quelli sono fabricati, in le zeche de la Maestà sua, sotto pena de perdere tali scuti, e de pagare per uno quatro d'epso oro prohibito *ut supra;* la quale pena pervenga, per uno terzo a la regia e ducale camera, per l'altro terzo a la zecha, e per l'altro terzo a li officiali, accusatori et inventori, irremissibilmente; e per levare ogni excusatione che se possino fare, se dà termine quindeci giorni proximi a venire ad qualuncha persona se ritrovasse haver de tali scuti prohibiti, ad poterli liberamente smaltire, spendere aut portare e mandare fora di questo ducal dominio; nel quale termine, nessuno sia constrecto recevere dicto oro contra sua voluntate, certificando ad qualunche *ut supra* che, passati li dicti quindeci giorni, se farano diligente inquisitione, et qualunche contrafarà serà senza alcuno rispecto punito; e chi accusarà li contrafacienti a le presente

cride será tenuto secreto, et harà la parte sua de la inven
tione, etiam chel non sia offitiale. CASTILLIONUS.

Publicata super platea Arenghi et in Brolletto Novo comunis Mediolani, per Andream Pisonum, tubetam regium,
die suprascripto lune 27 februarii 1508, sono tubarum premisso.

59.

ARRÊTÉ POUR LA VÉRIFICATION DES POIDS ET MESURES.

(Milan, 1er février 1508.)

De mandamento del nobil homo M. Jacobo Errauldo, offitiale de lo offitio et datio del bollo et potesta de le fornaxe
de la cita e ducato de Millano, si e facto crida e comandamento che caduna persona, de qualuncha grado, stato, e
condictione voglia se sia, che habia, tenga o vero in lo advenire havera o tegniera in la cita, borghi, corpi santi e
duchato de Millano, alchuna pensa e mensura cosi de biada
como de vino e dogni altra maynera, e zichate per mensurare terra, statera, passi, pexe, balanze, rubi, marchi et
ogni altra pexa e mensura, per uso de quelli li hanno adope-
rare in la cita, borghi, corpi santi, e duchato de Milano,
cosi exempte como non, de qui per tuto il mese presente de
febraro, debia comparire denanzi alli prefati (*sic*) officiale
al suo offitio, posto in Porta Cumana, in la parochia de
Sancto Thomaxio-in-Terra mara, a fare bullare e instare
quele tale mensure e pexe, lequale vora usare per pesare e
mensurare, vendando e comprando, secondo lo usitato, e
como è facto per el passato, soto la pena che se contene in
li statuti et ordini, o secondo la usanza servata como e dicto
de sopra.

Item che niuna persona labora o faza laborare prede, ne
cuppi o fornace o vero teroni, senza li modi bullati.

Item che ogni accordato vengha a pagare, aliter se intendano essere incomesso. ERRAULT.

Cridatum per carubia portarum civitatis Mediolani et extra
portas Vercellinam, Ticinensem, Romanam, Gioviam et
Novam Mediolani, per Ambrosium Pisonum, et die Martis
primo februarii 1508. Cridatum ad scalas pallatii et super
plateam Arenghi per dictum Pisonum, die veneris quarto
dicti mensis februarii, sono tubarum premisso.

60.

DÉCRET RELATIF AU PAIEMENT DES DETTES DES CRÉANCIERS
DU GOUVERNEMENT DE LUDOVIC SFORZA.

(Milan, 10 février 1508).

*Decretum quod creditores camere solvant eorum debita
non obstantibus aliquibus ordinationibus in contrarium
factis.*

Ludovicus, Dei gr., etc. Universis et singulis has nostras
inspecturis notum facimus plurimas ad nos querelas perve-
nisse eorum qui, cum sint veri aliquorum subditorum nostrorum in Dominio Mediolani creditores, ab exactione
repelluntur et in consequenda satisfactione differuntur, sub
pretextu quod debitores sui pro eadem summa creditores
fuerunt olim Domini Ludovici Sfortiae, predicti Dominii
nostri occupatoris, sic disponenda quadam ordinatione per
ipsum D. Ludovicum promulgata. Quam ordinationem valde
iniquam asseverant, cum ipsi non sint prefati D. Ludovici
fidem sequuti, sed cum debitoribus suis, nulla habita prefati
D. Ludovici consideratione, contraxerint, nec conveniat dif-
ficilem exactionem adversus ipsum D. Ludovicum ipsis que-
relantibus obesse. Nos vero, imprimis justiciam ipsam respi-
cientes, cum absurdum esse sciamus quempiam pro aliena
causa dispendium pati, dehinc ad publicam utilitatem, cum

propter hujuscemodi impedimenta non ignoremus multos inhabiles reddi, plures litigiis occupari, et plerosque a mercatura exercenda abstinere, idque maxime, cum ex nostra mera liberalitate provisionem dederimus ut eisdem D. Ludovici veris creditoribus, previa liquidatione, satisfactio pro notabili summa singulo anno ex intratis dicti Dominii nostri facta fuerit et in futurum fiat, (ex quo credita ipsa adversus D. Ludovicum existentia, que sui natura inania erant, nostra munificentia et gratitudine exigibilia reddita fuere), volentes consultius agere, senatui nostro Mediolani rem ipsam audiendam remisimus, in quo diutius tractata et ventilata fuit. Qui hanc in sententiam devenit, et ita nos, tenore presentium, quas vim perpetui decreti obtinere volumus, decernimus, ordinamus et declaramus quod nullo casu quispiam se excusare possit quin creditoribus suis debita persolvat, sub eo pretextu quod olim predicti D. Ludovici Sfortie aut camere sue creditor esset, etiam si pro eadem re aut causa debitum contraxisset, pro qua ejusdem D. Ludovici creditor effectus esset. Quinimo, exceptionem ipsam penitus tollimus et annullamus, una cum quibuscumque ordinationibus, edictis aut litteris superinde factis. Quodquidem decretum volumus et decernimus locum habere debere etiam quoad casus preteritos et qualitercumque etiam per applicationem pendentes; mandantes quibuscumque magistratibus, officialibus et subditis nostris, ad quos spectare quomodolibet possit, ut has nostras litteras sive declarationem vel decretum et omnia in eo contenta observent et observari ab omnibus inviolabiliter faciant. Quia sic fieri volumus.

Datum Mediolani, die decimo Februarii A. D. MDVIII et regni nostri decimo. JULIUS.

Publicatum fuit suprascriptum decretum ad scallas pallatii Mediolani per Baptistam de Bonfiliis, preconem comunis Mediolani, die sabati quarto mensis Martii 1508, sono tube premisso.

61.

ARRÊTÉ SUR LE COMMERCE DU BOIS DE CHAUFFAGE.

(Milan, 25 février 1508).

Pro lignis. 1508 veneris 25 februarii.

Considerando il magnifico e prestantissimo doctore, M. Jacobo Crotto, vicario de provisione del comune de la cita de Milano, et inseme con epso li spectabili domini duodeci deputati al dicto officio, de quanta necessità siano le legne da focho ad tuta la cita, e quanto importano maxime a la povera gente, che vive ad minuto alla giornata, hano pensato et examinato, e più volte conferto insieme, del modo se havesse ad tenere per adhiberli conveniente et opportuna provisione; hano ancora participato et comunicato con più persone notabile et digne, ac etiam hano domandato li mercatanti e venditori de tale ligne, et reveduto di novo li ordini in tal materia a li tempi passati et a quelli bene examinati, et precedente tute le debite consultatione, consideratione et examinatione, son devenuti tuti d'uno animo in le infrascripte conclusione et hanno facto le infrascripte provisione et ordinatione, quale se debiano al tuto per utilitate et honore publico da ogniuno ad chi specta observare.

Et primo, che li redondini de rogore, quali se appellano *nostrani*, siano de longheza de quarte undeci fino in duodeci almancho, e de la grosseza a la mensura quale ce et sta in l'offitio de provisione; quale mensura de grosseza sia verso la cima del redondino apresso uno brazo, secundo li ordini, et se intenda la grosseza et longheza per il minore redondino, videlicet che il minore redondino sia *saltem* a la mensura predicta; et de tali redondini sia licito a li venditori domandare e conseguire al computo de soldi 50 per caduno centenario, e più non richedano, togliano nec acceptano, da cui spontaneamente volesse pagare; nec recusano, prohibiscano, ne ocultano de dare, sotto la pena de libre tre da uno centenario in gioso, e per uno centenario et da uno centenario in suso libre tre *(sic)* per caduno centenario et caduna volta; la quale pena se applicara, per la dimidia al comune de Milano, e per laltra, al offitiale seu vero accusatore.

Et il simile in tuto se serva de li redondini de onizia, salvo che non possano tore più de soldi 40 el centenario de la mensura *ut supra*.

Intendendo pero, che li redondini grossi che se appellano *fora di forma*, videlicet che excedano asay la mensura predicta, non se comprendano nel pretio predicto, ma se debia limittare pretio conveniente a la discretione de li domini, Vicario e duodeci presidenti per li tempi al offitio de provisione, hauto consideratione a la qualita de tali redondini grossi et in supra; non se posseno pero vendere se prima non li sara limitato il conveniente pretio, ne hanche tenere ultra giorni sei doppo sarano scaricati, se non sarano notifficati ad dicto officio de provisione; dal quale togliano la metta seu pretio, et quello habiano servare e tute queste cose, sotto le pene predicte.

Item, che non se possano scindere seu schiapare alcuni redondini, ma se vendano integri sotto la pena predicta.

Item, che li redondini, quali sarano mancho de la grossitudine e longitudine predicta, siano notifficati al dicto offitio infra giorni tri, doppo sarano conducti, e non se vendano, se prima non li sara limitato il pretio da dicto offitio de provisione; quale pretio siano obligati propalare et manifestare ad tuti che ne vorano comprare, sotto la pena predicta.

Item, che li fasseti *nostrani* se tengano separati dali redondini et altre legne, e che siano de la longitudine predicta; e non se possano vendere se prima non glie limitato il pretio *ut supra*; quale siano obligati tore fra tri giorni doppo sarano conducti; e tuto queste cose sotto pena *ut supra*.

Item, che quelli che vendano legne nostrane in Milano aut borghi non possano vendere legne in altro loco che ne le sue corte, et le tengano separate e divise luna sorte de laltra, et redondini grossi dali picoli, et *e converso,* et li fassoti et altre sorte de legne tute divise, sortite et separate, sotto la pena predicta.

Item, che li merchatanti da legne et sosteri quali acceptasseno legne de alcune sorte e ne le sue corte e foste che siano daltra, siano obligati notificarle *medio juramento,* fra il termine de tri giorni al dicto officio, sotto la pena de fiorini dece per cadauna volta.

Item, che li venditori da legne siano obligati fare de continuo religare, et havere, e tenere fassine almanco 50 per caduno, in loro corte, per dare e vendere a chi ne vora comprare, e non lassano mancare de tale fassine religate, quale siano almanco de penso de libre deceocto per caduna fassina, ficha e futa de bona rogore, senzaltra legna, excepto de rogore et forte, e senza spinoni, con bastoni almanco cinque, grossi honestamente, per caduna fassina; et de tale fassine, *modo quo supra* facte, sia licito tore dinari tredeci per caduna fassina ne la corte; e se mancarano in tenere fornito et *ut supra* vel haverano aut tenerano vel venderano fassine, vel torano aut rechiederano più pretio, vel mancarano del debito penso, aut mancasseno ne la bonita vel qualita predicte, cadano in pena de soldi vinti per caduna fassina e caduna volta, e de perdere tale fassine, quale *in totum* siano applicate al comune de Milano; e tale fassine siano consignate al dicto officio de provisione; e se li offitiali mancarano in fare consignare tale fassine al dicto officio, perdano la lor portione del inventione, e tamen siano obligati loro et incurano ne la dicta pena, applicando in tuto al dicto comune.

Et il simile se facia e dispona in tuto de le fassine de onizie, seu de legna appelata *legne dolce,* salvo che se vendano dui dinari manco per caduna fassina, di quello ce limitato ad le fassine de rogore seu *legne forte.*

Et adcio che nesuna persona pretende ignorantia quale

sia legna dolce o forte, se declara *ut infra,* videlicet che rogore, cerro, ulmo, opii e noce se habiano per legne forte; albara, onizia, nizola, salici, goroni, et castani, et pobie se intendano e siano legne dolce.

Item, che non se possa religare verde o siche, nixi in caso de penuria seu de necessita, et che togliano licentia dal dicto officio, sotto la pena predicta.

Item, che li mercatanti seu venditori da legne, siano obligati tenere le porte de le corte aperte, adcio che ogni persona che vora comprare legne possa intrare, et haverne ad suo beneplacito per li pretii ordinati, debite refferendo, et etiam siano obligati tenere in dicte corte le statere juste e bolate, per pensare le fassine, totto la pena che se contene ne li ordini et provisione altre volte facte.

Item, che le gattine, cosi longhe como da camera o altramente, non se possano vendere a minuto, ultra il pretio limitato a le fassine religate de libre 18 per caduno, a la debita rata et portione del penso et de la qualita, sotto pena de libre tre per caduno contrafaciente et caduna volta.

Et in grosso per acentenara, non se possano vendere, se prima non glie limitato il pretio per dicto offitio de provisione, quale pretio debiano observare nec più rechiedano, togliano ne acceptano, nec prohibiscano de dare sotto la pena de libre tre per caduno centenario e caduna volta.

Item, che le altre sorte de legne, alequale non ce provisto, doppo son scaricate in foste, non possano essere vendute, sel non glie prima limitato il pretio per dicto offitio de provisione, sotto la pena de libre dece imperiali per caduno contrafaciente e caduna volta, e più vel manco al arbitrio de li predicti domini vicario et presidenti per tempora ad dicto offitio de provisione; quale legne al quale non sia provisto, debiano essere notiffcate ad dicto officio infra tri giorni, et etiam debiano tore la meta seu il pretio, quali habiano observare a modi e forme, como ce disposito a le legne nostrane *ut supra,* sotto quella medesima pena.

Item, che li conducenti legne in carri e cavalli in Milano, borghi e corpisanti, le possano vendere quello pretio ne trovarano de li compratori, dummodo non discaricano, ma le vendano ante siano scaricate; et, essendo scaricate, siano obligati ad la observatione de li ordini como li mercatanti, sotto la pena de soldi vinti imperiali, per caduna volta se trovarano contrafare, e de perdere le legne *ut supra*.

Item, che li pristinari, tinctori ne altre persone, quale fano massa de legne, maxime per li loro exercitii, non possano tenere ne reponere alcuna sorte de legne in alcune corte, foste aut lochi ove se tenghano seu se reponano legne da vendere, senza debita licentia, sotto pena de perdere tale legne, quale siano applicate al comune de Milano per le due parte, e per la tertia al inventore seu accusatore.

Item, che li conducenti legne, quale se appellano *forastiere,* debiano ponere et ordinatamente constituire la legne in nave, senza dolo e falsificatione, e siano tute sequente de medema similitudine in grosseza, longheza, sorte et qualita, in fondo, media e ciascuna parte de le nave, cosi et in tale factione e maneria che li compratori non remangheno fraudati, ma trovano tutte le legne cossi bone et in tuto simile a la mostra, sotto la pena se contene in li ordini; e che siano obligati passato li tri giorni dopo sarano venuti a Milano, tore la metti del offitio predicto, e dapoy li sara data, tenerla in publico sopra uno segno in nave, la metta li sara data; acio che li compratori non restano defraudati, et questo sotto la pena ogni volta se trovarano non havere e tenere la metta *ut supra* de libre sei imperiali.

Item, che li numeratori et dimensuratori da legne faciano l'offitio suo fidelmente, e non togliano per la mercede seu sallario suo più como glie concesso, e renovano il juramento e segurta al offitio de provisione predicta, e servano in tuto li ordini suoi, sotto la pena de la privatione del offitio suo, et *ulterius* a l'arbitrio de li predicti domini vicario e presidenti per tempora.

Item, che li posteri, quali vendano fassine per la cita et altre legne, siano obligati vendere le fassine, che non siano manco de penso de libre dieci otto per caduna fassina, e non excedano il pretio de dinari quindeci per caduna fassina de legna forte, e dinari tredeci de legna dolce, e de le altre legne che non sono stabilite per li ordini togliano la metta dal dicto offitio; e quella observano sub pena *ut supra,* debite refferendo.

Item, che li predicti domini vicario e presidenti per li tempi possano augere e diminuire le pene, et etiam opponere pene ove mancasseno, a loro arbitrio, *inspecta qualitate facti, delicti et personæ.*

Cridatum et publicatum die martis 29 mensis februarii suprascripti ad scallas pallatii Broletti Mediolani ac ad plateam Arenghi, per Ambrosium de Pisonibus, publicum preconem comunis Mediolani, sono tubarum premisso. — *Item,* die suprascripto, ad carubium Porte Romane, ad lachetum Porte Romane et ad carubium Porte Horientalis, per Jacobum de Bonfiliis, sono tubarum premisso. — *Item,* cridatum et publicatum die merchurii primo mensis Martii 1508, ad carubia Porte Nove, Porte Cumane, Porte Verceline et Porte Ticinensis, ad plateam Sancti Ambrosii, ad Sanctum Marchum, ad Sanctam Katerinam et ad pontem Viarene, per Baptistam Bonfilium, publicum preconem comunis Mediolani, sono tube premisso.

Franciscus de Homate, provisionatus et comunis Mediolani notarius, subscripsit.

62.

ÉDIT FIXANT LA VALEUR ET RÉGLANT LA CIRCULATION
DES MONNAIES MILANAISES ET ÉTRANGÈRES.

(14 juin 1508.)

Pretia monetarum auri et argenti.

Ludovico, Dei gr., etc. A tuti quelli che queste presente vederano salute.

Benchè da qui in dreto, per obviare a li grandi desordini e confusione che sono state e sono de presente, circa el corso de le monete, nel nostro paese e ducato de Milano, fusseno state facte certe constitutione, decreti et ordinatione, in le quale era expresso, contenuto e declarato el pretio e valore de caduna specie d'oro e de argento, che intendevamo havere corso e missa nel nostro dicto paese e ducato de Milano, dasendo bando a tute le altre monete forastere havere corso d'alora avante ne altramente, se non secundo era contenuto in le dicte ordinatione, le quale furno publicate come aperteneva ; nondimanco, noi havemo intenduto, che per causa de questo, in le signorie et potentati di Venetia, Fiorenza et altri lochi circumvicini, li ducati d'oro et altre peze se prendano per più alto pretio che non è contenuto e designato in le dicte ordinatione, et anchora, che alcuni mercadanti, bancheri, cambiatore (*sic*) et altri, che non cercano se non de inrichirsi sopra li nostri subditi per il traffigo quale fano per le dicte monete, hanno dato de loro auctorità corzo a le dicte monete prohibite, et a le altre che erano permisse per più gran precio che non valevano ; talmente che le nostre dicte ordinatione non hano possuto essere intertenute et observate in esso nostro paese e ducato, e che lo desordine e confusione li è de presente cusì grande e più che non era davante la publicatione d'esse ordinatione, in tropo grande prejuditio e danno de noi e de nostri subditi e de la republica de dicto paese, e più seria se promptamente e vertuosamente non li fosse proveduto.

E per questo, noi, che desideramo sopra ogni cosa, apresso l'amore de Dio, provedere a la utilitate, salute e prosperitate de dicti nostri subditi del dicto ducato, havemo più volte facto mettere questa materia in la deliberatione de conseglio, per vedere, concludere e deliberare la provisione et ordine li era expediente, e finalmente, havendo misso più volte insema molte persone notabile et experte in questo, le quale amano el bene universale de noi e de la republica de dicto paese e ducato, le quale havemo facto congregare in diverse volte, siamo stati consigliati, per obviare a dicti desordini e confusione, che le monete d'oro e d'argento, qui apresso specificate e declarate e non altre, haveranno da qui inante corso e missa nel dicto nostro ducato, per il pretio designato in questa presente ordinatione. E quanto a le altre monete forastere, non haveranno alcuno corso da qui inante, ma saranno bandite et defendute, che non haverano corso; ma li daremo termine di poterle smaltire e spendere e portare fora del dicto nostro ducato uno mese proximo a venire, incomenzando al dì de la publicatione de la presente ordinatione; et oltra di questo, siamo stati consigliati di far lavorare in la dicta nostra cecha de Milano monete d'oro et d'argento, in le specie et valore che seranno qui apresso specificate et declarate;

Facemo sapere che noi, tute queste cose considerate, volendo li dicti avisi e deliberatione metere in effecto et excutione, per il bene et utilitate de noi e de nostri subditi e de la republica de dicto nostro ducato, per questa causa et altre che ne moveno, havemo voluto stabilire, declarare et ordinare, volemo, stabilemo, declaramo et ordinamo per questo nostro decreto et ordinatione irrevocabile, de nostra piena possanza et autorità regale e ducale, per queste presente, che, nel nostro dicto paese e ducato de Milano, le peze e monete d'oro e de argento, qui apresso specificate e declarate solamente haverano corso e missa, per li pretii qui de sotto limitati, videlicet :

Li ducati boni e de juxto pexo, a libre quatro e soldi tredeci imperiali, li quali habiano a essere in bonta a caractere vintiquatro cum el remedio de meza quarta per onza, et in pexo a denari doi e grani vinti uno per ducato.

Ducati
- de Milano
- de Venezia
- de Ungaria
- de Napoli
- Papali
- de Savoya
- de Fiorenza
- de Zenoa
- de Luca
- de Ferrara
- de Montova
- Bolognexi
- Senesi
- de Monferrato
- Perusini
- Astesani

tuti boni e de justo pexo como de sopra è specificato, ad simile pretio de libre quatro e soldi tredeci imperiali.

	Libre.	Soldi.	Denari. Imperiali.

Ducati {
rogorini quali siano de bonta como li altri ducati et in pexo a dinari doi et grani desnove, a........................... **4** **10**
dopii de Bologna, che calano doi grani de pexo, a............................ **9** **4**
}

Li scuti soleti (*sic*)........................... **4** **9**
Li scuti a la corona........................... **4** **6**
Li fiorini del Reno........................... **3** **8**

E tutte le altre peze d'oro che non sono qua de sopra specificate non haverano corso alcuno in lo dicto stato e dominio nostro de Milano.

E quanto a le monete lequale haverano corso, havemo ordinato che se possino spendere e reçevere le peze qua de sotto declarate *videlicet* :

Grossoni, appellati *testoni de Milano*, che siano boni e de justo pexo, de soldi ventidoi e dinari nove imperiali, a libra una, soldi due, denari nove, e li mezi testoni al equipolente.

Le altre peze di moneta ducale antique, salvo da soldo uno in zoso, non se possino spendere ne recevere, ma siano portate a la prefata nostra cecha de Milano, dove li serano pagate, secundo la soa debita valuta.

Li grossoni nostri regali da soldi dieciotto imperiali
Grossi regali da soldi nove
Grossi regali col porco spino da soldi sei
Grossi regali da soldi doi
Grossi regali novi da soldi sei che hano l'arma nostra regale da uno canto e sancto Ambrosio a sedere da laltro da soldi sei
Grossi regali da soldi tri, che hano larma regale da uno canto e lo fazolo da laltro, da soldi tre
Soldini novi, quali hano la croce da uno canto et el scuto nostro de Franza cum tri gigli da laltro, da soldo uno.
} a simile pretio.

Le altre monete inferiore facte in la dicta nostra cecha de Milano, novi e vegi, se possino spendere al corso suo solito.

	Libre.	Soldi.	Denari.
Le parpaiole nostre de Franza che hano da uno canto la croce cum li gigli e la corona, e da laltro uno scuto cum tri gigli se spenderano a...............		2	5
Parpaiole del Delphinato che hano da uno canto la croce cum li gigli e delphino, e da laltro el scuto cum li tri gigli e delphini, a................		2	5
Le parpaiole dal Karolus de Franza, a............		2	
Li quarti de Franza...........................		»	7

E similmente haverano corso le monete forastere infrascripte al pretio e valore qua de sotto declarate :

	Libre.	Soldi.	Denari.
Troni e be... ...ghe, sive mozanichi, a soldi quatordici e dinari sei..	14	6	
Marcelli da Venetia a soldi sette e dinari tri......		7	3
Carlini papali vegii, a soldi sette e dinari sey.		7	6
Carlini papali da la vaca, a soldi sei e dinari sey.		6	6
Grossi da Ferrara da soldi octo.....		8	
Grossi da Mantova da soldi octo a simile pretio...		8	
Grossi de Genoa d'uno terzo de ducato...........		9	4
(E li mezi al equipolente.)			
Grossoni testoni zenoesi a libra una soldi doi e dinari sey..	1	2	6
(E li mezi al equipolente.)			
Grossi de Genoa da soldi sette e dinari tri........		7	3

Le quale monete, de sopra declarate et specificate, se intende debiano essere bone e de justo pexo, et altramente non se posseno spendere ne recevere nel dicto stato e dominio nostro de Milano, ma siano portate a la prefata nostra cecha, dove li serano pagate secundo la soa debita valuta, como è dicto de sopra, per fabricarne de le altre monete nove.

E per observanza et intertenimento de le sopradicte ordinatione, declaratione e limitatione, per commune et universale benefitio, utilità, e commodo de tuti, volemo e per tenore de la presente comandamo ad caduna persona, di quale stato, grado et condictione voglia se sia, che non ardisca ne presuma spendere, ne recevere, ne fare spendere, ne fare recevere alcune peze d'oro ne d'argento, in le presente nostre non specificate, e contra la forma e dispositione de questa nostra ordinatione, e che debiano in tuto observare, obedire et exequire quanto in esse nostre ordinatione se contene, sotto pena de perdere tal oro e moneta, che serano trovati spendere o recevere, aut havere spexo e recevuto contra lo stabilimento predicto et ulterius, sotto pena de pagare per uno quatro; la qual pena pervenga per una terza parte in la regia camera nostra, et in suo loco in li firmeri de le nostre regie intrate; per l'altra terza parte in lo maestro de la cecha predicta, e per l'altra terza parte in li accusatori.

Et ancora, per provedere ad molti inconvenienti e desordini, volemo e per le presente similiter comandano che non sia persona alcuna *ut supra,* la quale ardisca ne presuma cernere ne far cernere moneta forte da la manco forte, ne trabucare ne fare trabucare, ne fondere ne fare fondere alcune monete fabricate in la dicta nostra cecha de Milano, sotto la pena del havere e de la persona, como per li ordini e decreti passati se contene.

Volimo ancora che non sia persona alcuna che possa tenire ne far tenire bancheti in la cità nostra de Milano, nec per le altre citade, terre, e lochi del dicto nostro dominio de Milano, per comprare monete e bolzonalia, se non quelli che serano deputati per lo dicto magistro de cecha e compagni, quali siano obligati dare idonea securtà al offitio de le monete de fidelmente comprare como li sarà comisso.

E perchè niuno possa restare inganato o vero damnificato per lo presente ordine e novo decreto, se declara e concede, e per queste nostre declaramo et concedemo termine uno mese, dopoi la publicatione de queste nostre, a potere smaltire e spendere le peze d'oro e d'argento, le quale non sono comprese in la presente ordinatione, non derogando nè contravenendo pero a le cride facte a li di passati de li scuti novi e forasteri, li quali ancora de novo per queste nostre declaramo essere in tuto banniti, e passato el termine predicto, se alcuna persona expenderà aut receverà, aut farà spendere o recevere peze d'oro et de argento, non comprese in lo presente ordine, o vero per più pretio che non è limitato de sopra, se intenda essere incorso *ipso facto* in le pene predicte, senza sperare de potere reportare gratia ne remissione.

E per mazore observanza, volemo e per le presente comandamo e statuimo, che qualuncha persona a chi serà facto pagamento contra la forma predicta, possa accusare coluy che haverà facto o vero facto fare esso pagamento, e guadagnarà in tuto li dinari d'esso pagamento, quale un' altra volta, secundo li ordini e corso predicto, li debia essere facto fare dà quello medesmo, dal quale esso pagamento serà proceduto, et *e converso* quelli che farano o vero farano fare essi pagamenti a più pretio e contra li ordini *ut supra*, possino accusare lo recipiente, et aguadagnaraño in tuto tal pagamento *ut supra*, quale gli debia essere restituito da tale recipiente, e nondimeno el pagamento se debia havere per facto; e questo se intende oltra le altre pene de sopra declarate, e colui che prima notificarà al offitio de le monete, non se intenda essere incorso in pena alcuna, e debia havere quanto de sopra se contene.

Insuper, per magiore stabilimento, et adcio che dicta nostra cecha possa più copiosamente fabricare monete nove, volemo e per le presente statuimo che ogni persona che condurà o farà condure, oro o argento in pani, grane, verghe et bolzonalie in la citate nostra de Milano, sia tenuto e debia notificarlo al maestro dessa cecha, o a chi sera deputato per lui in cecha, in termine de tri giorni dopoy serà conducto esso oro et argento; sotto pena de perdere esso oro et argento, et ulterius de pagare florini cinque per marca; quale oro et argento siano tenute venderlo ad esso Maestro de cecha a li pretii limitati in li capitoli dessa cecha; e similmente che niuno possa condure o fare condure, portare o fare portare oro aut argento in pani, grane, verghe, bolzonalie aut monete bolzonate, fora de la predicta nostra città de Milano aut dominio, sotto la pena de perdere tal oro et argento, carri, bovi, cavali et nave, cum li quali se conducesse, e ultra, sotto pena de florini dece per marca; et in la medesma pena volemo incorra cusì el venditore de tale oro et argento quanto el compratore; la quale pena pervenga per una terza parte in la camera nostra, et in suo loco in li fermeri de le nostre intrate, per l'altra terza parte in lo prefato maestro de cecha, et l'altra terza parte in li accusatori.

Volemo ancora et comandamo che non sia persona alcuna *ut supra*, la quale presuma vedare, ni prohibere, ne prestare impedimento alcuno a li officiali quali serano deputati sopraciò, volendo loro fare l'officio suo, secondo le instructione et commissione haverano, sotto pena de ducati vinticinque d'oro, da essere applicati a la camera nostra.

Et niuno possa essere officiale deputato a fare officio in cose de monete, se prima non haverà dato idonea segurtà de exercirse fidelmente e justamente, e de exequire cum bona fede et diligentia quanto li serà commisso in le cose quale pertinerano a dicto offitio, e se non haverà nove lettere et instructione.

Et supra tute le cose predicte, dasemo in mandamento al nostro carissimo e fidele cuxino, il signore de Chiamonte, gran maestro, etc.; al generale che ha il caricho et administratione de tute nostre finanze tanto ordinarie quanto extraordinarie, nel dicto paese e ducato nostro; al presidente et magistri de nostre intrate ordinarie; al commissario nostro generale sopra le monete, et ad altri officiali comissi, e come se apertenera, che la dicta nostra presente ordinatione, statuto, edicto e declaratione, la guardano, intertengano, e fazano guardare et intertenire inviolabilmente, e le fazano cridare e publicare in li lochi soliti del dicto nostro paese e ducato, adciò che niuno possa pretendere ignorantia; et ad majore declaratione de la mente nostra, e più firma observanza de quanto è dicto de sopra, comandamo in specie a tuti nostri officiali, Thexorero generale de Milano, Thexorero de la guerra de Franza e de Milano, et ad caduno loro clerici et comissi, a fare pagamenti ancora a capitanei e gente de guerra dimorante in lo dicto nostro dominio de Milano, a tuti pensionarii et altri officiali de dicto nostro ducato, ac etiam a datieri, gabellieri, canepari e receptori de nostre intrate ordinarie et extraordinarie, che non ardiscano ne presumano transgredire ne contrafare a le presente nostre ordinatione et *ut supra*, sotto pena de privatione de loro offitii, stipendii sive gaggi, e pensione, e de essere cassati dale loro ordinanze; li quali stipendii, sive gaggi et pensione, volemo et expressamente comandamo li siano effectualmente retenuti per li thexoreri deputati a pagare tali stipendii, gaggi e pensione, in ogni caso haverano contrafacto e transgredito a quanto è dicto de sopra, et anchora sotto pena et emenda tanto ordinaria quanto arbitraria, in tale modo et maniera che la punitione loro ceda in exemplo a tuti li altri; perche cuşi ne piace et è total nostra mente e voluntà.

Data Mediolani die 14 Junii MDVIII et regni nostri undecimo. *Signatum :* A. Rozascus.

Publicatum super platea Arenghi et in Brolletto novo comunis Mediolani, per Andream Pisonem, tubetam regium, die sabati 17 junii 1508, sono tubarum premisso.

63.

DISPOSITIONS TRANSITOIRES RELATIVES A L'ÉDIT PRÉCÉDENT.

(Milan, 20 juin 1508.)

Monete expendantur infra certum tempus.

Volendo il magnifico et prestantissimo doctore messer Jacobo Crotto, vicario de provisione de questa inclita città, e li spectabili domini presidenti ad dicte provisione, obviare a li inconvenienti hariano potuto seguire per il manchare de pane, cosi de formento como di mistura e farine, che se dubitava, perchè li prestinarii e farinarii di questa città dicevano non trovare che li volesse vendere blade, per thimore (*sic*) de la crida facta sabato (che fù a di 17 del presente) circal spendere e ricevere de le monete, e che non trovando chi volesse vendere blade, in consequentia manchariano le farine et il pane; e cognoscendo li prefati domini vicario e presidenti tale alegatione non militare nec essere ragionevole, non l'hanno admessa; imo hano comandato tuti quelli pristinari e farinari son comparsi nante ad loro, e cosi etiam per tenore de le presente, adcio che non habiano ad mancare a quelli ne vorano comprare, comandamo ad tuti e singuli pristinari, cosi de pane de formento como de mistura, che non lassano mancare pane, e li farinari, cosi morante circha il broleto como sotto il pallatio o altramente, che non lassano manchare farina. Et *predicta* sotto la pena de cento ducati d'oro et in oro, per caduno contrafaciente e caduna volta permettano mancare ad veruna persona vora comprare pane aut farina di qualunche sorte, per li pretii et al penso limitati; e se limitarano a la giornata, tolendo e acceptando le monete cosi de oro como d'argento, secundo il corso solito, durante il mese prefixo e limitato al spendere de le monete, et in aliquo non contradicendo; e però se da notitia ad ogniuno del ordine predicto in benefitio de la republica e maxime de li poveri, facto per li prefati domini vicario e presidenti, adciò che ogniuno lo intenda, e sel se trovara che non volesse obedire, havendose ricorso ad epsi domini vicario e presidenti, se farà opportuna provisione e non se lassarà manchare.

Et ulterius, de ordinatione de li magnifici signori generali de Franza e de Milano, questo medemo se habia a servare circha li pagamenti de le altre victualie, robe e mercantie, e per li debiti de li quali serano maturi li termini, e circha caduna altra natura de pagamenti durante lo dicto mese, reservati li pagamenti de la camera, li quali se haverano a fare secundo l'ordine novamente publicato. *Signata:* Jacobus Carolus; Johannes Franciscus Peragalus, juris utriusque doctor; Johannes Thomas de Casteleto; Johannes Lucas de Cavanago; Franciscus de Homate, provisionarius et comunis Mediolani notarius, subscripsit.

Publicata super platea Arenghi et in Brolleto novo comunis Mediolani per Andream Pisonum, tubetam regium, die lune xxvi mensis junii 1508, sono tubarum premisso.

64.

(Chinon, 14 août 1508.)

Loys, par la grâce de Dieu roy de France, duc de Millan, à tous ceulx qui ces présentes lettres verront, salut.

Comme nous avons été advertis que en notre duché de
Millan provient chacun an, par la grâce de Dieu, grant
quantité de blés et de grains, et en beaucoup plus grande
copiosité et habondance qu'il n'est besoin et utile pour le
vivre et aliment de nos subjects d'icelle duché ; et desquels
blés et grains, s'il était permis que, oultre le besoing des
habitants, en fust faict vendition et transport en pays forains
et estrangers, sortiroit grand prouffict et commodité, premièrement à nos subjects à qui appartiennent lesdits blés
pour la vente et distribution qu'ils en feroient, et à nous
consécutivement pour le droit des congés de les mener et
conduire hors du pays, dont nos prédécesseurs et nous avons
accoustumé de prendre seize sols impériaux pour chacune
charge, qui vallent à monnoye tournois six sols huit deniers ; lequel droit ne redonde à aucune perte à nos dits subjects, mais sur les marchands étrangers, qui achètent et
enlèvent lesdits blés ; en mettant toutesfois bon ordre sur le
transport d'iceulx blés, pour obvier aux fraudes et abbus
que se y pourroient faire, et faisant la description des bouches et des blés qui seront et proviendront chacun an audit
duché, et que, oultre le besoin, on en retiensist (*sic*) aucune
quantité, affin que inconvénient n'en peust advenir à nos
subjects ;

Savoir faisons que nous, ces choses considérées, qui dési-
rons pourvoir à tout ce qui fait mestier pour l'augmentation
de nos droits dudit duché, et mesmement en ce où la chose
publique d'icelluy duché peut avoir avantaige et prouffict,
come au cas de présent, en donnant les congés de transporter lesdits blés hors du pays, oultre le besoing de nosdits
subjects, affin que ce qui viendra et issera du droit desdits
congés puisse tenir lieu et nous ayder à la subvention de nos
affaires dudit duché, et après ce qu'avons fait veoir in (*sic*)
notre conseil certains articles touchant le transport desdits
blés, qui nous ont esté apportés par aucuns de nos principaux officiers et serviteurs au fait de nos finances, lesquels
nous avons envoyés par delà pour regarder à nos affaires
d'icelui pays et duché, lesquels articles ont été trouvés très

utilles et prouffitables pour le bien de nous et de la chose publique,

.Pour ces causes et autres à ce nous mouvans, avons voulu, déclaré et ordonné, voulons, ordonnons et déclarons de notre pleine puissance et auctorité royal et ducal par ces presentes, que la traicte des grains et blés en notredit duché de Millan sera ouverte, oultre le besoing de nosdits subjects, dont sera faite description des bouches et des blés pour chacun an, en retenant quelque quantité davantage qui demourra audit pays affin que inconvénient n'en puisse advenir, et paiant pour le droit desdits congés d'icelle traicte seize sols impériaulx pour chacune charge, ainsi que faict a esté par ci-devant.

Item, et affin que au fait d'ung transport y ait son ordre, nous voulons que les officiers qui ont été ou seront ordonnés pour cest affaire, ne puissent tenir leurs offices plus avant que deux ans, et soient sindiqués et leur soient baillés gratis, et qu'ils ne les puissent vendre ne aliéner, et qu'ils les exercent en propre personne ; autrement on y pourrait commettre plusieurs fraudes et abbus à notre interest et dommaige.

Item, et que les dits officiers envoient les inventions qu'ils feront en la chambre des depputés, où les dites inventions soient vuydées avecques les fiscaux, et soient condempnés sans acceptation de personne ne faute quelconque, et que les procès qui sont à expédier le soient en bonne diligence et expédition.

Item, voulons que les dits députés de la dite chambre des blés envoient les condempnacions qu'ils feront en notre chambre ducalle extraordinaire, auxquels depputés nous ordonnerons gaiges et sallaires par notre estat, affin qu'ils ne touchent aucunement au fait desdits extraordinaires, sur lesquels les esleus et officiers se sont pàyés le temps passé.

Ordonnons en mandement par ces présentes à notre très cher et amé cousin le sieur de Chaumont, notre lieutenant général dela les monts et gouverneur en notre dit duché de Millan, grand maistre et mareschal de France, et a nos amis et féaux les gens de notre Conseil et Sénat dudit Millan, maîtres de nos intrades ordinaires et extraordinaires, général ayant la charge de toutes nos finances, tant ordinaires que extraordinaires, et à tous nos justiciers et officiers d'icelle duché, ou à leurs lieutenants ou commis, et à chacun d'eulx, si come à lui appartiendra, que nos présens décret, statut, articles, ordonnances et tout le contenu en lesdites présentes, les observent, gardent et entretiennent, et fassent garder, observer et entretenir inviolablement et sans aucune contrainte, et les faictes lire, publier et enregistrer, et envoyer par toutes les juridictions et auditoires de notre dit duché; et afin de perpétuelle mémoire les fetes inscripre en tableaux, atacher et infixer en leur dit auditoire, à ce que aucun n'en puisse prétendre cause d'ignorance. Et si après la publication de ces presentes, aucuns sont trouvés avoir fait le contraire du contenu en icelles, en tout ne en partie, nous voulons que pugnicion en soit faicte, si très estroitte et rigoureuse que les autres y preignent exemple come de transgresseurs de édit, décret et ordonnance royale et ducal; et pour ce qu'il est besoing que ces présentes soient publiées en plusieurs lieux, nous voullons que au vidimus ou transcript d'icelles, fait sous scel royal ou ducal, pleine foy soit adjoustée, come à l'original, auquel en témoin de ce nous avons fait mettre notre scel.

Donné à Chinon, le XIVe jour d'aoust l'an de grâce 1508, et de notre règne le unziesme.

Ainsi signé : Par le Roy, duc de Milan : Jacques Hurault et Messire Thomas Bohyer, trésoriers, généraulx des finances et autres présens : GÉDOYN.

Les presentes lettres ont été leues et publiées au lieu et heure accoustumés de la publique audience du Sénat royal et ducal de Milan, où estoient tous messires et gens dudit Sénat présans; Maistre Taneguy de la Gobertière, sieur des Touches, secrétaire du roi notre seigneur, pour ce expressèment ici envoyé par ledit seigneur, et aussi présans et oyans les cappitaines de la justice, potestat de Millan, maistres des intrades ordinaires et extraordinaires, députés des blés, advocats et procureurs fiscaux, vicaires généraulx et autres officiers pour ce assemblés, et plusieurs advocats, citoyens et gens du pays. Et a esté ordonné par Messieurs du Sénat qu'elles soient mises au registre ou ce a coustume par moy, notaire et secrétaire ci-dessoubs signé, et que après elles soient autentiquées et vidimées en copie pour les envoier publier aux autres auditoires ainsi qu'est mandé en icelle. Fait comme dessus le 29ᵉ jour de Novembre l'an MDVIII. *Ainsi signé :* Mayna. Collation faite à l'original par moy et concordée : MAYNA.

1508. — Die prima decembris presentate fuerunt retroscripte littere per magistrum Tanneguy, in amplo regio magistratu extraordinario Mediolani, presentibus magistris Intratarum Extraordinariarum spectabilibusque dominis advocatis phiscalibus, nec non pluribus aliis officialibus regiis et notariis, et aliis de cancellaria prefati magistratus, qui Domini magistri Tanneguy et advocati et sindici fiscales instarunt prefatarum litterarum observationem, executionem, registrationem et publicationem contentorum in eis et qui domini magistri obtulerunt eis observare, et executioni demandare contenta ex prefatis litteris : Hiero. CROCHA.

65.

ÉDIT SUR L'ADMINISTRATION DES FINANCES DU MILANAIS.

(Chinon, 14 août 1508).

De par le Roy, duc de Milan,

Nous amés et féaux. Après que nous avons ouy et entendu bien à plain le rapport des gens de nos finances que avons envoyé à Millan pour regarder à plusieurs nos affaires de par delà, dont leurs avons donné charge, nous avons, en ensuyvant certains articles que sur ce ils nous ont montrés et par l'advis et délibération de plusieurs gens de notre conseil, auxquels nous avons fait montrer et communiquer lesdits articles, commandé plusieurs provisions, ordonnances et déclaracions, tant pour le fait extraordinaire de notredit duché de Milan comme pour le fait de ses monnoyes et aussi pour se acquiter par les fermiers qui cydevant ont tenu et tiennent nos daties et qui reste par eux à payer des debtes aux créanciers du feu seigneur Ludovic, selon et ensuyvant les chappitres de leurs fermes, lesquèlles provisions, ordonnances et declarations, pour ce que voullons et entendons quelles soient entretenues et sortent effect, envoyons présentement par delà notre cher et bien amè secretère Me Tanneguy de la Gambertière, seigneur des Touches, auquel avons donné charge non partir que premièrement elles n'aient été en sa présence publiées et enregistrées. Si vous mandons et enjoignons très expressèment qu'en votre endroit vous les faictes garder et entretenir, et tenez la main à ce qu'elles soient mises à exécution, selon leur forme et teneur. Et au demourant, croyez ledit de la Gambertière de ce que vous en dira, sans y faire difficulté.

Donné à Rouen, le 20me jour d'octobre [1508).

Ainsi signé : Loys, *et au-dessous :* Gedoyn.

Suscription : A nos amés et féaulx conseillers les maistres de nos intrades extraordinaires de notre duché de Milan.

Loys, par la grâce de Dieu, roy de France, duc de Millan, à tous ceux qui ces présentes lettres verront, salut.

Comme pour un certain temps en ça, nous avons commis et députés aucuns de nos principaulx officiers et serviteurs au fait de nos finances, pour eulx transporter en notre duché de Milan et autres nos seigneuries oultramontaines, auxquels entre autres choses avons donné charge d'eulx informer et enquérir de l'estat et disposicion de nos affaires et finances d'icelluy duché, tant pour l'ordinaire que pour l'extraordinaire, et aussi du fait et gouvernement des cités, villes et chastellanies dudit pays et comme la justice y a esté administrée depuis la reprinse et réduction de notredit duché en nos mains et obéissance, lesquels nos depputés ayent trouvé et recogneu avecques aucuns de nos officiers et serviteurs d'icelluy duché que par faulte d'avoir sur ce donné provision péremptoire le temps passé, et que le droit ducal na esté observé et entretenu ainsi que d'ancienneté le souloit, nous et nos subjets d'icellui pays et duché avons été grandement intéressés et endommaigés, ainsi qu'ils nous ont dit et rapporté par articles, sur lesquels soit besoing faire déclaration et ordonnance de nos vouloir et intencion :

Savoir faisons que nous, désirans par tous moyens exquis et possibles pourveoir à ce que nos subjets de notredit duché de Milan puissent vivre en bon ordre de justice, aussi conserver et garder les droits de notre chambre ducalle, que le temps passé et mesmement pour l'extraordinaire des amendes, condempnacions et confiscations soulloient revenir et monter a grant somme de deniers, dont nous pourrions grandement ayder à la subvention de nos affaires dudit duché, lesquels nous ont depuis ladicte réduction esté come de nulle valeur et prouffict, parce que les statuts et decrets d'iceulx nont été observés, entretenus et gardés ainsi que d'ancienneté ils soulloient, et après ce que nous avons fait veoir lesdits articles en notre conseil qui ont esté trouvés très utilles et prouffictables pour le bien de nous et de la chose publique.

Pour ces causes et autres à ce nous mouvans, avons en entretenant lesdits statuts et décrets anciens dudit duché, declaré, voulu et ordonné par édit et ordonnance irévocable, de notre plaine puissance et auctorité royal et ducal, par ces présentes ce qui sous est :

Et premièrement, voulons et ordonnons en ensuivant ledit décret royal et ducal, que les gouverneurs des cités et chastellenies des villes dudit duché ne s'entremectent aucunement des causes civilles ne criminelles meues ou à mouvoir entre nous subjects d'icelui duché, mais en sera et demourra la congnoissance et juridiction à nos juges et officiers, à qui par le decret elle doit appartenir ; et que les transgressions, infracteures ou inobservations soient pugnis a la contien·

tion, s'il en appert par les procès par eux agités et sans aucune dellégacion.

Item, voulons et ordonnons, en ensuivant ledit décret, que les officiers ayant juridiction ne soient perpétuels ne en la vie, de ceulx qui les tiennent et possèdent, mais seulement pour deux ans, ainsi qu'ils ont été d'ancienneté, excepté toutefois ceulx qui par la forme dudit décret sont perpétuels et a vie, et combien que nous ayons donné aucuns desdits offices durant notre bon plaisir, toutesfois ils seront traictés de par droit régulier, selon la forme dudit décret comme sont les cappitaneats de Gallerate, de Martexane, de Mallegan, Binasch, Monze, Volteline, Lugan, les potestats de Valsasine, de Valdecese, Varese et Pontremule.

Item, voulons et ordonnons que les cappitaines, potestats et tous autres ayans juridiction ès causes criminelles envoyent toutes les condempnacions et confiscations en notre chambre ducalle de Millan, ainsi qu'ils doivent faire par ledit décret, ce qu'ils n'ont fait par ci-devant depuis ladite réduction, et nous ont lesdites condempnacions et confiscations jusques à présent esté comme de nulle valeur par la négligence et coulpe desdits cappitaines, potestats et autres qui ont eu la cognoissance, lesquels n'ont tenu compte de les envoyer en notre chambre, et ce, sur peine de privation d'offices et d'estre pugnis comme transgresseurs de décret et édit royal et ducal.

Item, voulons, ordonnons et statuons que pour les cas, tant du temps passé depuis ladite réduction et recupéracion dudit duché jusqu'à présent que pour l'advenir, tous les procès faits et à faire par les susdits officiers soient aportés et transmis en notredicte chambre, ainsi qu'ils sont tenus de faire par ledit decret par leursdits offices depuis ladite réduction n'ont été par eux transférés ne envoyés aucunes confiscations ne condempnacions utilles a notredite chambre, et si aucunes ont été envoyées, ce a esté seullement ceux qui ont été faictes contre gens misérables et inhabitables, dont n'est issu aucun proufft, et les autres sommes ont été applicquées et converties par lesdits officiers ou leurs

députés en leur propre usaige et prouffict, et ce constera et
apparra par l'inspection de leurs dits proucès en les en-
voyant en notredicte chambre.

Item, voullons et ordonnons que en chacune cité de notre
dit duché soient esleus ung advocat et ung procureur fiscaulx, ausquels soient ordonnés gaiges sur les condempna-
tions et confiscacions qui se feront en chacune desdites cités
où ils seront depputés, et non sur l'ordinaire et qu'ils ne
puissent prendre sur lesdites confiscations et condempnacions que la quarte partie. Laquelle chose voullons aussi
être observée et gardée ès lieux ayant *gladii potestatem,*
esquels a tout le moins aura un sindicque fiscal qui aura
charge et congnoissance des procès criminels et fiscaux, et
de solliciter et introcéder tout ce qu'il appartiendra auxdits
offices en ensuyvant ledit décret.

Item, voullons et ordonnons que ès lettres de retenue qui
seront expédiées à chacun officier ayant *gladii potestatem*
soit mise et ordonnée quelque peine, si chacun moys ils
n'envoient la liste des querelles qui seront baillées audit
moys à son office, l'autre mois en ensuivant il advertisse
de la fin de telles querelles et selles n'estoient expédiées qu'il
mande la cause pourquoi, et en ce faisant lesdits officiers et
chacun d'eulx expédieront mieux lesdites querelles en plus
grande diligence que fait n'a esté par ci-devant.

Item, voullons et ordonnons que pour obvier aux abbus
que peuvent commettre les greffiers des maléfices toutes et
chacune les querelles et procès soient enregistrées en ung
livre autentique fueilleté et manuscript par lesdits greffiers desdits malléfices, sur grosses peines, et semblable-
ment les tesmoings nommés par le querelleur ou par le
consul denuntian, affin que les causes soient déterminées en
bonne et briefve expédicion de justice et qu'il ne soit en la
puissance desdits greffiers de différer au préjudice de notre
chambre.

Item, statuons et ordonnons que tous et chacun les officiers de notre dit duché qui ont accoustumé estre sindiqués,
soient sindiqués de deux ans en deux ans, selon les ordres

anciens, et voullons que avecque lesdits sindics ou vicaires généraulx soit un des fiscaulx de la cité où seront sindiqués lesdits officiers tant en procéder que en référer ; et ne seront admises ni receues les réquisitions des présidens des communautés, où lesdits officiers auront été en office demandant estre levé et osté le sindiquat, car il appartient plus à l'intérèt du fisque que auxdites communautés que le sindicat soit fait.

Item, voullons, statuons et ordonnons que tous et chacun les procès où sera les procès de la chambre ne se puisse faire ne expédier, sans l'intérinement des fiscaulx soient tant devant quelque sénateur que devant aucun desdits vicaires généraux, ou autres juges, affin que la raison de notre chambre ducalle soit deffendue, et que lesdits procès soient intérimés en bonne diligence.

Item, voullons et ordonnons que tous les vicaires généraux ayent à présenter, tous et chacun, les procès pendant et qui ne sont vuydés ès mains de ceulx qui seront esleus par notre sénat, et quand ils les auront ainsi presentés, leur soit fait commandement que dedans ung terme qui leur sera since préfix et limité, ils les ayent à expédier, avecques l'intérinement desdits fiscaux, sur peine de grosse amende à appliquer à notre chambre ducale.

Item, voullons, déclarons, statuons et ordonnons, que en notre cité de Millan ne ailleurs audit duché ne se puisse faire aucunes descriptions de biens, pour et au nom de notre chambre ducalle, devant la condempnacion des délinquants, sans l'entérinement du notaire de la chambre extraordinaire de Millan, se c'est à Millan ou en la duché, ou du notaire des refférendaires ès autres cités ou du scindique fiscal et autres lieux et terres, sous peine de grosse amende.

Item, et pour ce que avec lesdits notaires vont souvent plus de sergents que le cas et la descripcion des biens des délinquants ne requiert ès cités et autres lieux, et mesmement en notre cité de Millan, et veullent être payés sur lesdits biens, qui est au très grand préjudice et dommaige de notre dite chambre et de ceux à qui appartiennent lesdits biens, voullons et déclarons que le nombre desdits serge its soit restreint et réduit au nombre compétant, et selon la qualité de la description qui se devra faire et du lieu ou elle se fera, et sera ordonné le nombre desdits sergents, qui devront aller avec ledit notaire ou greffier de la chambre et les notaires du cappitaine, podestat ou aultres justiciers et seront payés selon les statuts et ordres dudit décret.

Item, deffendons que aucuns cappitaine, commissaire, potestat ou autre juge de causes criminelles en notre duché et domaine de Milan ne suspendent les termes à respondre aux inquisitions formées contre les délinquants, ne aussi tiennent en suspens les bans donnés contre les délinquants, sans l'intérinement des fiscaux, autrement les causes ne se expédient en si bonne dilligence qu'elles doivent.

Ordonnons en mandement, etc.[1]

Donné à Chinon, le XIIIIme jour d'aoust l'an de grâce MD et VIII et de notre règne le unziesme. *Ainsi signé :* Par le roi, duc de Millan, Jacques Hurault, et Messire Thomas Bohyer, thesoriers généraux de France, et autres présens. GÉDOYN.

66.

LETTRES DE RÉMISSION POUR LORENZO SOLARI.

(Milan, 19 décembre 1508.)

Ludovicus, Dei gr., etc, universis presentes inspecturis manifestum facimus nos a Laurentio de Solaris, parmensi, humilem accepisse supplicationem, effectûs quod, cum superioribus diebus bene dilectis et fidelibus senatoribus nostris, Cesare Guasco et Hieronymo Morone, in civitate Parme

---

1. Identique au dernier paragraphe de l'édit précédent. (Voir n° 64.)

moram trahentibus, Laurentius ipse in carcerem detrusus post modum iterum atque iterum fune torsus, quandam sacerdotem sive monacham se carnaliter cognovisse confessus fuisset, ac propterea per eosdem senatores, etiam ex decreto senatus nostri, ordinatum fuerit ut supplicans ipse prius virgis cesus ad vehendum triremes biennio damnaretur, suppliciter eius ac patris nomine postulatum a nobis fuit ut, ex gratia speciali, eidem ignoscere vel saltem pœnam predictam mitigare et leviori commutare vellemus,

Nos quidem execrabilem scelus censivimus ac injuncta pœna dignum; verum, humane fragilitatis memores, clementie potiusquam rigori adherere duximus, tum quia juvenilis supplicantis ætas aliqua digna indulgentia videtur, tum etiam parentis, qui bonus et pauper civis dicitur, senili ætati aliquid concedamus, et paterna caritas in filii pœna mœroris aliquid levamen excipiat. Quapropter, attenta maxime compositione scutorum quinquaginta cum camera nostra habita, pœnam criminis. predicti quam memoratus Laurentius debet commutantes et gratiam illi facientes, remisimus et indulximus, atque ipsi remittimus et indulgemus, ex auctoritate nostra regia et ducali, pœnam predictam fustigationis ac damnationis ad triremes; ita tum quod per triennium proxime futurum banniatur a diocesi nostro Parmensi, sub pœna furcarum, quam incurrat idem Laurentius nisi paruerit; insuper, ut majori gratia eumdem Laurentium complectamur, ipsum, firmo dicto bannio manente, in reliquis ad pristinam famam, honorem, et gratiam nostram reponimus et restituimus, perpetuum super dicto crimine imponentes silentium procuratoribus et sindicis nostris fiscalibus; mandantes benedilectis et fidelibus nostris vicecancellario et senatoribus senatûs nostri Mediolani, magistris intratarum utriusque camere nostre, pretori et referendario nostro Parme, cum aliis omnibus officialibus et jusdicentibus nostris feudatariisque nostris, ut dictum supplicantem his nostris gratie et remissionis litteris uti et gaudere faciant et permittant, nec eum de cetero causa dicti delicti afficiant, turbent aut quomodolibet inquietent, nec ab aliis molestari patiantur; imo, si ejus persona detenta esset, relaxari faciant, publicato tum prius banno de quo super.

Mediolani, 19 decembris 1508, et regni nostri anno undecimo. *Signatum. Visa.*

67.

ÉDIT RÉGLANT LE COMMERCE DES SERRURIERS ET MARCHANDS DE FER.

(Milan, 20 décembre 1508.)

Pro arte ferrariorum.

Per p. \ e comandamento del magnifico e prestantissimo de l'una e l'altra lege doctore Domino Jacobo Crotto, Regio Vicario al offitio de la provisione del comune de questa inclita cità de Milano, etiam ad questo spetialiter delegato per lettere del christianissimo et serenissimo Ludovico, Re di Franza e duca nostro de Milano, date a Milano a di 13 del mese de febraro del anno 1501 proxime passato, signata *Johannes Valinus,* del tenore como in epso se contene, *etiam* registrate al dicto offitio de la provisione, aciòche ad ogni persona possia devenire ad notitia e niuno habia justa causa de excusatione,

In executione de epse lettere, se fa publica crida e comandamento, che non sia alcuno qual facia exercitio de coldirari (*sic*) qual ardisca ne presuma portare chiave alcune per la città ne borghi de Milano, nè anchora conzare alcune chiave, sotto la pena de perdere tale chiave, et ulterius sotto la pena de ducati dui d'oro et in oro, per ciaschaduna volta e per caduno contrafaciente sarano trovati portare e conzare alcuna chiave per la predicta cità e borghi de Milano; la qual pena sia applicata per la quarta parte a la camera regal, per l'altra quarta parte a la veneranda fabrica de la Chiesa Magiore de Milano, per l'altra quarta parte a lo accusatore

e per l'altra parte al dicto paratico de li ferari, inremissi-
bilmente da essere exacta.

Item, che niuno ferero ne cortelaro possa ne valia tenere
alcune banche ad vendere ferramento ne cultelli nel loco
appellato *el verzaro* de Milano, ne sopra la platea de l'aren-
gho de Milano, ne in altra parte de la cità e borghi de
Milano, salvo ne le loro boteghe, reservato etiam nel tempo
de le fere, ma possino tenere ferramenti e cultelli, e vendere
secundo el solito senza banche, e como per li tempi passati se
è facto, sotto la pena de perdere tali ferramenti e cortelli,
quali serano aplicati al dicto paratico di ferrari; quali ferramenti e cortelli se potrano a li contrafacienti levare e tore
per li officiali de dicti ferrari senza pena alcuna contra di
loro, e ulterius sotto la pena per ciaschuno chi serà trovato
contrafare, e per ciaschuna volta, de dui ducati d'oro e in
oro da essere aplicati como nel suprascripto primo capitulo et *ut supra. Signata :* Jacobus.

Cridata et publicata die mercurii vigesimo mensis decembris 1507 in vesperis per Baptistam de Calvis de Lactarella,
publicum preconem comunis Mediolani, sono tube premisso,
ad scallas pallatii magni Brolleti novi comunis Mediolani e
ad plateam Arenghi Mediolani, et ad plateam appellatam
el verzaro Mediolani, de verbo ad verbum, prout supra.

68.

Interdiction du port d'armes aux masques.

(Milan, 30 décembre 1508).

De armis non portandis per stravestitos.

Per parte delo illustrissimo Monsignore da La Palissa,
regio locotente generale de qua li monti in labsentia delo
illustrissimo Monsignore Gran Maestro, se fa publica crida
et comandamento che non sia persona alcuna, de che sorte

voglia se sia, tanto Franzesi como Italiani, che ardisca ne
presuma portare spade ne fuseli, ne nessuna altra sorte de
arme, de dì ne de nocte, in maschara aut stravestito, sotto
pena de ducati mille, da essere applicati a la regia et ducal
camera; et quelli che non haverano il modo de posser
pagare, tracti sey di corda da esserli dati irremissibilmente
in Broeto; e questo, non obstante licentie alcune facte.

Mediolani, die 30 decembris 1508. CHABANNES. Grangis,
cum sigillo.

Cridatum super plateis Arenghi, sancti Jacobi, Porte Ver-
celline, et ad sanctam Mariam de la Scalla, per Andream
Pisonum, regium tubetam, die dominica ultima decembris 1508, sono tubarum [premisso].

69.

ÉDIT INTERDISANT AUX SUJETS DU ROI DE FRANCE DE RESTER
AU SERVICE DE VENISE.

(Milan, 12 mars 1509).

*Quod existentes ad servitia et in dominio Venetorum
recedant et in dominio regio repatrient sub pena.*

Per parte del Illustrissimo et Excellentissimo Karolo de
Ambosia, Grande Maestro, etc., se fa publica crida, bando et
comandamento a tuti e qualunche subditi regii originarii
sive habitatori del regio Dominio de Milano et de omne altro
stato, dominio e signoria del Christianissimo Re di qua
lunche grado, stato, condictione voglia se sia, quale non sia
banito dali prefati dominii et signoria, che nesuno de loro
ardisca andare a li servitii, ne in operare, ne in fabricare in
alcuno modo, ne in arte militare ne altramente, da la
signoria de Venetia, ne da soi offitiali, capitanei, feuda
tarii, e qualunche agente per dicta Signoria mediate aut
immediate; e si qualchuno li è, de qualunche grado, stato,

condictione se sia, non banito *ut supra,* sia a sapere capitaneo, conductore, capo de squadra, homodarme, balestrere, arcere, fante da pede et omne altro de lo exercito de la guerra, magistro d'arme, laborante et cosi d'artelaria, magistro da cazola, magistro da legnamo e de qualunche altra arte e magisterio se sia, cosi da nave como da altro, e cosi de omne altra qualitate e facultate, debba, nel termine de tre septimane, partirse e levarse con ogni sua familia, se ne haverà, da omne loco et imprexa che serà al servitio d'essa Signoria et in dicto dominio, e repatriare al loco del sua origine sive habitatione, o altrove dove li parirà nel regio dominio de Milano; et chi contrafarà et non obedirà al presente comandamento se intenda *ipso jure et facto* essere incorso ne la pena de la forca, ita che sia impicato per la gola et che mora senza processo alcuno, et ultraciò de la confiscatione de tuti soi beni a la Regia Camera, concedendo che si possano impune offendere, etiam amazare tuti quelli contravenerano et non obedirano a la presente crida, decernendo che nesuno possa pretendere ignorantia d'essa crida, poichè serà publicata ad Milano, Pavia, in Valtelina, a Como, Leco, a Trezo, Ast, Cassano, Lode, Placentia, Parma Alexandria, Derthona; mandando ad tuti offitiali, capitanei et subditi regii mediati et immediati, che observano et faciano observare la presente crida, intendendo ancora per questa nostra prohibire sotto la pena medesma che nesuno del grado e stato *ut supra,* facta et publicata la presente crida, possa andare al servitio d'essi Venetiani sotto la medesma pena; che cosi la mente nostra è. — Mediolani, XII Martii 1509 : DAMBOYZE, cum sigillo.

Publica die Mercurii 14 suprascripti mensis Martii, per Andream Pisonum, tubetam regium, super platea Arenghi et in Brolleto novo comunis Mediolani, sono tubarum premisso.

70.

ÉDIT RÉGLANT LA FABRICATION DES ÉTOFFES D'OR ET D'ARGENT.

(Milan, 15 mars 1509.)

In favorem artis trahendi aurum et argentum.

Ludovicus, Dei gr., etc. Dilectis nostris sindicis seu abbatibus, de quibus in supplicatione, salutem.

Examinata annexa petitione mercatorum et aurificum artis trahendi aurum et argentum, aurificum Mediolanensium, eorum indemnitati consulendum duximus, quare vobis mandantes comittimus supplicata videatis, et contra falsificatores, de quibus et prout in supplicatione fit mentio, procedatis et eos puniatis, prout vestri ordines ac statuta disponunt, faciendo fieri proclamata que ad observationem ordinum et statutorum predictorum necessaria videbuntur, ita ut fraudibus ac falsitatibus quibuscumque omnino occurratur ; mandamusque quibuscumque officialibus nostris et presertim dilecto nostro capitaneo justitie Mediolani, ut a vobis debite requisiti debite assistant et omnem favorem ac auxilium pro predictis exequendis prestent.

Mediolani 15 Martii 1509 et regni nostri undecimo. Per regem ducem Mediolani, ad relationem consilii : MAYNA Cum sigillo regio in cera rubea. *In calce :* Balcius.

Tenor supplicationis sequitur.

Christianissime Rex,

Ad Majestatem Vestram currunt mercatores et artifices seu artis seu exercitii trahendi aurum et argentum ac etiam aurifices alme civitatis vestre Mediolani, exponentes quod, licet ex eorum ordinibus caveatur aramen et opera araminis non posse deaurari nec argentari nisi ab uno latere, taliter quod possit cognosci quod sit aramen auratum seu argentatum *ut supra,* et hoc indictum fuit ad fraudes tolendas, que facile et quotidie sequerentur in grande totius civitatis et dominii prejuditium, tamen fuere tante temeritatis qui-dam Franciscus Ispanus, ex Ispania oriundus, et ejus socii, quod auderent deaurare aramen ab utroque latere, et illud sic deauratum trahere et in opere ponere, maxime in bro-chatis et bindis, taliter quod non potest cognosci an sit vere aurum seu argentum deauratum, an vero aramen deaura-tum. Quo fit ut aperte contraveniatur dictis ordinibus, sed aliud inconveniens evenit, nam tale aramen sic deauratum *ut supra* pro vero auro seu pro vero argento deaurato ven-dunt, et sic decipiuntur emptores, fitque fraus mercatoribus, maxime ultramontanis, precipue Alamanis, qui non bene intelligunt nec cognoscunt talia; sed, quod pejùs est, eve-niet quod comperto per ipsos ultramontanos in partibus suis de hujusmodi falsitate, sequetur infamia dicte civitati ac mercatoribus omnibus et aurificibus ipsius civitatis; di-cent enim Mediolanenses falsificasse merces, et sic de cetero abstinebunt ab emendo; ex quo ipsi exponentes maximum dampnum patientur, sed nedum ipsi exponentes, verum et tot laboratores pauperes et etiam fischus, solvuntur quippe maxima datia ex hujusmodi mercatura; addent etiam aliud dampnum particulare recamatoribus et civibus ac franci-genis qui, arbitrantes se emere aurum seu argentum aurea-tum, comperient ipsum esse falsificatum; non debent talia per Majestatem vestram pati, debetque Majestas vestra omnino medellam adhibere huic ocurenti morbo, et licet ex dictis eorum ordinibus et statutis possint abbates predicti contra eos procedere et punire, attamen, quia res momenti est maximi, et provisio ac exequtio mayor (*sic*) est fienda quam statuta disponant, et ut facilius atque habilius hec fieri possint :

Idcirco, eidem Majestati vestre humillime supplicant ipsi mercatores ac aurifices ut illa dignetur per ejus litteras con-cedere quod predicti abbates et sindici aurificum, maxime cum in talibus sunt periti, invocato brachio magnifici do-mini capitanei justitie Mediolani, et cujuscumque alterius jusdicentis et offitialis regii, possint punire dictum Franciscum Ispanum et socios, et quoscumque alios contrafacientes, seu simili morbo laborantes, secundum formam dictorum ordinum, augendo etiam penas quia sunt leves, si eisdem videbitur; taliter quod abstineant a talibus delictis, et ceteris in exemplum transeat et, attenta qualitate rei que magni est ponderis, dignetur quoque Majestas vestra facultatem concedere dictis abbatibus et sindicis ut possint nomine regio facere proclamari et proclamatione prohibere ne quis audeat aramen deaurare, nisi prout dicti ordines disponunt, sub pena exilii a dominio ducali et etiam sub pena pecuniaria regie camere applicanda.

Item, quod non possit aliquis ponere in opera aliquod aramen deauratum sub predicta pena. Aliter, etc. (*sic*).

Per parte de li abbati, consuli et sindici de li aurifici et mercadanti seu artisti de la arte de trafilare seu filare del oro et del argento de la città de Milano, ancora in questa parte delegati per littere regie dil tenore infrascritto, videlicet [1] :

In exequtione e per vigore de le prefata lettera et ancora de la auctorità a loro concessa per li statuti et ordini sopra ciò facti, et aciocho persona alcuna non possa pretendere ignorantia, et ogni altro meliore modo che hanno possuto e pono, se fa publica crida e comandamento che non sià persona alcuna, de qual grado, stato e condictione voglia se sia, che olsa ne presuma per directo ne per indirecto indorare ne argentare alcuno aramo ne recalcho ne auricalcho, se non da una parte, talmente che da la parte inferiore seu dal inverso si possa cognoscere il recalcho seu aramo, e l'opera qual è in effecto, ne ancora sia persona alcuna, de qual condictione voglia se sia *ut supra*, che olsa ne presuma indorare ne argentare aramo ne recalcho per trafilare seu tirare.

Item, chel non si possa indorare argento alcuno per tra-

1. Ici est insérée la lettre de Louis XII citée plus haut.

filare ne tirare se tal argento non sarà a bontà de dinari undeci e grani vinti.

Item, chel non sia persona alcuna *ut supra,* qual ardisca ne presuma vendere ne impegnare, ne nominare ne apreziare per volere vendere, ne impegnare alcuna opera de auricalcho o vero de aramo indorato ne argentato per opera de oro ne de argento.

Et le predicte cose e qualuncha de quelle, sotto la pena de libre ducento de imperiali, e più ancora e mancho, al arbitrio de li predicti abbati, consuli et sindici.

Et ulterius, sotto pena da essere privato de tal arte, in la qual pena qualuncha contrafarà se intenda essere incorso ipso facto, et se scoderà irremissibilmente, certificando qualuncha persona che se farà diligente investigatione et perquisitione per trovare li delinquenti, e se intrara ne le case per cerchare senza darli altro avixo, con il brazo ancora e con la famelia del magnifico messere il capitano de justitia de Milano, al qual se comanda cosi per le prefate lettere.

Ancora se notifica ad qualuncha como, per la presente crida, se prohibisse chel non sia persona alcuna che olsa ne presuma metere in opera in tesere ne altramente alcuno aramo ne auricalcho, indorato ne argentato ne trafilato ne tirato, se nol sarà de condictione e bonitade como de sopra è rezitato, sotto pena de libre ducento de imperiali et ancora più, como de sopra è dicto.

Et acioche più facilmente se possa trovare li delinquenti, si notifica che qualuncha accusarà li contrafacienti, li sarà dato libre duodece de imperiali per dicti abbati, consuli et sindici seu thexauraro, et ulterius serà tenuto secreto.

Signate : Aluysius de Niguarda, abbas.

Johannes de Sormano, consul; Paulus Pelarata, *id.*; Andreas de Marchasolis, *id.*

Damianus de Pontulo de Placentia, sindicus; Jacobus Regna, *id.*; Donatus de Bernadigio, *id.*; Jacobus de Marenginis de Meltio, *id.*; Johannes Antonius Serazonus, *id.*; Christoforus de Puteo, *id.*; Gabriel de Villanova, *id.*; Franciscus de Galliis, *id.*; Paulus de Marliano, *id.*

Publicata super platea Arenghi et in Brolleto novo comunis Mediolani et ad contratam Sancti Raphaelis Porte Horientalis Mediolani per Jacobum Philippum de Castello, tubetam comunis Mediolani, die sabati 24 mensis martii 1509, sono tubarum premisso.

71.

ARRÊTÉ D'EXPULSION DES SUJETS VÉNITIENS.

(Milan, 1er avril 1509.)

Contra subditos Venetorum, et quod certi subditi habitare possint.

Regius citramontes locumtenens generalis, magnificus magister, marescallus et admirantus Francie.

Per parte del predicto monsignore illustrissimo, se fa intendere ad ogniuno, de qualunche grado e condicione se sia, como havendo sua Signoria illustrissima dato alcuni salviconducti, tanto generali quanto particulari, a citadini, borgesi e mercadanti et altre persone, tanto Venetiani che del territorio, jurisdictione e Signoria de Venetia, con tempo de contrabando, como più amplamente se contene in dicti salviconducti; per certe cause, raxone e degni respecti, la predicta Signoria sua illustrissima casa, revoca et annulla tutti li dicti salviconducti, e non intende che da mo inante habiano alcuno effecto o vigore, declarando per la presente crida, che se persone alcune del territorio de dicti Venetiani vegnerano con robe o mercantie o senza, sarano dicte robe e mercantie confiscate e persone facti presoni, et se alcune de dicte persone del territorio de dicta Signoria per caso se ritrovano nel stato e dominio de la Maestà del Re de Milano, se declara e fa intendere per la dicta presente crida, che tre giorni apresso la publicatione depsa, computato il giorno de la dicta publicatione, habiano a partirse, o altramente non sarano seguri, e se sarano trovati, sarano facti presoni.

Datum Mediolani, die primo aprilis 1509. DAMBOYZE.

Intendendo però che tuti quelli Cremonesi, de Geradada, Cremaschi, Bresani e Bergamaschi, chi se vorano retirare dal canto de qua nel dominio de la Maestà del Re, che li sia licito de posserlo fare, e stando nel dominio regio esser securi loro e le loro robe.

Item, se intende se qualche persona particulare ha qualche salvoconducto per qualche delicto tanto subdito regio in le sopradicte terre *(sic),* che siano securi e validi.

Datum ut supra : DAMBOYZE. Grangis.

Publicata super platea Arenghi et in Brolletto novo comunis Mediolani, per Andream Pisonum, tubetam regium, die dominica prima suprascripti mensis aprilis in mane, sono tubarum premisso.

Per magiore declaratione de la crida per parte nostra questa matina facta, se fa sapere ad ogni persona che noy intendemo che li beni de li mercadanti milanesi e altri del dominio e subditi regii, se possano conducere liberamente in questo dominio per quindeci giorni proximi venturi, incominciando al dì de ogì, e che dapoi che serano sopra el regio dominio, persona alcuna, sia de che sorte se voglia, ardischa ne presuma darli molestia ne impedimento, provisto però che loro non condurano robe ne cosa alcuna che sia de subditi de Venetiani, che sia de valore de uno testone in suxo, sotto pena de perdere e confiscare tuti li beni e robe loro.

Datum Mediolani die primo aprilis 1509. DAMBOYZE. Grangis, cum sigillo predicti illustrissimi Domini Magni Magistri.

Publicata super platea Arenghi et in Brolleto novo comunis Mediolani per Andream Pisonum, tubetam regium, die dominica prima mensis aprilis 1509, in vesperis, sono tubarum premisso.

72.

ÉDIT RELATIF A LA PROPRIÉTÉ ARTISTIQUE.

(Milan, 26 mai 1509.)

1° *Pétition de Simon de Littis.*

Serenissime Rex,

Simon de Littis, Majestatis vestre servitor, dictus de Milano, ad honorem Christianissime Majestatis vestre, composuit quodam opus in vulgari sermone et in rima, ex quo opere magnos labores passus est et expensas, ne postea emolumento privetur ab aliquo, decrevit ad Majestatem vestram habere recursum.

Humiliter supplicando quod predicta Maesta vestra dignetur per suas litteras patentes edicere et ordinare ac inhibere, sub aliqua pœna, ne quisquam possit nec valeat simile opus stampare, neque stampari facere, saltem hinc ad annos duos, neque aliquid aliud facere in prejuditium aut jacturam dicti exponentis, cum indignum esset ipsum fecisse versiculos, et alter reportaret et perciperet lucrum et honores; prout sperat in Majestate vestra.

2° *Édit de Louis XII.*

Ludovicus, Dei gr., etc. Universis litteras nostras inspecturis salutem. Ut Simon de Littis, qui nobis annexam exhibuit supplicationem, et qui nullis laboribus pepercit in iis enarrari que nuper in exercitu nostro quem contra Venetos duximus feliciter gesta sunt, aliquem fructum laboris sui percipere possit, tenore præsentium inhibemus quibuscumque bibliothecis, ac aliis quibuscumque subditis nostris mandamus quatenus memoratum opusculum hinc ad annum unum proxime futurum imprimere nec vendere audeant, sub pœna ducatorum centum camere nostre applicandorum.

Datum Mediolani 26 maii 1509 regnique nostri duodecimo. Per Regem, ducem Mediolani, ad relationem consilii : Jo. Franciscus. *In calce :* Falco. Has etiam sine sigillo exequendas jubet senatus : Julius.

3° *Proclamation de l'édit précédent.*

1509, die 30 maii. Per parte e comandamento del magnifico e clarissimo, de l'una lege e l'altra doctore, domino Christophoro Campexio, honorando potesta de là cita e ducato de Milano, in queste parte regio delegato, per littere regie concesse ad supplicatione de domino Simon Litta, dicto da Milano, date a dì xxvi del presente mese, designato como in quelle se contene, qualle sono registrate a lo offitio de Panigaroli, se fa publica crida, bando e comandamento, e per tenore de la presente, in executione de dicte littere regie, se inhibisse a qualunchi librari seu stampatori di libri et a ciaschaduna altra persona di qual grado, stato e condictione voglia se sia, subdito a lo christianissimo Re di Franza e duca nostro de Milano, che non ardischa ne presuma, da ogi inante fine a anno uno proxime a venire, imprimere ne fare imprimere ne vendere ne far vendere la opera facta e composta per dicto Simóne, narrando le cose che felicemente sono facte cum lo exercito regio contra li Venetiani novamente facto, sotto pena de ducati cento da essere implicati a la regia e ducale camera ogni volta che contrafara a la presente crida, e saranno irremissibilmente puniti. Christophorus.

Publicatum ad scallas pallatii Mediolani et super platea Arenghi per Baptistam de Lactavella, preconem comunis Medioláni, die suprascripto mercurii trigesimo maii, sono tubarum premisso.

73.

Édit autorisant la circulation dans le Milanais de la monnaie d'Uri et d'Unterwalden frappée a Bellinzona.

(Milan, 26 juillet 1509).

Certe monete theutonice expendantur.

Quantuncha l'anno proximo passato fusse proclamato e stabilito per la regia Maestà che, per tuto il suo dominio de Milano, non se spendesseno ne recevesseno se non l'oro et monete, fabrichate in la cecha d'essa citade, et cosi l'altre monete, se non quelle sono nominate in dicte cride (ad le quale se habia relatione), per essere la salute e quiete non mancho de li regii subditi che de la regia camera, le quale cride et ordini per la presente se conferma, perchè se vede el bono effecto ne succede, nondimeno volendo el christianissimo Re, nostro signore, duca de Milano, per la devotione e fede portano le magnifiche lighe de Urania et Undervald (*sub silva*) a la prefata regia Maestà, compiacere a la rechiesta loro che le monete d'auro farano fabricare in la cecha de Bilanzona se possano spendere liberamente in questo regio Dominio da terline in suso, dummodo siano dicte monete in ogni qualitade, precio, pexo, liga, e bontade, et in simile specie quale sono quelle se fabricharano in questa cecha de Milano, e se intenda non se fabricha in dicta cecha de Bilanzona scuti d'oro d'alcuna sorte, sed solum ducati larghi e monete a la qualitade e bontade de Milano, come consta per li capituli de gratia concessi a di 19 de Maggio 1509, existenti a la camera de li Magistri de le intrate ordinarie.

Per tanto, se fa notitia per la presente crida, per parte et comandamento de la prelibata regia Maestà, per gratificare a le prefate magnifice lighe de Urania et Undervald *ut supra,* et de gratia speciali *ut supra,* che caduna persona de questo stato de Milano, cossi datiarii e gabelleri de sale de caduna conditione e thesaurerii et ogni altro che haverà causa de spendere e recevere, deba liberamente acceptare per cose private e publiche esse monete d'auro che se fabricharano in dicta cecha de Bilanzona, intendendo da terline in suso. Et acioche alcuno non resti perplexo in acceptare dicte monete, se fa intendere essere posto tal ordine a dicta cecha de Bilanzona, cioè de soprastanti et assazatori ad nome regio, che continuamente starano in dicta cecha a li cuy juditio se debia stare, per modo che ogni cosa passerà cum bono ordine e senza ambiguitade, che dicte monete d'oro serano corrispondente a la cecha de Milano. Et questo sia exequito senza alcuna exceptione, non obstante cride ne altro in contrario.

Fiant et publicentur locis et horis solitis suprascripte cride pro parte regia, quoniam sic jussit illustrissimus dominus locumtenens generalis.

Mediolani XXVI Julii 1509, Sebastianus Ferrerii, propria *(sic).*

Publicata super platea Arenghi et in Brolleto novo comunis Mediolani per Stephanum Oldanum, tubetam regium, die Jovis XXVI Julii 1509, sono tubarum premisso.

<h2 style="text-align:center">74.</h2>

ÉDIT DE CONFIRMATION ET DE CONCESSION DES PRIVILÈGES DE CREMA.

(Milan, 27 juillet 1509.)

Ludovicus, Dei gr., universis litteras nostras præsentes inspecturis, salutem.

Cremenses dicioni nostre redditi, quemadmodum debebatur, ut eorum commodis consulerent onerumque sibi incumbentium levamen aliquid per nos reciperent, oratores ad nos cum eorum postulatis misere, qui multa a nobis efflagitarunt; horum consideratione habita, ut, in quibus deceret, ipsis gratificaremur ac nostre liberalitatis et munificentie pignus et monumentum perpetuum consequerentur, donavimus eidem communitati ac concessimus et elargiti sumus, prout ex responsis quæ post quamlibet ipsius communitatis Creme postulationem subsequuntur.

Rex christianissime et Mediolani dux justissime,

Quia, Deo annuente, Cremensis populus reintegratus fuit sub ditione et imperio felicissime vestre regie Majestatis, fida spe confidens ut clementia, liberalitate et justitia ejusdem consequatur regia et ducali auctoritate concessionem et confirmationem infrascriptorum capitulorum, quæ eidem oratores Cremenses exhibent, supplicant humiliter et devote illa sibi confirmari et concedi contenta in eis, ut, sub ejus felici umbra regia et ducali, animo quieto vivere possint; cujus gratiæ humiliter se commendant nomine Cremensis populi.

PETITIONES.	RESPONSA.
I.	**I.**
Primo, quod communi Creme per regiam Majestatem confirmentur omnia et singula capitula, concessiones, privilegia et immunitates alias et hactenus sibi concessa per Dominos Venetos, et, mutatis mutandis, congrue referenda, quatenus expediat sibi concedantur, et denuo fiant omnes illemet concessiones, immunitates et privilegia, que hic pro sufficienter expressis habeantur; et insuper, in argumentum et testimonium uberioris et abundantioris clementie et benignitatis Regie Majestatis, eadem dignetur sibi similiter concedere et confirmare infrascripta capitula, ut tante Regie Majestatis largitatis	Confirmantur omnia privilegia et omnes immunitates ac concessiones, quibus hactenus rite et recte usi sunt et de presenti utuntur.

intuitu populus Cremensis magis ferveat et accendatur in amorem et devotionem Regie Majestatis sue.

· II. ·

Quod, attenta angustia territorii Cremensis et populi civiumque ejusdem numerositate, Christianissima Regia Majestas dignetur, pro dote competenti mœniorum et fabrice ejusdem oppidi, providere de digna amplitudine ejusdem territorii et jurisdictionis, et sibi per nunc reintegrare et manutenere inviolabiliter omnes jurisdictiones, territoria, utilitates et preheminentias sibi quoquo modo competentes, et præcipue illas quibus hactenus usi sunt sub dominio Veneto, et etiam, attenta locorum vicinitate, pro majori litigantium commodo et leviori impensa, placeat decernere quod consilia omnia sapientium et appellationes omnes a gravaminibus et sententiis dominorum officialium et potestatum terrarum Glaree Abdue et Pandini, de cetero committantur Dominis judicibus collegii judicum Creme, attento maxime quod appellationes terrarum Ripalte, Vaylate et Pandini solite erant Cremam devolvi jam pluribus annis.

III.

Quod pro pignore singulari devotionis Cremensis populi in regiam Majestatem, eadem sua clementia dignetur elligere, aggregare et manutere, nunc et in futurum, in numero magnificorum senatorum suorum Mediolani, vel saltem Dominorum magistrorum extraordinariorum,

II.

Servetur solitum tempore predicte recuperationis per regiam Majestatem facte.

III.

Regia Majestas non posthabebit Cremenses aliis oppidis insignibus pro personarum qualitate et magistratuum dignitate.

unum ex doctoribus Cremensis
collegii et consilii jurisconsulto-
rum, qui gaudeat omnibus privilegiis, utilitatibus et preheminentiis, prout quilibet de ipso reverendissimo et magnifico Senatu,
vel ex dictis dominis magistris
extraordinariis, et in omnibus,
prout concessum fuit civitati
Brixie, congrue referendum.

IV.

Quod datium gabelle sive mercantie Creme exigatur solum de
et pro rebus de quibus hactenus
solitum fuit solvi ipsum datium,
et quod solutiones ipsius datii
pro rebus et mercantiis undique
conducendis Cremam vel in dis-
trictum ejus de omnibus terris et
locis vel abinde ad alienas partes,
aut transeuntibus in Crema vel
in districtu, reducantur et fiant
juxta taxationes et exactiones ordinarias solitas per eisdem rebus
fieri pro gabella datii mercantie
Laude, absque tum inquinto ejusdem datii post super addito, et nil
ultra exigi possit.

V.

Quod regia Majestas, sua solita
clementia et liberalitate, pro ale-
viatione Cremensis populi a tot
oneribus fabricarum et datiis,
quibus hactenus gravatus extitit,
et pro ubertate victualium in eo
conservandorum, et ut propter
hujusmodi largitatem magis accendatur in amorem et devotionem versus suam Regiam Majestatem, dignetur, pro universali
bono omnium, maxime paupe-
rum, totaliter tollere exactionem
datii macine panis, vini forensis
et bladorum que conducentur in

IV.

Servetur solitum, donec melius intellecta fiat provisio.

V.

Regia Majestas, ut demonstret
affectionem quam gerit in Cremenses, contentatur remittere et
remittit ex intratis suis Creme
ducatos mille quinque centum
auri in anno ex intratis et redditibus vectigalum regiorum ipsius
terre Creme, vel super datio macine vel alibi, prout Magnificis
Dominis generalibus finantiarum
videbitur et fieri debere ordina-
verint; tollit ipsum datium macine modo suprascriptam summam ducatorum 1.500 auri non
excedat.

Crema pro usu populi, et etiam dignetur reducere gravamen solutionis imbotaturatum datiorum feni et vini ad medietatem eius quod hactenus solitum est solvi; videlicet quod solvantur pro quolibet plaustro feni solidi duo cum dimidio imperiales, tantum et pro qualibet brenta vini soldus unus tantum.

VI.

Quod jus et redditus incantûs et nundinarum Creme qui, a principio concessionis earum, spectabat communi Creme et pro eo ejus comilitoni, sed successive fuit occupatus per officiales rectorum Creme, et tandem reductus in cameram fiscalem, de cetero pleno jure spectet communi Creme, et ad omnia jura predicta reintegretur totaliter; et ejus nomine per provisores et agentes nomine ipsius communis subastetur et exigatur ad usum ornamentorum, expensarum et onerum occurrentium in dies ipsi communi, attento maxime gravi onere passo in fabrica scarpe et mœniorum Creme per ipsam communitatem, et instante necessitate pavimenti et ornamentorum stratarum Creme, et de ipsis nundinis etiam nihilandis pro libito disponere possit commune Creme.

VI.

Servetur solitum

VII.

Quod liceat Cremensibus uti statutis, ordinibus et provisionibus, editis et edendis, quibus nunc utitur et usa fuit hactenus terra Creme, etiam pro monte pietatis; et ea omnia sint tenore presentium et intelligantur confirmata, et exequantur per regios et

VII.

Serventur quæ sunt in viridi observantia, et nihilominus etiam servabuntur decreta ducalia quæ in dominio Mediolani observantur et observabuntur.

ducales magistratus et officiales, absque alia confirmatione.

VIII.

Quod collegia doctorum, notariorum et mercatorum Creme confirmentur, cum privilegiis, statutis, omnibus et singulis, editis et edendis, ac jurisdictionibus et preeminentiis, quibus hactenus usa fuere, et gaudeant omnibus privilegiis et concessionibus hactenus factis et fiendis aliis collegiis civitatum et locorum Regiae Majestati suppositorum.

VIII.

Confirmantur concessiones ac statuta suprascriptorum collegiorum, prout hactenus rite et recte observata fuerunt.

IX.

Quod communitas Creme habeat et exigere valeat libere omnia datia, utilitates et redditus solitos per eam hactenus exigi, et illa incantare possit, et etiam libere teneat omnia bona et jura quae nunc habet, et uti valeat illis privilegiis, consuetudinibus, immunitatibus, juribus, facultate et auctoritate quibus hactenus fecit.

IX.

Conceditur ut petitur.

X.

Quod communitas Creme eo modo et ordine circa consilia, officia et gubernatores, beneficia, hospitalia et loca pia ipsius communitatis uti valeat, disponere et facere, prout in presentiarum et antea fecit, aliquo non obstante, et electiones pro predictis fiant juxta solitum.

X.

Quia multi cives contradicentes supplicarunt et per alios responsum fuit, ideo re maturius cognita deliberatur pro quiete Cremensi.

XI.

Quod liceat ipsi communitati Creme exhibere libere de flumine Abdue et ponere pro libito in suas solitas rugias, pro usu suo, quan-

XI.

De isto articulo pendet lis cum aliquibus ex contradicentibus, et pro justicia, quoad eos expediet; quoad reliquos cum quibus nulla

titatem aque taxatam alias in regia ordinatione, aliquo non obstante, et pro ipsis rugiis sibi observentur capitula superinde facta et fienda, speciesque rugie et earum una in omnibus sibi confirmentur cum pertinentiis suis debitis et quod pro ipsis aquis et rugiis conservandis ipsa communitas uti possit capitulis et ordinibus, facultate et jurisdictionibus, quibus fiebat sub felici dominio recolende memorie illustrissimi ducis Philippi, Mediolani ducis, in omnibus, prout in eis continetur.

lis est, confirmatur ordinatio regia de qua in articulo, quantum vero ad observationem capitulorum, eis visis et re cognita, deliberabitur.

XII.

Quod omnes qui deliquere vel banniti fuere a terra vel territorio Creme, exceptis parricidiis, sint et intelligantur absoluti a quibusvis bannis, nec amplius contra eos procedi possit ratione predictorum delictorum.

XII.

Conceditur, reservatis homicidiis animo deliberato occidendi commissis, quæ nullo modo remittuntur; item, reservatis aliis homicidiis, in quibus pax ab offensis habita non fuerit.

XIII.

Quod omnes et singuli homines utriusque sexus et cujusvis ætatis, tam officiales, contestabiles et provisionati in Crema quam forenses qui reperiuntur vel soliti sunt habitare in Crema, et omnes Cremenses et mons pietatis et Ebrei, monasteria et similia in Crema, cum facultatibus suis et pignoribus quibuscumque quæ habent, sint salvi et conserventur liberi, et in aliquo, in persona vel in rebus, non molestentur.

XIII.

Conceditur quoad omnes, exceptis Ebreis quos religio non patitur tolerari.

XIV.

Quod Dominus potestas, camerarius, castellanus cum eorum curiis, familiis, officialibus, bonis et rebus, conserventur illesi, et

XIV.

Pro observatione eorum quæ premissa sunt, dabuntur litteræ salviconductûs opportunæ.

libere possint migrare de Cremensi terra, et iis concedatur ut possint tute cum dictis bonis et familia reverti in patriam suam per omnia loca terre vel aquarun regie Majestatis, vel illustrissimo duci Ferrarie et Mantue supposita pro quibus fiant patentes littere salviconductûs et transitûs.

XV.

Quod gentes tam equestres quam pedestres regie Majestatis, quocumque tempore et casu, debeant suis expensis et de proprio in totum vivere et habitare in alogiamentis eis consignandis et deputandis superinde per commune Creme, absque eo quod possint alogiare vel alogiamenta petere in domibus familie Cremensis vel terrigenarum Creme et districtus, neque petere possint vel consequi pro eorum alogiamentis vel taxis plus quam dabatur gentibus Venetorum; et quod Cremenses non cogantur prestare alogiamenta vel aliquid stipendiatis aliquibus, ultra portionem suam, stipendiatorum quæ per Regiam Majestatem ordinarie tenebuntur citra montes.

XVI.

Quod talee, prestita vel onera imponi non debeant Cremensibus nec eorum possessionibus vel facultatibus, vel quicquid super eis exigi, aliquo casu vel tempore, nec super datiis aliquibus terre vel communis Creme imponi possit, vel fieri augumentum vel additio aliqua contra voluntatem ipsius communitatis.

XV.

Circa alogiamenta ordinabit illustris dominus locumtenens ita ut merito conqueri non poterunt.

XVI.

Conceditur.

XVII.

Quod non possint confiscari bona alicujus Cremensis pro aliquo delicto, nisi in casu rebellionis; et in causis penalibus, criminalibus et civilibus, inviolabiliter observantur statuta Creme edita et edenda, absque alia confirmatione.

XVII.

Servabuntur quoad confiscationes, decreta et ordines et Dominii Mediolani statuta: etiam observabuntur que eis non repugnant, quatenus sint in viridi observantia.

XVIII.

Quod fiscalis camera Creme teneatur dare venditione cuicumque de terra et territorio sal pretio consueto in Crema; nec cogi possit aliquis levare sal aliquod ultra suam voluntatem.

XVIII.

Servetur solitum.

XIX.

Quod contestabiles et alii quicumque deputandi ad portas Creme non possint aliquid petere vel accipere propria auctoritate ab aliquo de et pro intrata vel exitu aliquorum fructuum vel lignorum pretextu sue regalis vel aliter, sub pena ducatorum decem singula vice ipsis auferendis et regie camere applicandis.

XIX.

Conceditur et dabitur opportuna provisio ut extorsiones coerceantur.

XX.

Quod concedatur et liceat ex nunc Cremenses posse extrahere de flumine Olei unam rugiam pro irrigationibus terrarum suarum, ad beneplacitum Cremensium, libere et aliquo non obstante.

XX.

Conceditur, servatis servandis, modo fieri possit sine publico aut privato cujuslibet tertii detrimento.

XXI.

Quod omnes Cremenses, qui fuerunt et sunt stipendiati in presentiarum dominii Venetorum, possint libere reverti ad terram Cremensem, et libere sine talea

XXI.

Serventur proclamationes superinde facte, et quidquid contra dispositionem earum factum est, retractetur.

relaxentur quicumque Cremenses et bona vel bestie Cremensium hactenus capta in instanti bello habito contra Venetos.

XXII.

Quod habentes ecclesiastica beneficia a Sede apostolica vel ab ordinariis habentibus auctoritatem collationis in eis et eorum tenuta conserventur, nec molestari patiantur; de cetero ecclesiastica beneficia terre Creme et districtus conferantur solum civibus Cremensibus.

Conceditur prima pars, salvo jure tertii; quoad secundam partem, Regia Majestas operam dabit ut Cremenses beneficiis territorii sui et etiam aliarum provinciarum regni sui potiantur.

XXIII.

Quod habentes bona alias confiscata per fiscalem cameram aquisita quovismodo ab ipsa camera in eis et eorum tenuta conserventur pacifice.

Conceditur, salvo jure tertii.

XXIV.

Quod Dominus potestas et officiales regii pro usu suarum habitationum habeant palatium solitum teneri per Dominum potestatem Creme et ejus curiam cum onere et honore.

Servetur solitum.

XXV.

Quod in causis civilibus vel criminalibus Cremensibus populi et territorii, nullus judicet nisi Dominus potestas deputandus in Crema vel ejus vicarius et judex maleficiorum, congrue referendo, et quod Dominus potestas sit italicus et expertus in judicandum, et secum ducat vicarium et alium pro judice maleficiorum, qui sint doctores juris non derogando tum in aliqua jurisdictione dominorum judicum collegiatorum, vel

Ordinarie tractabuntur cause Cremenses coram suo ordinario, salva tum erectione senatus. Servetur solitum quoad jusdicentes et jurisdictiones tempore recuperationis *ut supra*.

consulum mercatorum, vel officialium damnorum datorum, vel, judicis victualium Creme et consulum justicie, quorum jurisdictiones salve et confirmate sint et
esse intelligantur.

XXVI.

Quod blada Cremensia, ultra
quantitatem necessariam victui
Cremensis populi conduci possint
extra territorium et vendi pro
libito ad terras suppositas regie
Majestati.

XXVI.

Serventur ordines in materia
bladorum in dominio Mediolani
vigentes et, respectu quantitatis
solutionis tracte, id tantum solvatur quod solvere soliti sunt.

XXVII.

' Quod habentes terras et posses-
siones in alienis jurisdictionibus
et territoriis conserventur in eis
et eorum juribus. et possint libere
et sine impedimento aliquo fruc-
tus earum conducere ad terram
vel territorium Creme.

XXVII.

Conceditur habita licentia juxta
solitum.

XXVIII.

Quod condemnationes criminales pecuniarie malleficiorum
applicentur ipso jure et facto
communi Creme et sibi spectent
in totum.

XXVIII.

Servetur solitum.

XXIX.

Quod Cremenses libere et absque solutione alicujus datii, pedagii, bulletarum vel fundinanis
possint ire et redire cum rebus
suis, excepta mercantia, per omnia loca, terras et civitates regie
Majestati suppositas et si inde
vel per ipsa loca portarent aliquas
merces, vel alia pro usu corum,
non teneantur solvere datium aliquod. gabellam sive mercantiam
pro eis.

XXIX.

Servetur solitum, et exnunc
tractabuntur Cremenses quemadmodum alii subditi domini Mediolani.

XXX.

Quod regia Majestas vestra alicujus unionis collationis, vel spectative beneficiorum, vel aliter providere dignetur pro cultu divino quod in ecclesia majori Creme, ultra canonicos, adsint ad minus sacerdotes duodecim et plures, si poterint, mansionarii, qui, ultra missas quas tenentur celebrare quolibet die, decantent omnes horas canonicas et perinde habeant diurnas distributiones valoris ad minus ducatorum ducentorum ; quorum sacerdotum ellectio et privatio spectet communitati Creme ; et ad effectus predictos applicentur redditus abbatie sive prioratus sancti Petri Madegnani Cremensis territorii.

XXX.

Comperto modo idoneo per Cremenses, regia Majestas curabit pro posse ut eorum voto satisfaciant.

XXXI.

Quod regia Majestas et ejus camera fiscalis teneatur ad omnia et singula debita et onera ad que Dominium Venetum et ejus camera fiscalis qualibet occasione tenebatur et tenetur, maxime vigore capitulorum alias concessorum ipsi communitati per dominium Dominorum Venetorum in adeptione terre Creme et concessionum exinde factarum Cremensi populo per ipsum Dominium.

XXXI.

Servetur solitum.

Quæ igitur super elargita sunt concessa, decreta vel approbata, ea omnia grata et rata habuimus et habemus, et hic pro expressis habentes, denuo quatenus expediat, ex certa scientia et de nostre potestatis plenitudine et ex gratia speciali elargimur, concedimus, confirmamus et approbamus in omnibus et per omnia, prout in responsionibus antescriptis continentur ; mandantes tum benedilectis et fidelibus nostris, episcopo Parisiensi, cancellario senatus Mediolani, seu ejus vicesgerenti, ac ejusdem senatusque generali et magistris intratarum nostrarum et ceteris omnibus ad quos quomodolibet spectabit ut has nostras observent et observari faciant. Quoniam sic nobis placet, et sic fieri volumus.

Que omnia ut firma et stabilia perpetuis maneant temporibus, sigillum nostrum apponi jussimus, salvo in ceteris jure nostro et in omnibus quolibet alieno. Datum Mediolani 27 Julii 1509 et regni nostri duodecimo. *Signatum. Visa.* Robertet.

75.

ÉDIT SUR LA SURETÉ PUBLIQUE.

(Milan, 27 septembre 1509.)

Decretum contra receptatores bannitorum, et quod maleficiis obvietur, et banniti possint impune offendi.

Ludovicus, Dei gr., etc. Dilecto nostro capitaneo justitie Mediolani salutem.

Non sine animi nostri gravissima molestia, singulis prope diebus a quibuscumque partibus dominii nostri varias et crebras querimonias a subditis nostris accepimus, civitates, oppida, terras et loca dicti dominii nostri infestari exulibus et bannitis, qui terrore et damno privatis et publicis personis esse videntur. Quod praesertim evenire non ambigimus ob favores, confugia et suffragia quae eisdem in dicto dominio nostro diversimode praestantur. Cum ergo decreverimus omnino temeritatem et audatiam hujusmodi fautorum et receptatorum comprimere, ad vos annexum decretum, a predecessoribus nostris editum, transmittimus una cum cridis pariter his annexis, et ne quispiam sub subterfugio ignorantie penas contentas in ipso decreto evitare queat, volumus et vobis injungimus quod ipsum decretum et ipsas cridas in civitate ipsa ad loca solita faciatis publicari, operamque strenuam detis ut quicumque banniti capiantur, et insuper omni curâ studeatis invenire fautores, auxiliatores et receptatores bannitorum et exilio damnatorum, procedendo contra eos et communitates, sicuti ex forma memorati decreti disponitur; non deveniendo tamen ad aliquam condemnationem et executionem contra tales communitates, nec etiam contra receptatores faventes et auxilium præstantes dictis bannitis qui contumaces non extiterint, nisi prius certiorem reddideritis senatum nostrum Mediolani, per litteras vestras in manibus subsignati secretarii nostri dirigendas, et ab ipso senatu responsum non habueritis; insuper de receptione harum nostrarum et publicatione ipsius decreti prefatum senatum nostrum certiorabitis per litteras vestras pariter dirigendas *ut supra*.

Datum Mediolani, 27 septembris 1509 et regni nostri duodecimi. Per Regem, Mediolani ducem, ex relatione consilii : B. Comitis. Cum sigillo regio in cera rubea : Hugo.

Tenor decreti sequitur.

Nos, dominus Mediolani, comes Virtutum, imperialis vicarius generalis, etc. Volentes contra receptatores bannitorum et fugitivorum recusantium debita onera et functiones in civitatibus, terris vel aliis comunibus nostris, et aliorum diversorum debitorum nolentium solvere creditoribus suis subditis nostris, de salubri providere remedio, presenti decreto decernimus et mandamus quod nulla persona, comune, universitas vel colegium cujusvis status, condictionis aut preheminentie existat, audeat vel quovismodo presumat scienter receptare, aut super vel in suo permittere aliqualiter receptari aliquem bannitum vel condemnatum de aliqua civitate vel terra nostra, de aliquo crimine, ex quo pena mortis, mutilationis membri, seu etiam alia pena sanguinis, veniat imponenda, aut ipsis talibus bannitis præbere aliquod auxilium vel favorem; si qua autem singularis persona publica vel privata aliquem bannitum *ut supra* contra hoc presens nostrum decretum receptare praesumerit vel ei dederit vel dare fecerit auxilium vel favorem, volumus ipsum talem contrafacientem ipso facto incurrere similem pœnam quam idem bannitus substinere deberet, si in potestate nostra vel alicujus offiicialis nostri esset personaliter constitutus.

Si vero fuerit comune, collegium aut aliqua universitas que receptaverit aliquem bannitum vel condemnatum vel ei dederit auxilium vel favorem *ut supra*, condemnetur realiter et personaliter ad arbitrium jusdicentis, ad quem talis cognitio spectaverit, inspecta qualitate facti et persone condictione, et si contigerit de presenti aliquam singularem personam, collegium, vel comune, gaudentia privilegio immunitatis vel exemptionis, habere in eorum terris, castris vel locis aliquem bannitum *ut supra* de aliquibus civitatibus vel terris nostris, volumus ut infra quinque dies a die notificationis decreti presentis eis fiende computandos, debeat excumiasse dictum bannitum de predictis earum terris, castris vel locis; et si non recesserit, teneantur et debeant ipsum bannitum statim post dictos quinque dies capere et consignare, seu consignari facere in fortiam potestatis vel rectoris, ad quem spectabit punitio banniti predicti, ut de ipso fieri potest justitie complimentum; aliter ipso facto inteligatur incurrisse eamdem penam ad quam condemnatus esset bannitus predictus; volentes insuper et mandantes quod ipsa persona, collegium vel commune que contra hoc nostrum presens decretum, duxerit auxu temerario facere, videlicet receptando aut jam receptatum tenendo *ut supra* aliquem bannitum de crimine ex quo pena mortalis veniat imponenda, ipso jure et facto careant et puniti sint; quos etiam tenore presentium, ex certa scientia et de nostræ potestatis plenitudine, privamus et privatos esse decernimus omni jure, privilegio, immunitate, exemptione et gratia, eisdem per nos aut bone memorie quondam magnificos dominos predecessores nostros seu aliquem eorum aut per aliquos principes, dominos aut comunia generaliter aut specialiter ex pacto et conventione quomodolibet concessis, etiam si talia forent, de quibus fieri deberet mentio specialis, si clausulam derogatoriam continuerint.

Ad quas penas decernimus non teneri aliquod comune, collegium vel universitas, nec alias singulares personas publicas vel privatas, qui bannitos hujusmodi consignaverint vel consignari fecerint personaliter in bayliam alicujus nostri rectoris, in cujus jurisdictione recepti fuerint, nec etiam eos qui de ipsis receptantibus notitiam fecerint ea die vel proxima sequenti nobis vel alicui nostro rectori in cujus jurisdictione recepti fuerint *ut supra*, vel se hujusmodi banniti, tanta vigerent multitudine et potentia, quam per ipsa communia et universitates vel singulares persone predicta notifficent, ut præfatur, volentes tamen quod predictarum penarum pecuniarum auferendarum *ut supra* medietas camere nostre, alia vero denuntiatori vel accusatori applicetur. Publicatum ut infra.

Tenor cridarum.

Volendo la Maestà del Christianissimo Re e duca nostro de Milano, per salute de quelli subditi soi che hanno animo de ben vivere, et anche per debito de la justitia, occorrere a tuto suo podere ala insolentia et improbita de alcuni scelerati quali senza timore de Dio ne di alcuni officiali de Sua Maestà ardiscano fare ogni grave delicto nel dominio de Milano, et anche dì e nocte fare insulti alla strada e tore non solo li dinari e robe a viandanti, ma ancora qualche volta la vita; de li quali delicti ne segue a la volte dimonstratione nisuna per non essere loro notificati ali officiali a chi specta, ma più presto se ritrova persone che hanno piacere ad vedere commettere epsi delicti, e che e più chi dano adiuto e favore ali delinquenti;

Però, per parte di Sua Maestà, si fa in tuto epso suo dominio de Milano publica crida e comandamento qual habia sempre a durare, che in qualunche parochia, villa aut loco depso ducato, dove sia per essere commisso rixa, homicidio aut altro delicto tute le persone depsa parochia, villa aut loco a le oregie de lequale pervenera el rumore d'altri delicti che si vogliano com: a re o similmente ogni altra persona qual seli ritrovara aut supervenera si ben fosse acaxo, siano tute obligate, sotto pena de ducati zinquanta aut tracte doi de corda, al arbitrio del reverendissimo senato de Milano, de impedire con ogni possibil modo che tal delicto non habia effecto.

Et non possendo loro impedire tali delicti. perche fossano già occorsi o vero principiati, o vero per altra causa, siano obligati, sotto la medesima pena, a tuto loro podere, sforzarsi de prendere li malfactori e consignarli ne le forze de li officiali depsi lochi aut loco più propinquo a chi specta; quali li habiano sotto bona custodia, et subito ne diano adviso al reverendissimo senato di Milano.

Et non possendo loro prendere dicti malefactori, siano tute le persone predicte, sotto la pena sopradicta, tenute inante quando dicti delicti se voleno commettere, se puono, se non domente se cometeno, o vero subito siano comissi il più presto sia possibile, andare aut mandare qualchuno al judice et offitio depso loco dove se cometta tal delicto a chi spetta aut del loco più vicino, ad significarli e nominarli el loco del delicto e le persone delinquenti; quali officiali in-

continenti, sotto pena arbitraria al reverendissimo senato,
siano tenuti andare al loco del delicto cum la loro famiglia
per prendere tali delinquenti o possano et habiano ancora
implorare aiuto da ciaschuno, et anche comandarli, sotto
la pena la quale parera condecente, che gli diano adjuti per
prendere epsi delinquenti, e se nel acto de la captura, tali
delinquenti facessero resistentia cum arme talmente che
fosseno vulnerati et, in caso de grave delicto, che fosseno
occisi, quello se intenda essere facto impune.

Et quando dicti delinquenti fugessero talmente che non
se potesseno prendere come è dicto de sopra, siano tute le
persone sopradicte tenute sotto le pene sopradicte seguitare
tal malfactori fugienti, e chi non podra altramente cum
gran cridarli adreto almeno fin alla parochia, villa et loco
più vicino verso unde siano stati seguitati dicti malfactori, siano poi tenute sotto le medeme pene prendere, denuntiare ali officiali, seguitare dicti malfactori, al modo como
è dicto di sopra, de le prime parochie, ville e lochi, e cosi
de parochia in parochia, villa in villa, e loco in loco, tanto
che dicti malfactori ad ogni modo pervenano in le mane de
la justitia.

Ancora se fa publica crida et comandamento *ut supra*
che nisuna persona de qual stato, grado se sia, olsa ne presuma dare auxilio, consiglio ne favore, ne receptare tali
delinquenti, inanti el delicto, quando se sapia che siano per
cometerlo, ne anche nel acto depso delicto ne poso el delicto, sapendo verisimilmente loro essere delinquenti, e
questo, sotto la pena de la vita e de la roba, in tuto o in
parte, al arbitrio de la regia Maestà ovvero del Reverendissimo Senato, secondo la attrocità deli casi occorrerano.

E che non solamente le auxiliatori et receptatori de tali
malfactori siano puniti, como e dicto de sopra, ma anche
che ogni persona, che sapia essere dato adiuto et receptato
tal malfactore contra il tenore de la presente crida, sia tenuta
ad venire a notificare e denuntiare al judice et officio ad chi
specta dove siano receptati epsi malfactori, e per qual persona siano receptati, aut li sia dato adiuto, consiglio e fa-

vore, e questo sotto pena de ducati cinquecento, da essere applicati a la regia camera, e più e mancho al animo de la regia Maestà, o vero del Reverendissimo Senato de Milano, secundo la qualita de le persone, e secundo la attrocita et occurrentia de li casi evenerano.

Publicata ut infra.

Tenor cridarum.

Havendo interso el Christ^{mo} Re di Franza, duca nostro di Milano, che molte persone, licet siano bandite dal ducato e dominio de Milano, per demeriti e legiptime cause, presumano intrare e conversare in epso dominio e comettere diversi e varii manchamenti, cumulando delicto a delicto, se fa publica crida e comandamento ad qualuncha persona, cosi feudataria como de qualuncha altra condictione, che non ardisca dare recapito o sustengo alcuno ad veruno bandito, sotto la pena contenta in li decreti, certificandoli che non sara admisso excusatione alcuna ad chi contrafara.

Et ultra de cio, per parte del Christianissimo Re e duca nostro, se concede e se statuisse e decerne che caduna persona che se ritrova bandita, possa non solamente impune amazare un altro bandito qual venga in dicto dominio e sia bandito *ex causa in qua ingeratur pena mortis,* ma *ipso facto* havendo amazato uno bandito *ut supra* sia libero da bando, e possa liberamente stare et habitare nel dominio, como se mai non fusse bandito, dummodo non sia bandito de crimine lese majestatis, o vero de havere fabricato falsa moneta, aut de homicidio tractato et appensato.

Item, se un altro non bandito amazera uno bandito *ut supra,* non cada in pena alcuna et ulterius habia liberta et auctorita de revocare dal bando un altro bandito qual possa liberamente stare et habitare nel dominio, como se mai non fusse stato bandito *ut supra,* dummodo non sia bandito *ut supra,* lequale cride habiano a durare per tuto il mese de januario proximo ad venire.

Publicatum fuit suprascriptum decretum una cum suprascriptis cridis super platea Arenghi et in Brolletto novo comunis Mediolani, per Andream Pisonum, tubetam regium, die sabati 29 mensis septembris 1509, sono tubarum premisso.

76

RÈGLEMENT POUR LE CANAL DE LA MARTESANA.

(Janvier 1510.)

Capitoli del naviglio de Martesana se hano a metere in la investitura che si fara ad novi anni che comenzarano in kalende de zenaro del 1510, qual se fara per li agenti per la regia et ducal camera, videlicet :

Primo, chel se faza la investitura a novi anni, comenzando a calende de zenaro del anno 1510, alli conductori depso naviglio de Martesana cum datio ed emolumento de la concha e boche de ficto solite et de ogni altra honoranza, intrata et preheminentie depso naviglio et como alias scodeva la ducal camera seu agenti per quella per ficto ogni anno, de quello sara facto labocatione in maior benefitio de la prefata camera, non scodendo alcuno inquinto et che dicti conductori sieno investiti et obligati *in solidum* et che dagheno idonee segurtate in lo acto de la investitura de pagare li ficti alli termini, et de exequire et observare quanto in li infrascripti capituli se contene per quello specta a dicti conductori; li quali pagamenti del ficto se habieno a pagare per una quarta parte a calende de augusto, per una altra quarta parte a calende de novembre, per una altra quarta parte a calende de zenaro, et per lo resto, che se intende l'altra quarta parte, a calende de aprile, seu a pasca de la resurectione de l'anno subsequente, et cosi de anno in anno.

Item, che li signori Maestri extraordinarii a nome de la prefata camera sieno obligati administrare rasone contra çaduno delinquente et inferente damno alli dicti fictabili et nel naviglio predicto, puniendoli talmente che sopra dicto naviglio gli sia timore et obedientia; et etiam sieno obligati fare le debite condemnatione contra li contrafacienti, et le condemnatione sieno applicate per uno terzo alla camera, uno terzo alli fictabili, et uno terzo allo accusatore. Ne possano li prefati maestri remettere le portione spectante a dicti fictabili et alli accusatori; et etiam che alli prefati fictabili sia licito convenire li loro debitori et debitori de debitori per causa de la presente fictalizia, nante alli prefati signori maestri et per qualuncha altra causa como se fa et concede alli altri datieri de la camera.

Item, pacto che li soprascripti conductori ad sue proprie spese sieno obligati dare il presente instrumento in publica forma fra tre mesi *a die rogationis* alli prefati signori maestri a nome della prefata camera, sotto pena de ducati vintacinque (*sic)* da essere applicati alla prefata camera.

Item, che li prefati signori maestri che hano auctorita debeno fare tuti quelli ordini justi et comandamenti per utilità et beneficio del ditto naviglio che serano necessarii, et essendoli li ordini da qui indreto che meritasseno reformatione, debieno reformarli et cosi debieno ordinare et fare che se facieno tutte le cride opportune et necessárie per conservatione de le rasone et utilita depso naviglio, sotto quelle pene gli parirano, aciò sieno obediti.

Item, che li dicti conductori senza spexa de la camera et senza altra ricompensa possano fare fabricare rogie nove cum soratori accessii sopra ogni terreno, *his modo et forma* como poteria la prefata camera per beneficio depso naviglio et utilità depsi conductori per le aque che se afictano, facendolo cum participatione, se bisogno serà, de la camera seu prefati maestri, et pagando li conductori il damno de li terreni, si bisogno serà.

Item, aciò che la regia et ducal camera, la republica et le particulare persone habieno commodo et utilità, et se possa mantenire il naviglio navigabile *ut supra,* sieno obligati li dicti fictabili spendere in fare cose nove, se bisogno serà, al beneficio del dicto naviglio, maxime per removere o vero bassare la concha de sernuscio et fare uno torgio novo sopra la Molgula et fare, se bisogno serà, una roza nova che cava l'aqua del naviglio de sopra a Gorgonzola e la rimette in épso naviglio di sotto a Cernuscolo, quale roza servirà alle moline de Cernuscolo per refondare in qualche loco el naviglio ultra le solite spazature, et per fare altre spexe nove altrove; quello che per il magistrato *a ditamen* de Ingenieri serà determinato et a suo arbitrio quale nove spexe habeno ad essere compensate a dicti conduttori *ut infra*.

Item, che li maestri habieno a deputare uno contrascriptore che tenga il cuncto delle spexe se farano in dicto naviglio, aciochè in alcuno tempo non se possa dire la prefata camera essere defraudata; le quale spexe, poi che serano facte et sottoscripte le liste o quadernetti per il dicto contrascriptore, se intendeno essere liquide; quale spexe habieno ad essere facte bone et resarcite neli ficti aut per reale numeratione integre pagati a dicti conductori in fine della locatione, aut che habieno a tenere dicto naviglio doppo la presente locatione et el ficto depso in se retenerlo, sino a tanto che sieno satisfacti, compensando dicto ficto cum dicte spexe; et quando bene la recompensa finisse in tal tempo che non fosse finito, lanno, non dimeno epsi conduttori debieno perseverare sin al fine del anno per compirlo, pagando poi il resto del ficto alla camera.

Item, che li prefati signori maestri facieno cum effecto che ogniuno che habia ragione di cavare aqua fora depso naviglio toglia senon quello che debitamente de havere, facendo ordinare le boche in tal modo che non se possa tore più del debito, facendole amurare et ferrare a spexe de li patroni de le boche, et circa cio se facia ogni experientia per che questo effecto sequa da qui a calende de Julio proximo che vene del 1510; la qual moderatione de le boche li predicti signori maestri voleno far fare como li parirà al arbitrio loro per majore beneficio del naviglio; et facte dicte moderatione sieno obligati li prefati signori maestri farle servare et mantenire.

Item, che li suprascripti conductori sieno obligati servare

tucte le vendite, exemptione et concessioni perpetue de aque
facte da qui indreto per la regia Maestà christianissima et
per soi predecessori tanto che sono in possessione et observantia, facendose pero le moderatione debita *prout supra*.
Salvo quelle da hore e de aficto *ut infra,* et che li conductori
pagano li selarii de li campari depso naviglio quali se habieno ad ellegere et cassare per loro conductori, ma faciano
el juramento et togliano le lettere al magistrato; et salvo che
in caso che il naviglio non fusse navigabile maxime de zugno, luyo, augusto et septembre, chel magistrato possa
ellegere uno officiale che transchora il naviglio ad videre
et referire li manchamenti, quando li campari non lo facesseno loro, et sia pagato dicto officiale per li conductori como
ordinarà il magistrato per la debita sua faticha.

Item, che li prefati signori maestri sieno obligati et debieno fare astringere caduno comune o persone particolare
che de rasone fuessono obligati fare ponti ad transverso dicto
naviglio ad farli et tenerli facti, acio non se habia ad guastare
li argini ne impire il naviglio transversando cum li cavali
et carri.

Item (quod Deus avertat), succedendo peste o guerre notabile tal che li predicti conductori non potesseno godere
questo naviglio ne aqua, che in tal caso, facta prius denuntia, non sieno obligati al pagamento nisi alla rata de
quello havessero golduto, secondo sera declarato per il magistrato; et questo habia loco quando sia facto per la camera
restauro in li datii regii de Milano; et quando per tempo de
guerra fosse rotto da inimici il naviglio che non fusse navigabile, per quelo tempo durasse dicta rotura, epsi conductori
non sieno obligati ad ficto, senon per la rata de quelo goldes-
seno ut sopra.

Item, che li dicti fictabili ad loro proprie spese et senza
altro pagamento o ricompensa, salvo pero lo altro capitulo de
le spexe nove e de la spazatura generale, sieno obligati ad
mantenire et tenire epso naviglio bene in ordine, spazandolo,
remondandolo, fecando segare linia, arzinando cum li soi
sustegni et ogni altra spexa opportuna et necessaria si al

ponte de Gropelo como altrove, acio sia bene navigabile.

Item, pacto che, gionta dicta aqua a Sancto Marco et al fosso de Milano, dicti fictabili non se intendino haverli più actione ne arbitrio alcuno, ne li fictabili sieno tenuti ad spexa alcuna che si facesse in lo fosso predicto; ita tamen che dicto fosso per li agenti de la prefata camera sia mantenuto navigabile, salvo che dicti fictabili sieno obligati alla manutentione della concheta che è nel dicto fosso presso alla concha grande presso a Sancto Marco; et casu quo li agenti per la prefata camera non provedesseno alla spexe del fosso, che rechedendo epsi conductori, licentia li sia per il magistrato concessa che loro fictabili possano fare dicte spexe per mantenere navigabile dicto fosso; quale spexe sieno compensate nel ficto predicto in li primi termini; e che niuno possa cavare aqua fora del dicto fosso, se non quelli che de presente hano rasone secondo le loro concessioni et che sono in possessione, etc.

Item, pacto che li dicti conductori sieno obligati ad ogi richiesta del magistrato, facta però la prima restauratione depso naviglio, ad tore la consegna de le conche, cluse, ponti, sostegni et de ogni altra cosa pertinente al dicto naviglio; et in fine de la presente locatione, sieno obligati a reconsignare tuto quelo li sara consignato cum equal bontà, *salva vetustate.*

Item, pacto che epsi conductori non possano fare ne concedere bocha alcuna nova de aficto ultra quelle gli sono al presente, ne dare via più quantità de aqua ad persona niuna ultra quella è concessa al presente, secondo la forma de le concessione et privilegii supra ciò facti per la prefata christianissima Maestà et soi antecessori tanto, ma le boche solite de aficto se possano però comutare de loco a loco si bisogno sarà cum auctorita però del magistrato.

Item, pacto che accadendo senza colpa o defecto depsi conductori (che Dio nol voglia) roptura alcuna in epso naviglio de sorte tale che in reconzarla et retornarla in pristinum gli andasse spexa da libre quatrocento in suxo, che in tal caso li fictabili sieno obligati spendere del suo senza altra ricompenza fin alla somma de libre quatrocento; et da quella soma in suxo la prefata camera gli sia obligata fare la spexa del suo, facta però immediate denuntia alli prefati signori maestri a nome de la prefata camera; ubi vero accadesse rotura de sorte che non excedesse la soma de libre quatrocento, in questo caso in tuto sieno obligati ad loro proprie spese li conductori senza ricompensa; salvo che li conductori non sieno obligati ad spexa de rotura alcuna che occorresse da Cropelo in suxo verso la bocha maxima circa le murate; et salvo *ut supra*.

Item, che li dicti conductori sieno obligati notificare frà octo giorni *ad tardius* alli prefati maestri quando presso dicto naviglio se faciano cavi, cornisii, soratori et altro che inferise damno a dicto naviglio; alias sieno obligati ad damnum.

Item, che li prefati signori maestri a nome della prefata camera sieno obligati a tore li pagamenti, *videlicet* lo oro et moneta secondo correrano et se pagherano al regio thexaurario de Milano per li firmeri de li datii del stato de Milano.

Item, che li conductori sieno obligati ad mantenire navigabile dicto naviglio *perpetuis temporibus* durante la dicta locatione, facte le modulatione de la bocha et altre provisione dicte in li presenti capituli, non privando alcuno delle sue acque, salvo tamen per quello tempo che limitarano li Signori Maestri, advertendo allo tempo congruo quando accada farli lavorare dentro, che quello tempo non se comprehenda nel presente obligo, et cosi quando accadesse qualche rotura et quando non le mantengano navigabile, possano li prefati signori maestri prohibere che dicti fictabili non affictano alcuna quantita di aqua o in tuto o in parte, et li possano fare scopare le boche de aficto, in tuto o in parte como li parirà, per quello tempo che non fusse navigabili; ne per questo non se possano astringere dicti conductori ad pagare alcuno restauro o damno ne protesta de datieri seu fermeri de le intrate regie et ducale, imo sieno in tuto relevati da la camera per tal causa.

Item, che li prefati signori maestri a nome della prefata camera non possano vendere ne alienare quovismodo aqua alcuna de dicto naviglio, durante la presente locatione, per che più presto bisognaria zonzerne che cavarne.

Item, che se non sono *in totum* levate le aque concesse per il signor Antonio Maria Pallavicino, como se diceno esser levate, che si scopano in tuto et sieno cosi mantenute scope, *nec etiam* la camera possa alienare alcuna altra quantità de aqua nisi dapoi che la sia gionta nel fosso de Milano mantenendo il fosso navigabile.

Item, che li officiali et campari del naviglio habieno autorità et arbitrio de portare arme prohibite de di et de nocte, senza pena et senza molestia reale et personale, havendo le lettere del magistrato.

Item, pacto speciale apposito, che quando li prefati signori maestri a nome della prefata camera intendesseno chel imminesse periculo di rottura in qualche parte depso naviglio, che inthimando et denuntiando a dicti fictabili o facendo denuntiare o intimare dali soi che li faciano provisioni et li remediano, non facendo epsi fictabili et conductori in tempo debito quando occoresse roptura, sia de qual spexa voglia se sia, che epsi conductori et fictabili sieno obligati pagarla et far fare la refactione depse cose ad sue spexe tute et che la prefata camera non ne habia havere carico alcuno, etiam che ditte spese excedesseno la summa de le libre 400 imperiali per caduna volta, non obstante l'altro capitulo per causa de le ropture facte *ut supra;* et cosi, *e converso,* quando per defecto o negligentia de li agenti per la prefata camera non se dasesse forma et auctorità in tempo de fare dicte reparatione deli iminenti periculi e rotture, facta la debita notificatione o denuntia per 'li conductori, in tal caso sia obligato la camera a tuta la spexa.

Item, che li prefati signori maestri facieno opera che quelli che hano rasone de adaquare ad hore seu apertiche se reduchano, si possibile sarà, a boche continue limitate a onze, facendose le debite experientie de la quantità dell'aqua et del tempo li va per adaquare li terreni secondo lo ordine depso naviglio; unindo etiam persone in una bocha, dove comodamente fare se poterà, et questo alle spexe de chi golde dicte aque, aciò se conserva meglio el naviglio navigabile et che fraude non se possa commettere.

Item, trovandosi che de ragione se habia a cavare aqua del dicto naviglio per uso del zardino del castello de Milano, dicta aqua non se possa usare ad altro beneficio ne uso senon deli terreni depso zardino, et li sia facta la debita moderatione alla bocha, et in tel caso non se possa mettere impeditmento alcuno ne fare opera alcuna nel loco depso navilio per beneficiare la bocha de le roza depso zardino.

Item, se gli è alcuno che, sotto specia de metere aqua nel naviglio, ne cavano fora, chel non possano tore se non quella quantità de aqua quale li mettano dentro a tempo per tempo, et quale sia mensurata ogni anno ad ogni richesta delli conductori ne li tempi necessarii maxime de zugno, luyo et augusto cum auctorità del magistrato; et non piacendo questo alli patroni de le boche, possano lassare stare de mettere le loro aque nel naviglio et condurle per altra via.

Item, che li prefati maestri provedano che le moline de Trezo et Concexa non possano tore più aqua de Adda como bisogna per il macinare per non impedire la imbochatione del naviglio.

Item, che li prefati maestri provedano, senza perdimento de tempo che le moline deli misaglii et altri a li quali è stato bassato li nervili da pocho tempo in qua, contra li ordini et solito, sieno retornati nel prestino stato, alzando dicti nervili per modo non habieno a nocere al navigare.

77.

ÉDIT INTERDISANT L'IMPORTATION A MILAN DES DRAPS
ÉTRANGERS.

(30 janvier 1510).

Pro drapis lane forensis Mediolanum non conducendis.
Per parte et comandamento de li spectabili Domini Consuli de li Mercadanti de lana de questa inclita cità de Milano, in

exccutione et per observatione de loro privilegii, alias concessi, etiam da poy confirmati per la Christianissima Regia
Maesta Duca de Milano, etiam cum partecipatione de li
Magnifici Domini presidento (*sic*) et Magistri de le intrate
regie e ducale ordinarie de Milano, se fa publica crida e
comandamento, che non sia persona alcuna de quale grado,
stato e condictione voglia se sia, che ardisca ne presuma in
questa cità de Milano ne in li borghi di quella, da hora
inante, tenere ne acceptare in casa ne in fondegho ne in
botega ne in draparia ne in folla ne in tentoria nec etiam
in altri lochi occulti ne palexi, drapi forexi alti ne bassi ne
sayete ne carixee che non siano facti in la dicta cità et
borghi de Milano, sotto pena de perdeli (*sic*).

Et a chi serano trovati in casa o in botega o in altri lochi
como è dicto di sopra, cadarà in la pena de fiorini venticinque
a soldi trentadue per fiorino, ogni fiata che sarà trovato;
salvo però che li drapi forexi fabricati in lo dominio de
Milano, che siano de pretio de libre cinquanta in zoxo, se
posseno condure a Milano et retaliarli, e che dicti drapi
siano bollati del bollo ordinato per epsi mercadanti da lana;
ma che li drapi da libre cinquanta in suxo non posseno
venire per alcuno modo, salvo per tingere in qualuncha
colore voglia se sia, salvo in polvera di grana o grana e
non altramente, notificandoli prima a li prefati consuli e
tolendo da loro la licentia in scripto, et anche bollati del
bollo ordinato per epsi mercadanti; e che dicti drapi non se
posseno vendere in Milano ne in li borghi a retalio nè anche
integri, ma se debiano mandare via. E chi contrafarà cada
in la pena de perdere li panhi e salie *ut supra* da essere
applicati como se contene qui de sotto; intendendo però che
li drapi predicti da libre cinquanta in zoxo habiano la sua
marcha e lo suo numero bollato, e anchora del bollo de la
terra ove serano fabricati, et che siano conventati a la lon-
geza de li drapi milanexi, zoe braza trenta otto compiti, e
siano stameti; altramente, non havendo tali pani tute le
suprascripte qualitate serano in commisso; reservando che
li drapi baretini da Como, de qualuncha mesgia, bontà e

pretio voglia se sia, essendo stameti e ben lavorati a laude de li consuli presenti e futuri como li drapi da Milano, posseno venire, essendo bollati del bollo de la terra e marchati de la marcha del merchadanto che li haverà facti, et similmente del bollo de li mercadanti de Milano; altramente, chi contrafarà cada in la pena predicta de perdere li drapi; le quale pene suprascripte, congrue referendo, siano applicate per la quarta parte a la camera regia, per l'altra quarta a la camera de epsi mercadanti, per l'altra quarta parte a li prefati consuli e per l'altra quarta parte a li inventori. Et statim facta la inventione de tali drapi forexi, como è dicto di sopra, dicti inventori siano obligati notificare tal invention a li prefati Domini presidento e Magistri, e da poy portarli e consignarli a li prefati consuli ad loro offitio; e statim che siano mesurati per epsi consuli, e secuta declaratione, dicti inventori posseno havere la sua quarta parte.

Item, chel non sia alcuna persona che ardisca ne presuma condure ne fare condure in la predicta cità e ducato de Milano alcune barete forestere, nec etiam vendere ne fare vendere, sotto la pena de ducato uno per bareta, da essere applicato per la terza parte a la camera regia, per l'altra terza parte a la camera de epsi mercadanti e l'altra terza parte a li inventori o vero li accusatori; salvo però che le barete franzexe posseno essere conducte ac vendute senza pena alcuna.

Item, chel non sia alcuna persona che ardisca ne presuma condure ne fare condure nec etiam vendere ne fare vendere alcuni pani bassi facti zoxo del ducato de Milano, che siano de pretio de libre venti otto in suxo per acaduna peza, computato datii e victure et altre spexe, intendendo però pani bianchi da fodra, sotto la pena che se contene in li ordini de epsi mercadanti, facendoli però bollare del bollo solito de epsi mercadanti.

Item, che li pani de la plebe de Inzino et del monte de Brianza da libre cinquanta in zoxo, quali pono essere conducti a Milano, siano fabricati de bona lana e non de garzatura ne de lana de peliza; altramento serano incomisso da essere applicati *prout supra*.

Item, che nesuno mercadante drapero, calzante ne retaliatore da panni ne la presente cità de Milano nè in li borghi, possa tenire in casa ne in botega ne in altri lochi occulti ne palexi alcuna peza de pano alto, biancho ne collorato, che non habia la sua testa principale; excepto volendo taliare via la soprascripta testa o vero spezare dicto pano, sia obligato farlo bollare del bollo ordinato per epsi mercadanti. E da poy possa taliare via dicta testa, aciòche li compratori posseno sapere se è pano milanexe o forexe.

Item, se alcuni drapi alti ne bassi, sayete o carixee forexe se trovasseno de presente in questa cità e borghi de Milano conduti, da qui indreto se debiano fare bollare del dicto bollo infra giorni sexe, e da poy vendere in epsa cità e borghi in el termino de mesi tri proximi a venire; altramente passato dicto termino se serano da poy trovati, non se li haverà remissione alcuna, como se fosseno conducti dapoy la publicatione de li predicti ordini, da essere perduti et applicati *prout supra*.

Item, chel non sia alcuno datiero ne sostere ne la presente cità de Milano ne in li borghi, che ardisca ne presuma lassare retaliare alcuna peza de pano ne saye forexe in datii ne in soste sotto pena de ducati venticinque d'oro per acaduno chi contrafarà et per acaduna volta; ne ancora vendere in dicti datii et soste alcuna peza de pano ne saye forexe per portare in Milano, sotto la predicta pena *ut supra*, da essere applicata per una terza parte a la camera regia, per l'altra terza parte a la camera de epsi mercadanti, e per l'altra terza parte a li accusatori.

Item, chel non sia persona alcuna quale presuma impedire ne obstare a li offitiali de epsi mercadanti deputati a cerchare li contrafacienti, sotto pena de ducati cinquanta d'oro da essere applicati a la regia e ducal camera, imo che tutti li offitiali li debiano prestare adjuto et favore per la executione de li privilegii de epsi mercadanti.

Item, chel non sia persona alcuna, de quale grado, condictione voglia se sia, che ardisca ne presuma fare offitio alcuno circa a dicti ordini de drapi forexi, se prima non se

consegnano con le sue lettere denante a li prefati consuli de
mercadanti ad loro offitio, et che non siano de novo creati et
confirmati offitiali sopra cio, et habiano dato idonea segurtà
al prefato offitio de li prefati consuli, di quella summa de
dinari parirà a li prefati consuli, de fidelmente exercire
dicto offitio senza fraude et inganno. E questo, sotto la pena
de ducati cento d'oro da essere applicati per la terza parte
a la regia camera, l'altra terza parte a. la camera de epsi
mercadanti, et l'altra terza parte a li accusatori, et serano
tenuti secreti.

Item, che se si troverà offitiale alcuno che serà deputato
sopraciò comettere alcuno fraude et inganno in lo offitio suo,
incorra *ipso facto* in pena de ducati venticinque d'oro da
essere applicati per la mitta a la camera regia, et l'altra
mitta a la camera de epsi mercadanti.

Petrus Antonius de Cuticis consul, Christophorus Anonus
consul, Johannes Maria de Novate consul. Johannes Julius.

Publicata super platea Arenghi et brolleto comunis Mediolani et per omnia carubia portarum civitatis Mediolani per
Andream Pisonum, tubetam regium, die mercurii XXX januarii 1510, sono tubarum premisso.

78.

ARRÊTÉ SUR LE CURAGE DU CANAL DE MILAN.

(Milan, 12 mars 1510.)

Pro fossa civitatis Mediolani.

Per parte de li magnifici e prestantissimi signori, maestri
de le regie e ducale intrate extraordinarie, per beneficio cosi
de la regia e ducal camera como publico, maxime de la navi-
gatione de la fossa de la cita de Milano, se fa publica crida
e mandamento che ogniuno che golda et habia soste, orti,
casamenti, conducti, boche e necessarii et chiatere et altri

artificii in la fossa de la cità de Milano, debia, in termino
de sey giorni proximi, havere spaciato et facto spaciare,
palificato e facto palificare caduno per mezo el suo, e
secundo lordine e quaterneto altre volte facto; altramente
se mandara ad fare executione reale et personale contra
caduno che restara renitente, e se scodara la pena de ducati
ventacinque doro da caduno inobediente, senza altra condemnatione, processo o monitione regii magistri intratarum
ducalium extraordinariarum, *etc.* Jo. Petrus Bossius, regius
camere ducalis extraordinariarum notarius, subscripsit.

Cridate in Brolletto novo comunis Mediolani, et ad pontes
portarum Ticinensis, Romane et foris et ad Laghetum
Mediolani per Andream Pisonum, tubetam regium, die
martis XII Martii 1510, sono tubarum premisso.

79.

ÉDIT SOUMETTANT A LA JURIDICTION CIVILE UN COUVENT
DE L'ORDRE DES AUGUSTINS.

(Milan, 15 mars 1510.)

*Littere quod prior et fratres monasterii Sancte Marie
Coronate possint uti statutis Comunis Mediolani.*

Ludovicus, Dei gr. etc. Dilecto nostro pretori Mediolani
salutem. Visa his annexa supplicatione Prioris et fratrum
monasterii Sancte Marie Coronate, volentes eorumdem petitioni morem gerere, vobis committimus et volumus quod
auctoritate nostra ipsis supplicantibus concedatis, pro conservatione et consequutione jurium suorum, quod possint uti
et gaudere beneficio statutorum comunis Mediolani, tam pro
se quam contra se, modo eis statutis se subjiciant et idonee
fidejubeant de non declinando forum et stando et parendo
juri, etiam in casu reconventionis, aliquibus in contrarium
fatientibus non attentis; quibus per præsentes, hac in parte
tantum, derogamus.

Datum Mediolani, die quintodecimo Martii 1510 et regni nostri duodecimo. Per regem, Mediolani ducem, ex relatione Consilii : Princivallus. Jo. Henricus. Cum sigillo regio in cera rubea more solito.

Tenor supplicationis.

Serenissime Rex, vestri fidelissimi servitores et ad Deum pro Regiam Majestatem Vestram oratores, prior et fratres monasterii Sancte Marie Coronate constructi extra muros civitatis Mediolani, ordinis Heremitarum Observantie Sancti Augustini, pro consequendis eorum juribus nonnunquam adheunt (*sic*) Dominum pretorem Mediolani et seu alios judices ordinarios, et quia adsunt aliqua statuta comunis vestri Mediolani fatientia ad causas suas, dubitant ne aliquando opponant quod supplicantes ipsi non possint gaudere benefitio statutorum comunis Mediolani, maxime cum adsit statutum disponens quod qui non obediunt statutis comunis Mediolani extores habeantur ab eis, incipiens : *In favorem,* et ideo recurrunt ad Regiam Majestatem Vestram, eidem humiliter supplicando ut attentis praemissis dignetur Regia Majestas Vestra per suas litteras concedere et dispensare quod ipsi supplicantes gaudeant et gaudere possint benefitio omnium statutorum comunis vestri Mediolani proinde et ac si essent subditi predicto Domino potestati, præstando fidejussionem secundum formam statutorum comunis Mediolani. Et hæc omnia non obstante dicto statuto nec aliquibus aliis legibus, decretis, statutis et ordinibus in contrarium disponentibus vel aliam formam dantibus; quibus omnibus Regia Majestas Vestra ex certa scientia derrogare dignetur, etiam si talia forent de quibus habenda esset specialis mentio.

80.

ARRÊTÉ SUR LA POLICE DES RUES ET LA VOIRIE DE MILAN.

(Milan, 20 mars 1510.)

1510, die mercurii vigesimo martii.

Quantunche in questa citta de Milano sia uno statuto disponente che li draperi che vendano panno ad rectalio non tenghano ne habiano sopra li deschi seu banchi sopra qual mensurano li drappi alcuno canenazo, ma sopra li banchi nudi e piani mensurano li drappi, et debiano removere infra tri giorni doppo la crida da essere facta, ogni obstaculo qual impedisca la clarita de le sue stacione, et alchuno obstaculo che impedisca dicta clarita may aponeno ne habiano, e si contra le predicte cosse o alhcuna de quelle haverano facte, sia condempnato caduno contrafaciente in libre cinquanta de terzole per caduna volta; e caduno possa avisare o notificare e habia la mitta de la condempnatione, et l'altra mitta sia del comune *et ulterius*, como se contene in dicto statuto posito in volumine sub rubrica generali *de extraordinariis victualium* et sotto la rubrica speciale *de pena draperii tenentis obstaculum impediens claritatem*, al qual se habia rellatione;

Nientedimeno, pare che sia contrafacto al dicto statuto per molte e diverse persone in prejuditio de li citadini e altri subditi del nostro christianissimo et serenissimo signore Re e duca, e per tanto non liberando però quelli hanno contrefacto da qui indreto, ma più presto per levare ogni excusatione che se potesse aducere de ignorantia vel inobservatione aut altramente,

Per tanto, per parte del magnifico et prestantissimo doctore M. Jacobo Crotto, vicario de provisione del comune de Milano, e de li spectabili et preclarissimi domini duodeci presidenti ad dicto officio de provisione, di novo se publica et se vulgariza dicto statuto, adciòche el se habia observare, e per tenore de la presente se comanda la observantia et executione sua in tutto et per tutto ac de parola in parola, como sopra il descripto sotto le pene in epsi contente et aplicande como per dicto statuto ce dispone, *et ulterius* sotto la pena de florini dece per caduno contrafaciente et caduna volta da essere aplicata a la regia et ducal camera; et ogniuno possa avisare seu notificare, et a luy se credera con il suo juramento, sel sera persona idonea ad laude de li predicti domini, vicario e presidenti, con uno testimonio digno de fede al juditio de li predicti domini vicario e presidenti.

E perche il statuto predicto non fa mentione nisi de draperi, e pare cosa inconveniente che loro soli debiano essere astrecti, e li altri fanno mercantie e trafici de le altre cosse, etiam de più importantia, siano in liberta,

Però, volendosi servare egualita, etiam se comanda ad tuti li altri qualli hanno seu teneno robe da vendere, maxime pani de setta, fustagni et altre cosse, similmente non tenghano nec permetano tenere avante le apotece loro alchuna cosa che impedisca la clarita sotto la pena predicta.

E per levare al postato tute le excusatione quale per il passato se solevano addure, zoe che era impossibille non tenere le tende che defendesseno le robe, ali tempi de le gran pluvie con venti che spese volte portavano laqua entro le apotece et guastano le robbe; et *similiter* al tempo del sole, che ale volte quasi se poteva stare nela apotece, maxime in quelli luochi sono molti discoperti et hanno grande aere;

Per tenore de la presente, se permete che al tempo de gran caldi, quando il sole entra ne le stacione seu luochi ove stano le persone ad vendere le robe sue, possano libere, in quello caso et per il tempo predicto quando il sole entra *ut supra*, tenere una tenda honesta, che non impedisca pero il transito de le persone; ma levato il solle seu non essendo sole in dicte stacione, subito levano le tende, aliter cadeno in pena.

Et *similiter*, quando li venti portano le aque in dicte

I   16

apotece *ut supra;* quali cessando removeno *ut supra,* aliter cadano in dicta pena et ad questo modo et satisfacto a lindemnita loro.

, Item, essendo significato ali predicti domini vicario e duodeci che ne le vie publice sono molte fenestre de canepe e de altri luochi soto terra, lequalle se extendano verso le stratte et vie publice, qualle sono molto periculose per essere parte de loro discoperte et parte de loro havere le ferrate cossi larghe, che li cavalli et mulle cazano alchuna volta li pedi in dicte ferrate in grandissimo periculo, etiam contra la forma de le cride altre volte facte et maxime publicate a di 5 martio 1504; et anchora molti occupano et impediscano le stratte et vie publice et il solle (*sic*) comune et publico con varii et diversi impedimenti, et maxime bancheti qualli se tenghano fora de le pariete de li muri, et altri impedimenti et diverse cose, talmente che molte volte son necessitate le persone andare al discoperto et a laqua per essere impedito sotto le gronde et fora de le pariete, e contra la forma de li statuti et ordini de la citta ac cride altre volte facte,

Alequale cose, volendo li predicti domini vicario a duodeci ad tutta sua possanza provedere :

Pero, per loro parte se fa publica crida et comandamento ad caduno habia fenestre, seu tombe, vel altri vasi vachuy (*sic*), respiciente in dicte vie publice, le habiano coperte de ferrata talmente spissa che li pedi de le mulle non possano intrare in dicte ferrate; e quelli li hanno gia le ferrate qualle sono larghe, talmente chel piedo duna mulla li potesse intrare, debiallo fare talmente inspisare, che per modo alchuno non li possa intrare il piede duna mulla; e questo, fral termino de giorni tri proximi, sotto pena de ducati dece doro, per caduno contrafaciente et caduna volta, da essere aplicati per la tertia parte a la regia et ducal camera, per unaltra tertia parte al comune de Millano, et per laltra al accusatore seu offitiale fara linventione; non liberando pero li transgressori da qui indreto de la pena nela qualle sono incorsi per la contrafactione de dicta crida.

Item, che tutti quelli occupano per modo alchuno de le stratte et vie publice seu solo comune vel publico, senza justo titulo et concessione dal comune de Milano, debia *statim et incontinenti* removere ogni impedimenti et obstaculi sotto la pena infrascripta et de hora inante alchuna persona senza titulo et concessione *ut supra,* habia ne tengha per modo alchuno vel permeta tenere nante il suo alchuni banchi, banchiti, cavagnie, ceste, corbe, tabule, trispodi, cavaleti aut altra cossa, de qualuncha sorte se voglia, ne le stratte et vie publice, nec etiam sotto alchuni coperti per modo alchuno fora de le pariete de li muri, ma al postato se permeta et lassa libero et expedito il tuto fora de le pariete, et tutte queste cosse sotto la pena de libre venticinque per caduno contrafaciente et caduna volta, da essere aplicate per la mitta al comune de Milano et per laltra alo acusatore seu offitiale fara l'inventione, o più vel mancho alarbitrio de li predicti domini vicario e duodeci, *inspecta qualitate facti et delicti,* non liberando però per la presente quelli hanno contrafacto per il passato.

Cridatum et publicatum die sabati XXIII mensis martii in tertiis per Stephanum de Oldanis, publicum tubetam, sono tubarum præmisso, ad scallas pallatii magni Mediolani et ad plateam Arenghi Mediolani et ad carubium Pontis Veteris.

Item, die et hora suprascriptis ad publicam plateam Piscarie Minute per Andream Pisonum, sono tubarum præmisso.

Item, per prefatum Stephanum die martis XXVI suprascripti, ad carubium portarum Horientalis, Nove, Romane, Ticinensis et Verceline, sona tubarum præmisso.

Franciscus de Homate, provisionatus et Comunis Mediolani notarius.

81.

ÉDIT POUR LA RÉPRESSION DES BLASPHÈMES ET SACRILÈGES.

(Milan, 21 mars 1510.)

Contra blasphemantes.

Presentendo lo Illustrissimo signor gran maestro, etc., regio locotenente generale de qua li monti, come el ducato et paese de Milano ha copia de molti biastematori, e considerando che per lo detestabile et abhorrendo peccato de la biastema, la quale de directo va da homo a offendere lo omnipotente Dio, molte fiate se viene ad invocare l'ira del cielo, dil che spesso li boni patiscano; et havendo ancora Sua Excellentia pensato molto bene li decreti alias facti sopra le biasteme con grande maturitate, li quali pare siano messi in oblivione;

Per la presente publica crida, excitando et renovando Sua Excellentia dicti decreti, edice, declara e comanda che non sia persona alcuna, de qual stato, grado, condictione et preheminentia se sia, de alcuna citate, terre e ville del regio ducato e stato de Milano, tanto mediate quanto immediate, la quale ardisca ne presuma in alcuno loco publico nè privato, con ira nè senza ira, biastemare, maledire ne vituperosamente nominare el Nostro Signore Dio ne la sua gloriosissima matre Virgine Maria ne sancti o sancte, ne con parole, acti o gesti, et modo alcuno detrahere a la divina Maestà, sotto pena per caduno contrafaciente per caduna volta de essere subito posto in presone, et non essere relaxato finchè non habia pagato florini dece, da essere pagati in termine de tre giorni, e poi sia bandito dal stato de Milano per uno mese.

E quando questo tale delinquente fosse povero, et secundo el juditio del offitiale non potesse pagare dicti florini dece, chel sia posto e tenuto a la cathena per uno giorno.

E se alcuno, instigato dal diavolo, presumerà, con ira o senza ira, percutere, battere o deturpare injuriosamente la imagine o figura de Dio o de la Nostra Donna o sancti o sancte, oltra le predicte pene vole gli sia tagliata la mano dextra o la sinistra, se in quella fusse più potente, et più oltra al arbitrio del prefato Signore, fin a la morte inclusive.

De li quali tuti predicti malleficii, se darà piena fede ad ciascuno accusatore con el sacramento suo et uno testimonio fidedigno, declarando che la dicta pena pecuniaria per la mita sia del accusatore, l'altra mita de la camera regia; el quale accusatore serà tenuto secreto.

E per provedere che questa publica crida habia el debito effecto, et se veda come serà exequita per li offitiali, ordina et comanda el prefato Signore al capitano de justitia et potestate de Milano et a tuti li altri offitiali del dominio che de queste biasteme debano tenere uno libro separato, e con ogni diligentia e studio observare e fare observare la presente crida inviolabilmente e rinovarla ogni calende de genaro e mancando in alcuna parte, volemo che dicti offitiali incorrano in pena de pagare per uno quatro de quello toccarà a pagare a li deliquenti. *Signatum :* Menipeny.

Publicata super platea Arenghi et in Brohetto novis comunis Mediolano per Stephanum Oldanum, tubetam regium, die jovis 21 mensis martii 1510, sóno tubarum premisso.

82.

Arrêté relatif a la recherche d'un cheval perdu.

(Milan, 12 avril 1510.)

Pro uno equo amisso.

Per parte del magnifico Capitano de Justitia de Milano, se fa publica crida, bando e comandamento ad ogni persona, de qual stato, grado e condictione voglia se sia, che sapesse dove sià pervenuto uno cavallo morello de mezatalia qual se dole uno poco denanze, con li pedi penudi, con la coda grossa, qual heri circa a le vinte hore se perse o vero fù menato via da la casa del illustrissimo Signor Jo. Jacobo da Trivultio, el quale he del predicto Signor Jo. Jacobo, lo debia per tuto el *giorno* de hogi haverlo (*sic*) notificato al predicto magnifico capitano o vero al suo offitio, sotto pena de la forca; facendo sapere ad ogniuno che se ne fara diligente inquixitione, e se procedera contra li inobedienti irremissibilmente a la pena predicta. *Signatum :* Menipeny.

Cridatum supra platea Arenghi ad Roxetum, ad S. Nazarium et ad Botomedum per Jacobum Filippum de Cusallo, preconem comunis Mediolani, die veneris 12 mensis aprilis 1510 sono tube.

83.

ARRÊTÉ INTERDISANT LE JEU DES « PUGNE ».

(Milan, 30 juin 1510.)

Contra ludentes ad pugilos.

Per parte del magnifico Mgr de Concorsault, regio capitano de justitia de la cita e dominio de Milano, per obviare a molti inconvenienti potriano acadere per il zogo de le pugne quale si fa in paregi lochi de questa cità de Milano, se fa publica crida, bando e comandamento che non sia persona alcuna qual olsa ne presuma zugare a le pugne in alcuno loco de questa cità, sotto la pena di tracti quattro de corda, da esserli dati sopra la piaza publica del Broleto de Milano, ad ogniuno che contrafara, et oltra dessere bannito dal regio e ducal dominio per uno anno, certificando ogni persona che dicta pena sara irremissibilmente exeguita.

Datum Mediolani die penultimo maii 1510. *Signatum :* Benedictus L.

Publicatum die Jovis trigesimo maii per Andream Pisonum, tubetam regium, supra platea Arenghi, ad cambium
.Portae Novae, et ad portas Cumanam et Beatricem et extra,
sono tubarum præmisso.

84.

ÉDIT RELATIF A LA SUPPRESSION DES MONNAIES DÉMONÉTISÉES
ET INTERDISANT AUX OUVRIERS MONNAYEURS MILANAIS DE
TRAVAILLER A L'ÉTRANGER.

(Milan, 3 mars 1511).

*Crida super monetis, et de stampis non fiendis sine
licentia, et operarii seu monetarii revertant.*

Quantuncha a li giorni proximi passati sia stabilito et
publicato in nome de la Regia Maestà che niuno havesse
ardire de refutare le terline fabricate ne la cecha de Milano
de sua Maestà, e siano deputati a la cecha et a piaza del
Domo et del Broleto persone per potere decernere le bone da
le cative, como in dicto ordine fu publicato so contene, nondimeno pare che poche ne siano portate, forse con speranza
di spendere le cative insema con le bone, contra la forma de
dicti ordini, e volendo a li predicti inconvenienti sua Maestà
provedere, inherendo a le predicte cride et ordini, ha ordinato e cosi, per le presente, in nome de la prefata regia
Maestà, se fa publica crida e comandamento ad qualuncha
persona, la quale se trovasse havere de presente de le terline stampate con lo stampo de tri zilii, sia tanta quantità
quanto se voglia, in termino de giorni octo proximi, debia
consignarle a la cecha o vero a le piaze del Domo e Broleto,
dove sarà deputato persone experte quale li cernirano le
bone da le cative, senza pagamento alcuno, e poy le cative li
serano solamente tagliate et restituite insema con le bone, e
in questo nesuno ardisca de manchare, perche sel se ritro-

varà poy, passato dicto termino de giorni octo, qualche persona che ne havesse hauto de presente e non le havesse consignate da uno ducato in suxo, se li farà per pena de perdere tuta quella quantità de terline haverano hauto e più sotto quella mazore pena parira a li deputati sopraciò, e quando dicte terline non portarano siano da uno ducato in zoxo, perderano le dicte terline e pagarano per una quatro bone; e questo se fa solamente per disperdere e consumare più che sia possibile le dicte terline cative.

E perche ancora è devenuto a notitia che le stampe quale se adopereno ne le cecche circonstante sono facte per persone subdite de la Regia Maestà e nel dominio de la prefata Regia Maestà, e se fano de esse stampe quasi a la similitudine de quelle se adopereno nela cecha de Milano, per questo se fa publica crida et comandamento, e como è dicto de sopra, che niuno olsa ne presuma far stampe ne spontoni per far stampe, per uso de alcuna cecha sia quale se voglia, se prima non haverà portato el disegno de esse stampe al offitio de monete, e poi hauta in scripto la licentia de potere esse stampe fabricare, sotto pena de ducati cento da essere applicati a la regia camera, per qualuncha ferro se troverà havere facto da hora inante.

Et ancora in nome de Sua Maestà se comanda ad qualuncha operario et monetario quale se ritrovarà laborare ne le cecche forestere, voglia e debia, sotto pena de privatione de non potere più operare et laborare ne la cecha regia de Milano, e debiano cessare de operare in dicta cecha e retornare nel termino de giorni octo, e sotto la medema pena non ardischano da hora inante laborare ne operare in dicte cecche forastere ne qualuncha desse senza licentia de li deputati sopra questo.

Signati : Jofredus Ferrerii, preses; Bartholomeus Morexinus, Franciscus Brippius, Raphael Buncus, Franciscus Beulchus, Alexander Gambarana, Bartholomeus Ferrarius, Anthonius Castilioneus, Bernardinus Moresinus.

Publicatum super platea Arenghi et in Brolletto novo communis Mediolani et ad carubia portarum Ticinensis et Cu-

manae Mediolani per Andream Pisonum, tubetam regium,
die sabati primo mensis martii 1511, sono tubarum præmisso.

85.

ARRÊTÉ RELATIF A L'ENTRETIEN DES JARDINS POTAGERS.

(Milan, 8 mars 1511).

De ortaliis non impinguendis de stercore humano.

1511 die octavo mensis martii. Essendo significato all'
Ufficio di Provisione de questa inclyta citta de Milano che
alcuni e maxime ortolani impingueno seu ingrassano le
terre ove se seminano a li tempi presenti herbe et altre
ortalie, per la quadragesima maxime, de sterco humano,
cum gran dishonore de questa patria supradicta e putridine
de ogni persona ne ha bisogno e periculo non mediocre de
infectione; laqual cosa deliberandosi il magnifico e prestantissimo doctor M. Jacobo Crotto, regio et ducal vicario
de Provisione et li speciali domini duodecim presidenti ad
epso officio non tollerare;

Per la presente, se fa publica crida et comandamento ad
ogni persona che non olsa ne presuma per modo alcuno
impinguere ne ingrassare nec fare impinguere ne ingrassare alcune terre, in picola ne grande quantità, ove se se-
mina doppo herba et altre ortalie sia de natura che si voglia,
de sterco humano, vel ove sia aliquomodo misto tal sterco
in tuto o parte, sotto la pena de ducati duy per predicta e
caduna volta da essere applicati per la mittà a la camera
de la citta predicta e per l'altra all' accusatore, et se credera
a cuncto accusatore cum uno testimonio fede digno. *Signatum : Franciscus.*

Cridatum et publicatum die suprascripto sabati octavi
mensis martii 1511, ad scallas palatii Broletti Mediolani, ad
plateam Arenghi, et ad carubia portarum intra civitatem e

ad omnia redefossa omnium portarum ipsius civitatis
Mediolani, per Jo. de Donatis de Putheo, publicum præconem comunis Mediolani, sono tube premisso.

86.

ÉDIT CONFIRMANT LES STATUTS DES OUVRIERS DE SONCINO.

(Milan, 27 mai 1511).

1º PÉTITION DES OUVRIERS DE SONCINO A LOUIS XII.

(Soncino, 29 avril 1511).

Rex serenissime duxque excellentissime, fidelissimi Majestatis vestre servitores laboratores lanificii oppidi vestri Soncini, pro bono publico, et ad tollendos nonnullos abusus,
electis ad hæc per totam universitatem et congregationem
eorumdem decem ex melioribus et expertioribus ipsius artis,
negotioque mature tractato et discusso, fieri et compilari
fecerunt nonnulla capitula et ordines, ut si Majestati vestre
placuerit, pro statutis et ordinibus ipsius artis et universitatis observari debeant. Qui quidem ordines, cum optima
ratione ac pro conservatione totius universitatis et bono publico editi sint, sicuti ex eorum lectura aptissime constat, que
exhibentur; et quia Majestati vestre consuevit similia statuta et ordines approbare et cònfirmare ea quæ utilitati ac
commoditati subditorum et præcipue similium universi-
tatum cedunt, propterea supplices Majestatem vestram
rogant agentes pro dicta universitate quatenus eadem,
præmissis attentis, dignetur hujusmodi statuta et ordines
approbare et confirmare, et mandare domino pretori ipsius
terre Soncini quatenus predicta statuta et ordines publicare
velit, tamquam statuta et ordines dicte terre; eaque inviolabiliter observari faciat ac exequatur, prout firmiter sperant

concessuram Serenissime Majestati vestre, cui supplicantes ipsi se commissos reddunt.

. In Christi nomine anno ejusdem Incarnationis 1511, indictione decima quarta, die martis 29 mensis aprilis in Soncino, in ecclesia Sancti Antonini, presentibus Domino Phebo Zilletta, commilitone Soncini, Bernardino Lizario, Christophoro Peccotto et Jacobo Paticio testibus, omnibus habitatoribus Soncini notis idoneis ad hæc adhibitis, specialiter vocatis et rogatis.

2⁰ Texte des statuts.

Infrascripta sunt capitula, transactiones et pacta confecta diligenterque compilata et examinata per infrascriptos decem homines electos et deputatos ad hoc per congregationem et universitatem laboratorum lanificii laborerii, ut de dicta electione constare asseruerunt instrumento publico rogato et scripto per Dominum Phebum de Zillettis, notarium et commilitonem in Soncino die 25 mensis aprilis 1511.

Qui ellecti et deputati sunt hii, videlicet : Jacobellus del Intraticho, Imericus de Foliis, Joanes Antonius de Vaicentonibus, Sebastianus de Crema, Georgius Galvanus, Thomas Caporalis, Thonsus de Bergomo, Dominicus de Vaicentonibus, Antonius de Perinis et Vincentius Brocha, omnes electi et deputati *ut supra*, per cernitores, vergezinos, pectinatores et scartazinos, laboratores in lanificio, congregatos in ecclesia Domini Sancti Antonini de Soncino, de licentia spectabilis et eximii juris utriusque doctoris Domini Bonaventure Zenuche, Soncini vicarii et judicis, ut ipse Dominus vicarius asseruit et dixit michi notario infrascripto ita verum esse.

Quæ capitula, transactiones et pacta sunt hæc, videlicet : *Primo*, che niuno cernitore, vergezino, pectinatore et scartazino del laborerio de la Lana habia ardir ne presuma de laborare ne la terra e territorio de Soncino a persona alcuna aut a più persone, congregatione, et università, de che condictione sia, quale togliano per sua mercede panno ne roba de sorte, excepto solummodo dinari, sotto pena a quello over a quelli che contrafara, per ogni volta et ogni di, tante volte serra trovato accusato e probato havere contrafatto a questo, de soldi, sedece imperiali; laqual pena sia applicata a la congregatione et università de' batilane e laboratori soprascripti, da essere distribuita e dispensata in li poveri et infirmi de ditta congregatione de' battelane, cosi terreri come forastieri, quali serano descripti in la matricula de dicta arte.

Item, che li predicti laboratori de dicta arte aut alcuno de essi non possano ne debbeno lavorare a persona alcuna ne a più persone *ut supra* per minore pretio de quello che sono soliti di lavorare, over per quel pretio che lavorano li lavorenti de ditta arte in le più proxime cita, terre et castelli a Soncino, come seria Milano, Lodi, Cremona, Bressa, Bergomo e Crema, a pena a quello e quelli che contrafaranno de soldi sedece de imperiali da essere applicati *ut supra*.

Item, che quelli che se introvarano debitori de li merchadanti, over che hanno promesso de lavorare a detti merchadanti, anzi a la confectione e formatione de li presenti capituli, transactioni e pacti, quelli possano e debano lavorare ad satisfactione del debito over de la promissa per loro facta *ut supra*, notificando lor lavorenti il debito e la promissione per lor fatti a li merchadanti al notario per la predicta congregatione eletto e deputato a questo, in termino de di octo, e provando cum il loro juramento, e non più oltra possano lavorar; in pena a chi contrafara a questo, soldi sedece de imperiali da esser applicati *ut supra*.

Item, che niuno laboratore de dicta arte *ut supra* descripto possa ne debbe insegnar l'arte a persona alcuna, de che condictione sia, se prima quello che vora imparar larte non paga libre tre de imperiali anti chel se metta ad imparar; quale libre tre siano applicate per la mitade a la predicta congregatione, e per laltra mitada sia spesa in pagar una colatione, cena, over scotto aut zizatta, a li compagni quali se ritrovarano a lavorar in quella apotecha dove sara ad imparar quella persona; e poi sia pena a quello che togliera ad insegnar tal persona, soldi vinti, quali sieno applicati a la scripta congregatione, sel non consignara tal persona, tolta per lui ad insegnar, ad li consuli de la compagnia.

Item, che sel venera alcuno lavoratore over più lavoratori forasteri per lavorare la dicta arte in la terra e territorio de Soncino, chel sia tenuto et obligato, prima chel se metta al laborerio scripto, pagare a la predicta congregatione over agente per quella, quello precio che pagariano li lavorenti di Soncino se andasseno a lavorare in la terra del quale fusse quel tal forastiero che venesse a lavorare *ut supra*.

Item, che la ditta congregatione habbia et debba havere quatro consuli over massari aut administratori, dui deli quali habbeno a perquirere li delinquenti e far che siano puniti, e siano mutati ogni anno; li altri dui, quali habbieno recevere tutte le ditte pene e dinari, a nome de la ditta compagnia; e quelli poi dispensano tali dinari e pene in li più poveri et infermi di quella congregatione.

Item, che niuno lavorente de ditta arte possa ne debbe lavorare in la terra over territorio de Soncino, sel non è scritto in la matricula de dicti lavorenti, quale sia fatta e tenuta per uno notario pubblico de Soncino per la sopradicta congregatione eletto e deputato, sotto la pena de soldi trentadui de imperiali a quello che contrafara, da esser applicati *ut supra*, et facendosse scrivere in la ditta matricula quello sia tenuto pagar soldo uno che sia applicato *ut supra* et pagare etiam da puoi el notario.

Item, chel magnifico domino potesta de Soncino, over suo vicario, sia tenuto e debba dare il bratio de la justicia de li prefati consuli, massarii over administratori ad exigere le soprascripte pene da quelli che contrafarano ali soprascripti capituli, summarie et de plano, sine strepitu et figura de judicio, e sine scriptis sed breviter procedendo, et solummodo inspecta veritate, attento che le sono cause minime e de persone poverissime, accio non stiano a spendere in litigar ne denari ne tempo.

Convocata et congregata societate dictorum laboratorum dicte artis lane in loco et die subscriptis per me, notarium infrascriptum, lecta fuerunt suprascripta capitula predictis deeem hominibus *ut supra* electis et deputatis, confecta et diligenter examinata. Quibus per me lectis per dictamque congregationem auditis et intellectis, nemine discrepante, ipsa capitula ratificaverunt et approbaverunt; et ea ratha et firma esse voluerunt, dantes et dederunt licentiam, auctoritatem et consensum suprascriptis omnibus electis et cuilibet eorum eundi ad serenissimum senatum regium et ibidem ab ipso implorare et impetrare ut ipse serenissimus regius senatus velit et contentus sit predicta capitula confirmare, et ipsa confirmata remittere magnifico domino potestati Soncini, et illa faciant observari veluti statuta in terra Soncini; rogantes me, notarium infrascriptum, ut de predictis omnibus et singulis prepositis publicum conficiam instrumentum. Ego, Joannes Jacobus de Cocco, Soncini notarius publicus imperiali auctoritate, predictis omnibus interfui et rogatus hoc scripsi, et me subscripsi signumque meum consuetum apposui.

Ne quis ambigat de fide deque legalitate notarii, quoniam plerumque ob locorum distantiam dubitari solet, idcirco universis et singulis magistratibus aut presidibus et aliis ad quos præsentes pervenerint, manifeste attestamur nos, Bonaventura Zenucha, juris utriusque doctor, Soncini vicarius suprascriptus, dominum Joannem Jacobum de Cocco fuisse et esse publicum, legalem et autenticum Soncini notarium, artemque tabellionatûs publice exercere, et ejus scripturis et instrumentis publicis plena adhibetur fides; in quorum fidem subscripsimus sigilloque subsignavimus nostri, die quarto maii 1511. Soncini.

2º Édit confirmant les statuts des ouvriers de Sancino.

(Milan, 27 mai 1511).

Ludovicus, Dei gratià, etc. Universis et singulis has nostras inspecturis salutem.

Notum facimus nos habuisse a laboratoribus lanificii Son-
zini supplicationem et capitula et ordines, tenoris infrascripti, videlicet[1] :

Quibus omnibus summo studio et cura consideratis, cum
subditis nostris animo benivolo continue morem geramus,
in hiis præsertim quæ, sine alicujus prejudicio, eorum utilitati et commodo cedere videntur;

Attento etiam quod fiscus vidit et nihil opposuit quin dicta
capitula confirmentur per senatum nostrum Mediolani,

Peticioni prefatorum laboratorum, utpote honeste et digne
provisioni, annuere censuimus; tenore itaque præsentium,
dicta capitula, ordines et statuta prout jacent, approbamus
et confirmamus, mandamusque dillecto nostro pretori Soncini ut ipsa tamquam ordines et statuta illius loci et artis
lanificii publicare faciat, eaque observet et exequatur ac
observari et exequtioni inviolabiliter mitti faciat; aliquibus
in contrarium facientibus aut aliam formam dantibus non
attentis, quibus omnibus et singulis in hac parte derogamus.

Datum Mediolani, die vigesimo septimo Maii 1511 regnique
nostri decimo quarto. Datum *ut supra*. Per regem, Mediolani ducem, ad relacionem consilii : Jo. CAMBIAGUS. Visa contentor : D. Grantius Cornelius. Visa per me et cum fischali-
bus communicata qui nihil opposuerunt : Jo. FRANCISCUS M.

Divulgata et publicata fuerunt antescripta capitula et statuta per Davit de Carcionibus, tubicinem et preconem communitatis Soncini, me Joanne Jacobo de Cocco legente, et
ipso Davit alta voce proclamante, super plateam communis
Soncini, in loco ubi fiunt proclamationes, et hoc die lune
nono mensis Junii 1511 indictione decima quarta, presentibus Dominis Nicolao de Aregutiis, D. Georgio filio D. To-
nini de Tonsis et magistro Nicolao de Barris, omnibus de
Soncino, testibus et ibidem habitantibus, et presentibus multis aliis personis, ibidem astantibus et audientibus. Ego
Joannes Jacobus de Cocco, notarius provisionis communis
Soncini, de mandato Domini Bonaventure Zenuche, Soncini
vicarii.

1. Ici est intercalé le texte de la pétition et des statuts ci-dessus.

87.

Édit sur la distinction des pouvoirs entre le juge
et le capitaine de justice de Milan.

(Milan, 20 mai 1511.)

*In favorem pretoris Mediolani, videlicet quod capita
neus justitie non se intromittat de ejus familia.*

Ludovicus, etc. Universis et singulis presentes inspecturis
notum facimus quod, lecta in frequenti senatu nostro Mediolani his alligata supplicatione pretoris ipsius civitatis nostre,
per quam questus est quod capitaneus noster justitie velit
prescribere sibi numerum curie sue ac si in eum habeat
imperium, asserens hoc non licere nec unquam per retroacta
tempora factum extitisse; censuit senatus ipse, cum par in
parem non habeat imperium, aliisque dignis ex causis et
rationibus, et ita nos decernimus, quod pretor ipse presens
et futuri possint tenere eum numerum familie qui sibi expediens videbitur pro rerum exigentia, absque eo quod presens
capitaneus et futuri possint illis ullum numerum prescribere,
nec de eorum notariis, familia et curialibus quovismodo se
impedire, mandantes omnibus et singulis ad quos spectare
quomodolibet possit ut has nostras in locis consuetis registrari faciant, observentque ac observari inconcusse faciant
nec contra earum tenorem attemptare nunc et imposterum
quicumque presumant, memoratis in supplicatione ac aliis
in contrarium facientibus non attentis. Cum sic nostre mentis sit et firme dispositionis. Date Mediolani die 20 maii 1511,
regnique nostri decimo quarto (*sic*). Per regem Ducem
Mediolani, ad relationem consilii : Julius; cum sigillo regio
in cera rubea more solito. *In calce :* G. Florentia.

Tenor supplicationis sequitur.

Christianissime Rex Majestatis vestre servitor pretor Mediolani arbitratur Majestati vestre esse exploratum nullum unquam famulorum et ejusdem curie fuisse taxatum numerum et quidem rationabiliter, quandoquidem extent hujus alme civitatis statuta prohibentia sub nullitatis pena ne ulla civilis exequtio a quovis judice impetranda vel impetrata per alios quam per ipsius pretoris famulos fieri possit, qui eorum mercedem non nisi secundum ordines in premissis conditos exigere debent. Notumque pariter Majestati Vestrae est ipsum pretorem causarum criminalium habere cognitionem, antequam ullus unquam capitaneus designatus fuerit; pro quibus exercendis exequendisque, et tam circa capturas quam descriptiones, famulis ipsis ordinata est taxa pro mercede quæ preteriri non potest, et, si secus fiat, a domino Laurentio Alfeo collaterali singulis diebus cujus jurisdictioni suppositi sunt et a sindicatoribus condigna pena plectuntur, a quibus judicibus exempti preservantur alii cujusvis generis satelites, quibus amplior balya tollerata est; ex quibus omnibus colligi potest numerosam familiam necessariam esse. Novissime autem magnificus dominus capitaneus justitie videtur ei offitio preture velle imponere normam, et tringinta famulos tantum, familiaribus computatis, taxaverit, qui aliter arma defferre non possunt, nisi ab ipso capitaneo habita licentia in scriptis et ejus sigillo sigilata; quæ omnia in signum imperii in offitium preture tendunt, et si sine ejus licentia famuli pretoris inveniuntur, cum maxima magistratus injuria die noctuque ad carceres trudi mandat. Quæ omnia ex ordinatione illustrissimi quondam Magni Magistri exequi affirmat, qui sapientissimus, si predictorum notitia habuisset, talia profecto non statuisset. Quare, cum hec omnia pro hujus alme civitatis ac Magistratus dignitate conservanda digna indegeant provisione, Majestati Vestre non immerito notificare visum fuit, supplicando ut illa dignetur perpetuo edito stabilire quod quicumque pretor per tempora erit possit libere ejus offitium exercere, absque eo quod capitaneus in eum nec ejus familiam et curiam imperium habeat, prout a seculo aliter non est auditum.

Registrata fuit suprascripta littera cum supplicatione, instante magnifico et prestantissimo juris utriusque doctore Domino Christoforo Campexio, honorando pretore civitatis et ducatus Mediolani.

88.

ÉDIT RELATIF AU SEQUESTRE DES BÉNÉFICES DE L'ÉVÊCHÉ DE CRÉMONE.

(Grenoble, 24 mai 1511.)

Loys, Par la grâce de Dieu, Roy de France, duc de Milan, A noz amez et feaulx les chancellier et gens de nostre sénat de nostre dite Duché seans a Millan, salut et dilection. Comme après la conqueste et recouvrement par nous fait des terres et seigneuries appartenans de nostre dite duché de Millan que tenoient, usurpoient et occuppoient les Venetians, pource que celluy que tenoit léveschè de Crémonne du temps que les dits Venitians tenoient et occuppoient nos dites terres estoit Venitian, tenant le party et du nombre diceulx Venitians noz ennemys, très suspect à nous et à nostre dit estat, duché et seugneurie de Millan, nous eussions, a ceste cause et autres justes et raisonnables a ce nous mouvans, commis, ordonné et depputé ung inconnome ès places, temporalité et fruictz du dite évesché de Crémonne, jusques à ce que par nous autrement en feust ordonné; lequel inconnome ait depuis régy et gouverné, receu et administré les fruicts du dite évesché de Crémonne et possédé les maisons et temporalité dicelle évesché, jusques a présent que avons este meuz, pour certaines considérations à ce nous mouvans, autrement sur ce pourveoir;

Savoir vous faisons que nous, conflans a plain des sens,

souffisance, conscience et preudommye de nos amez et feaulx
maistres Anthoine Magistrelles, protonotaire du Sainct Siege
appostolique, et Jacques de Villeneufve de Mantue, et pour
consideracion de la bonne et grande loyaulté qu'ils ont
portée et portent envers nous, nos subjectz et estatz, tant de
nostre Royaulme que de nostre duché de Millan iceulx
maistre Anthoine Magistrelles et Jacques de Villeneufve et
chiacun deulx, tant assemblement que ung pour le tout en
l'absence de l'autre;

Avons commis, ordonné, ordonnons, commectons par ces
presentes inconommes a régir et gouverner et administrer,
tenir et posséder soubz nostre main et obéissance toutes les
maisons, places, temporalité et fruicts quelsconques du dit
évesché de Crémonne, commectre et ordonner tant à la recepte
que au gouvernement des dites places, seigneuries, temporalité, et revenuz du dit évesché que aux offices dicelle
telles personnes seures et feables a nous et a nostre dite
estat de Millan que bon leur semblera et qu'ilz verront estre
affaire, recevoir et administrer les fruictz des dites maisons et temporalité dicy en avant et depuis la date de ces
dites presentes et tout ainsi que bons et vrays inconnommes
gouverneurs doivent faire envers leur seigneur et prince. Et
jusques a ce que autrement soit ordonné. En révoquant
par nous tout inconnomme et administrateur qui par nous
auroit par ci devant esté commis et ordonné à la dite administration et tous et chacuns les povoirs par nous a eulx
commis et ordonnez. Si vous mandons, commandons et
enjoignons que, en ensuivant ces dites presentes, vous mec-
tez et instituez ou faictes mectre et instituer de par nous en
la dite administracion et inconnommie des dites maisons,
places, temporalitez, fruictz et revenuz quelzconques du dit
évesché de Cremonne, avec tel et semblable pouoir que dessus est dit et autre qu'il affiert et est requis en la dite
matiere, les dites maistre Anthoine Magistrelles et Jacques
de Villeneufve de Mantue et chacun d'eulx, et diceulx les
faictes joyr et user planemment et paisiblement et chacun
deulx en labsence l'un de lautre, en contraignant à ce

faire et soufrir et mectre entre leurs mains tous ceulx qu'il appartiennera et qui pour ce seront à contráindre reaulment et de fait, c'est assavoir les gens d'église par prinse de leur temporel en notre main. et les lays de leurs biens et autres voyes et manières deues et raisonnables reaulment et de fait, non obstant oppositions ou appellacions quelconques pour lesquelles ne voulons estre différé, car ainsi est nostre plaisir.

Donné a Grenoble le xxiiii jour de may l'an de grace mil cinqcens et unze, et de nostre règne le quatorziesme. *Ainsi signé :* Par le Roy Duc de Millan : Robertet.

Suscription : A nos amés et feaulx les chancellier et gens tenans nostre conseil et sénat de Millan.

89.

ÉDIT RÉGLANT LA CIRCULATION ET LA VALEUR
DES MONNAIES D'OR ET D'ARGENT.

(Milan, 18 août 1511.)

Crida super monetis auri et argenti.

Essendo venuto a notitia al Chr.mo Re, etc., la inobservantia de li ordini altre volte stabiliti et publicati per li quali era misso stabilimento al corso de le monete cosi de oro como de argento, et specificate quelle monete se dovevano spendere et il pretio loro, reprobando tute le altre monete cosi de oro como de argento in essi non specificate; e quantuncha gli siano aposto diverse pene a li contrafacienti e transgressori de essi ordini, nondimeno Sua Maestà ha presentito che non solamente essi ordini non sono intertenuti et observati, ma che pegio, quando non se li oponessi debita et celere provixione, se ritornerebe a li termini quali erano inanti essi ordini fusseno facti et publicati; il che comprendesi evidentemente che la moneta de oro ha facto et di giorno in giorno fa augumento di pretio contra la forma d'essi ordini; et questo procedere per le monete forestere prohibite, quale pareno habiano tolto corso, et molto più per rispecto de certa sorte de monete nove fabricate ne le ceche forastere, le quale sono de molta inferior bontà et valore de quello se spendano, che sono potissima causa di esso desordine.

Però, volendo la Sua Maestà provedere a tali errori quali succederebero per tale abuso et coruptelle, et questo, si per honore et benefitio di Sua Maestà et redditi de essa quanto anche per benefitio publico et privato et de tuti suoi subditi, ha deliberato Sua Sacra Maestà et vole per ogni modo se adhibisca ogni opportuna provixione aciò che essi ordini siano bene intertenuti et observati per il ch'è in nome de la prefata Regia Maestà, inherendo ad essi ordini quali se intendano in la presente crida specificati;

Per la presente crida, se fa comandamento ad qualuncha persona de qual grado et condictione voglia essere se sia, che non ardisca ne presuma spendere ne recevere ne fare spendere ne fare recevere moneta alcuna cosi de oro como de argento, se non quelle sono specificate ne li ordini predicti ne per più pretio di quello è expresso sotto pena de perdere tal moneta et di pagare per uno quatro, da essere applicati como in esso ordine se contene; le qual monete per più intelligentia de ogniuno serano specificate qua de socto, aciò se intenda tute le altre non specificate essere prohibite. Ne laqual pena incorrerano quelli liquali serano retrovati havere, tenere o fare tenere qualuncha sorte de esse monete cosi de oro come de argento prohibite, quantuncha non se trovasseno nel acto del spendere ne recevere secundo la forma et modo expresso in dicto ordine maxime publicato del mese de zugno 1510 proxime passato, al qual se habia condigna relatione.

Et perchè molto più delinquiscano quelli li quali fano mercantia de esse monete forestere, perchè sono causa de contaminare tuto el dominio et interrumpere ogni bono ordine, proponendo il loro particular guadagno al bene publico et non extimando la contumatia quale incorreno, però è parso molto conveniente a Sua Maestà ponere magior freno a persona de tal sorte. Et però, in nome de la prefata Maestà, se fa comandamento ad qualúncha persona et como è dicto di sopra che non ardisca ne presuma portare ne far portare monete cosi de oro come de argento prohibite, ne anche farne mercantia sotto pena de perdere tale monete et di pagare per uno dece da essere applicati como è dicto di sopra.

Et perchè è anchora venuto ad notitia essere molti de subditi di Sua Maestà quali presumptuosamente et temerariamente sono andati ad operare et lavorare ne le ceche forastere, et anche in esse ceche hanno facto fabricare de esse monete o vero in esse tengono compagnia; però, in nome de la prefata Maestà, se fa comandamento ad qualuncha persona como è dicto de sopra di subditi de Sua Maestà che non ardisca ne presuma andare ad lavorare ne operare in alcuna cecha forastera in le quale si fabricarano monete, ne ancora in esse ceche facia per se ne per interposita persona fabricare monete, cosi de oro como de argento, de qualuncha sorte se sia ne in esse ceche havere compagnia ne essere affazadore nè in alcuno modo intrometersi, sotto la pena de la confiscatione de suoi beni mobili et immobili al arbitrio del Illustre et Reverendissimo Senato de Milano, et questo senza licentia de Sua Maestà o vero del prefato Reverendissimo Regio Senato in scripto concessa.

Et per provedere a molti inconvenienti che poteriano occorrere, se fa comandamento ad qualuncha persona che serà deputata o vero ad chi pertenerà comprare monete forestere prohibite, che incontinente nel acto dil comprare debiano esse monete rompere o vero tagliare sotto la pena de perdere esse monete se li ritrovarà non essere tagliate et de pagare per uno quatro, qual pena sia aplicata como di sopra.

Et anchora perche sono molti li quali presumisseno contra li ordini exportare fora de la cità de Milano o vero dominio oro et argento et bolzonaglia in grandissimo detrimento de

la cecha de Milano et de li subditi regii, però, inherendo a
dicti ordini, se fa comandamento, como è dicto de sopra, che
niuno ardisca ne presuma portare ne fare portare alcuna
quantità di oro ne argento non laborato ne bolzonaglia, si
como in essi ordini se contene, sotto la pena de perderse tale
oro, argento et bolzonaglia et di perdere et pagare si como
in essi ordini se contene, videlicet fora de la prefata cecha
de Milano.

Ancora per mettere meglio in observantia essi ordini, se
fa comandamento ad qualuncha offitiale seu exequtore serà
deputato per intertenimento de essi ordini che non ardisca
ne presuma d'alcuno tempo del anno ne anche a tempo de
alcuna festa, andare a richedere ne acceptare in dono ne per
altro modo, senza pagamento, dinari ne altra roba, ne per
alcuno modo prendere tributo da li merchadanti, artesani et
apotechari, ne per alcuno modo fare fraude ne le cose concernente a l'offitio loro, sotto pena de privatione del offitio et di
essere banniti dal Regio et Ducale dominio per uno anno et
più et manco a larbitrio dil prefato Reverendissimo Senato;
a li quali offitiali, acciò posseno più fidelmente servire, li
serà limitato competente provixione et pagati ogni mese,
secundo che ne le cride ultime facte se contene.

Ancora per provedere a molti errori, se fa sapere ad
ogniuno in nome de la prefata Maestà che, quantuncha li
merchati et conventione se soleno fare fra li subditi et pari-
mente lettere de cambio ne le quali se sol dire « li pagamenti
se habiano ad fare in bona moneta de Milano corrente »,
et per questo molti se persuadeno potere pagare de qualuncha moneta ancora prohibita purchè per alcuno modo habia
il corso, che la prefata Regia Maestà intende et vole, et per
la presente se dispone che li pagamenti quali da hora avante
se haverano ad fare, se debiano fare secundo li ordini predicti et niuno possa essere astreto prendere pagamento per
altro modo se non tanto quanto in essi ordini se disponeno
et non altramente, etiam che altramente fusse el corso commune.

Ancora in nome de la prefata Regia Maestà se fa ad sapere

como per provedere a le fraude de alcuni, liquali se sono sforzati de fabricare monete in alcune cecho forestere, zoè dinari da soldi sey, da tri et soldini et altre monete con il stampo molto similiante al stampo de la cecha de Milano de Sua Maestà, acciòche li subditi potesseno facilmente credere dicte loro monete forestere essere de quelle se fabrichano in dicta cecha de Milano et con questo modo poterla distribuire et smaltire nel dominio di Sua Maestà, quantuncha siano de inferior bontà et senza comparatione, però Sua Maestà ha ordinato et conceduto se posseno fabricare ne la cecha de Milano et cosi se fabricarano da hora inante dinari da sei soldi, da tri et soldini nel stampo novo qua de sotto impresso et qual non si poterà per alcuni contrafare o vero asimigliare.

Et anchora perchè Sua Maestà ha inteso per la coruptela de le terline false stampite fora de la cecha de Milano al stampo de tri zilii, le qual per essere diversamente fabricate et alcune di qualche bontà, quantuncha non tale quale sono quelle fabricate in dicta sua cecha, in modo che per essere stato la similitudine del stampo de sorte che non si poteva ben comprehendere ne decernere quale fusseno le bone, zoè quelle erano fabricate ne la sua cecha de Milano et quale fusseno le dicte cative; del che è suceduto che sono refutate non solamente le cative ma ancora le bone, zoè quelle son fabricate ne la cecha de Milano a le quali non se li poteva fare appositione alcuna, nè in questo non havere potuto portar provixione, proclamatione ne comandamenti sopra ciò facti; per el rispecto predicto però, Sua Maestà, per provedere che anchora a li subditi non gli habia ad manchare moneta inferiore per comodità dil spendere, però ha ordinato et stabilito non fabricano più terline, ma se possano fare et fabricare in dicta sua cecha de Milano sexini quali harano ad essere de bontà de le altre monete sono permisse fabricare secundo li ordini et capituli d'essa cecha de Milano [1].

1. Le tableau des monnaies ayant cours légal est identique à celui publié le 14 juin 1508. (Document 62.)

90.

ÉDIT RELATIF A LA CORVÉE DE CHARROI.

(Milan, 11 septembre 1511.)

Pro onere plaustrorum.

Regius citra montem locumtenens generalis, universis et singulis presentes inspecturis salutem. Per quanto fù ordinato questi dì passati per le carre che havevano conducte le polvere in campo, alcuni zentilhomini del payese sono venuti a dolersi da noi, dicendo che non deno havere questa graveza, per essere insolita e contra li suoi privilegii concessi a Milano per la Maestà Christianissima, e quando ben la prefata Maestà volesse alcuna cosa da loro, non è conveniente che le plebe del ducato debiano contribuire a carichi di corpi sancti; per questa causa, non possendosi fare che le carre che sono andate in campo non siano andate, e non parendo anche rasonevole che quelli soli a chi sono tolte dicte carre patiscano el carico, tenore presentium, per levare ogni causa de contentione *pro nunc et in futurum* che potesse evenire, ordinamo che la spesa di dicte carre de corpi sancti che sono pochi, se divida e compartisca tra tuti li corpi sancti, provedendo per quella megliore via che li parera tra loro e a le carre che se trovano in campo de la plebe li vicariati e plebe de quelli li contribuiscano et proveda tra loro, e questo intendemo che sia ancora *pro hac vice tantum,* e senza prejuditio de alcune rasone, privilegii e consuetudine che havesse el Ducato de Milano, a li quali non intendemo derogare ne contravenire per questo. E cosi commandiamo al Capitano del Castello e a qualunche altro a che specta e spectarà *in futurum* che exequiscano *prout supra,* senza alcuna contradictione.

Data Mediolani, die 11 septembris 1511. *Signata :* GASTON. Christoforus, cum sigillo prefati illustrissimi domini Domini Locumtenentis.

91.

ÉDIT D'AMNISTIE POUR LES BANNIS ET AUTRES CONDAMNÉS.

(Milan, 30 novembre 1511.)

Remissio condempnationum et bannorum.

Ludovicus, Dei gr., etc. Dilecto nostro vicario provisionum Mediolani, salutem. Mittimus vobis his alligatum exemplum remissionis et gratie nostre generalis delictorum hactenus patratorum, cum exceptionibus, condictionibus et reservationibus in ea remissione et gratia specificatis, volentes et vobis committentes ut ipsam publicari et exinde registrari faciatis, ut ad omnium notitia perveniat, eamdemque ab omnibus observari volumus et expresse precipimus, quia sic est nostre firme intentionis.

Date Mediolani, die penultima novembris 1511 et regni nostri decimo quarto. Per regem ducem Mediolani, ad relationem senatus : JULIUS. *A tergo :* Hieronimus Moronus, cum sigillo solito.

Christianissimus Rex Francorum Dux Mediolani uti est in subditos suos mansuetus et liberalis, cum renuntiatum fuerit Sue Majestati plurimos bannitos esse a dominio suo Mediolanensi, qui miseram et infelicem ducunt vitam, quorum tamen plerique non ex gravibus aut valde atrozibus fazinoribus, sed alii ob levia delicta, alii etiam insontes dampnati sunt, cum ob imperitiam aut carceris metum aut impotentiam se ipsos tutandi non comparerent, acceperitque Sua Majestas predecessorum, qui dominio ipso Mediolanensi potiti sunt, ritum fuisse ut non longis temporum intervalis generales delictorum abolitiones indulgerent, statuit ipsorum subditorum calamitati succurrere et liberale institutum antecessorum imitari.

Quare, per presentes quas vim decreti et legis generalis

habere decrevit, remisit, abolevit, et canzelavit omnes condempnationes et banna contra quoscumque subditos suos Galie Cisalpine quacumque occaxione hinc retro facta et publicata, sive unicum delictum alicui objiceretur, sive ex pluribus multiplicatis fazinoribus aliquis impetitus esset, decrevitque ac concessit quod omnes ipsi banniti et dampnati, sive delinquentes essent sive non, possint libere, tute et impune in patria et qualibet Dominii prelibati parte degere, morari indeque discedere, ac in omnibus habeantur perinde ac si nunquam delinquissent et condempnatio ac bannum non successissent; modo tamen non possint frui presenti gratia nostra nec in dominium venire, nisi priùs habita pace cum offensis aut eorum heredibus, et eadem gratia nostra non trahatur ad bona jam camere nostre confischata; reservantes tamen eos qui pro crimine lexe Majestatis, aut sacrilegii, aut herexis, aut fabricationis falsarum monetarum post recuperatum dominium ipsum secute, aut homicidii actualis appensati et deliberati, manibus propriis aut eorum mandato perpetrati, dampnati sunt, quoniam eos hac nostra generali abolitione indignos censemus; mandantes capitaneo justitie, pretori Mediolani, commissariis ac pretoribus et feudatariis et offitialibus omnibus universi ducatûs et dominii Mediolani, ut hanc remissionem, gratiam et decretum observent, et faciant ab omnibus inviolabiliter observari; volumus tamen quod omnes prenominati in presenti remissione nostra comprehensi infra mensem postquam ad dominium redierint, teneantur gratiam in forma in canzellaria impetrare que singulis expediet sub sigillo regio in forma consueta; et in faciendis canzelarie solutionibus habebitur facultatum et casuum ac personarum condigna ratio, ita quod nemini grave erit quod plusquam par sit impendere cogatur; volumus tamen ut postea ad litterarum ipsarum interinationem petendam aut obtinendam teneantur. *Signata :* Julius.

Publicata super platea arenghi Mediolani per Stephanum Oldanum, tubetam regium et ducalem, die dominico ultimo novembris 1511, sono tubarum premisso.

Item publicata die lune primo mensis decembris suprascripti anni per suprascriptum Stephanum tubetam *ut supra* in brolleto comunis Mediolani, sono tubarum premisso.

.

92.

ARRÊTÉ DE RÉVOCATION DES EMPLOYÉS DE LA CORPORATION DES DRAPIERS DE MILAN.

(Milan, 3 mars 1512.)

Revocatio officialium pro drapis lane.

1512 die Mercurii tertio mensis martii in tertiis. — Per parte et comandamento de li spectabili domini consuli di Merchadanti da lana de Milano, etiam delegati per li loro privilegii, etc., per obviare a molti scandali et coruptele quale dietim se cometeno per molti offitiali incogniti, per essere dicti offitiali in gran numero, et cosi per bene di la republica quanto per li prefati mercadanti da lana, se fa publica crida e notitia ad caduno, como li prefati consoli hano revocato et etiam per la presente se revoca a cadune lettere concesse da qui in dreto a caduno, per epsi consoli et soy antecessori per offitiare circha a li drapi forexi et altri, como in epse lettere se contene, e che nesuno offitiale da qui indreto constituito *ut supra*, possa ne vaglia per alcuno modo directo ne per indirecto, da qui inante offitiare seu fare offitio alcuno per vigore de alcune lettere da qui indreto a loro concesse, nec etiam aliter per dicto offitio sotto la pena de ducati cinquanta d'oro da essere applicati a la regia et ducale camera per la mittà et per l'altra mità a li accusatori; et che a tali volese fare offitio alcuno, per vigore de epse lettere da qui in dreto facte, se li posse resistere et obviare como melio a loro parira, senza altra pena.

Item, che ad caduno che da qui in dreto li sia facto lettere per dicto offitio voglia, sotto la pena de ducati cinquanta da essere applicati à la prefata regia camera, con-

signare dicte lettere de dicto offitio in le forze del notaro
de li prefati consoli, infra giorni octo proximi a venire. In
le quale pene incorano li contrafacienti senza altra monitione
ne declaratione.

Signata : ANDREAS, *consul;* JOHANNES ANTONIUS, *consul;*
JOHANNES AMBROSIUS, *consul.*

Publicata ad scallas pallatii Mediolani et super platea
Arenghi per Bernardinum de Marliano, præconem comunis
Mediolani, die suprascripto mercurii tertio martii, sono tuba-
rum præmisso.

93.

ARRÊTÉ RELATIF A L'OUVERTURE DU CONCILE DE PISE
A MILAN.

(Milan, 23 mars 1512.)

Pro sacro concilio.

1512, die martis 23 martii. Desiderando il christianissimo
Re, nostro signore e duca, honorare la sessione dil sacro-
sancto Concilio Pisano, quale domatina se celebrara nel
Domo de questa cità; per parte del magnifico et prestantís-
simo doctore M. Johanne Crotto, honorando vicario regio e
ducale de provisione del comune di Milano, in executione
de lettere regie e ducale date a Milano il giorno externo; se
fa publica crida e comandamento ad tuti li citadini e populo
di Milano, che domane sino ad nona cessano da tute le ne-
gotiatione, e li artificii tuti ossia opifici sino ad dicta hora
de nona tengano serate le sue apotece, et non sii che man-
chi, per quanto hano cara la gratia de la Maestà Regia.

Signatum : JOHANNES CROTTUS.

Publicatum ad scallas pallatii Mediolani et super platea
Arenghi per Baptistam de Lactarella, præconem comunis

Mediolani, die martis 23 suprascripti mensis martii, sono tubarum præmisso.

94.

ARRÊTÉS POUR LA SUPPRESSION DES IMPÔTS SUR LA MOUTURE, LA BOULANGERIE ET LA BOUCHERIE.

(Milan, 7 juin 1512.)

Pro dacio macine et pistrinorum extincto.

Considerando lo christianissimo Re di Franza, duca di Milano, che lo ricolto de le biade è più tardo non si sperava, e per essere Sua Maestà desiderosa e in continua voluntà di far utilità e beneficio a questa sua inclita città di Milano e soi popoli; atexo etiam il gran pretio de li frumenti; per parte di Sua Maestà se fa la presente publica crida como Sua Maestà et agenti per quella remetano e levano il datio de la mazina e de le pistrine, si nela cità et borghi como nel ducato di Milano, da questa ora inante, finche sara altro ordinato per Sua Maestà et agenti per quella.

Signatum : Thomas BOHIER.

Publicatum ad scallas pallatii Brolletti Mediolani et ad plateam Arenghi per Stephanum Oldanum, tubetam regium, die lune septimo junii in tertiis, sono tubarum præmisso.

De carne et vino non vendendis sine datio.

Perchè secundo il tenore de le cride ogi secundo loco facte pareva fosse permisso ad ogniuno vendere et fare vendere vino et carne ad minuto senza alcuna pena et senza alcuno pagamento de datii, il che è stato contra quello era per verita ordinato, perche se attendeva solo ad questo che pane e farine abondasino, che convene principalmente a la vita de li homeni e senza laqual non se po fare, et adciò che alcuno non cada in errore, per parte de la Maestà Regia, se declara che ne la crida predicta non se intende carne ne vino, ma solo sia in tuto remesso il datio de la mazina, et che ogni persona, cosi entro la cita como di fora, possa mazinare e fare mazinare formento et condurlo in farina in Milano senza pagamento de alcuno datio; et item chel sia in faculta de ogni persona fare e far fare pane cosi de formento como di mistura e venderlo ac fare vendere liberamente senza pagamento alcuno de pristini ne de altri datii. *In reliquis* le cose restano in essere suo et tute queste cose sino sara ordinato altro.

Jo. Crottus, vicarius de commissione *ut supra*.

Publicatum die septimo junii 1512 ad plateam Arenghi in Brolletto Mediolani, ad carubium Porte Ticinensis, ad sanctum Jacobum, ad pontem veterem Mediolani, per Stephanum Oldanum, tubetam regium et ducalem, sono tubarum præmisso.

Pro datio panis, vini et carnium extincto.

1512 die lune septimo junii. Essendosi per provedere al bisogno de questa cita de Milano levate per publiche cride facte per parte de la Maestà Regia il dazio de la mazina dil formento per mayore declaratione de la mente de la predicta Maestà, adciò che più habundante resta la cita predicta, per parte sua de novo se replica la remissione dil datio predicto, e se adjunge che sia licito ad cadauna persona vendere pane, vino et carne ad minuto et fare et far fare pane cosi de formento como di mestura, senza pagamento de alcuno datio, sino a tanto sara ordinato altro, e similmente ancora tali pani, vino, carne vendere et fare vendere liberamente, senza pena e pagamento di alcuno datio *ut supra*.

Item, che tuti li molinari continuano ad mazinare et conducano subito le farine ad li prestinari et farinari et altre persone li dano o li hano date le robe, sotto la pena de tracti quatro de corda per caduno; et non sia persona alcuna che olsa ne presuma levare fora de la cita predicta ne soy borghi alcuna quantita de blado ne farine, sotto la pena de perdere tale robe e cavali o altri instrumenti et de la forcha.

Petrus Martir SPANJOTA, provisionatus communis Medio
lani notarius subscripsit.

Cridatum die suprascripto per Stephanum Oldanum, tubetam regium et ducalem, ad publicam plateam Arenghi et in
Brolletto Mediolani ac per omnia carubia civitatis Mediolani, sono tubarum præmisso.

95.

ARRÊTÉ POUR ASSURER LA SÉCURITÉ PUBLIQUE.

(Milan, 10 juin 1512).

A *di dece de Junio 1512.*

Poy che sono facte le opportune provisione in queste occur-
rentie per la salute di questa cita, et li magnifici deputati de
la cita mettano ogni studio et diligentia per conservatione
dessa, convene che da tuti siano obediti; pero sono facte le
infrascripte provisione salubre ad tuti :

De novitate non fienda in bonis alterius.

Primo, si fa publico comandamento chel non sia persona,
di qualuncha condictione et preheminentie se voglia, che
ardisca attentare o fare attentare de facto ne de propria auctoritate ne fare alcuna novità in beni alcuni mobili ed
immobili, possessi sive tenuti per altri, etiam se pretendesse
havere o havere (*sic*) ragione in epsi, sotto pena de la forcha
e de la confischatione de li soy beni e de la privatione de
ogni sua ragione irremissibilmente.

Pro tumultu et vulneribus non fiendis; similiter saco-
manis non fiendis.

Item, che non sia persona *ut supra* che facia alcuno
tumulto ne rixa in la cita ne borgi ne altrove, ne facia fare
per altri, directe ne per indirecto, ne ferischa ne facia ferire

alcuna persona ne terrere ne forestere ne francese, ne farli
alcuna violentia, ne facia saccomano ne intervenga ad alcuno
saccomano, sotto la predicta pena de la forcha e confiscatione de beni, et se persona alcuna sentira o dubitara de violentia de alcuna sorte, habia ricorso a li magnifici quatro
deputati de caduna porta sive da li magnifici capitani de
corte, a li quali è provisto di bono numero di fanti et provisionati per punire li delinquenti.

*Victualia possint conduci sine datio et vendere possint
panem, vinum et carnes ad minutum.*

Item, si concede licentia di potere condure victualia dogni
sorte senza datio alcuno e cosi de potere vendere pane, vino
e carne ad minuto senza datio, adciò la cita resta in majore
abundantia, e questo ultra le assidue provisione sono facte e
se fano per li deputati sopracio circa la abundantia de farine
et altre victualie.

*Quod artifices et laboratores debeant perseverare in
eorum laboreriis.*

Item, si comanda ad tuti li mercadanti et artifici dogni
sorte che perseverano in li soi lavorerii et arte, solite et senza
dubitatione de violentia tengano aperte le loro apoteche, sotto
pena de ducati cinquanta ad chi contrafara.

Signatum : Christoforus L.

Publicatum super platea Arenghi et in Brolletto communis Mediolani et per omnia carubia portarum civitatis
Mediolani, die veneris 11 junii 1512 per Stephanum Oldanum tubetam, sono tubarum premisso.

96.

ARRÊTÉ POUR L'ÉLECTION DE DEUX CAPITAINES DE JUSTICE
ET LE DÉSARMEMENT DE LA POPULATION MILANAISE.

(Milan, 11 juin 1512.)

*Pro portatione armorum et de capitaneis duobus electis
per communitatem Mediolani.*

Per parte de li signori deputati de la excelsa communita
de Milano.

Al nome de Dio. Per obviare a li scandali, et acciò che
ogni uno possa sicuramente habitare in questa inclita città
de Milano e borgi, sono ellecti duoi capitani quali hanno
ad habitare in la corte di Milano, con la obediencia de tre-
cento stipendiari et hano a discorrere la cita e borghi, e
comprimere ogni tumulto; e poi anchora per caduna porta
sono deputati quatro cittadini per discorrere lo ambito de le
sue porte, e fare simile provisione per occorrere ad ogni
scandalo, e li è dato forza sufficiente. Essendo aduncha assai
provisto al publico bisogno con li dicti capitanei e deputati,
ed essendo renunciato a li signori deputati de la inclita cita
di Milano che molti porteno e fano portare arme inastate,
balestre, e sciopeti e simile arme, il che non è bisogni, anze
poteria generare pernitioso tumulto, fano publico commandamento che non sia persona alcuna di qualuncha stato,
grado, conditione, preeminentie si voglia, che ardischa portare ne fare portare arme alcune inastate, balestre, overo
schiopetti de qualunche sorte, sotto pena de quatro tratti di
corda, et anche de la forcha secondo la conditione de la persona, a lo arbitrio de li capitani e deputati de le porte irre-
misibilmente.

Suspecti pro morbo non exeant de loco suo.
Item, che niuno infecto aut suspecto de peste non ardisca

di moverse dal suo loco ne movere robbe alcune da loco a loco , senza licentia de li deputati, sotto pena de la forcha, attento maxime che gli è provisto del vivere et altre sue necessitate al bisogno.

Datum Mediolani, die 11 junii 1512. Christophorus, secretarius dictorum deputatorum, cum sigillo sancti Ambrosii. Publicatum super platea Arenghi et in broletto Mediolani et per omnia carubia portarum civitatis Mediolani per Stephanum Oldanum tubetam, die veneris 11 junii 1512, sono tubarum præmisso.

97.

ÉDIT D'OCTAVIANO SFORZA POUR LA DÉCLARATION DES BIENS DES FRANÇAIS.

(Milan, 21 juin 1512.)

Crida per la notificazione de beni e robbe de Francesi. Habentes de bonis Francigenorum notificent.

Per parte del reverendissimo et illustrissimo monsignore Ottaviano Sforza Visconte, electo Laudense, como locotenente de la Santissima Lega e commissario generale del campo di essa Santissima Lega, e de lo illustrissimo signor duca Massimiliano, se fa publica crida, bando et comandamento a ciascuna persona de che qualità, grado, stato, conditione e preeminentia si voglia, che habbia o sappia chi habbia alcuni beni, dinari, casse, cavalli, arme o altra natura de robbe de Francesi, li voglia consignare in le mani nostre, che li sara fatto demonstratione amorevole cum pagarli il beveragio; statuendo termine a quelli che hanno di dicta roba in la città de Milano hore due a consignarla e fora de la città per tutto domane, e chi non la consignara sarà punito e castigato al arbitrio nostro.

Ottaviano Maria Sfortia Visconte, episcopus Laudensis et

locumtenens. Publicatum super platea Arenghi et in Brolletto
comunis Mediolani et per omnia carubia portarum civitatis
Mediolani per Alexandrum Oldanum tubetam', die lune
21 mensis junii hora vigesima secunda vel circa, sono
tubarum præmisso.

98.

ÉDIT DU MÊME RÉTABLISSANT DANS LEURS CHARGES LES FONC-
TIONNAIRES DE LUDOVIC SFORZA ET INTERDISANT LE PILLAGE
DES BIENS DES FRANÇAIS.

(Milan, 22 juin 1512.)

*Crida che gli officiali del fù duca Ludovico ritornino
alli loro officii.*

Per parte del reverendissimo et illustrissimo Mgr Ottaviano
Sforza Vesconte, episcopo de Lodi, locotenente generale del
rev. et ill. Monsignor cardinale Sedunense legato, e dell' illustrissimo Maximiliano, duca de Milano, se fa publica crida,
bando e commandamento a ciascuno, de che stato, grado et
conditione e preeminentia se sia, quali al tempo de la bona
memoria del quondam illustrissimo signor Ludovico havevano
officio, cosi in la corte grande de Milano quanto altrove in
ditta città, tutti vogliano de presente andare ad esercire li
officii suoi con ogni diligentia, fede e sincerità et attendere
a le expeditione li accaderanno a la giornata, pertinenti ali
loro officii, e questo sino a tanto che per sua Reverendissima
Signoria se farà altra provisione, tanto circa quelle cose
meritano reformatione quanto altrimente.

Item, che niuno ardisca ne presuma di andare in casa de
alcuna persona a cercar robe de Francesi ne d'altre persone,
senza special licenza nostra, sotto pena de la forca.

Idem O. M. Sforza Visconte, episcopus Laudensis, *ut
supra.*

Publicatum super platea Arenghi et in Brolletto communis Mediolani per Alexandrum Oldanum tubetam, die martis 22 mensis junii suprascripti, sono tubarum præmisso.

99.

ÉDIT ORDONNANT LA RESTITUTION DES BIENS JADIS PILLÉS DE LUDOVIC SFORZA.

(Milan, 10 août 1512.)

Habentes de bonis quondam illustrissimi domini Ludovici notificent.

Per parte del reverendissimo et illustrissimo Monsignore de Lode et di Milano gobernatore, M. Octaviano Maria Sforza. Com'è informato che nel tempo se partite la bona e felice memoria de lo illustrissimo quondam signor Ludovico, duca de Milano, fora dil stato, gli forono tolte de molte robe e beni mobili, con poco rispecto e reverentia, quali di ragione non pono essere tenuti per quelli gli tolseno e sono debitori in restituirli o il vero precio loro; per tanto, se fa publica crida, banno e comandamento a ciascuna persona, di quale grado, condictione o stato voglia se sia, quale hab havuto de le robe et beni quovismodo del prelibato illustrissimo signore Ludovico, gli voglia, in termine de tri giorni, haverli restituiti in le mane del predicto illustrissimo e reverendissimo monsignore, sotto pena de rebellione e confiscatione de loro beni, certificando ogniuno como in questo caso se procedera contra loro galiardamente, in modo saria meglio havessino restituito tale robe e beni o loro precio, e chi notificara alcuno habi havuto de le predicte cose, gli sera pagato un pretio honorevole, e sera tenuto secreto.

Octaviano Maria Sforza Vicecomes, episcopus Laudensis, Mediolani gubernator. Christoforus, cum sigillo predicti R. D. episcopi.

Publicatum super platea Arenghi et in brolletto communis
Mediolani per Antonium de Pusterla, tubetam ducalem, die
mercurii 11 augusti 1512, sono tubarum præmisso.

100.

ÉDIT DÉCLARANT REBELLES LES SUJETS MILANAIS DU
PARTI FRANÇAIS.

(Milan, 18 septembre 1512.)

*Contra subditos Mediolani qui se receperunt in castro
Portæ Jovis una cum Gallis.*

Al nome de Dio. Non si po più con rasone excusare la pertinacia de questi súbditi del stato de Milano, quali si sono
messi e perseverano nel castello de Milano insema et in
adjuto de li Francesi, ducali inimici ed occupatori di esso,
per essere si longamente diserti de convertirse a la debita
fede verso el suo vero signore duca de Milano, ma per più
convincere la loro contumacia, se fa publica crida a nome del
Reverendissimo et illustrissimo signor vescovo de Lode, gubernatore generale de dicto stato, che ogni persona, di quale
sorte, conditione e qualitate si voglia, la quale sia nel dicto
castello, deba nel termine de tre giorni proximi a venire
reuscire de fora, e presentarsi personalmente al conspetto de
Sua Signoria sotta pena de rebellione; ne la quale *ipso jure
et facto*, senza altra monitione o declaratione, se intenda
essere incorso e incorra irremissibilmente.

Octaviano Maria Sforza Vicecomes, electus Laudensis et
Mediolani gubernator. Cum sigillo. Publicatum super platea
Arenghi et in broletto comunis Mediolani et ad carubia por-
tarum Vercellensis et Cumanæ Mediolani per Aluysium de
Marliano, tubetam, die sabati 18 septembris 1512, sono tuba-
rum præmisso.

101.

LISTE DES MILANAIS DÉCLARÉS REBELLES COMME PARTISANS
DE LA FRANCE.

(Milan, 18 mars 1513.)

Absentati compareant.

Al nome de Dio. Non potendosi hormai più excusare la
pertinacia et prava intentione de quelli subditi Milanesi e
del dominio di Milano quali, non solum durante la usurpa-
tione del stato facta da Francesi se sono monstrati loro se-
quaci et fautori, ma anche doppo la loro expulsione con lo
adjuto de Dio già molti mesi passati facta, li hanno seguitati, prestandoli aiuto e favore e facendo continui tracti e
pratiche, solicitando al suo potere unaltra volta per intro-
dure Francesi a la pristina tirannide, et seminando assidua-
mente qualche prave novelle ad impedire el quieto e tran-
quillo stato dell'illustrissimo et reverendissimo signor duca
Maximiliano Maria Sforza Vesconte, vero e legitimo duca
de Milano, a pernicie non solum de sua excellentia, ma
anche de tuta la patria, la cui ruyna e totale desolatione
necessario seguitaria quando el loro maligno e pravo desiderio sortisse effecto, ed essendo conveniente, si como tali
sono perfidi et inimici de la patria e rebelli de suo legip-
timo signore, si da tuti li populi ed ogni persona siano
cognosciuti, adcio accadendo la opportunitate si possino tractare da publici e incorrigibili inimici; e volendo l'excellentia
del predicto excellentissimo signor duca convincere ogni
loro malitia e procedere con termini de giustizia per la
presente, non recedendo da ogni altro edicto, crida e comandamento, e non prejudicando a la pene nele quale fossero
già incorsi, benche non declarate, ed ad ogni altra rasone
phiscale, fa publico edicto e comandamento che tuti li sub-

diti e soliti habitatori del stato de Milano di qualunca sorte, condictione, dignitate e preheminentia voglia se sia, quale al tempo de la expulsione de Francesi fora del stato predicto ducale de Mediolano, quale fu del mese de junio de l'anno proximo passato 1512, sive de poco inante, dopo lo exercito elvetio introe nel dominio aut doppoi, se siano absentati et non ritornati ac dimorati in esso dominio insino al presente, sive habiano seguitato lo esercito francese, sive soi fautori aut adherenti, sive se hano retirati altroe fora del ducale dominio, etiam se fossero in ditione de alcuno rege, principe, aut potentato di qualunca preheminentia se voglia, etiam se fosseno a Roma o altroe dove si voglia, debiano personalmente e non per procuratore, ritornare a la patria e propria habitatione, e consignarsi al conspecto del prefato illustrissimo signor duca ed obedire a soi mandati, in termino de mese uno, doppo la publicatione de la presente immediate sequente, sotto pena de rebellione e confiscatione de tuti li soi beni, in laqual pena *ipso facto et jure*, et senza nulla declaratione ne altra citatione aut monitione se intendano siano incorsi, senza alcuna remissione, e quantunche non sia necessario exprimere alcuno nominatamente perche ciascuno conscio de se medesmo sa quello ha ad fare, nondimeno senza prejuditio de la qualitate per più chiareza de questi, novamente se citano et comandano nel modo sopra descripto li subsequenti :

M. Jo. Jacobo Trivultio.

M. Theodoro Trivultio.

M. Camillo } fioli del predicto M. Jo. Jacobo.
M. Ambrosio }

M. Alessandro Trivultio.

M. Hieronimo Trivultio.

M. Antonio Trivultio, vescovo d'Ast,

M. Petro Trivultio, commendatore de Santo
    Antonio, } tutti fratelli.

M. Augustino Trivultio, commendatore de
    Lode Vecchio,

M. Filippo Trivultio, commendatore de Chi-
    rate,
M. Pomponio Trivultio,
M. Paulo-Camillo Trivultio,
M. Coriolano Trivultio,
M. Cesare Trivultio,

> tutti fratelli.

M. Jacobo
M. Gaspar
    Trivultio, fioli del magnifico M. Erasmo.

M. Andrea da Birago.
Jo. Francesco Ruscha.
Jo. Antonio Tanzo.
Jo. Antonio de la Croce.
Jo. Francesco de la Croce.
Bernardo di Farre.
Alexandro da Corte.
Jo. Juliano de Girano da Vimerca.
Jo. Petro Marchono Lignamero.
Jo. Jacobo de Cermena.
Jo. Antonio de la Croce, dicto *Tempesta*.
M. Galeaz de Sancto Severino.
M. Julio de Sancto Severino.
Jo. Francesco da Castrono, alias ex magistris ordinariis.
Jo. Petro da Meda (habet bona in loco Mede et Pavia).
Jacobo da Corte, Hieronimo ed Odoardo soi froli.
M. Francesco da Corte, comendatorio de Sancto Mayolo.
Alexandro, Lodovico, Marco-Antonio da Corte, fioli de Ber-
    nardino da Corte.
M. Hieronimo Bottigiella.
M. Filippo Detio.
Alphonso Pezano.
Protaxio Georgio, fiolo de M. Bassano.
Giovanni-Maria Lunero.
Ludovico Faredamelio.
Marchese Bernabo da Sodrasso.

Lode.

M. Francesco Bonsignore.
Augustino di Vercellati dicto *Galleto*.
Bernardino di Ferrari.
Domenico de Pareli, fiolo di Leone.
Joanne Greto.
Georgio di Quadri.
Antonio Scaffa da Crema da Bochino.
Joanne Domenico Brusco de Pizamilio.
Filippo Begnanio, appellato *El vilano*, de Longhena.
Francisco Graffignana.
Bernardino de Novarino.
Mapheo Dente.

Novara.

Conte Opizino Cacia.
M. Ludovico suo fiolo.
Conte Manfredo Tornielo e fioli.
N... de Brusatis.

Alexandria.

Alphonso Mantello.
Sforzino dè Marchessi.
Bastiano Mantello.
Bernardo de Conte.
Francisco da Varsia.
Carlo Guasco.

Como.

Andrea Giorgio da Casanova.
Gabriele Scanagata.
Blasio Malacrida.

Bernardino Borserio.
Hieronimo Mangiacavallo.
Gianoto Francigena.
Antonio Flamengo.
Antonelo da la Brusada.

Castelnovo Torthonese.

Ottaviano Balbo.
Joanne de Guerreri.
Baptistino di Bassi.
Jo. Aloysio Grasso.
Jo. Augustino de Montemerlo.

    Signatum : Jo. Jacobus. Cum sigillo ducali in cera alba.

    Publicatum super platea Arenghi et in Brolletto comunis Mediolani per Alexandrum Oldanum, tubetam ducalem, die veneris 18 mensis martii 1513, sono tubarum premisso.

102.

Lettre de la Trémoille et Trivulce invitant la ville de Milan a faire acte d'obéissance envers Louis XII.

(Alexandrie, 29 mai 1513.)

Littere emanate nomine Majestatis regie per D. de la Tremolia et D. Mareschalum Trivultium.

Proclamatio fienda in locis consuetis in civitate Mediolani. Havendo li magnifici electi al governo di questa inclita cita de Milano receputo novamente littere da li illustrissimi regii locumtenenti generali de qua di monti Monsignor de la Tremolia et Monsignor Marescallo Trivultio, lequale sono parse a le sue signorie essere tale che meritamente debiano portare grandissimo gaudio et leticia ad

ciascuno, facendo esse lettere amplissimo testimonio de la
bona mente et animo de la Christianissima Maestà verso
questa cita et tuti soy citadini e subditi, pero è parso a le
sue signorie molto necessario per quiete et tranquilita de
li animi, et adciòche ogniuno sapia in che modo vivere e
deportarse, farle publicare *de verbo ad verbum,* ad fine
etiam che ogniuno si dispona ad fare quelle tute demonstratione et boni effecti si convenino ad boni et fideli subditi
verso la predicta christianissima Maestà.

El tenore de lequale lettere seguita.

Magnifici dilecti nostri, informati de la mente del Christianissimo Re, per questa nostra ve dicemo ad tuti che sua
Maestà Christianissima vi accepta per boni e fideli subditi, e
che debiate restare securamente, et ancora quelli che erano
fora del dominio restando sarano ben visti et ben recolti, e li
assicuramo, ma cum questa condicione che a la recevuta de
la presente, vi declarati animosamente per il Re, facendo
publicamente tute le demonstratione et effecti necessarii che
richede il bisogno, et in caso chel non faciate incontinente
a la recevuta di questa le demonstratione ed li effecti como
di sopra vi havemo dicto, vi faremo intendere che generalmente tuti incorrereti in la disgratia de Sua Maestà como
soi ribelli; e questo cum questa nostra ve annunciamo et inti-
mamo et ve avisamo che lexercito nostro hogi incomincia
ad passare il Po, e sene venemo adriture ad Milano.

Datum in Alexandria, 29 maii 1513. *Signatum* Regii
citra montes locumtenentes generales : Tremolia. Jo. Jacobus Trivultius. *A tergo :* Magnificis dilectis nostris civibus et communitati civitatis Mediolani. *Sigillatum,* etc.
Christoforus L., et cum sigillo Sancti Ambrosii impresso in
cera rubea.

Publicatum super platea Arenghi et in Brolleto comunis
Mediolani per Stephanum Oldanum, tubetam, die lune 30
suprascripto mensis maii in terziis, sono tubarum præmisso.

103.

DÉCRET DE MAXIMILIEN I RESTITUANT LEURS PROPRIÉTÉS ET
LEURS DROITS CIVILS AUX MILANAIS CONDAMNÉS COMME
REBELLES PAR LE GOUVERNEMENT FRANÇAIS.

(Cologne, 8 octobre 1512. Milan, 17 juin 1513.)

*Litteræ Imperiales pro Maximiliano Sfortia duce
Mediolani.*

Maximilianus, divina favente clementia, electus Romano-
rum imperator, etc. Illustrissimo Maximiliano Sfortie Vicecomiti, Mediolani Duci et consanguineo nostro carissimo, et
honorabilibus nostris et sacri Romani Imperii fidelibus
dilectissimis capitaneis, praefectis, magistratibus et officialibus quibuscumque ducatûs et statûs Mediolani, et eorum
successoribus, gratiam nostram Caesaream et omne bonum.
Tenemur veritati testimonium perhibere ut et nocentes a
facinoribus compescuntur et pœnis ab eis retrahuntur, et dignis fidei, virtutis et meritorum premia condigna tribuuntur;
cum itaque, superioribus temporibus, pulso eo statu illo
Mediolani bone memorie Ludovico Sfortia, quondam duce
Mediolani, complures nobiles illustris statûs sequuti sunt
ipsum, qui postea moniti a presidentibus justitie et officialibus tunc Mediolani existentibus ut, sub pena rebellionis et
privationis bonorum omnium, domum redirent et juramentum fidelitatis prestarent, quod plerique ea causis rationa-
bilibus facere distulerunt et etiam recusarunt; ideo fuerunt
tanquam rebelles exilio mulctati et omnibus bonis eorum
spoliati, et successionis et omnis lucri incapaces declarati,
cum maximo eorum detrimento et jactura; sed cum dicti
nobiles et alii qui secuti sunt eumdem ducem Ludovicum et
propter eum et suos passi sunt exilium et amissionem
bonorum suorum, sequuti fuerunt verum et legitimum prin-

cipem et dominum eorum, hoc edicto statuimus et declaramus ipsos nobiles et alios qui cum eodem duce Ludovico, et
propter eum et suos expulsi et bonis eorum privati fuere,
nunquam fuisse nec esse rebelles aut incapaces successio-
num aut bonorum quorumcunque, sed fideles et obedientes
nobis et Sacro Romano Imperio et eidem quondam duci
Ludovico; ideo volumus et tenore presentium mandamus,
ipsos omnes ad bona et jura eorum omnia quæ tenebant et
possidebant legitime ante expulsionem dicti quondam ducis
Ludovici integre restitui; declarantes ipsos semper fuisse
eodem modo capaces et habiles ad successionem et omnem
eorum utilitatem et lucrum sicuti ante erant; in contrarium facientibus non obstantibus quibuscumque, harum
testimonio litterarum sigilli nostri appensione munitarum.

Datum in civitate nostra imperiali Colonia, die 8 octobris
anno Domini 1512, regnorum nostrorum Romani vigesimo
sexto, Hungarico vigesimo secundo.

Hanc copiam cum originali auscultavi, et quia concordat,
in fide præmissorum signum meum apposui : Jo. Cotta.

Publicatum fuit suprascriptum edictum super platea Arenghi et in Broletto Comunis per Jo. Petium de Septimo, tubetam ducalem, die veneris 17 junii 1513, sono tubarum præmisso.

104.

Statuts de la corporation des marchands d'étoffes d'or, d'argent et de soie de Milan.

(1504).

1º Rapport des réformateurs de la corporation des marchands de soie au Roi

(Milan, 12 avril 1503).

Serenissime et Christianissime rex et dux Mediolani, etc.
Ser.ma Vestra Majestas, sub die vigesima octava julii

anni 1501 proximi decursi, per suos litteras scripsit refformatoribus alias per Regiam Vestram Majestatem ellectis ad
refformationem statutorum Mediolani, ad supplicationem
mercatorum siricis auri et argenti Mediolani, ut viderent et
examinarent ordines et statuta ipsorum mercatorum, et, vo·
vocatis abbatibus ipsius artis et illis qui eis refformatoribus
evocandi visi fuerint, ea refformarent prout conveniens eis
videretur, et ad positionem eorum in volumine aliorum statutorum consulerent senatum vestrum ac declararent quid
ipsi sentirent super hoc.

Nos vero, refformatores inferiùs descripti, habitis et visis
ac diligenter consideratis prefatis litteris regiis vestris cum
supplicatione annexa, ac etiam visis et bene consideratis
statutis et ordinibus ac litteris ipsorum mercatorum, in executione prefatarum litterarum evocari fecimus et coram nobis
habuimus pluries abbates mercatorum ipsorum ac etiam
abbates testorum et aliquos ex ipsis mercatoribus et testoribus, ac etiam evocari fecimus alios qui nobis evocandi visi
fuerint; auditis quoque ipsorum mercatorum et testorum
procuratoribus ac bene et diligenter ac mature consideratis
considerandis;

Prefatæ R. V. Majestatis cum ea debita reverentia qua de-
bemus, refferimus quod ea refformavimus et refformamus,
modo et forma prout continetur in presenti volumine, his
nostris litteris alligatis et manibus nostris subscriptis, et sic
predicta refformatio nobis conveniens visa fuit, et est quo
vero ad positionem dictorum statutorum refformatorum in
volumine statutorum comunis Mediolani refferimus *ut supra,*
ac declaramus nos sentire et apparere nostrum fuisse et esse
dictum volumen statutorum refformationum fore et esse
ponendum et aggregandum cum aliis statutis civitatis vestre Mediolani, prout sunt alia statuta predictæ civitatis
vestræ et istud est juditium et apparere nostrum quod
R. V. Majestati refferimus, cui humiliter ac devote nos
recommissos facimus.

Datum Mediolani 12 aprilis 1503. Ejusdem regiæ ac sere·
nissimæ Vestræ Majestatis fidelissimi servitores, Ambrosius

Aliprandus, Gabriel Moresinus, Antonius de Judicibus et Johannes Petrus de Canturio, refformatores *ut supra*.

2º Édit confirmant les statuts de la corporation des marchands d'étoffes d'or, d'argent et de soie

(29 août 1504).

Ludovicus, D. G., etc. Universis has nostras inspecturis salutem.

Visa diligenter et considerata commissione per nos facta dilectis nostris magistris Ambrosio Aliprando, Gabrieli Morosino, Antonio de Judicibus et Jo. Petro de Canturio circa reformationem statutorum et ordinum mercatorum auri, argenti et siricis Mediolani;

Visa quoque rellatione per prefatos reformatores et seu commissarios nostros cujus tenor talis est, videlicet[1] :

Persuadentes autem nobis ipsam relationem consulte justeque et mature factam, predictam refformationem et ordines ad unguem, ut jacent, approbantes et confirmantes, mandamus quibuscumque officialibus et jusdicentibus nostris ad quos spectat et presentes devenerint, quatenus dictam refformationem et ordines prout jacent exequantur et executioni mandari faciant; aliquibus in contrarium facientibus non obstantibus, quibus omnibus in hac parte tantum derogamus; quia sic nobis placet et ita fieri volumus.

In quorum testimonium presentes fieri jussimus ac sigilli nostri munimine roborari. Datum Mediolani die 29 aprilis anno 1504 et regni nostri septimo.

Salvo tamen jure nostro, tam circa jurisdictionem, cui derogare non intendimus, quam circa reliqua omnia.

Data *ut supra :* Julius. Visa per regem ducem Mediolani ad rellationem consilii : Julius. Cum sigillo magno regio in cera viridi pendente cum cordula firiseli viridi e morela.

---

1. Ici est intercalé le texte du rapport ci-dessus.

3° TEXTE DES STATUTS.

Tenor statutorum sequitur, videlicet :

1. *De ellectione abbatum, consulum et officialium merca-*
torum artis auri, argenti et sirice et eorum jurisdictione.

Primo statuitur quod omni anno per octo dies ante calen-
das januarii vel circha elligantur et deputentur sex ex dictis mercatoribus qui non exercuissent offitium abbatie infra
annos duos tunc precedentes ; et quæ ellectio fiat per abbates
ultimorum quatuor mensium dicti anni quo fiet dicta ellectio
et per sindicos eorum mercatorum seu majorem partem
eorum, in abbates ipsorum merchatorum, videlicet duo qui
buslibet quatuor mensibus, prout ordinabitur pro anno tunc
proxime futuro, et item duo consules pro toto illo anno,
quorum alter deputetur ad bullandum telas aureas, argenteas
et siricas in tellario, quas dicti merchatores dederint ad
laborandum testoribus prout infra dicetur, et alia concernentia eorum artem faciendum, prout ordinatum fuerit per
ipsos abbates; et possint cogi dicti abbates, consules et sindici taliter ellecti *ut supra et infra* ad acceptandum et exercendum eorum offitium per abbates veteres vel per alterum
eorum cum consule, et sub illis penis pecuniariis quæ ipsis
abbatibus et consuli veteribus et *ut supra* videbuntur applicandis, quibus per eos *ut supra* ordinabitur et ulterius sub
pena privationis dictae artis et merchantiae per illud tempus
quo ipsis abbatibus et consuli veteribus videbitur; ita
tamen quod tale tempus privationis non excedat spatium
duorum annorum continuorum; et predicta intelligantur
cessante justo impedimento; et quæ ellectio taliter facta
valeat et teneat, perinde ac si facta fuisset per totam universitatem dictorum mercatorum; qui abbates et consules taliter
ellecti *ut supra* habeant omnimodam jurisdictionem, et possint procedere, jusdicere, cognoscere, terminare et senten-
tiare quolibet die feriato et non feriato, exceptis feriis intro-
ductis in honorem Dei et sanctorum et de quibus feriis

disponitur in statuto statutorum civillium *de feriis et dil-*
lationibus, et exceptis sex diebus immediate sequentibus
festum Pasce resurrectionis domini nostri. Jesu Christi, omnes et singulas causas, lites et differentias civilles vertentes
et quæ verti contingent in futurum inter eos merchatores ;
et item inter eos mercatores et fillatores, testores, tinctores et quoscumque alios laboratores, et laborari facientes,
quovismodo in et de dicta arte auri, argenti et sirice occasione merchantiae auri, argenti vel sirice per eos merchatores, vel aliquem vel aliquos ex eis, dictis fillatoribus,
testoribus, tinctoribus et laboratoribus de dicta arte auri,
argenti et settarum, vel alicui vel aliquibus ex eis dati,
traditi et consignati, seu date, tradite et consignate, singulariter et debite refferendo ; ac etiam occasione mercedum
suprascriptis vel alicui vel aliquibus eorum predicta causa
debitarum et omnium abinde dependentium; et contra eos et
quemlibet eorum et bona sua congrue refferendo fieri facere
quascumque executiones tam reales quam personales occasione praedictae artis et mercantiae ac mercedis ac abinde dependentium *ut supra ;* et hoc quidem summarie, simpliciter
et de plano, sine strepitu et figura juditii, et sola facti veritate inspecta usque ad summam librarum ducentum imperialium, a se ipsis et sine consilio alicujus sapientis, si eis
abbatibus videbitur, et abinde supra usque ad omnem summam, cum consilio unius ex dominis consultoribus partibus
non suspecto, qui per eos dominos abbates vel *ut supra* elligentur ad numerum trium usque in quatuor de collegio dominorum judicum Mediolani; et hoc si petitum fuerit et ubi per
partes ipsas seu alteram earum recusati fuerint dicti consultores, tunc eligatur confidens de dicto collegio, vel unius in
contumaziam sive renitentiam alterius partis suos confidentes
dare recusantis sive negligentis ; et hoc non obstantibus
aliquibus statutis, decretis, ordinibus et consuetudinibus in
contrarium loquentibus vel aliam formam dantibus, quibus
omnibus derogatum esse inteligatur. Et juxta quod consilium prefati Domini Abbates et *ut supra* pronuntiare teneantur,
et ipso consilio presentato, coram ipsis abbatibus vel

altero eorum vel eorum notario habeatur pro pronuntiato ipso jure. Et ulterius possint elligere alios sex ex dictis merchatoribus in sindicos omni anno, qui, una cum abbatibus predictis seu majore parte eorum, habeant potestatem faciendi et disponendi in predictis et predicta occasione et *ut supra* et in concernentibus negotia camere ipsorum mercatorum, et *ut supra* facere, disponere, ordinare et exequi possent et valeant, prout possint omnes merchatores si presentes adessent et consensum suum praestitissent.

2. *De eodem.*

Item statuitur quod, si contingat alterum ex eis abbatibus taliter ellectis *ut supra* non posse interesse in ejus offitio, vel esset in facto proprio, vel impeditus ex aliqua legiptima causa, vel suspectus, quod eo casu alter abbas et consul non ellectus ad bullandum tellas *ut supra* habeant eamdem potestatem et jurisdictionem quam habebant ambo abbates primo ellecti ut in precedenti proxime statuto disponitur. Et casu quo dictus alter abbas et consul interesse non possent vel essent in facto proprio vel *ut supra*, adeo quod non adesset nixi unus abbas, tunc et eo casu, predicti sex sindici vel major pars eorum possint subrogare et elligere alium abbatem et consulem loco dictorum abbatis et consulis non valentium interesse *prout supra* et *ut supra*, qui habeant eamdem jurisdictionem et potestatem quam habebant dicti abbas et consul. Et quae ellectio sic facta valeat et effectum sortiatur ac si facta fuisset solempniter per omnes mercatores. Et de qua ellectione fiat instrumentum vel actus publicus per notarium ipsorum mercatorum sive dictae universitatis vel per alium notarium.

3. *De tempore instantiae causarum vertentium coram abbatibus et consule artis auri, argenti, et sirice.*

Item statuitur quod omnis causa vertens et que in futurum verti continget coram predictis abbatibus et consule habeant instantiam, et seu non possit nec debeat excedere terminum viginti dierum utilium, et intelligantur omnes dies esse utiles, praeterquam dies reservati in precedenti proxime

statuto, inchoandorum a die petitionis seu libelli, contradic-
tionis, querelle vel cujuslibet alterius requisitionis, infra
quos causa ipsa decidi et terminari debeat juxta formam præsentium statutorum summarie, ut in precedenti capitulo continetur, et a se ipsis absque consilio sapientis usque ad summam librarum ducentum imperialium, nisi aliter videbitur
ipsis abbatibus et consuli, et abinde supra a dictis libris
ducentum imperialium supra cum consilio sapientis, modo
et forma prout disponitur in precedenti seu primo statuto;
salvo etiam quod si in aliqua causa et questione data fuerit
aliqua dillatio alicui parti ad probandum per testes vel aliter extra civitatem et ducatum Mediolani, quod tunc et eo
casu, durante dicta dillatione et ipso petente dillationem,
jurante quod ipsam dillationem non petit nec requirit calump-
niose nec in fraudem alicujus, sed credens ipsis testibus vel
aliter *ut supra* indigere ad probationem sui juris tunc non
intelligatur currere, nec currat tempus dictorum dierum
vjginti utilium.

4. *De ellectione Caneparii.*

Item statuitur quod per dictos abbates et consules ac sindicos seu majorem partem eorum elligatur unus ex dictis
mercatoribus in thexaurarium seu caneparium dicte universitatis mercatorum, omni anno, tempore ellectionis aliorum
offitialium; penes quem thesaurarium deponantur omnes
pecuniae, intractae et bona camere dictorum mercatorum et
de eis disponere prout ordinatum fuerit per dictos abbates,
consules et sindicos seu majorem partem eorum, et seu eo
modo et forma prout per eos dominos abbates, consules et
sindicos et seu majorem partem eorum ordinatum fuerit. Et
quod finito offitio dicte ejus canepariae, teneatur ipse caneparius bonam reddere rationem pro quibuscumque receptis et
datis et habitis occasione dicti ejus offitii, et hoc in manibus
abbatum et consulis novorum et seu ellectorum pro anno sequenti. Et qui abbates habeant amplam potestatem liberandi
et liberationem faciendi dicto canepario de ejus offitii administratione.

5. *De ellectione Notarii.*

Item statuitur quod dicti abbates et consules et sindici sive major pars eorum possint et valeant elligere et deputare unum notarium de collegio notariorum Mediolani pro scribendo, rogando et quælibet acta faciendo, etiam sententias et seu declarationes et quælibet alia instrumenta et acta pertinentia dictis offitio ac merchatoribus et eorum universitati. Et quod acta, sententiae, declarationes et alia quæ contingent fieri occasione dicti eorum offitii, et per eorum notarium scripta et annotata valeant et teneant et eisdem plena fides adhibeatur. Et quae ellectio, postquam facta fuerit per dictos *ut supra* seu per majorem partem eorum, valeat et teneat et omnimodum effectum sortiatur; et quae ellectio, tam abbatum, consulum, sindicorum et offitialium *ut supra* quam notarii, fiat per publicum instrumentum rogandum per autenticum notarium aut per actum publicum.

6. *De appellatione interponenda tam a sententiis diffinitivis quam interlocutoriis.*

Item statuimus quod quilibet volens appellare ab aliqua sententia, tam diffinitiva quam interlocutoria, teneatur appellationem suam interponere infra quatuor dies a die latae sententiae exclusive, tantum et non ultra, et quod commissiones appellationis sive appellationum debeant fieri per abbates et consulem vel per majorem partem eorum et non per aliquem alium, duobus vel tribus mercatoribus dicto artis confidentibus partium vel confidentibus alterius partis in contumatiam illius partis que dare confidentes suos neglexerit sive recusaverit. Et qui commissarii dictae appellationis seu appellationum habeant omnimodam potestatem cognoscendi de nullitate et æquitate et iniquitate talis sententiæ, modo et forma prout *supra* dispositum est fieri debere in causa principali. Et quod causa ipsius appellationis seu appellationum commitatur infra mensem unum sequuturum immediate a die appellationis vel nullitatis, et sive appellationum vel nullitatum exclusive. Et instantia dictae appellationis sive dictarum appellationum duret et seu durari

debeat diebus quindecim utilibus, a die commissionis facte
numerandis, et non ultra.

7. *De executione sententiae seu sententiarum.*

Item statuitur quod postquam lata fuerit sententia in
causa appellationis vel nullitatis in quantum et eatenus quatenus confirmata fuerit prima sententia lata in causa principali in toto vel in parte, quod in ea parte in qua conformis
fuerit cum prima sententia, non liceat amplius provocare
nec appellare a dicta sententia nec de nullitate dici, nec aliqualiter contraveniri, nec contra eam quicquam excipi vel
opponi; sed prout lata fuerit, executioni mandetur omnibus
juris remediis in totum vel in parte et partibus in qua et in
quibus sententiae erunt conformes.

8. — *De hiis qui non possint exercere dictam artem.*

Item statuitur quod non sit aliqua persona, cujusvis statûs,
gradûs et condictionis existat, quae audeat nec presumat
quovismodo exercere nec exerceri facere dictam artem auri
vel argenti, vel setarum per se nec interpositam personam,
directe nec per indirectum, nisi prius approbata et descripta
fuerit per abbates et sindicos dictae artis seu per majorem
partem eorum, et solverit libras vigintiquinque imperiales
thexaurario dictorum merchatorum, nomine eorum camere,
sub pena librarum vigintiquinque imperialium et amissionis draporum ac setarum auri et argenti, quotiescumque
contrafactum fuerit, applicandarum : pro una tertia parte,
regie et ducali camere; pro una alia tertia parte, camere
dictorum mercatorum; pro una alia tertia parte, accusatoribus seu inventoribus ellectis per dictos dominos abbates et
juratis, quibus saltim duobus credatur cum eorum juramento; salvo tamen quod testores setarum laborare et laborari
facere possint, manibus propriis et non aliter, ex setis propriis tantum, et ex auro et argento proprio tantum, singulariter refferendo, drapos sirice, auri vel argenti, in eorum
domo habitationis tantum, per se et eorum ascendentes et descendentes ex linea maschulina ac alios ex dicta linea mas-

culina conjunctos indivisos et simul comorantes et in eadem
domo habitationis ad unum panem et vinum; et dummodo
tellae, quas laborare et laborari facere vellent ipsi textores,
modo et forma suprascripta bullentur et bullatae sint bullo
abbatum mercatorum vel per consulem eorum ad bullandum
deputatum ab uno capite, et hoc absque aliqua impensa nec
solutione, ipso tamen textore vel textoribus fidem faciente vel
facientibus, vel per scriptum venditoris vel aliter, a quo vel
a quibus habuerit vel habuerint dictam setam, aurum vel argentum, quod vel quæ laborare facere voluerit seu voluerint,
si ad hoc per ipsos abbates vel consulem vel aliquem eorum
requisitus seu requisiti fuerint; et ubi ipsi abbates vel alter
eorum vel consul ad bullandum deputatus tunc noluerit vel
neglexerit ipsas tellas bullare, ipsi testori vel testoribus facta
dicta fide *ut supra* et *ut supra*, quod, post factam de tali bullatura facienda in presentia dominorum testium vel in scriptis
requisitionem per dictos testorem vel testores, et fuerit recu-
satum vel neglectum bullare *ut supra*, eo casu possint ipsi
testores et quilibet eorum predictas tellas et tellam texere et
texi facere modo suprascripto absque bullo dictorum abbatum,
et absque eo quod in aliquam penam incurrere possint, servata tamen semper forma presentium statutorum et contentorum in eis; teneantur tamen texores ipsi laborantes seu
laborari facere volentes, modo et forma suprascripta, solvere
thexaurario camere dictorum mercatorum nomine ipsius
camere libras quatuor cum dimidia imperiales semel tantum,
quae tempore quo contingeret ipsos se velle describi facere
pro merchatore vel merchatoribus computari debeant in solutione dictarum librarum vigintiquinque imperialium; et
si contingat aliquem vel aliquos ex dictis testoribus qui
laborare possunt nomine proprio *ut supra* et *prout supra*,
taliter se infirmari vel devenire ad talem senectutem per
modum quod laborare non posset ejus manibus propriis, de
qua infirmitate et senectute stetur et stari debeat cognitioni
abbatum predictorum, quod tunc liceat et licitum sit tali
testori vel testoribus taliter infirmato vel infirmatis, vel in
senio deducto vel deductis *ut supra*, tessi facere in ejus domo

habitationis tellas sitte, auri vel argenti per alium vel alios
loco talis infirmi vel senis et super tellario seu tellariis talis
infirmj vel senis *ut supra* , et in ejus vel eorum domo habitationis predicta fieri facere possint, durante infirmitate vel
senectute predicta et non aliter nec alio modo. Et si contrafactum fuerit per ipsos testores vel aliquem eorum vel aliam
personam in predictis vel aliquo predictorum, cadat et cadant et cecidisse intelligantur ipso jure et facto in penam
librarum quadraginta imperialium pro qualibet vice et
quolibet tellario, applicandarum pro tertia parte camere regie et ducali, pro alia tertia parte camere predictorum
mercatorum et pro alia tertia parte accusatoribus seu inventoribus, quibus credatur cum eorum juramento saltim duobus *ut supra* et *prout supra*.

9. — *Quod aurum nec argentum non possit in folleis
bati nisi sit a denariis undecim*, etc.:

Item statuitur quod non sit aliqua persona nec aliquis
battiffollia quae vel qui possit nec valeat quovismodo directe
nec indirecte laborare nec laborari facere aliquam batitturam nec foleam auri nec argenti pro fatiendo fillare aurum
vel argentum, nisi fuerit a denariis undecim et granis duo-
·bus cum remedio fabrice monete seu ceche Mediolani. Et si
aliquis batiffollia dubitaret argentum batiturae fonditum non
esse ad dictam bonitatem *ut supra*, liceat ipsi battitori tale
argentum, postquam fonditum fuerit , per assagiatorem
dicte ceche assagiari facere, expensis illius cujus erit tallis
batittura , et si aliter fiat, non servata presentis ordinis
forma, imputetur in fraudem battitori, et ulterius ipse batit-
tor incurrat penam librarum vigintiquinque imperialium
pro qualibet batittura et pro qualibet vice afferenda et applicanda pro una tertia parte camere regie seu ducali; una
tertia parte camere predictorum dominorum merchatorum;
et reliqua tertia parte inventoribus seu accusatoribus, quibus
saltim duobus credatur cum eorum sacramento ut in precedentibus statutis continetur, quodque tallis batittura non
possit finiri nisi prius refondita fuerit et reperta ad boni-

tatem predictam, sub pena *ut supra* et applicanda *ut supra*;
et qui merchatores teneantur dictum aurum et argentum
vendere ad pensam Mediolani quibuscumque emere volen-
tibus.

10. *Quod drapi fiant ad latitudinem infrascriptam.*

Item statuitur quod drapi aurei, argentei et sirice fiant et
fieri debeant per quoscumque testores et alios texi facientes
a modo in antea ad latitudinem seu altitudinem infrascriptam, videlicet:

Drapi velutorum et rassorum ac brochatorum rizorum
sint et esse debeant in latitudine seu altitudine onziarum
duodecim et tertiarum duarum, unius onziae de netto intra
cimosias sive cordonos ipsorum draporum ad brachium
fustanei, ita quod sit brachium integrum fustanei et tertie
due ex tribus unius onzie; inteligendo semper quod brachium sitte et draporum auri vel argenti sit conforme cum
brachio fustanei.

Drapi vero damaschi et brochati damaschi sint et esse
debeant in latitudine seu altitudine onziarum quatuordecim
cum dimidia ad suprascriptum brachium fustanei et quae
altitudo seu latitudo sit et esse debeat de netto intra cimosias seu cordones ipsorum draporum.

Drapi autem tabilis sint et esse debeant in latitudine seu
altitudine quarte tres cum dimidia unius brachii *ut supra*
computatis cordonis.

Drapi Tarzanelli sint et esse debeant in latitudine seu
altitudine quartarum trium unius brachii *ut supra* cum
cordonis *ut supra*.

Et si contingat predictis vel alicui vel aliquibus predictorum contrafieri per aliquem testorem vel alium tessi fa-
cientem, ipso jure et facto cadat seu cadant in penam pro
quolibet contrafaciente et qualibet vice *ut infra*, videlicet
pro quolibet brachio brochati librarum quatuor imperialium et pro quolibet brachio veluti librarum duarum imperialium, et pro quolibet brachio raxi et damaschini libre
unius imperialis et pro quolibet brachio tabillis seu tar-

zanelli soldorum decem imperialium. Quae pene perveniant pro una tertia parte regie et ducali camerae pro una
alia tertia parte camere dictorum mercatorum et pro alia
tertia parte accusatoribus seu inventoribus praedictorum,
quibus saltim duobus credatur cum eorum sacramento *et
prout supra.*

11. *Quod Mercatores teneantur dare testoribus infrascripta pretia pro eorum mercede.*

Item statuitur quod merchatores et alii facientes laborare et seu texi facere drapos *ut supra* teneantur dare
testoribus texentibus drapos *ut supra* pro eorum mercede
texendi pretia infrascripta, in pecunia numerata tantum et
non in alia re, contra liberam voluntatem ipsorum textorum
quos non possint merchatores ipsi nec alii texi facientes
directe vel indirecte, cogere aut inducere ipsos testores ad
accipiendum satisfactionem mercedis suae, nisi in pecunia
numerata *ut supra* expressum est, sub.pena duppli ejus
quod darent seu dari facerent merchatores ipsi et alii texi
facientes *ut supra* dictis testoribus pro mercede in alia re
quam in pecunia numerata *ut supra* aufferenda cuicumque merchatori et alii texi facienti contrafacienti pro
qualibet vice et applicanda pro una quarta parte predicte
regie et ducali camere, alia quarta parte camere dictorum
merchatorum, alia quarta parte testori ipsi, et alia quarta
parte accusatoribus seu inventoribus saltim duobus *ut supra*,
quorum dicto cum eorum juramento stetur.

Quæ vero pretia danda *ut supra* sunt ista, videlicet : pro
quolibet brachio brochati dalmaschini. solidos imperiales xxx; pro quolibet brachio veluti figurati, solidos xxviii
imperiales; pro quolibet brachio veluti plani, solidos xxiii
imperiales ; pro quolibet brachio raxi, solidos imperiales x;
pro quolibet brachio dalmaschini, solidos xiii imperiales;
pro quolibet brachio sindonis, tabilis et tarzanelli solidos v
denarios xi imperiales.

Et hoc etiam sub pena soldorum viginti imperialium pro
quolibet brachio *ut supra* qualibet vice aufferenda ipsis con-

trafacientibus et applicanda *ut supra* et de quo stetur dicto
accusatorum seu inventorum cum eorum juramento *ut
supra* et *prout supra.*

12. *Quod facientes laborare de arte bindellorum et
frixarie teneantur solvere, etc.*

Item statuitur quod merchatores facientes laborare de
presenti die arte bindellorum et cordullarum siricorum vel
aureorum vel argenteorum vel aliarum rerum a frixaria vel
tenentes apotecham vel fondeghum in civitate vel ducatu
Mediolani, teneantur se describi facere ad offitium abbatum
mercatorum sirice et per eos abbates et sindicos seu majorem partem eorum aprobari et solvere thexaurario camere
mercatorum libras quatuor imperiales semel tantum pro
ipsa descriptione et approbatione. Et qui mercatores de
celero exercere voluerint dictam artem bindellorum et frixarie *ut supra* videlicet laborari faciendo vel tenendo de predictis fondigum vel apotecham, eam artem exercere non
possint nisi prius descripti et aprobati fuerint *ut supra* et
solverint libras octo imperiales semel tantum dicto thexaurario pro quolibet exercente dictam artem *ut supra* et
prout supra cum ejus familia habitante in eadem domo et
communione. Et si quis contrafecerit, cadat in penam librarum vigintiquinque imperialium pro qualibet vice applicandarum pro tertia parte, regie et ducali camere et pro una
alia tertia parte, predicte camere mercatorum, et pro reliqua tertia parte, accusatoribus seu inventoribus, quibus credatur cum eorum juramento *ut supra* et *prout supra.* Et si
contingat aliquem vel aliquos ex suprascriptis velle effici
merchatorem seu merchatores descriptos et aprobatos *ut
supra* pro laborari faciendo drapos aureos, argenteos vel
sericos, teneantur ipsi abbates et sindici *ut supra* eum et eos
acceptare et describi facere pro mercatore et merchatoribus
in cameram suam, ipsis solventibus dicto thexaurario usque
ad supplimentum librarum vigintiquinque imperialium pro
quolibet eorum. Et si aliqua alia persona, quae non sit descripta pro mercatore nec teneat fondighum nec apotecham

de predictis vel aliquo predictorum, laboret vel laborari faciet per suos de domo et familia sua de dicto exercitio bindellorum et *prout supra* et comitti contingat aliquam fraudem per dictam personam vel personas laborantem vel laborantes vel laborari facientes in predictis vel aliquo predictorum *ut supra*, possint ipsi abbates contra tales fraudantes inquirere, procedere et punire ex eorum offitio et arbitrio juxta qualitatem fraudis quae reperiatur commissa occasione predictorum et *ut supra*.

13. *Quod nullus merchator audeat scribere aliquam tellam nec batitturam alterius personae super libris suis.*

Item statuitur quod nullus merchator artis sirice et *ut supra* nec alias persona pro eo a modo in antea audeat nec presumat quovismodo directe nec per indirectum scribere nec scribi facere aliquam tellam siricam nec auri nec argenti alicujus testoris nec alterius persone, nec aliud opus ubi sit setta, aurum vel argentum, nec battituram auri vel argenti qualiscumque sit condictionis, super libris ipsius merchatoris nec aliter, nec aliquos drapos nec settas, aurum nec argentum in eorum apotecis nec domibus tenere, nixi sint notificati abbatibus ipsis et bullati bullo dictorum mercatorum, nec ei aliquem favorem prestare occaxione predictorum, sub pena librarum centum imperialium applicandarum pro tertia parte camere regie et ducali, pro tertia parte camere ipsorum merchatorum et pro alia tertia parte accusatoribus seu inventoribus, quibus credatur cum eorum juramento *ut supra* et *prout supra* pro qualibet vice qua contrafactum fuerit. Quodque valeant ipsi abbates et consules, ubi subsit probabilis suspicio fraudis vel contrafactionis, libros, quinternetos et codices rationum talium merchatorum videre et habere. Et si opus fuerit eis libros et *ut supra* deponere penes ydoneam personam ad hoc, ut videri possint et de eis haberi copia de pertinentibus ad causam, etiam ipsis invitis, ad hoc ut possit videri si fraus commissa fuerit contra dispositionem presentis statuti, ac defferre quœcumque sacramenta in premissis expedientia pro eruenda veritate.

14. *Quod trame prohibite non possint poni in aliquo drapo.*

Item statuitur quod non sit aliqua persona, cujusvis status, gradûs aut condictionis existat, que possit, valleat nec debeat ponere nec poni facere aliquam tramam sitte crude, flrixellos, cottonos nec alias tramas vetitas in aliquo drapo auri, argenti nec sitte, excepto in balduchinis et velutis planis in azia, directe nec per indirectum, sub pena incisionis talis drapi in longum qui tali trama esset tramatus. Et ulterius incurrat, ipso jure et facto, absque alia declaratione nec condempnatione, penam merchator et testor librarum centum imperialium pro quolibet eorum inremissibiliter, applicandarum pro tertia parte regie et ducali camere, pro alia tertia parte camere dictorum merchatorum et pro reliqua tertia parte accusatoribus seu inventoribus quibus credatur cum eorum juramento *ut supra et prout supra*. Et qui drapus taliter incisus distribuatur ad piam causam, prout dictis abbatibus videbitur, et contra ipsos taliter fraudantes fiat execcutio realis et personalis pro consequtione dicte pene. Et ulterius contrafaciens privatus sit ipso jure et facto perpetuis temporibus ab exercitio ipsius merchantie et artis, si ipsis abbatibus visum fuerit.

15. *Quod non possit poni aurum abacillo in aliquo drapo.*

Item statuitur quod non sit aliqua persona *ut supra* quae possit nec valeat ponere nec poni facere in aliquo drapo *ut supra* aliquod aurum abacillo nec recalchum nec stagnum, excepto in balduchinis in quibus possit poni aurum et argentum a cologna et qui contrafecerit cadat in penam librarum centum imperialium omni vice applicandarum, *prout supra* proxime dictum est et possit accusari et credatur *ut supra et prout supra*.

16. *Quod si aliquis testor vel alia persona dicto exercitio dedita, fatiat aliquod opus imperfectum teneatur ad restitutionem dampni.*

Item statuitur quod si aliquis testor, fillator, tintor, ma-

gister vel alia persona dicto exercitio dedita faciat aliquam
rem seu aliquod opus in arte seu in exercitio suo, quæ vel
quod non habeat suum debitum complimentum, teneatur et
cogi possit omnibus juris remediis, etiam per personalem
detentionem, ad restitutionem totius dampni quod supportaretur per merchatorem qui talem rem vel opus fieri fecerit,
juxta declarationem faciendam per dictos abbates merchatorum vel per unum ex ipsis abbatibus et consulem *ut supra
et prout supra*. Et si erit in drapo facto, adhibeantur etiam
duo consules vel duo abbates testorum, et quicquid factum
fuerit per ipsos omnes vel majorem partem eorum valeat et
teneat et executioni demandetur. Et ipsis abbatibus vel consulibus testorum recusantibus vel non valentibus interesse
predictis et non subrogantibus alios, loco eorum possint predicta cognoscere et decidere ipsi abbates et consul merchatorum *ut supra et prout supra,* et quicquid per eos decisum
seu declaratum fuerit valeat et teneat et executioni demandetur.

17. *Quod si aliqua persona ut supra se absentaverit cum
ere merchatorum vel aliorum laborari fatientium possit
conveniri.*

Item statuitur quod si aliquis testor, fillator, tintor vel
magister vel aliqua alia persona dedita dicto exercitio se
absentaverit a presenti civitate Mediolani vel aliter latitave-
rit cum auro vel argento vel sitta vel aliis rebus dicti exercitii dictorum merchatorum vel aliorum laborare facientium,
facta prius summaria informatione, etiam parte non citata,
de absentatione *ut supra et prout supra,* vel de dicta latita-
tione, possit conveniri realiter et personaliter in omni loco
subdito predicto regi et duci nostro, die feriato et non feriato, etiam merchati et nundinum diebus, et coram quocumque jusdicente, ubi repertus fuerit, etiam in domo in qua
repertus fuerit, et contra eum tanquam fugitivum vel eam
tanquam fugitivam, procedi possit occaxione premissorum
de quibus supra, et de quantitate dictorum bonorum expor-
tatorum et eorum valore stetur libris dictorum mercatorum

cum eorum juramento singulariter et debite referendo. Idem servetur in omnibus et per omnia si fuerint bona aliarum personarum.

18. *Quod non possit laborari de nocte aurum nec argentum.*

Item statuitur quod nulla persona et *ut supra* possit nec valeat laborare nec laborari facere de nocte, directe nec per indirectum, in dicta arte battendi folleam auri vel argenti sub pena librarum centum imperialium pro qualibet vice aufferendarum et applicandarum ipso jure, videlicet pro tertia parte, camere regie seu ducali; pro tertia parte, camere ipsorum merchatorum; et pro alia tertia parte, accusatoribus; et de hoc stetur sacramento accusatorum *ut supra et prout supra.*

19. *Quod æs nec rechalcum possit deaurari pro fillando supra sittam.*

Item statuitur quod a modo in antea non sit aliqua persona, cujusvis status et condictionis existat, quæ audeat nec presumat deaurare nec deaurari facere æs seu aramen nec recalchum pro fillando seu fillari faciendo, et quod æs seu aramen nec rechalcum deaureatum directe nec per indirectum non possit fillari supra sittam, sub pena librarum centum imperialium applicanda et aufferenda, *prout supra* in precedenti statuto continetur qualibet vice et a quolibet contrafaciente et possit accusari, et credatur prout in precedenti statuto continetur.

20. *Quod illi qui faciunt fillare aurum vel argentum non possint fillari facere aurum falsum seu abacille.*

Item statuitur ut supra quod illi qui fatiunt et de cetero facient filare aurum vel argentum non possint nec valeant fillari facere aurum abacille nec e contra, sub pena librarum centum imperialium qualibet vice et amissionis auri et argenti applicandarum *prout supra* proxime.

21. *Quod aurum nec argentum finum non possit fillari, nisi supra sittam.*

Item statuitur quod non sit aliqua persona *ut supra* quae audeat nec presumat directe nec per indirectum fillare nec fillari facere aurum nec argentum nixi supra sittam cottam, sub pena librarum centum imperialium aufferenda et applicanda *ut supra* et accusari possit et credatur *ut supra*, ut in precedenti statuto continetur.

22. *Quod facientes fillare aurum vel argentum finum non possit bati·facere aurum nec argentum per aliquam personam stantem in communione, etc.*

Item statuitur quod nemo fatiens fillare aurum vel argentum finum vel utrumque eorum, possit nec valeat per se nec interpositam personam batere nec bati facere aurum nec argentum finum per aliquam personam stantem in eadem domo et in communione sub pena librarum centum imperialium pro quolibet contrafaciente et qualibet applicanda *prout supra*.

23. *Quod falsificans aurum vel argentum vel utrumque eorum privatus sit arte batendi aurum et argentum.*

Item statuitur *ut supra*, quod si reperiatur de cetero aliquem batiffolliam falsificasse aurum vel argentum vel utrumque eorum merchatorum seu merchatorum (*sic*) a tribus vicibus supra, eo casu privatus sit et esse intelligatur dicta arte batendi et bati faciendi aurum et argentum saltem per annos quatuor continuos.

24. *Quod drapi debeant diferentiari in cimoxiis.*

Item statuitur quod quilibet, qui faciat laborare de arte draporum aureorum vel argenteorum vel siricorum, debeat eos drapos diferentiare in cimoxiis *prout infra*, videlicet velutum ac velutatum cremixillis et raxi cremixillis, damaschini et tabilis cremixillis ac drapi habeant cimoxias aut in totum viridas aut gialdas; drapi vero veluti verzillis plani ac velutati, et zetonini raxi, et damaschini, et tabilis verzillis

habeant in totum cimoxias cum lunela; drapi rubei a grana
et morelli a grana habeant cimoxias gialdas cum una lunela
viridi in medio, ad hoc ut possit cognosci differentia dictorum draporum ne aliquis defraudetur; et hoc sub pena contrafacienti incisionis talis drapi in longum; et ulterius librarum quadraginta imperialium aufferendarum qualibet vice
et applicandarum pro una tertia parte, camere regie seu
ducali; pro tertia parte, camere dictorum merchatorum et
pro reliqua tertia parte, accusatoribus sive inventoribus, et
talis drapus sic incisus errogetur ad pias causas, prout
videbitur ipsis abbatibus; quodque veluti in azia et balduchinis habeant et habere debeant cimoxias ejusdem colloris,
prout erunt dicti veluti et balduchini sub pena *ut supra* et
applicanda *ut supra* et possit accusari et credatur *ut supra*.

25. *Quod merchatores teneantur bullari facere tellas
siricas.*

Item statuitur quod quilibet merchator faciens laborare
de dicta arte teneatur bullari facere per dictos abbates seu
consules ipsorum merchatorum seu alterum eorum ad hoc
deputatum tellas seu drapos aureos, argenteos et siricos in
tellario, antequam perficiantur seu finiantur' brachia quatuor ipsius drapi pro qualibet petia; pro qua bullatura merchatores ipsi solvere teneantur thexaurario suo seu ad hoc
deputato solidum unum imperialem nomine camere dictorum merchatorum, pro qualibet petia drapi seu telle, tempore bullature; et hoc sub pena librarum decem imperialium aufferendarum a quolibet merchatore contrafaciente
pro qualibet vice et applicandarum pro tertia parte camere
regie et ducali, pro alia tertia parte camere ipsorum merchatorum et pro reliqua tertia parte accusatoribus quibus
credatur *ut supra et prout supra,* et quem bullum teneatur
testor tessere in ultimo brachio cujuslibet petie, sub pena
cuilibet testori contrafacienti *ut supra* et applicanda *ut
supra.*

26. *Quod nullus merchator possit tenere tellarium.*

Item statuitur, quod a modo in antea nullus merchator predictae artis possit tenere tellarium pro texendo in ejus domo habitationis nec extra, nec habere societatem cum aliquo testore. nec texere nec texi facere nomine suo per se nec per submissam personam directe nec per indirectum, aliquos pannos aureos, argenteos nec siricos, taffetalia aut alios pannos, ubi sit setta aliqua, sed solum sit merchator et non testor sub pena librarum vigintiquinque imperialium pro qualibet vice qua contrafactum fuerit applicanda pro tertia parte, regie et ducali camere; pro alia tertia parte, camere ipsorum merchatorum ; et pro reliqua tertia parte. accusatoribus seu inventoribus quibus credatur cum eorum sacramento *ut supra et prout supra.*

27. *Quod nullus batiffolia possit fillari facere aurum nec argentum finum.*

Item statuitur, quod nullus batiffolia possit battere nec batti facere nec fillari facere aurum nec argentum purum seu finum directe nec per indirectum pro se et nomine suo, nec per se nec per interpositam personam. Et qui contrafecerit cadat in penam, ipso jure et facto et absque aliqua condempnatione, librarum quadraginta imperialium applicandarum pro medietate regie et ducali camere, et pro una quarta parte camere ipsorum mercatorum et pro reliqua quarta parte accusatoribus seu inventoribus, quibus credatur cum juramento *ut supra et prout supra.*

28. *Quod nullus preparator possit tessere nec tessi facere.*

Item statuitur quod nullus preparator settarum a modo in antea. cujusvis status et condictionis existat, possit nec valeat aliquo modo directe nec per indirectum per se nec interpositam personam texere nec texi facere aliquas tellas seu drapos aureos, argenteos vel siricos nec alterius cujusvis manieriei drapos siricis, sub pena librarum quadraginta imperialium cuilibet contrafacienti pro qualibet vice et pro quo-

libet tell^rio, applicanda pro una tertia parte predicte regie
et ducali camere, pro una alia tertia parte camere predictorum merchatorum et pro alia tertia parte accusatoribus seu
inventoribus, quibus credatur cum eorum juramento.

29. *Qualiter possit iri vel mitti ad cerchandum tellaria.*

Item statuitur quod abbates vel consules merchatorum una
cum illis aliis ex ipsis merchatoribus quos elligere voluerint
et deputaverint, possint et valeant omni mense et quandocumque ipsis placuerit et visum fuerit ire vel mittere quem
vel quos voluerint ad cerchandum seu visitandum tellaria
testorum super quibus fuerint telle seu drapi dati per ipsos
merchatores vel alios quoscumque ad laborandum in presenti civitate et suburbiis ac ducatu Mediolani, ad videndum
et examinandum ac investigandum cujus erunt tales telle;
et etiam si super eis tellariis erit aliquis drapus aureus,
argenteus vel siriceus deffectuosus dictorum merchatorum et
quorumcumque aliorum qui fieret sine qualitatibus suis re-
quisitis ex forma presentium statutorum; et quibus abbatibus vel consulibus vel *ut supra* deputatis vel ellectis liceat
et licitum sit tales drapos deffectuosos *ut supra* et qui fabri-
carentur non servata forma presentium statutorum, a tellario
aufferre et levare et penes thexaurarium ipsorum merchatorum vel aliam personam ydoneam deponere, et de eo vel
eis facere et disponere, ac merchatorem seu illum cujus erit
et testorem fabricantem, nomine tam ipsius merchatoris vel
merchatorum vel alterius quam ipsius testoris et testorum,
condempnare, prout fieri, disponi et condempnari requiritur
et debet ex forma presentium statutorum.

30. *Quod drapi sete, auri nec argenti, nec aurum nec
argentum non possint vendi nec pignorari.*

Item statuitur *ut supra* quod non sit aliqua persona cujusvis status et condictionis existat, quae presumat nec possit
emere vel accipere in pignus, vel insolutum, vel aliter ab
aliquibus filatoribus, tintoribus, testoribus, magistris tam
maschulis quam feminis, famulis, filiis familias predicto-

rum nec alicujus eorum nec ab aliqua alia pe*sona, per se nec suppositam nec interpositam personam, directe nec per indirectum, aliquam quantitatem site crude vel cocte aut velutorum, pannorum auri vel argenti, bindellorum aut aliorum pannorum novorum sette, nec follia ulla auri vel argenti, nec aurum nec argentum filatum, ronzalias, nec mutuare, dare vel tradere super eis nec aliqua eorum parte aliquam quantitatem pecuniarum vel aliarum rerum directe nec indirecte, nisi sint bullati bullo dictorum merchatorum. Qui bullus stare debeat apud offitium dictorum dominorum abbatum vel consulum vel caneparium; salvo tamen quod possint emi et accipi in pignus vel insolutum a testore vel testoribus de drapis propriis dictorum testorum qui laborare possunt secundum formam octavi statuti positi sub rubrica *De hiis qui non possunt exercere dictam artem,* absque eo quod tales drapi sint bullati, sed liceat tamen cuicumque emere et acquirere a famulis, rerum gestoribus, filiis familias ex predictis rebus in eorum apotecis et domibus vel fondicis in quibus domini vel patres sui exerceant artem sicuti sunt frixarii, magistri texutorum, magistri auri vel argenti fillati et non, et alii utentes in eorum apotecis setta; et quicumque contrafecerit, cadat in penam amissionis rerum alienatarum vel datarum in pignus et pecuniarum et rerum super eis datarum vel mutuatarum; et ulterius etiam cadant in penam arbitrio predictorum dominorum abbatum usque ad quartam partem valoris dicte rei vel rerum *ut supra* et *prout supra;* salvo tamen quod si res taliter alienata vel pignori data *ut supra* vel *prout supra* fuerit aliena, quod talis res eo casu restituatur domino rei, sed taliter alienans vel pignori dans *ut supra* vel *ut supra* cadat in penam valoris ipsius rei applicandam *ut infra,* videlicet et que pene de quibus applicentur pro tertia parte, regie camere seu ducali; pro alia tertia parte, camere merchatorum; et pro alia tertia parte, accusatoribus seu inventoribus, quibus cum eorum juramento credatur *ut supra* et *ut supra.*

31. *Quod abbates mercatorum sirice possint elligere offitiales.*

Item statuitur quod predicti abbates vel consules merchatorum sirice *ut supra* possint et valeant elligere offitiales quorum offitium duret mensibus quatuor et minus arbitrio abbatum; quibus per ipsos abbates defferatur juramentum de bene, fideliter et legaliter offitium suum exercendo, qui possint et valeant ire ad domum feneratorum, pateriorum, testorum, filatorum, tinctorum et laboratorum sirice vel auri vel argenti et *ut supra* et etiam alterius persone, in quibus vel in aliquo eorum subesset suspicio fraudis ad perquirendum si quis presentibus statutis et ordinibus vel aliquo eorum ipsorum merchatorum *ut supra* contrafecerit; quibus offitialibus credatur cum eorum juramento saltim a duobus *ut supra et prout supra*, et quod dicti officiales potestatem habeant aufferendi et ablata incontinenti deponendi et sequestrandi penes aliquam personam ydoneam res suprascriptas in quibus contrafactum esse reperiatur. Et ulterius, pro predictis vel aliquo predictorum *ut supra,* possint dicti abbates et consules merchatorum recursum habere ad quoscumque jusdicentes sive alterum eorum civitatis et ducatus Mediolani, et eorum et alterius eorum offitium implorare, et fieri facere omnes executiones reales et personales et inquisitiones ac descriptiones civiliter agendo dictarum rerum et quicquid necessarium fuerit pro perquirenda et indaganda veritate in predictis civiliter *ut supra,* et ipsis officialibus vel altero eorum nollentibus seu non possentibus interesse eorum offitio, tunc abbates ipsi possint ad perquirendas dictas fraudes mittere eorum mandato quos elligerint et quibus credatur *ut supra et prout supra*. Et casu quo reperiatur dictos offitiales vel aliquem eorum non legaliter offitium suum exercuisse seu fecisse, eo in casu incurrant offitiales ipsi penam ducatorum decem auri pro qualibet vice eis seu altero eorum aufferendam et applicandam pro una tertia parte camere regie, una alia tertia parte camere dictorum merchatorum, et pro reliqua tertia parte accusatoribus seu inventoribus, quibus credatur *ut supra et prout supra* et privati ipso jure sint et intelligantur dicto offitio.

32. *Quod infra triginta dies mercatores teneantur bullari facere drapos,* etc.

Item statuitur quod quilibet mercator et testor sitte, a tempore publicationis presentium statutorum, habens aliquam quantitatem draporum aureorum, argenteorum vel siricorum cujuscumque sortis et maneriei minoris altitudinis et seu latitudinis suprascriptarum mensurarum congrue refferendo, infra triginta dies post publicationem *ut supra* teneantur et debeant bullari facere dictos drapos bullo existenti penes abbatem predictorum mercatorum ad effectum, ut quolibet persona volens de dictis drapis emere inteligere possit eos drapos minus latos esse debita mensura. Et hoc sub pena amissionis ipsorum draporum inventorum et non bullatorum *ut supra*, applicanda pro una tertia parte, camere regie et ducali, pro alia tertia parte, camere dictorum mercatorum, et pro reliqua tertia parte, accusatoribus seu inventoribus, quibus credatur cum eorum juramento *ut supra et prout supra*.

33. *Quod telle finiantur et bullentur.*

Item statuitur quod quilibet merchator pariterque etiam testor sirice et *ut supra*, post publicationem presentium statutorum infra menses sex immediate post dictam publicationem sequuturos, habens aliquam tellam drapi aurei vel argenti vel sirice, cujusvis sortis et maneriei existat, minus latam et altam suprascripta mensura congrue refferendo eam tellam finire et finiri facere teneatur et debeat et ea finita bullari facere bullo existente penes abbates dictorum merchatorum *ut supra et ut supra*; et hoc sub pena quarte partis dictorum draporum *ut supra* cuilibet contrafacienti pro qualibet vice aufferenda et applicanda pro una tertia parte, regie et ducali camere, pro alia tertia parte; camere dictorum mercatorum; et pro reliqua tertia parte, accusatoribus seu inventoribus quibus credatur cum eorum juramento *ut supra et prout supra*.

34. *Quod nullus testor possit tenere pectenem minoris latitudinis predictis mensuris.*

Item statuitur quod aliquis testor nec alia persona exercens vel exercere faciens dictam artem texendi a modo in antea non possit nec presumat habere nec tenere ac facere nec fieri facere in domo sua nec alibi aliquem pectenem texendi drapos aureos, argenteos vel siricos minoris latitudinis nec altitudinis, congrue refferendo predictis mensuris descriptis in statuto loquente de mensuris draporum, nec ipsis nec aliquo eorum uti per se nec per submissam personam in texendis seu texi faciendis aliquibus drapis aureis, argenteis vel sirice cujusvis sortis et maneriei sint seu existant; quin imo, si quis ex prenominatis habeat aliquem pectenem minoris latitudinis vel altitudinis dictis mensuris, illum frangere teneatur et taliter frangi facere, quod eo pectene aliqua persona uti quovismodo non possit in dicta arte sub pena librarum vigintiquinque imperialium pro qualibet vice aufferenda et applicanda pro tertia parte, regie et ducali camere; pro alia tertia parte, camere ipsorum mercatorum, et pro alia tertia parte accusatoribus seu inventoribus, quibus credatur cum eorum juramento *ut supra et prout supra.*

35. *Quod stetur libro merchatorum ut infra.*

Item statuitur quod omnis testor, fillator, tinctor et quælibet alia persona dicto exercitio dedita teneatur restituere mercatoribus omnem quantitatem auri, argenti et setarum et aliarum rerum abinde dependentium, quæ eis datae fuissent ad ponendum in opere vel ad laborandum nomine ipsorum merchatorum, detrahendo tamen de settis denarios sex sette pro qualibet libra drapi sitte date testoribus ad tenendum ultra stragias. Et si in aliquo deffecerint ultra *ut supra,* possint cogi ad solutionem valoris ejus quod defficiet *ut supra* et hoc non obstante aliquo periculo quod occurrere possit, etiam si esset vel dici possit esse casus fortuitus, excepto periculo incendii domus. Et teneantur dicti tales superius nominati tenere unum librum super quo per merchatores seu agentes pro eis scribantur aurum, argentum et sette et

abinde dependentia et quæ dabuntur ad laborandum et occaxione laborerii et abinde dependentia per talem merchatorem cui libro stetur si exhibeatur; ubi non exhibeatur,
stetur libro merchatoris cum ejus juramento pro quaquidem
solutione et restitutione premissorum *ut supra* facienda,
possint prenominati cogi realiter et personaliter aliquibus
statutis et ordinibus in contrarium facientibus vel aliam formam dantibus non attentis.

36. *Quod merchatores possint tenere luminaria.*

Item statuitur quod merchatores ipsi sub porticibus et in
viis suis lucernas accensas ac etiam hominum custodias de
nocte tenere possint que ipsis expedientes videbuntur pro
custodia et deffensione domorum suarum ab omni incendio
et periculo.

37. *Quod drapi foresterii non ducantur in civitate nec in
dominio.*

Item statuitur et *ut supra* quod nulla persona, cujusvis
statûs, gradûs aut condictionis existat, possit nec valeat
directe nec per indirectum conducere nec conduci facere per
se nec interpositam personam, ad presentem civitatem
Mediolani nec in dominio ducali citra montes, aliquam quantitatem drapi aurei, argentei vel sirice nisi pro usu proprio
vel familiae suae talis conducentis seu conduci facientis ab
aliis partibus, terzanelis exceptis; sub pena cuilibet contrafacienti amissionis draporum applicanda pro una tertia
parte predicte regie seu ducali camere, una alia tertia
parte camere dictorum mercatorum, et reliqua tertia parte
inventoribus seu accusatoribus ex offitialibus dictorum mercatorum et quilibet alter possit accusare, et credatur suprascriptis offitialibus cum ejus vel eorum juramento et uno
teste fide digno.

38. *Quod nullus filator audeat accedere ad domum
Magistrorum ad pensandum costas.*

Item statuitur quod nullus fillator settarum nec aliquis

pro eo, directe nec per indirectum, audeat nec presumat per se nec per submissam personam accedere ad domum habitationis alicujus magistri seu trahentis et laborantis settam nec alibi, ad pensandum seu pensari faciendum aliquas stragias, costas nec ligamina settarum nec aliqualiter a magistris seu trahentibus et laborantibus settam nec ab aliqua alia persona laborante *ut supra,* nec aliquo quovismodo directe nec per indirectum dictas stragias, costas nec ligamina acceptare, nec de eis se intromittere quovismodo, sub pena cuilibet contrafacienti librarum viginti imperialium pro qualibet vice aufferendarum absque alia condempnatione et applicandarum pro tertia parte camere regie et ducali, pro alia tertia parte camere dictorum mercatorum, et pro reliqua tertia parte inventoribus seu accusatoribus quibus credatur cum eorum juramento *ut supra* et *ut supra* et de quorum traditione et pensatura in casu contrafactionis stetur sacramento magistri seu illius qui tales settas traxerit seu trahi fecerit vel laboraverit, et hoc, nixi fuerint inventi a dictis offitialibus vel aliter, probari possit et possint etiam accusari per quemlibet, cui accusatori credatur cum ejus sacramento et uno teste fide digno.

39. *Quod nullus fllator possit settas proprias fillare nec trare.*

Item statuitur quod nullus fillator settarum possit nec valeat directe nec per indirectum per se nec submissam personam trare nec trari facere, fillare nec fillari facere aliquam quantitatem settarum suarum propriarum, nec ad suum conctum ipso laborante aliis merchatoribus de dicta arte, sub pena librarum viginti imperialium pro qualibet vice applicandarum, prout in precedenti statuto continetur, et possit *ut supra* et credatur *ut supra* et prout in precedenti statuto accusari continetur.

40. *Quod si aliquis vetaverit offitium incurrat penam, etc.*

Item statuitur quod nulla persona, cujusvis status, gradus et condictionis existat, audeat nec presumat vetare nec vetari facere offitialibus deputatis seu deputandis secundum formam presentium statutorum per abbates et consules merca-torum, quin offitium suum facere et exercere possint *ut supra,* et si per aliquem contrafactum fuerit, eo caso incur-rat penam librarum quadraginta imperialium pro qualibet vice aufferenda et applicanda pro medietate regie et ducali camere et pro alia medietate camere prefatorum merchato-rum, de quibus vetis seu prohibitionibus stetur rellationi dic-torum offitialium cum eorum juramento *ut supra* et *prout supra.* Quodque ultra predicta ipsi abbates et consules *ut supra,* contra tales vetantes et prohibentes offitium *ut su-pra* possint procedere et eos condempnare in omni dampno expensis et interesse quod exinde supportaretur per quemli-bet qui jus vel interesse aliquod haberet in predictis; et ulte-rius etiam possint et valeant contra tales vetantes et prohi-bentes offitium quascumque executiones reales et personales facere prout in presentibus statutis contra.

41. *Quod si aliqua persona emerit drapos siricos, aurum vel argentum non habens qualitates suas, teneatur mani-festare.*

Item statuitur quod quelibet persona, cujusvis statûs, gra-dûs aut condictionis existat, que emerit vel insolutum acce-perit vel aliter acquisiverit vel habuerit ab aliquo merchatore ex merchatoribus dictae universitatis vel ab alia persona de dicta arte sitte etiam testore aliquam quantitatem drapi aurei, argentei vel sirice aut aurum, argentum vel settam labora-tam, que vel quod non habuerit qualitates suas secundum formam presentium statutorum, si senserit se in aliquo deceptam aut fraudatam ex tali emptione, vel alia quavis acquisitione vel habitione, teneatur, ubi sit vel erit habitator civitatis vel corporum sanctorum Mediolani vel prope civi-tatem Mediolani per milliaria vigintiquinque infra quinde-cim dies, et si alibi habitaverit ultra dicta milliaria viginti-quinque infra viginti dies proximos, et hoc a die quo habuerit, modo et forma quibus, tales drapos, aurum, argentum et settam *ut supra,* notificare, querellare et exhibere predictis dominis abbatibus qui per tempora erunt, ad videndum et palpandum ac cognoscendum si in talibus drapis, auro, argento vel setta laborata *ut supra* vel in aliquo ex eis erit dolus vel fraus vel aliqua malitia commissa. Et qui abbates absque aliqua remuneratione vel sallario teneantur sine mora, justo cessante impedimento, tales drapos, aurum, argentum et settam videre et examinare diligenter; et si compertum et cognitum fuerit tales drapos seu aurum, argentum et settam, vel aliquod vel aliquem ex eis, non habere qualitates requisitas ex forma presentium statutorum, et seu in eis commissam fuisse fraudem, dollum vel malitiam, teneantur et debeant ipsi abbates et consules *ut supra,* sola facti veritate inspecta, cogere illum vel illos qui talem drapum, aurum, argentum et settam vel aliquem vel aliquos ex eis vendidisset vel alio modo dedisset *ut supra* ad restitutionem pretii vel valoris ejusdem, in ellectione illius qui habuerit *ut supra* et *prout supra,* ipsi tali seu talibus qui predicta seu aliquod predictorum habuissent, modo quo supra, etiam cum omnibus expensis, dampnis et interesse exinde supportatis; et ulterius contrafaciens cadat in penam quarte partis pretii vel valoris ipsius rei, applicandam pro tertia parte, camere regie et ducali, pro alia tertia parte, camere merchatorum, et pro reliqua tertia parte, dicto qui talem rem habuisset *ut supra et prout supra;* et quod elapsis dictis terminis *ut supra,* si non facta fuisset querella, amplius non audiatur ille qui talem rem habuerit *ut supra* et *prout supra* si eisdem abbatibus videbitur.

42. *Quod Merchatores ipsi non inteligantur esse in paratico.*

Item statuitur quod dicti Mercatores presentes nec futuri non possint quovismodo, directe nec per indirectum, comprehendi, poni nec reputari in aliquo paratico nec gravari nec cogi ad aliqua onera substinenda realia nec personalia occasione alicujus paratici; sed quoad hoc tractentur et tractari debeant more mercatorum sive societatis merchatorum descriptorum et qui vocantur merchatores flandrenses et seu descripti Mediolani.

43. *Quod non describantur paterii nec sutores in numero merchatorum.*

Item statuitur *ut supra* quod a modo in antea non describatur nec describi nec recipi possit in numero dictorum merchatorum aliquis paterius nec sutor exercens artem patarie vel sutorie, nisi talis paterius vel sutor sint ydoney, et penitus relinquant artem patarie vel sutorie. Et si aliter fiat non valeat.

44. *Quod stetur libris merchatorum de auro, argento vel drapis ad credentiam datis.*

Item statuitur *ut supra* quod si contingat oriri questionem, litem vel discordiam inter eos merchatores seu aliquem vel aliquos ex eis, et aliquem et aliquos eorum vel alterius eorum debitorem vel debitores, occaxione alicujus quantitatis sete, auri vel argenti, bindellorum vel aliarum rerum a frixario, vel draporum site, auri vel argenti dati, venditi et traditi ad credentiam coram aliquo jusdicente tam ordinario quam extraordinario arbitro vel arbitratore vel abbatibus mercatorum sitte et *ut supra,* eo caso stetur et stari debeat libris et codicibus dictorum merchatorum vel alicujus eorum tam temporis preteriti quam futuri de tali venditione et traditione et habeatur pro plena probatione cum eorum vel alterius eorum juramento. Et hoc usque ad summam librarum vigintiquinque imperialium pro qualibet vice et quolibet merchatore; ita tamen quod talis jurans seu tales jurantes, prestito semel juramento, non possint nec sibi liceat amplius uti ipsa facultate jurandi contra illum vel illos contra quem seu quos juratum fuisset pro quibuscumque partitis a die prestiti talis juramenti retro causatis, sed juramentum ipsum operetur illa vice tantum pro predictis abinde retro pro summa tantum suprascripta ; salvo tamen jure ipsi pretenso creditori verificandi aliter quam per juramentum residuum crediti sui a quantitate librarum vigintiquinque imperialium supra.

46. *Quod credatur accusatoribus.*

Item statuitur *ut supra* quod ubi in precedentibus statutis
fit mentio quod credatur accusatoribus seu inventoribus cum
eorum juramento intelligatur de accusatoribus seu inventoribus, officialibus ellectis et juratis secundum formam presentium statutorum, et quod saltim sint duo ex eis quibus
credendum sit *ut supra.*

Ambrosius Aliprandus, legum doctor, subscripsit; Gabriel
Morexinus, legum doctor, subscripsit; Antonius De Judici-
bus, juris utriusque doctor, subscripsit; Johannes Petrus de
Canturio, subscripsit.

Presentata ad officium statutorum communis Mediolani
die martis 24 septembris 1506.

4° PROCLAMATION DE L'ÉDIT ROYAL PAR ORDRE DU CONSUL
ET DES ABBÉS DE LA CORPORATION

(28 juin 1504)

Essendo el christianissimo et serenissimo Re di Franza
e Duca nostro de Milano (quale Dio mantengha in felice
stato) informato de quanta utilitate et decoratione, cosi a la
sua camera quantoncha a questa sua alma citate de Milano
et suo dominio he stata et he la mercantia et exercitio del
oro, argento et sete. he parso a la Maesta sua, ad supplicatione de li nobili homini domini abbati et mercadanti dessa
mercantia et exercitio et per augumento de quelli, de confirmarli et concedere certi ordini et statuti sopra ciò reformati
et facti et nel numero de li statuti del suo comune de Milano
metere in ampla forma quali originaliter sono apresso de
Domino Giovan Francesco da Castiliono, notaro et procuratore de Milano, et in questa parte notaro d'essi mercadanti;
et perciò hanno deliberato essi domini abbati et mercadanti
azò che alcuno non pretenda ignorantia de tali ordini et
statuti de farli publicare a li lochi debiti in Milano.

Per la qual cossa li egregii homini domini Giovan Jacobo
de la Croce et Gioanne Antonio Da Corte, abbati d'essi mer-

cadanti, per tenore de le presente et ogni altro modo, via e forma quale neglio hano poduto et pono, cometteno et imponeno a Belino da Pessina, Nicholao et Jacobo Filippo da Castello, Baptista de Lactarella, Jacobo et Baptista di Bonfilii, et Ambrosio Pisono tuti trombeti del prefato comune de Milano et a caduno de loro in tuto. Ita che quello comenzarà l'uno possa fornire l'altro, che per parte sua et mandato vogliano al sono de tromba a la scalla del pallatio de Milano et a li carubij d'essa città de Milano de dì ciaro publicare tale confirmatione et concessione d'essi ordini et statuti, quali sono apresso de dicto D. Gioan Francesco, notario *ut supra* con le littere confirmatorie, ad effecto se possano vedere et intendere la loro continentia. Et che dicti ordini et statuti se comenzarano ad exequire et observare da calende del mese de Jullio proximo a venire in ante; quorum ordinum tenor sic legitur *ut supra*.

Johannes Petrus consul, Johannes Jacobus abbas, Johannes Antonius abbas.

Publicata fuit suprascripta crida ad scallas pallatii Mediolani et per omnia carubia portarum civitatis Mediolani per Jacobum de Bonfiliis, preconem comunis Mediolani, die veneris 28 junii 1504, sono tube premisso.

(Nota quod presentata fuerunt suprascripta omnia a·l offitium statutorum comunis Mediolani, die martis 24 septembris 1504.)

105.

ÉDIT ÉTENDANT A LA CORPORATION DES DRAPIERS DE MILAN TROIS ARTICLES DU STATUT CONCÉDÉ A LA CORPORATION DES MARCHANDS D'ÉTOFFES DE SOIE.

(Milan, 7 janvier — 21 mars 1508.)

Statuta in favorem mercatorum artis lanæ Mediolani.

Ludovicus, Dei gr., etc. Universis presentibus et futuris notum facimus quod cum nomine dilectorum nostrorum con-

sulum et mercatorum lane et draporum lane et biretorum
hujus nostre urbis Mediolani requisitum a nobis fuerit ut, cum
inter ceteros ordines seu statuta que habent Mercatores auri
argenti et sirici ejusdem urbis per nos confirmata sint tria
ejus continentie et dispositionis cujus sunt superius descripta;
sitque ipsorum supplicantium negotiatio non minoris momenti et necessitatis quam serici mercimonium et exercitium, ea quoque ipsis supplicantibus concedere et confirmare dignaremur, quo litigiorum dispendiis et anfractibus
non intenti possint liberius negotiari;

Nos, considerantes eorum petitionem non minus publicam
quam privatam utilitatem concernere et eam honestissimam
esse censentes, accedente pariter ad hoc opportuna senatus nostri deliberatione, tenore presentium ordines seu statuta in tribus capitulis superius descripta mercatoribus serici
per nos alias confirmata eisdem quoque supplicantibus ex
auctoritate et potestate nostra regia et ducali prout jacent
de verbo ad verbum concedimus, confirmamus et approbamus his modis et formis, quibus *ut supra* mercatoribus serici
per nos confirmata fuerunt; mandamusque universis et
singulis officialibus, jusdicentibus et subditis nostris ad quos
spectaverit ut ipsos ordines seu statuta prout jacent *ut supra*
et juxta hujus nostre confirmationis formam, observent et
exequantur ac observari et exequutioni mandari faciant; quibuscumque in contrarium facientibus non obstantibus, quibus omnibus ex dicta auctoritate et potestate nostra regia et
ducali in hac parte tantum, etiam si de eis specialis mentio
habenda esset, derogamus; in quorum testimonium presentes fieri jussimus nostrique sigilli appensione muniri[1].

1. Les trois articles du statut des marchands soiriers que s'appro-
prient ici les drapiers sont : 1º la partie de leur article premier *De
ellectione abbatum*, etc., relative à la juridiction, sous le titre *De
jurisdictione dominorum consulum mercatorum artis lanœ Mediolani :* 2º l'article 6 *De appellatione interponenda tam a sententiis
diffinitivis quam interloquutoriis ;* 3º l'article 44 *Quod stetur eorum
libris cum juramento usque ad summam vigintiquinque librarum
imperialium,* ces deux derniers sous les mêmes titres. Les articles
sont copiés textuellement, *mutatis mutandis.* — Le premier article

Datum Mediolani die septimo Januarii 1508 et regni nostri decimo. Per regem ducem Mediolani, ad relationem consilii : MAYNA. Visa contentor : pro domino de Grangis. Cornelius. Cum sigillo regio magno pendente in cera viridi cum cordula firixeli viridis et rubei.

Lecta et publicata fuerunt suprascripta statuta et littere ad scallas pallatii Broleti Mediolani per Ambrosium Pisonum, preconem communis Mediolani, die martis XXI mensis martii 1508 in vesperis, sono tube premisso.

106.

STATUTS ET PRIVILÈGES DE LA CORPORATION DES TISSEURS D'ÉTOFFES D'OR, D'ARGENT ET DE SOIE DE MILAN.

(20 décembre 1509 — 6 mai 1510).

Statuta et capitula textorum siricei, auri et argenti.

1⁰ LETTRES DUCAUX POUR LA CONFIRMATION DES STATUTS.

Ludovicus, Dei gr. etc. Universis et singulis presentibus et futuris notum facimus quod, accepta supplicatione cum

commence : « Quod ipsi consules mercatorum quorumlibet artis lane et draporum et biretorum laneorum Mediolani electi habeant omnimodam jurisdictionem, etc.; » p. 289, lig. 6, le texte est remplacé par celui-ci : « Mercatores, cimatores, tinctores, testores, retaliatores draporum et saliarum laneorum laboratores et retaliatores quoslibet... de dicta arte lane et ejus artificii et occasione lane laborate et non laborate et draporum et saliarum et birretorum laneorum quovismodo et cujuslibet manieriei sint occasione mercantie dicte artis. » La transcription a été arrêtée aux mots : « notario, habeatur pro pronuntiato ipso jure. » — Dans l'article 6, les mots *per abbates et consulem* sont remplacés par *per consules*. Dans l'article 44 (p. 316), lig. 2, *mercatores* est remplacé par *mercatores matriculatos; alicujus quantitatis sete auri e. q. s.*, est remplacé par *alicujus quantitatis lane laborate et non laborate seu draporum quorumcumque laneorum et saliarum et biretorum seu aliarum rerum a dicta mercantia lane vel draporum aut biretorum dependentium et ut supra*; lig. 11, le texte après *codicibus* est remplacé par : *Codicibus mercatorum lane aut facientium laborare in dicto artificio lane vel vendentium drapos aut salias, laneos aut bireta seu apices quoscumque et ut supra vel alicujus eorum e. q. s.*

subsequentibus capitulis et statutis nomine Universitatis Textorum panni siricci auri et argenti civitatis nostre Mediolani, examinari et diligenter considerari in Senatu nostro Mediolani supplicationem, capitula et statuta ipsa fecimus, quorum quidem supplicationis, capitulorum et statutorum tenor talis est, videlicet[1] :

Et quia supradicta omnia ab honestate disentire nequaquam visa sunt et tallia esse que publicum bonum concernunt, per has nostras, ex auctoritate nostra regia et ducali, habita omnium per dictum senatum nostrum diligenti et matura consideratione, predicta omnia capitula et statuta in omnibus et per omnia, prout jacent, nec non et alia statuta et ordines ipsius Universitatis per predecessores principes confirmata confirmamus, ratifficamus et approbamus, ita tamen ut ligent solum illos de dicta arte presentes et futuros; mandantes quibuscumque magistratibus, gubernatoribus, potestatibus, refferendariis, offitialibus, jusdicentibus et subditis nostris, ad quod spectare quomodolibet poterit, ut suprascripta capitula et statuta ad unguem observent et exequantur ac observari pariter et exequutioni mandari faciant, pro quanto gratiam nostram caripendunt; quia sic nobis placet et fieri volumus; salva tamen semper in suprascriptis capitulis et statutis aliisque omnibus auctoritate senatus nostri nec non facultate immutandi, moderandi, corrigendi, supplendi, addendi et minuendi, si et quando senatui nostro predicto videbitur et placuerit.

Data Mediolani, die vigesima decembris 1509, et regni nostri duodecimo. Per regem ducem Mediolani ad rellationem consilii : Julius. Visa contentor : pro domino de Grangis, Cornelius, et sigillata cum sigillo magno in cera viridi pendenti cum cordula sirici coloris rubey et viridis more solito. .

1. Voir le texte de ces statuts plus loin.

2° PROCLAMATION DES STATUTS. (*Cride prout supra.*)

Essendo el Christianissimo e Serenissimo Re di Francia e duca nostro de Milano, quale Dio mantenga in felice stato, informato de quanta utilitate et decoratione, cosi a la sua camera quantuncha a questa sua alma citade de Milano et suo dominio e stato è lo exercitio de tenere li drappi de setta, oro et argento, he parso a la Serenissima Maestà Sua ad supplicazione de li nobili homini, abbate et consuli d'epso exercitio e per augumento de quelli, confirmarli e concedere certi ordini e statuti sopraciò refformati e facti e nel numero de li statuti del suo commune de Milano mettere in ampla forma, quali sono registrati *ab originali* a lo offitio del gubernatore de tuti li statuti et decreti de Milano, nominato de li Panigaroli. E pero hano deliberato epsi domini abbati et consuli de epso exercitio, azo che alcuno non pretenda ignorantia de epsi statuti et ordini, de farli publicare a li loci debiti de Milano.

Per la qual cosa, li egregii homini Domini Gaspare Del Conte, abbate; Leonardo di Malgrate et Alexandro da Seregnio, consuli de epsa universitate et scola di texitori de setta, oro et argento de Milano, per tenore de la presente et per ogni altro meliore modo, via et forma, quali meglio hano poduto et pono, commetteno et imponeno à Nicholao da Castello, trombeta del comune de Milano, che, per parte sua et mandato, voglia al sono de tromba a la scalla del pallazio de Milano et a li carubii de epsa citate de Milano, de di chiaro, publicare tale confirmatione et concessione de epsi ordini et statuti, quali sono registrati a lo dicto offitio *ut supra,* cum le lettere confirmatorie, ad effecto si possano vedere et intendere la lor continentia; e che dicti ordini et statuti se comenzarano ad exequire et observare a calende del mese de junio proximo a venire inanze.

Signato : Gaspar de Comite, abbas; Leonardus de Malgrate, consul; Alexander de Seregnio, consul.

Publicatum ad scallas pallatii Mediolani per Nicholaum de

Castello, preconem comunis Mediolani, die lune sexto maii
1510, sono tube premisso.

Item publicatum per omnia carubia portarum civitatis
Mediolani per suprascriptum Nicolaum, preconem *ut supra*,
die martis septimo maii suprascripti, sono tube premisso.

3° Texte de la Pétition et des Statuts.

Serenissime Francorum Rex et Mediolani Dux, ex parte
universitatis et scole fidelissimorum vestrorum servitorum
textorum draporum siriceorum auri et argenti civitatis
vestre Mediolani exponitur Regie Majestati Vestre, quod,
licet dicta universitas obtinuerit jam longo tempore quam-
plura statuta et ordines pro conservatione ipsius artis, pro
evitandis fraudibus que in ipso ministerio texendi committi
possent, et etiam certam normam et modum discendi ipsum
artem et regimen et curam ipsius artifitii continentia, ac
jurisdictionem cognoscendi et diffiniendi et exequutioni
mandandi causas, quæstiones et differentias inter ipsos vertentes usque ad summam librarum vigintiquinque imperialium abbati et consulibus ipsius ministerii pro tempore
existentibus concedenda, que ab illustrissimis principibus
civitatis Mediolani antedicte pro tempore existentibus per
litteras opportunas confirmata fuerunt, et prout plenius in
ipso statutorum et ordinum volumine continetur; verum,
quia abinde citra propter temporum decursum et morum
mutationem, tante creverunt hominum malitie, quod de presenti aliqua dubia circa ipsa statuta, et nonnulli abusus
circa artem ipsam emergunt et oriuntur, et indigent aliquali
additione ad castigationem et correctionem eorum qui illam
depravant et alterare videntur, ita quod recto tramite et
suo ordine vivere volunt; et ex hoc multe fraudes commit-
tuntur et varie lites inter ipsius ministerii ordines oriuntur;
noviter autem ipsius artificii abbas et consules et homines
pro sedandis talibus litibus, fraudibus et abusibus remo-
vendis, et pro bono pacis dicte universitatis ac utilitate
infrascripta statuta numero sexaginta tria circa artem ipsam.

que exhibentur [composuerunt] et quia viribus subsistere non possunt nisi per Majestatem Vestram approbentur, laudentur et confirmentur, supplicant igitur humillime iidem textores ipsius artis Regiam Majestatem Vestram ut, premissis attentis, et quia agitur de bono comuni et ipsius civitatis honore et quiete et interesse regie camere vestre, eadem dignetur per suas litteras patentes et opportunas, ipsa infrascripta statuta numero sexaginta tria de verbo ad verbum, et prout inferius continetur, ex certa scientia et de vestre potestatis plenitudine, concedere, dispensare et confirmare ac mandare quibuscumque jusdicentibus vestris, et presertim domino vicario et duodecim provisionum Mediolani, qui sunt et per tempora erunt, ac etiam dictis officialibus dicte universitatis textorum, et quibuscumque aliis jusdicentibus et officialibus etiam ducalibus presentibus et futuris; quod dicta infrascripta statuta observent et observari faciant inviolabiliter, non obstantibus statutis, decretis, legibus, ordinibus, constitutionibus et consuetudinibus a decreto 1423 incipiente: *Providere volentes*, etiam si de eis mentio specialis et de verbo ad verbum fieri opporteret, et aliis in contrarium facientibus vel aliter formam dantibus ; quibus omnibus et singulis Majestas Vestra etiam ex certa scientia et de potestatis plenitudine, dumtaxat in hac parte derogare dignetur, quod creditur fore mentis Regie Majestatis Vestre ; cui humiliter supplicantes se commendant, etc.

Que vero capitula seu statuta sunt hæc, videlicet :

1. Imprimis statuerunt et ordinaverunt et statuunt et ordinant quod quilibet qui in civitate et suburbiis seu burgis Mediolani exercet seu exercebit artem seu ministerium et exercitium texendi velutos, damaschos, raxos . brochatos, tam auri quam argenti aut aliorum operum et laborum a serico, intelligatur esse et sit ipsius universitatis et scolle, et teneatur et obligatus sit ad observandum omnia et singula infrascripta statuta.

2. *De ellectione abbatis et ejus offitio.*

Item, statuerunt et ordinaverunt et statuunt et ordinant *ut supra,* quod comunitas seu universitas et scolla ipsius exercitii ac ministerii habeat abbatem majorem qui sit de ipso exercitio, et qui quotidie seu saltem per menses sex cujuslibet anni exerceat seu faciat exercere aliquod ministerium ipsius artis in domo sua. Qui abbas debeat curare et facere quod redditus, pecunie, bona et res ipsius universi· tatis et scollo salventur et gubernentur ad utilitatem ipsius universitatis in manibus caneparii ipsius universitatis, et quod non expendantur nisi in utilitatem ipsius universitatis, et debeat curare et facere quod omnes illi qui habent et tenent ex bonis et redditibus *ut supra* contra formam juris et statutorum ipsius universitatis, illud dent et solvant ipsi canepario, et etiam curare quod ipse caneparius, consules et quilibet officiales ipsius universitatis reddant bonam et idoneam rationem comuni ipsius universitatis; et quod solvant omnes id quod habuerint ex ipsa universitate, ubi vel unde placuerit ipsi universitati; et quod ipse abbas possit facere precepta cuilibet ipsius universitatis, et presertim consulibus, usque ad summam librarum vigintiquinque imperialium pro quolibet et plurium et pauciorum, arbitrio ipsius abbatis, observandi ejus precepta licita et honesta, ac statuta et ordines ipsius universitatis, ac etiam consilia et ordinationes ipsius universitatis, facta tantum et approbata, et que contigerit fieri et approbari ; et qui abbas etiam teneatur et obligatus sit toto ejus posse exigere omnes penas, condemnationes, inventiones et similia, in que ipsi et quilibet ipsorum ipsius universitatis ceciderint tempore ejus abbatie ; et qui abbas debeat elligi quolibet anno ex melioribus et magis idoneis in ipsa universitate, et debeat elligi eodem die quo ceteri officiales elliguntur.

3. *De modo et ordine creandi et elligendi officiales et quo témpore.*

Item, quod quolibet anno ad festum paschatis pentecostes convocentur et elligantur pro qualibet porta sex, videlicet

duo a velutis, duo a damaschis et duo a raxis et ex peritio-
ribus et melioribus magistris in ipsa universitate; qui convocati et ellecti *ut supra*, una cum abbate, consulibus et
sindicis, elligant sindicos novos; qui sindici novi una cum
abbate et consulibus antiquis seu eorum major pars, infra
unum diem immediate sequentem diem ellectionis sue,
teneantur et obligati sint elligere abbatem et consules novos;
aliter cadant et ipso jure et facto cecidisse intelligantur in
penam ducatorum vigintiquinque auri regie camere applicandorum; et quod illi qui exibunt ab eorum officio non
possint esse officiales in ipsa universitate infra annos tres
immediate sequturos.

4. *De ellectione caneparii et ejus offitio.*

Item, quod eodem die quo elligentur abbas et consules
quod hii qui elligent ipsos abbatem et consules teneantur
et obligati sint elligere unum caneparium; qui caneparius
teneatur et obligatus sit priusquam se intromittat de dicto
ejus offitio, prestare bonam et idoneam fidejussionem pro
summa librarum quinquaginta imperialium in manibus
notarii, nomine ipsius universitatis. Et ulterius teneatur et
obligatus sit quibuslibet quatuor mensibus reddere bonam
et ydoneam rationem omnis et totius ejus quod exegerit pro
ipsa universitate prefatis dominis abbati et consulibus et
sindicis ac cuilibet ipsorum. Et quod pecunias quas exiget
spectantes ipsi universitati teneatur et obligatus sit consignare illis qui habebunt claves infrascripte capse simul
cum abbate, et quod, pro qualibet vice qua contrafaciet contentis in presenti statuto, cadat in penam ducatorum decem
auri et in auro, applicandorum regie et ducali camere, et
quod pro ejus honorantia habeat solidos octo imperiales pro
quolibet magistro qui fieri et laudari continget in ipsa
universitate.

5. *De capsa fienda.*

Item, quod fiat capsa una super qua ponantur quatuor
claves, quarum una detur abbati, alia uni ex sindicis a

velutis, alia uni ex sindicis a damaschis et alia uni ex sindicis a raxis, et ulterius manuteneantur duo libri rationum, super quibus ponantur cuncta et rationes pecuniarum ponendarum in ipsa capsa, quorum unus stet clausus in ipsa capsa, alter vero penes abbatem. Et que capsa remaneat apud priorem illorum novem magistrorum elligendorum, prout inferius dicetur, ipso priore præstante ydoneam fidejussionem illius quod ponetur in ipsa capsa.

6. *De denariis consignandis canepario.*

Item, quod omnes pecunie condempnationum, inventionum, tallearum et reddituum, qui et que quomodolibet spectant seu spectabunt ipsi universitati, dentur et solvantur ipsi canepario. Et si erit aliquis ex ipsa universitate qui habuerit ex pecuniis spectantibus *ut supra,* et non consignaverit ipsi canepario infra octo dies postquam eos receperit, det et solvat prefatis dominis abbati et consulibus libras duas imperiales, que cedant in prefatam universitatem, et nichilominus teneatur et obligatus sit solvere ipsi canepario dictas peccunias.

7. *De ratione reddenda per caneparium.*

Item, quod ipse caneparius ultro et sponte teneatur et obligatus sit, infra mensem unum post exitum offitii sui, reddere bonam et idoneam rationem prefatis dominis abbati et consulibus et sindicis novis. Et item ipsi domini abbas et consules ac sindici novi *ut supra* teneantur cogere ipsum caneparium ad reddendum dictas rationes *ut supra,* de omni eo quod exegerit, etiam ultra quod continetur in superiori statuto, sub pena suprascripta ducatorum decem auri applicandorum predicte regie et ducali camere.

8. *De notario et servitore elligendis ad ipsam universitatem.*

Item, quod predicti domini consules teneantur et obligati sint infra octo dies post assumptionem eorum offitii elligere unum notarium et unum servitorem. Qui notarius debeat

esse notarius ipsius Universitatis per annum unum, et qui
debeat scribere super uno libro papiri, sibi dando et consi-
gnando expensis propriis ipsius universitatis, postquam
fuerit electus, omnia consilia quae fiant per ipsam universitatem seu ejus offitiales necnon omnia et quælibet precepta,
condempnationes ac quoslibet alios actus expedientes quos
et que fieri contigerit per ipsos dominos abbatem et consules
ac alios offitiales. Et quod ipsi domini offitiales ante exitum
offitii sui teneantur et obligati sint dare et solvere ipsi
notario, pro ejus mercede seu salario, ex bonis ipsius universitatis libras imperiales....[1]. Et quod servitor sit servitor
ipsius universitatis per annum unum, et debeat requirere
omnes offitiales ipsius universitatis tociens quociens expediens et necessarium erit. Et quod predicti domini officiales
teneantur et obligati sint dare et solvere ipsi servitori pro
ejus mercede et salario ex bonis ipsius universitatis libras
quatuor imperiales pro quolibet anno.

9. *De eodem.*

Item, quod predicti domini abbas et consules teneantur et
obligati sint inthimare ipsi notario electo *ut supra* et faciant
eum protestari in scriptis quod non committet dollum nec
fraudem alicujus manerici pertinenti ipsi universitati. Et
casu quo committet vel reperietur commisisse fraudem *ut
supra*, statim et ipso jure canzellatus sit ab ejus officio, et
ulterius cadat in penam ducatorum XXV auri et in auro
regie camere applicandorum, et etiam ducatorum decem
predicte scolle.

10. *Quod nemo recuset offitia.*

Item, quod si aliquis vel aliqui ipsius universitatis erit
ellectus vel ellecti erint abbas, consul vel caneparius vel
sindicus, ipsa officia acceptare recusaverit seu neglexerit,
cadat et cadant in penam librarum quatuor imperialium
pro quolibet ipsorum. Quas penas statim teneantur solvere,

1. En blanc dans le texte.

et quibus penis solutis, nichilominus teneantur acceptare
ea officia ad que ellecti fuerint, si placuerit illis qui deputati fuerint ad ellectionem ipsorum officialium aut majori
eorum parte, intelligendo tamen quod ille qui erit ellectus
ut supra non fuerit officialis per annos quatuor predictos
et non aliter.

11. *Quod officiales non possint habere aliquod sallarium, etc.*

Item, quod abbas nec consules ipsius universitatis non
habeant nec habere possint ab aliqua persona tam dicte
universitatis quam cujusvis alterius status et condictionis
aliquod annuum seu firmum salarium pro administratione
juris et diffinitione alicujus cause, imo teneantur et obligati
sint dictum suum officium exercere, jus reddere et dictas
causas diffinire, absque aliquo salario; salvo quod si facient
aliquas condempnationes, habeant id quod sibi limitatum
est per presentia statuta. Et hoc sub pena quadrupla illius
quod receperint nomine ipsius universitatis. Et ni se retinuerint sub nomine seu pretextu alicujus sallarii, que pena
perveniat pro medietate in prefatam universitatem, et pro
altera medietate abbati et consulibus sibi primitus in ipso
offitio sucedentibus. Et nichilominus, soluta ipsa pena,
teneantur et obligati sint solvere et restituere ipsi universitati id omne quod receperint et in se retinuerint, *prout
supra.*

12. *Quod nemo committat fraudem.*

Item, si aliquis ipsius universitatis sit qui velit, qui committat aut committere faciat fraudem vel dollum quoquomodo contra ipsam universitatem et in ipso exercitio, aut
contraveniet ordinibus ipsius universitatis, non possit amplius habere aliquod officium in ipsa universitate. Et hoc
ultra penas in quibus ceciderit juxta formam presentium
statutorum.

13. *De novem magistris elligendis et eorum officio.*

Item, quod a modo in antea quolibet anno obligantur

novem magistri ipsius universitatis ex melioribus et peri-
tioribus, qui laboraverint aut laborare fecerint saltem mensibus sex continuis in illo anno qui sint atres (*sic*) a velutis, tres a damaschis et tres a raxis; quorum unus pro
quolibet exercitio omni anno mutetur, et qui elligantur per
sex magistros textores cujuslibet porte civitatis Mediolani,
absque suprascriptis aliis offitialibus. Qui quidem novem
magistri ellecti *ut supra*, habeant unum priorem ex ipsis,
qui ipsos convocare habeat. Qui quidem novem magistri
teneantur et obligati sint sindicare abbatem, consules, caneparium et officiales in fine eorum offitii, in termino trium
mensium proxime futurorum [*ante*] finem officii sui et non
ultra, videlicet per eos officiales qui steterint in offitio per
illum annum quo ipsi novem magistri steterint in rebus
pertinentibus et spectantibus eorum exercitio et universitati
tantum, et etiam revidere omnes magistros qui erunt laudati et scripti per ipsos abbatem et consules et sindicos. Et
illi magistri qui non servaverint ea que per ipsos adimplenda sunt juxta formam statutorum presentium sint ipso
jure et facto nulli et canzellati a matricula magistrorum.
Qui vero servaverint adimplenda per eos, faciant eos portari
in rubrica generali Magistrorum ipsius universitatis. Et
ulterius quod omnia jura et scripturae ipsius universitatis
quibus continget non uti, ponantur et serventur in uno cap-
sono in domo dicti prioris, super quo ponantur tres claves
que distribuantur inter ipsos novem magistros, videlicet una
pro quolibet exercitio.

14. *De eodem.*

Item si acciderit quod suprascripti novem magistri ellecti
ut supra, in dicto termino trium mensium *ut supra*, non
exequerentur aut non sindicarent ipsos abbatem, consules,
caneparium, et sindicos ac notarium ipsius universitatis,
post depositionem eorum offitii, justo cessante impedimento,
cadant in penam ducatorum decem auri regie camere applicandorum pro quolibet eorum.

15. *De condempnationibus fiendis per ipsos novem Magistros.*

Item, quod omnes condempnationes cujusvis generis et manerici, facte vel fiende per ipsos novem magistros ellectos *ut supra* contra dictos officiales tempore sindicatus et in fine offitii sui, applicentur pro tertia parte regi et ducali camere, pro alia tertia parte ipsis novem magistris, et pro reliqua tertia parte ipsi universitati; et quod possint dicti novem officiales pro consequtione talium condempnationum fieri facere quaslibet opportunas exequutiones reales et personales.

16. *De jurisdictione abbatis et consulum.*

·*Item,* statuerunt et ordinaverunt ac statuunt et ordinant *ut supra,* quod abbas et consules ipsius universitatis qui sunt et pro tempore erunt, vel saltem abbas una cum uno ex ipsis consulibus et non aliter, sub pena perjurii et nullitatis totius ejus quod fecerit et facere atemptaverit, et ulterius etiam sub pena librarum sedecim imperialium applicandarum regie camere et e contra ipsis consulibus, absque consensu abbatis, possint et valeant, ubilibet ipsis placuerit et quolibet die etiam feriato et prout etiam hactenus soliti sunt, cognoscere, declarare, terminare et diffinire ac jus summarium et expeditum reddere, sine strepitu et figura juditii, sola facti veritate attenta, inter ipsos magistros textores, laboratores et garzonos ac alios laboratores seu qui laborabunt de et in dicta arte seu ministerio et exercitio texendi vellutos, damaschos, raxos, brochatos, tam auri quam argenti aut aliarum opperum a serico *ut supra,* ac etiam omnibus aliis qui, occaxione ipsius artis *ut supra* vel ab ea dependentium connexorum et emergentium, aliquid agere habuerint cum ipsis de dicta universitate *ut supra,* et etiam concedere et fieri facere quaslibet opportunas exequutiones reales et personales et mittere famulos in possessione a libris duabus imperialibus supra, et, prout ipsis dominis abbati et consulibus et *ut supra* placuerit, usque ad summam ducatorum quinquaginta auri, non obstante quod in aliis statutis religatur, nisi pro summa librarum vigintiquinque imperialium; et hoc absque consilio alicujus jurisperiti, si ipsis officialibus videbitur; et ubi ipsis videretur causam esse dubiam aut aliquis articulus emergeret, possint eo in casu consulere unum ex consultoribus ipsius universitatis de collegio dominorum jurisperitorum Mediolani, et prout melius prefatis dominis abbati et consulibus videbitur, et juxta ejus consilium judicare terminare et decidere causam ipsam. Qui quidem consultores sint saltem numero quatuor, elligendi per prefatos dominos abbatem et consules quolibet anno. Et quos ipsi domini abbas et consules elligere teneantur singulo anno *ut supra* et in casu suspitionis possint consulere alium jurisperitum partium confidentem aut unius in contumaziam alterius, de ipso collegio tantum, et juxta eorum consilio ipsas causas et differentias terminare et decidere. Et facta presentatione ipsius consilii, ipse cause habeantur pro declaratis et pronuntiatis; et que presentatio consilii possit fieri coram notario ipsius universitatis, et habeatur pro legiptime facta; et quod cause principales vertentes *ut supra* expediantur absque aliquo salario et *ut supra.* et quod a sententiis, declarationibus et discussionibus per eos latis et factis a libris duodecim imperialibus infra non possit aliquo modo appellari, sed valeant et teneant et exequutioni mandentur omnibus juris remediis et realiter et personaliter et prout eis videbitur, aliquibus statutis decretis ordinibus in contrarium disponentibus non attentis. Et ulterius magnificus dominus Vicarius provisionum Mediolani aliqualiter directe nec per indirectum non possit se intromittere in causis vertentibus et que verti possent coram ipsis dominis abbati et consulibus pro summa dictorum ducatorum quinquaginta auri infra; imo ipsi domini abbas et consules sint in totum meri exequutores pro ipsa summa ducatorum quinquaginta auri *ut supra.*

18. *De appellationibus.*

Item, quod omnes cause appellationum a sententiis et declarationibus factis vel fiendis per ipsos dominos abbatem

et consules committantur uni vel duobus confidentibus et
qui sint ipsius universitatis, qui eamdem bayliam et auctoritatem habeant procedendi, terminandi et decidendi, in omnibus et per omnia, prout in precedenti proximo statuto continetur, ipso tamen appellante vel nullum dicente deponente
libras sex imperiales pro expensis penes ydoneam personam
elligendam per ipsos dominos abbatem et consules, que
cedant lucro adversarii, casu quo appellans subcubuerit in
causa ipsius appellationis, vel ipsam non fuerit prosequutus.
Et ubi predicta non observaverit ipse appellans, intelligatur
renuntiasse dictae appellationi et hoc, antequam commissio
ipsius appellationis fiat. Que commissio fieri debeat infra
octo dies continuos immediate sequentes post interpositam
ipsam appellationem et non aliter; que cause habeant terminum tantummodo dierum quindecim utilium a die commissionis facte, nec possint aliqualiter suspendi nec prorogari,
etiam per litteras regias, nisi processerit de expresso consensu et voluntate ambarum partium; aliter intelligatur esse
et sit renuntiatum ipsi appellationi.

18. *Quod abbas et consules possint robari facere, etc.*

Item, quod abbas et consules ipsius universitatis habeant
auctoritatem et bayliam, et possint et debeant robare et
robari facere tuto et impune per se et servitores et nuntios
suos quemlibet de ipsa universitate *ut supra,* occaxione
spectante et pertinente ad ipsam universitatem vel connexa
et dependenti ab eadem; et quod pro tali exequutioni facienda
possint et valeant accipere de familia cujuslibet jusdicentis
Mediolani expensis derobandi; et quod predicti domini officiales et omnes de familia sua, si et prout requisiti fuerint,
per ipsos abbatem et consules teneantur et debeant prestare
ipsis auxilium, juvamen et favorem, pro tali exequutione
reali et personali facienda.

19. *De illis qui se robari vetarent et de eorum pena.*

Item, quod si aliquis de ipsa universitate deberet vel tene-
retur aut in futurum tenebitur aliquid dare dicte universi-

tati seu etiam alicui de ipsa universitate, occaxione alicujus
condempnationis vel tallee sibi facte, vel aliqua alia occaxione, et non daret vel vetaret dare pignus prefatis dominis
abbati et consulibus vel eorum servitoribus, nuntiis et officialibus vel alicui eorum, condempnetur et pro condempnato
habeatur ille talis in soldis viginti imperialium, qualibet vice
qua vetaverit ipse vel ejus familia, vel pignus non dederit
ut supra, et non admittatur ad aliquam deffensionem fien-
dam, nisi prius dederit pignus. Que pena perveniat in dictam
universitatem, et si indebite pignoratus fuerit, eidem restituatur pignus, absque ulla solutione pecunie et expensa.

20. *Quod nullus audeat conqueri.*

Item, quod nullus de dicta universitate audeat nec presumat conqueri nec querellam facere vel portare coram aliquo
judice vel vicario, pretore, consule, offitiali vel jusdicente,
in civitate Mediolani vel alibi, salvo coram Christianissimo
Rege Duce nostro Mediolani et ejus senatu Mediolani, de aliquo vel aliquibus sententiis, declarationibus, ordinibus, preceptis, condempnationibus, mulctis, exequtionibus et roba-
tionibus, factis et in futurum fiendis aliqua re vel occaxione,
dum facta fuerint secundum formam statutorum ipsius universitatis, sub pena conquerenti seu querellam moventi et
facienti ducati unius auri que perveniat in ipsam universitatem.

21. *De termino exigendi res robatas.*

Item, quod si contigerit aliquem dicte universitatis dero-
bari occaxione alicujus condempnationis vel tallee vel aliqua
alia occaxione, nomine ipsius universitatis vel abbatis et
consulum vel alicujus alterius de ipsa universitate, teneatur
et debeat ille taliter derobatus exigere et recuperare res sibi
derobatas *ut supra* infra mensem unum proxime futurum
postquam fuerint derobati (*sic*); alioquin elapso termino, dicta
pignora seu res vendi possint per ipsos abbatem et consules
vel eorum officiales, nomine ipsius universitatis, et seu per
aliquem alterum de ipsa universitate, absque aliqua denuntia
sibi derobato fienda, nec eo casu teneatur ad restitutionem

dictorum pignorum et rerum, salvo quod teneantur super-
fluum pretii talium rerum, deducto eo cujus occasione dero-
batum fuerit *ut supra* et deductis expensis proinde factis,
restituere tali derobato, cujus talis res et tale pignus erat; et
hec omnia aliquibus in contrarium non obstantibus.

22. *De fide adhibenda abbati et consulibus.*

Item, quod fides adhibeatur abbati, consulibus et sindicis,
et cuilibet eorum nuntio vel servitori, et eorum aut alicujus
eorum rellationi; et credatur cum juramento de omni eo
quod dixerint vidisse et invenisse de die ac nocte factum
fuisse per aliquem dicte universitatis contra statuta et ordinamenta dicte universitatis, sine aliqua probatione testium.
Item, credatur rellationi servitoris vel nuntii dicte universitatis quorumcumque preceptorum, citationum in script's vel
oretenus factorum, vel aliorum omnium que fient de mandato predictorum dominorum officialium absque alia probatione.

23. *De preceptis et penis fiendis contra inobedientes.*

Item, quod si aliquis ex sindicis aut alius ex ipsa universitate erit citatus aut requisitus ab ipsis abbate et consulibus
seu aliquo eorum aut eorum nuntio quatenůs coram eis com-
pareat et non comparebit, det et solvat ipsi universitati
libram unam imperialem; et quod (*sic*) secunda vice, libras
duas imperiales; et pro tertia vice, libras quatuor imperiales;
et pro quarta vice, libras octo imperiales; et si ulterius erit
citatus et non comparuerit *ut supra*, puniatur et condempnetur arbitrio ipsorum dominorum abbatis et consulum, inspecta qualitate rei et persone. Et contra ipsos inobedientes
concedantur quelibet precepta et exequutiones prout ipsis
dominis abbati et consulibus *ut supra* videbitur. Que quidem
pecunie perveniant in prefatos dominos abbatem et consules
tantum.

24. *De pena illorum qui negaverint nomen et cognomen
suum.*

Item, quod si aliquis ex ipsa universitate interrogatus

ab ipsis dominis abbate et consulibus et ceteris offitialibus
de ejus nomine seu cognomine seu clientella, vetiterit dicere
aut negaverit nomen suum et *ut supra,* det et solvat pro
pena libras octo imperiales predicte scolle et universitati,
qualibet vice qua contrafaciet.

25. *De pena injuriantis officiales aut alterum ex ipsa
universitate.*

Item, quod si aliquis ex ipsa universitate mentiri fecerit
seu aliquod verbum injuriosum aut etiam actum inhonestum
fecerit predictis dominis abbati et consulibus seu alicui
eorum, condempnetur et pro condempnato habeatur in libris
quatuor imperialibus; si autem ceteris offitialibus, in libris
duabus imperialibus; si autem fecerit insultum contra ipsos
seu aliquem eorum sine armis, condempnetur et *ut supra*
in libris sex imperialibus; et si cum armis, a dictis libris
sex imperialibus supra, arbitrio prefatorum dominorum
abbatis et consulum *ut supra;* et si dixerit vel fecerit aliquam injuriam et *ut supra* alicui qui non sit officialis, sed
ex ipsa universitate et coram prefatis Dominis abbate et
consulibus, condempnetur et *ut supra* in libra una imperiali; et si fecerit insultum sine armis, in libris duabus imperialibus; et si cum armis, in libris sex imperialibus. Et
quod nulli alii jusdicentes ullo modo possint se intromittere.
Quequidem pene debite refferendo sint et perveniant pro
medietate in prefatam scolam et universitatem et pro altera
medietate in injuriatum, debite refferendo.

26. *De penis exigendis.*

Item, quod prefati domini abbas et consules teneantur et
obligati sint, ante exitum officii sui, exigere et consequi
omnes penas, talleas, condempnationes et inventiones factas
tempore officii sui, et etiam pecunias debitas ipsi universitati per eos qui intraverint in ipsam universitatem, tam pro
garzono laborante et magistro quam etiam qualibet alia
causa et occasione; et hoc sub pena librarum sedecim imperialium cuilibet officiali contrafacienti presenti statuto applicanda predicte universitati.

27. *De expensis restituendis.*

Item, quod si quis ex ipsa universitate litigaverit cum abbate et consulibus ipsius universitatis et subcubuerit in causa, teneatur et debeat refficere omnes expensas factas per ipsos abbatem et consules in causa qua subcubuerit, et ulterius det et solvat ipsis abbati et consulibus libras octo imperiales; et e converso si abbas et consules vel aliquis eorum subcubuerit, teneantur et obligati sint restituere omnes expensas parti adverse.

28. *De infirmis visitandis et veniendo ad corpora mortuorum.*

Item, quod si fuerit aliquis ex ipsa universitate egrotus, quod ipsi domini abbas et consules teneantur ire visitatum ipsum egrotum et dare ei custodiam et alimenta necessaria infirmitati et luminaria, si fuerit necesse, expensis ipsius universitatis; et hoc, ubi ipse egrotus sit ita pauper ut alimenta et alia necessaria a se habere non possit; et stetur discussioni predictorum dominorum abbatis et consulum. Si vero contingat aliquem ex ipsa universitate ab hoc seculo migrare, teneantur ipsi Domini officiales requirere seu requiri facere suo posse omnes textores ipsius universitatis ut veniant ad exequias ipsius defuncti et stare ibidem donec ejus cadaver erit sepultum et etiam portare ipsum, nisi remanserit ex voluntate amicorum defuncti; quodque illi duo textores propinquiores ipsi defuncto teneantur, incontinenti postquam sciverint ejus mortem, notificare prefatis dominis abbati et consulibus. Et hæc omnia sub pena solidorum viginti imperialium cuilibet contrafacienti, que perveniat in prefatos dominos abbatem et consules, nisi processerit justa ex causa.

29. *De garzonis.*

Item, statuerunt et ordinaverunt *ut supra* quod a modo in antea non sit aliquis magister, textor nec ejus filius ex ipsa universitate, cujuscumque gradus et condictionis existat, qui audeat nec presumat nec possit accipere nec pa-

cisci seu accordare aliquem puerum seu garzonum secum
ad instruendum et docendum cum in ipso exercitio texendi
drappos siriceos *ut supra*, qui alio tempore non steterit
cum aliquo alio magistro textore seu *ut supra*, ad discendum ipsum exercitium ad minus tempus ejus quod contine-
bitur *ut infra*, videlicet : a velutis annorum sex; a damaschis et brochatis, annorum quinque; et a rasis ormexino,
sindone, et tabilli, et aliis operibus similibus a serico, annorum quatuor; si vero erit lacirolus, annorum duorum. Et
ubi tallis puer sive garzonus steterit cum alio magistro seu
ejus filio ad discendum ipsum exercitium *ut supra*, possit
accipi et accordari ad illud minus tempus *ut supra* dictum
est quo steterit cum dicto alio magistro, et reperiatur scriptum in libro garzonorum super hoc deputato, et hoc tamen
cum licentia predictorum dominorum abbatis et consulum.
Et quod ille qui contrafecerit presenti statuto, cadat in penam librarum vigintiquinque imperialium applicandarum
pro quarta parte regie et ducali camere; alia quarta parte
accusatori, et pro reliquis duabus partibus prefate schole et
universitati et plurium et pauciorum arbitrio prefatorum
dominorum abbatis et consulum.

30. *Quod instrumenta conventionum rogentur per notarium predicte universitatis.*

Item, quod quilibet magister textor et ejus filius cujuslibet condictionis et *ut supra* teneatur et obligatus sit scribi
et rogari facere instrumenta conventionum et pactorum
talium puerorum seu garzonorum et lacirolorum per eos
accipiendorum *ut supra* ad instruendos eos in ipso exercitio
texendi drappos siriceos aut trahendos lacios et *ut supra*,
per notarium qui erit ellectus in ipsa universitate et scholla;
et hoc sub pena cuilibet contrafacienti librarum decem imperialium applicandarum modo quo supra, debite referendo.

31. *Quod garzoni etiam describantur super uno libro.*

Item, quod omnes garzoni et laciroli qui sunt et erunt
ad ipsum exercitium texendi drappos siriceos *ut supra*,

ultra obligationes instrumentorum rogandorum *prout su-*
pra, scribantur per ipsum notarium in uno libro ipsius universitatis et scholle; et quod magistri, cum quibus ipsi
garzoni sunt vel erunt conventi, infra unum mensem teneantur scribi facere ipsos garzonos in dicto libro *ut supra*, et
solvere soldos duos imperiales ipsi universitati pro quolibet
garzono et lacirolo *ut supra*, qui cedant in prefatam universitatem; et hoc sub pena ipsi magistro librarum decem
imperialium applicandarum, modo quo supra, debite refferendo.

32. *Quod pueri possint se obligare etiam absque consensu*
parentum.

Item, quod si contigerit aliquam personam, cujusvis status et conditionis existat. velle discere ipsam artem et exercitium texendi drappos serici auri et argenti *ut supra*, cum
primum attigerit etatem annorum duodecim, licet quod
etiam esset in patria potestate constituta, possit se per instrumentum vel aliter quovismodo convenire et obligare,
etiam absque consensu parentum et cum consensu eorum,
cum magistris ipsius exercitii, causa adiscendi ipsam artem
et exercitium *ut supra* seu in ea se exercendi, et ubi non
observaverit conventa *ut supra*, possit cogi *ut infra;* ubi
vero convenerint cum consensu parentum, possint ipsi filii
eorumque parentes et uterque seu alter eorum cogi ad solutionem quorumlibet debitorum et ad implendum conventa, et
ad satisfactionem omnium dampnorum, omnibus juris remediis usque ad detentionem persone seu personarum, non
obstantibus statutis disponentibus *de filio familias, quate-*
nus premissis in contrarium disponatur, et *de minori*
etate, etc.; et *in quas personas fieri prohibentur exequtio-*
nes, etc.; *et quod pro debito privato nemo possit persona-*
liter detineri, etc.; et statutis merchatorum, etc.; et quibuscumque aliis statutis, decretis, legibus, ordinibus,
provisionibus tam civilibus quam municipalibus, vel consuetudinibus, quibus omnibus et singulis expresse et ex
certa scientia derogatum sit et esse intelligatur.

33. *De garzonis non recedendis ab eorum magistris.*

Item, quod si acciderit aliquem magistrum textorem aut ejus filium *ut supra* accepisse aliquem garzonum *ut supra*, ad illud tempus quo concordes erunt, juxta tamen formam suprascripti statuti et etiam aliorum et non aliter, quod ipse garzonus et *ut supra* non possit aliqualiter, directe nec per indirectum, absque licentia dicti ejus magistri, recedere ab ipso magistro, urgente seu durante dicto tempore convento *ut supra*, pro laborando cum alia persona aut pro se, donec et usque quo compleverit totum tempus conventum *ut supra*. Et si acciderit durante dicto tempore dictum garzonum infirmari aut alio casu fortuito aut alia causa, dummodo non sit deffectu magistri, perdere aliquod tempus, teneatur illud refficere ipsi magistro aut ejus heredibus descendentibus, perseverantibus in ipso magisterio *ut supra* et *ut infra*, per totum tempus amissum causa premissa, et his modo et forma prout erit conventum cum ipso magistro; et ubi acciderit et *ut supra* ipsum magistrum mori, nondum finito dicto tempore convento *ut supra*, quod ipse garzonus teneatur et obligatus sit ad complendum dictum tale tempus cum heredibus descendentibus dicti magistri, aut ejus uxore vidua, ipsis heredibus descendentibus seu uxore vidua perseverantibus et exercentibus dictam artem; aliter ipse garzonus intelligatur esse et sit liberatus et absolutus ab ipso magistro, et possit se concordari pro garzono cum alio magistro per totum illud tempus quod restabit esse garzonus, juxta formam suprascripti statuti; et hec omnia, sub pena garzono librarum vigintiquinque imperialium applicandarum modo quo supra, debite refferendo; et nichilominus ipsi garzoni teneantur et obligati sint complere totum tempus conventum modo quo supra, debite referendo.

31. *De eodem.*

Item, quod si acciderit aliquem puerum seu garzonum accordatum cum aliquo magistro ipsius universitatis, causa discendi ipsum magisterium, per instrumentum aut aliter, etiam quod faceret bonam probationem recedendi a dicto suo magistro, et etiam recederet cum bona licentia a dicto suo magistro, et nichilominus non sit aliquis magister ipsius universitatis qui audeat nec presumat accipere talem garzonum ad laborandum secum pro dando sibi majus aut equale seu etiam minus salarium, etiam ad ratam temporis illius quod habebat cum ipso primo magistro, si secum stetisset juxta eorum conventiones. Et si aliquis magister accipiet et dabit aut dare promittet majus seu equale seu etiam minus salarium ad ratam temporis *ut supra*, quod cadat et ipso jure cecidisse intelligatur in penam librarum quinquaginta imperialium pro quolibet et qualibet vice qua contrafactum fuerit *ut supra*, applicandarum modo et forma *quo supra;* et hoc, ubi non intervenerit consensus et licentia prefatorum dominorum abbatis et consulum, qui etiam habeant auctoritatem et bayliam accordandi tales garzonos discedentes ab eorum magistris *ut supra*, juxta tamen formam statutorum prefate universitatis.

35. *De laboratoribus Mediolanensibus et forensibus.*

Item, statuerunt et ordinaverunt *ut supra* quod quilibet laborator ipsius artis et exercitii texendi drappos auri et argenti et sirici *ut supra* qui laborabit vel laborare incipiet in civitate seu suburbiis Mediolani tantum, quamprimum laborare incipiet suo nomine, scilicet ad tot pro brachio cujuslibet operis texendi *ut supra*, teneatur et obligatus sit solvere predicte universitati soldos viginti imperiales.

36. .....

Item, quod quilibet laborator ipsius artis *ut supra* forensis, videlicet qui non didicerit ipsum exercitium in Mediolano, quamprimum suo nomine, scilicet ad tot pro brachio cujuslibet operis texendi *ut supra*, laborare incipiet, teneatur et obligatus sit solvere ipsi universitati ducatum unum auri et in auro; et inteligatur esse forensis quilibet, cujuscumque gradus et condictionis existat, qui non didicerit ipsum exercitium in civitate Mediolani, licet esset oriundus et civis ipsius civitatis.

37. *De laboratoribus notificandis.*

Item, quod quilibet magister ipsius universitatis teneatur et obligatus sit notificare predictis dominis abbati et consulibus quoslibet laboratores, tam forenses quam Mediola·
nenses, et hoc infra octo dies quam primum ipsi laboratores
inceperint laborare ad tot pro brachio *ut supra,* et eos scribi
facere in libris laboratorum predicte universitatis, et hoc sub,
pena ipsi magistro solvenda pro ipso laboratore denarios de-
bitos ipsi universitati, tam pro Mediolanensibus quam p̄ro
forensibus, absque ulla exceptione, et ulterius et etiam librarum sedecim imperialium applicandarum, modo et forma
premissis, debite referendo; et ulterius ipsi laboratores non
erunt nec ·poterunt scribi pro magistris eorum tempore
debito, nisi reperiantur scripti pro laboratoribus in suprascriptis libris, licet etiam facerent probationes bonas labo-
rasse tempus debitum juxta formam presentium statutorum.

38. *De eodem.*

Item, quod ultra premissa non sit aliquis magister ipsius
universitatis qui audeat nec possit accipere nec accordari
aliquem pro ejus laboratore ad laborandum secum, nec
unquam possit intelligi, dici nec presumi aliquam licentiam
firmam talis laboratoris esse suam, licet etiam probare posset per testes fidedignos, nisi prius talis laborator erit licen-
tiatus a magistro, et erit notificatus offitio ipsius universitatis et scolle, et fecerit scribere predicta omnia super uno
libro ad hoc deputando et solverit solidum unum imperiale.

39. *De laboratoribus non recedendis ab eorum magistris.*

Item, quod aliquis laborator non possit recedere a magistro cum quo laboraverit, nisi prius eum monuerit seu avixaverit per octo dies antequam recedat ab eo magistro, sub
pena soldorum decem imperialium pro singulo die ipsorum
dierum octo dandorum et solvendorum per laboratorem magistro pro dampno passo seu passuro (*sic*), et e converso in
similem penam etiam incurrat magister qui excumiaverit
et seu licentiam dederit laboratori et non avixaverit *ut su-*

pra, dandam per magistrum laboratori, dimittendo tamen tellarium in eo statu quo repertum fuerit.

40. *De eodem.*

Item, quod si aliquis magister ipsius universitatis desinaverit aut sublevaverit seu acceperit aliquem laboratorem aut lacirolum accordatum cum aliquo magistro ipsius universitatis, aut dederit aliquod opus seu laborem ipsi laboratori seu lacirolo, absque licentia illius magistri cujus erit laborator et *ut supra*, quod cadat in penam librarum sedecim imperialium; que perveniat pro medietate in regiam et ducalem cameram, et pro altera medietate in predictam universitatem, et plurium et pauciorum, arbitrio predictorum dominorum abbatis et consulum; et ulterius teneatur et obligatus sit ad restitutionem talis laboratoris seu laciroli ipsi primo magistro si eidem placuerit, et ulterius etiam solvere totum debitum quod haberet cum ipso primo magistro, et etiam refficere et restituere omne dampnum quod erit passum per dictum primum magistrum; de quibus omnibus stetur soli et simplici verbo ipsius primi magistri cum ejus sacramento, absque aliqua probatione.

41. *De eodem.*

Item, quod si erit aliquis laborator ipsius universitatis qui inceperit texere aliquam tellam alicui magistro et texerit seu fecerit brachium unum dicte telle, non possit recedere ab eo magistro nec ire laboratum aliunde, donec et quousque compleverit texere illam tellam, nisi cum licentia et voluntate dicti ejus magistri, et e converso magister ipse non possit excumiare dictum laboratorem pro excipiendo alterum, et hoc sub pena librarum decem imperialium, que perveniant pro medietate aut magistro aut laboratori, debite refferendo, et pro altera medietate in predictam scollam et universitatem; et quod ille laborator teneatur dimittere tellarium in illo statu quo primo repererit.

42. *Quod laboratores non possint secum acordare aliquem garzonum.*

Item, quod aliquis laborator ipsius universitatis non possit tenere nec accordari aliquos garzonos, cujuscumque gradus et condictionis existant, licet etiam essent affinitate conjuncti, pro instruendo eos in ipso exercitio; et quod aliquis magister non possit dare ad laborandum alicui laboratori ipsius universitatis cum quo aliquis garzonus esset acordatus; et qui contrafecerit cadat in penam librarum vigintiquinque imperialium, applicandarum modo et forma *quo supra,* debite referendo. Et talis garzonus liberatus sit a tali obligatione et accordio etiam per instrumentum factum cum ipso laboratore ipso jure et facto.

43. *Quod nemo possit plantare tellaria pro laborando suo nomine, nisi sit magister.*

Item, quod si aliqua persona plantaverit tellaria pro laborando de dicta arte et exercitio *ut supra,* et non servaverit contenta in presentibus statutis, cadat in penam ducatorum duodecim auri et in auro, que perveniat pro tertia parte in regiam et ducalem cameram, pro altera tertia parte in predictam universitatem, et pro alia tertia parte in accusatorem qui tenebitur secretus; et quod liceat prefatis dominis abbati et consulibus ire in domum cujuslibet persone cum illa comitiva quam secum habere voluerit, et precipue de familia magnificorum dominorum capitanei justitiae Mediolani aut potestatis, causa inquirendi tales contrafacientes et eos puniendi.

44. *Quod non recipiatur aliquis pro magistro nisi laboraverit per annos tres continuos pro laboratore.*

Item, statuerunt et ordinaverunt *ut supra* quod a modo in antea non sit aliqua persona, cujuscumque gradus et condictionis existat, que possit scribi nec laudari pro magistro textore a serico, nisi prius laboraverit per annos tres continuos pro laboratore ejus manibus propriis illius operis et laboris quo voluerit scribi pro magistro, postquam compleverit tempus suum pro garzono secundum formam presentium statutorum, scilicet annorum sex a velutis, annorum quinque a damaschis et brochatis, et annorum quatuor a raxis, et non aliter. Et quamvis tales persone laboraverint per dictos annos tres continuos, nichilominus possint scribi pro magistris in matricula et libro textorum, nisi prius erunt examinati, probati et collaudati per predictos dominos abbatem et consules et sindicos ipsius universitatis, sub pena ducatorum quinquaginta, applicanda regie et ducali camere, tam illorum qui scribentur quam etiam illorum qui erunt causa faciendi eos scribere, et presenti statuto non possit aliquo modo derogari etiam per litteras Majestatis regie.

45. *Quod aliqua femina non possit scribi pro magistra.*

Item, quod a modo in antea non possit scribi in ipsa universitate aliqua femina seu mulier cujuscumque gradus et condictionis existat pro magistra, salvo tamen statuto *de muliere relicta ab uno magistro ipsius universitatis.*

46. *De probationibus fiendis antequam laudentur pro magistris alicujus operis.*

Item, quod non possit scribi aliqua persona pro magistro textore, nisi tantum pro magistris a velutis aut drappis auri aut argenti aut a damaschis aut a rasis, et faciat probationes dictorum ministeriorum aut alicujus eorum etiam, prout continetur in suprascripto statuto. Et quod circa examinationes testium talium probationum, non possint aliquo modo fieri nisi in presentia officialium super hoc deputatorum aut majoris partis eorum. Qui quidem officiales teneantur interesse tali examini, et ubi non possent interesse *ut supra,* possint fieri absque eorum presentia, et valeat et teneat; et si contrafactum fuerit, non valeat nec teneat et nullius valoris et momenti sit.

47. *Quod nullus magister possit laborari facere extra domum.*

Item, quod a modo in antea non possit laborari facere

aliqua tellaria dicte artis et exercitii extra habitationem ubi habitabit magister cum ejus familia, directe nec per indirectum, sub pena ducatorum decem auri et in auro pro quolibet tellario, applicanda pro medietate regie et ducali camere,.et pro altera medietate, medietas sit accusatoris et altera universitatis; et quod tellaria distribuantur pauperibus.

48. *De solutionibus fiendis per eos qui laudari volunt magistri tam Mediolanensi quam forensi.*

Item, quod quilibet magister qui didicerit artem in Mediolano, volens et intendens facere et exercere dictum ministerium *ut supra,* teneatur. et obligatus sit solvere libros quinque imperiales predicte universitati, et hoc priusquam plantaverit aliquod tellarium *ut supra,* et fecerit probationes et alia *modo quo supra* que perveniant et pervenire debeant in predictam universitatem.

49.....

Item, quod quilibet forensis qui non didicerit artem in Mediolano, volens et intendens exercere dictum ministerium *ut supra,* teneatur et obligatus sit solvere ipsi universitati libras sedecim imperiales; et hoc, priusquam plantaverit aliquod tellarium *ut supra;* et fecerit probationes suas *modo quo supra.* Que quidem libre sedecim imperiales perveniant in prefatam universitatem *ut supra.*

50. *De solutione fienda pro quolibet tellario.*

Item, quod quilibet magister, pro quolibet tellario quod plantare voluerit, teneatur et obligatus sit illud notificare prefato offitio, et scribi illud facere in libro magistrorum et solvere solidos quinque imperiales pro quolibet tellario, et hoc, priusquam illud plantet. Et qui contrafecerit, cadat in penam librarum duarum imperialium, applicandarum pro medietate predicte universitati, et pro altera medietate accusatori.

51. *Quod nemo intelligatur esse magister nisi, etc.*

Item, quod a modo in antea non intelligatur esse aliquis

de ipsa universitate et scolla, nisi docuerit esse factus magister vel laborator seu garzonus per libros ipsius universitatis, et observaverit formam presentium statutorum debite referendo in faciendo se scribi *ut supra.* Quiquidem libri debeant esse scripti per notarium ipsius universitatis. Et ubi contingeret aliquem magistrum mori relicta uxore, possit dicta ejus uxor laborari facere de ipso ministerio, ipsa permanente in habitu viduali, aliter non.

52. *Quod nullus Magister textor possit ire laboratum nec habitatum in domo alicujus merchatoris, ut supra.*

Item, quod non sit aliquis de ipsa universitate magister, laborator aut garzonus, exercens seu exercere sciens de aliquo et seu de quolibet opere ipsius exercitis, qui audeat nec presumat ire laboratum de ipso exercitio in domo alicujus persone sive mercatoris, sive alterius status et condictionis, nisi talis persona fuerit acceptata et descripta pro magistro in libris et matricula prefate universitatis, et solverit intratam in ipsa universitate, et sciverit bene facere de illo opere seu de illo laborerio, cujus causa ipsi magistri laboratores vel garzoni ibunt ad faciendum *ut supra.* Et similiter non sit aliquis magister, laborator, nec garzonus, qui audeat nec presumat ire habitatum nec habitet, causa laborandi et *ut supra,* in domo alicujus mercatoris sirici, ubi ipse mercator habitet; et quod ille qui contrafecerit presenti statuto cadat et ipso jure et facto cecidisse intelligatur in penam ducatorum quinquaginta auri et in auro, applicandarum pro medietate regie et ducali camere, et pro altera medietate medietas in predictam universitatem et altera medietas in accusatorem; et quod liceat predictis dominis abbati et consulibus ire in domum cujuslibet persone cum illa comitiva quam secum habere voluerint, et presertim de familia magnificorum dominorum capitanei justitie et seu pretoris Mediolani, causa inquirendi tales contrafacientes et etiam aliis statutis.

53. *Quod transactis octo diebus post consignationem*

drapporum, textores in aliquo non teneantur versus mer-catores.

Item, quod, transactis octo diebus postquam textores ipsius universitatis qui erunt descripti magistri *ut supra* consignaverint vel per eorum nuntios consignari fecerint drappos sirici cujusvis manieriei, qui sint per eos seu eorum nomine texti vel laborati, merchatoribus facientibus, texere seu laborare de ipsis drappis aut alicui de eorum familia aut in eorum appotecis et stationibus, presentibus ipsis merchatoribus seu eorum factoribus et servitoribus, quod *(sic)* ipsi magistri textores non teneantur ad aliquod restaurum nec dampnum, nec ad aliquid aliud quod eis texto-ribus per ipsos mercatores peti seu imputari posset, pro eo quod drappi ipsi reperirentur guasti seu laborati male, attento quod in spatio dictorum dierum octo ipsi mercatores possunt bene et diligenter videre et examinare si quis def-fectus fuerit in ipsis drappis. Quodque ipsi mercatores non possint nec debeant per aliquem jusdicentem audiri nec eis jus reddi ea de causa.

54. *Quod nullus audeat aliquod accordium facere cum aliqua persona de lucro suo manifacturarum nec mittere garzonum.*

Item, quod non sit aliquis magister textor nec filius ali-cujus magistri textoris ipsius universitatis, qui possit nec valeat nec presumat per se nec per submissas personas con-ventionare, participare, nec aliquod accordium facere cum aliquo apparegiatore nec mercatore a serico nec alia per-sona ad laborandum de ipsa arte texendi drappos siriccos et *ut supra,* pro participando cum eo aliquid de suo lucro suarum manifacturarum, directe nec per indirectum, nec ire nec mittere aliquem suum laboratorem nec puerum seu garzonum, ad laborandum in domo nec nomine alicujus apparegiatoris nec mercatoris nec super aliquo eorum tella-rio et pro participando cum eo et *ut supra.* Et hoc sub pena ducatorum quinquaginta auri et in auro applicandorum pro tertia parte regie et ducali camere, altera tertia parte uni-

versitati et reliqua tertia parte accusatori cuilibet contrafacienti, et pro qualibet vice qua contrafactum fuerit *ut supra.*

55. *De solutione fienda universitati per dividentes.*

Item, quod quilibet pater qui erit magister textor seu
operarius ipsius exercitii, qui semel solverit pecunias debitas ipsi universitati juxta formam presentium statutorum,
faciat immunes seu exemptos omnes filios et ab eis descendentes, ita quod pro introytu in ipsa universitate nichil solvere teneantur vivendo in simul, etsi inter se dividente
quilibet ipsorum solvere teneatur medietatem.

56. *Quod nemo magister audeat laborare pro minori
pretio infrascriptorum.*

Item, quod non sit aliquis magister ipsius universitatis qui
audeat nec presumat laborare drappos auri, argenti et serici
minori pretio pretiorum infrascriptorum pro quolibet brachio, videlicet : brochatorum damaschorum, soldorum triginta imperialium; velutorum figuratorum, soldorum viginti
sex imperialium; velutorum planorum, soldorum viginti
quatuor imperialium; damaschorum, soldorum tredecim
imperialium; rasorum, soldorum decem imperialium; sindonis, tabillis et terzanelli ormexini, soldorum sex imperialium; tellarum auri et argenti et brochatellorum, soldorum[1]... imperialium. Et hoc sub pena privationis dicti
magisterii et amittendi tellaria, et etiam sub pena ducatorum vigintiquinque auri et in auro, applicandorum pro
medietate regie et ducali camere, et pro altera medietate
una pars sit accusatoris et altera pars universitatis seu
scolle pro quolibet et qualibet vice qua contrafactum fuerit
ut supra.

57. *Quod nullus possit ire laboratum de ipso exercitio
extra civitatem Mediolani.*

Item, quod non sit aliqua persona de ipsa universitate

____
1. En blanc dans le texte.

que possit nec valeat ire ad laborandum nec laborari faciendum de dicta arte, nec etiam sit aliqua persona, cujuscumque gradus et condictionis existat, que audeat nec presumat
sublevare aliquem magistrum, laboratorem nec garzonum
de ipsa universitate pro conducendo eos ad laborandum in
aliqua civitate nec loco extra civitatem et ejus corpora
sanctorum Mediolani ; et hoc sub pena ducatorum quinquaginta auri et in auro applicandorum modo et forma premissis debite referendo.

58. *Quod sint immunes ab omnibus oneribus.*

Item, quod ipsi magistri textores, tam de presenti existentes quam qui advenerint ad habitandum et laborandum
ad ipsam urbem Mediolani cum familiis suis, intelligantur
esse et sint immunes et exempti ac liberi perpetuo a quibuscumque taleis, taxis, prestitis, contributionibus, subsidiis
et oneribus quibuslibet, realibus et personalibus atque mix-
tis, tam ordinariis quam extraordinariis, hactenus impositis
et de cetero quomodolibet imponendis, ut exercitio commodius et, talibus impedimentis et molestiis quibusvis que
offici solent amotis, liberius intendere et artem ipsam etiam
augere possint.

59. *Quod magistri possint vitam suis laboratoribus dare.*

Item, quod magistri textores ipsius artis possint et
valeant tute, libere et impune in eorum domibus hospitari
seu receptare quoscumque laboratores, qui ad civitatem
Mediolani venerint laborandi causa et laborent in ipsa arte,
et etiam quascumque alias personas se exercentes in dicto
exercitio, et eisdem dare vitam et vendere panem, vinum et
carnes ad minutum, prout et quemadmodum huic retro usi
fuerunt, absque aliqua contradictione seu oppositione et
imputatione officialium et datiariorum nec cujusvis alterius persone.

60. *Quod non intelligantur esse in paratico.*

Item, quod ipsi magistri et textores non intelligantur

esse nec sint de aliquo paratico nec in aliorum paraticorum Mediolani numero cogi valeant, nec debeant ire ad oblationes cum paliis, nec aliter nec ad illa in quibus tenentur paratici hujus urbis.

61. *Quod possint refformare eorum statuta.*

Item, quod prefati domini abbas et consules, una cum sindicis suprascriptis, habeant omnimodam potestatem et bayliam, interveniente tamen consensu regie Majestatis seu ejus senatus Mediolani, refformandi, addendi, corrigendi, mutandi et diminuendi eorum ordines et statuta, prout sibi melius et conveniens ac honestum videbitur.

62. *Ad quam altitudinem debeant esse drappi sirici, auri et argenti.*

Item, quod non sit aliquis magister textor qui audeat nec presumat ponere aliquod pecten in opere pro conficiendis et texendis drappis auri argenti et sirici *ut supra* que sint minoris altitudinis seu latitudinis infrascriptarum, videlicet : pecten vellutorum raxorum, brochatorum, rizorum, brochatellorum et ormexinorum, onziarum tredecim de netto intra cemoxias seu cordonos; pecten dalmaschorum, brochatorum, tellarum auri et argenti, onziarum quatuordecim et tertiarum duarum unius onzie, de netto et intra cemosias *ut supra;* tabilis, quartarum trium cum dimidia de netto, et intra cemosias, et *ut supra;* sindonis, quartarum septem de netto et intra cemosias *ut supra;* intelligendo tamen suprascriptas mensurationes pectinum ad brachium fustanei tantum. Et qui contrafecerit cadat in penam librarum sedecim imperialium applicandarum pro tertia parte regie et ducali camere; altera tertia parte, prefate universitati, et reliqua tertia parte accusatori, pro quolibet pectine quod erit in opere, et tociens quociens contrafactum fuerit; quodque prefati domini abbas et consules possint ire seu mittere quoslibet eorum offitiales seu nuntios in domo cujuslibet magistri *ut supra* de quo suspitionem habuerint predictis contravenisse. Et ubi aliquo modo per aliquem magistrum et *ut supra*, seu per quemli-

bet alium in ejus magistri domo seu apotecha contradice-
retur prefatis dominis abbati et consulibus vel eorum officialibus *ut supra* euntibus ad inquirendum predicta, quod, eo
in casu, ipse magister *ut supra* cadat et ipso jure et facto
cecidisse intelligatur in suprascriptam penam, tociens quociens predictis contraventum fuerit, et hoc tam de illis drappis et operibus seu laboribus *ut supra* que ipsi magistri et
ut supra laborabunt et texent seu laborari et texere facient
mercatoribus sirici; quam etiam de illis drappis et *ut supra*
quos ipsi magistri textores seu eorum filii texent et conficient seu texere et confici faciant, ex suo proprio et eorum
magistrorum propriis sumptibus et expensis, tam in eorum
domo habitationis quam etiam extra eorum domum habitationis; quodque etiam ipsi magistri et *ut supra* possint et
valeant tales drappos et labores confectos de suo proprio *ut
supra* et ad altitudinem suprascriptam, debite refferendo,
vendere cuilibet emere volenti ac mittere in quibuslibet locis
et partibus pro eo vendendo seu etiam fieri faciendo compa-
rationes seu parangona ipsorum; et hec omnia absque aliquibus prohibitionibus et exceptionibus, nec etiam aliis in
contrarium facientibus; quibus omnibus et singulis expresse
et ex certa scientia derogatum sit et esse intelligatur.

63. .....
Item, statuerunt et ordinaverunt et statuunt et ordinant
quod suprascripta statuta que sunt numero sexaginta tria,
presenti computato, quorum primum incipit : *Imprimis statuerunt et ordinaverunt et statuunt et ordinant quod quilibet qui in civitate et suburbiis seu burgis Mediolani*, etc.,
et etiam ultimum incipit : *Item quod non sit aliquis Magister textor*, etc., a modo in antea dumtaxat observentur pro
legibus et statutis dicte artis ab omnibus et singulis et quibuslibet personis, comuni, collegio, et universitate, quos et
quas dicta statuta comprehendunt et comprehendere habeant,
antiquis statutis existentibus in volumine antiquorum statutorum et litteris ducalibus seu etiam regalibus hactenus
impetratis et obtentis penitus rejectis et annullatis.

107.

**STATUTS DONNÉS A LA CORPORATION DES MARCHANDS
DE SOIES DE MILAN.**

(Milan, 23 juillet 1510.)

Ordines mercatorum siricis Mediolani.

1º PÉTITION AU ROI ET TEXTE DES STATUTS.

Serenissime Rex, Majestati vestre querelanter exponitur
pro parte nonullorum hujus alme civitatis vestre Mediolani
quod, licet inter mercatores artis sirice civitatis ipsius adsint privilegia seu statuta et ordines quæ per retroacta tempora servata fuerunt et per Majestatem Vestram confirmata,
nichilominus, a certo tempore citra, videtur quod in arte
ipsa facte sunt et quottidie fiunt multe et diverse fraudes
contra formam dictorum privilegiorum statutorum et ordinum, et in dampnum et prejuditium totius civitatis et etiam
forensium qui dietim emunt drapos sirice et veluti ac brochati auri, ac in dedecus mercatorum ipsorum, maxime quia
drapi ipsi texuntur ex prohibitis tràmis fiuntque cimesie·
sendalis ex bistorto loco sirice, et drapi ipsi fiunt bassi plus
debito fiuntque etiam drapi brochati auri tirati in quibus
ponitur aramen loco argènti copertum auro alieque fraudes
diversimode etiam in mensura hanc (*sic*) in arte ipsa comit-
tuntur in prejuditium *ut supra;* quibus nisi per Majestatem
vestram opportune provideatur, profecto non sine ejusdem
onere pertransire poterunt; quapropter, humiliter supplicatur pro parte supplicantium ipsorum, agentium etiam nomine utilitatis et commoditatis rei publice, quatenus Majestas vestra dignetur committere et mandare abbatibus mercatorum ipsorum auri, argenti et setarum, et sub aliqua pena
regie camere applicanda, ut provideant per omnia juris

remedia quod in primis serventur privilegia seu statuta ac ordines *de quibus supra* et in ceteris fraudibus predictis resistant, taliterque in premissis omnibus provideatur quod nemini justa querellandi occasio relinquatur, et hoc non obstantibus aliquibus inhibitionibus hujusmodi ex causa eis quomodolibet factis. Et sic et animarum saluti et honori mercatorum ipsorum et utilitati reipublicæ et forensium consuletur, prout firmiter Majestatem vestram facturam confidunt; cui humiliter se commendant.

Per la qual cosa li egregii homini Domini Baldesar de Seregnio e Thomasio Rotolo, abbati de dicti mercadanti et arte de oro, argento e seta de Milano, voliando loro exequire, quanto sia possibile, quello che la prefata Maestà regia gli a scripto, et ad executione de quelle e per ogni altro modo e via quale pono, per tenore de la presente, fano fare publica crida e bando che da mo inanze ogniuno che exercisse et exercirà, e che fa e fara fare la dicta mercantia e arte de oro, argento et seta, observa e sia tenuto ad observare li dicti statuti et ordini confirmati e concessi per la dicta sua sacra Maestà como jaceno *ad litteram,* sotto quelle pene e bandi de li quali dicti statuti et ordini fano mentione, quale pene sarano de caduno contrafaciente irremissibilmente exacte.

E ancora, per provedere a le fraude e a le altre cose de le quale se fa mentione in esse lettere et supplicatione et ad exequtione de quelle *ut supra,* se stabilisse e ordena che, passato uno mese proximo a venire, non se possano directo ne per indirecto più mettere in telaro telle alcune di quelle conditione se siano, quale non siano a la debita alteza *ut supra,* e che tutti quelli drapi d'oro o argento o seta che sarano in tellaro, quale non sarano a la debita alteza secundo la forma de dicti statuti, da qui a calende de zenaro proximo a venire, per ogni modo siano forniti; e passato dicto termino, sel se trovarà alcuno tessitore havere de tali drapi, de qual sorte voglia se sia, in tellaro che non siano de tale alteza, serano puniti irremissibilmente ne le pene de le quale se fa mentione in dicti statuti.

Item, se ordina, stabilisse et statuisse che li ormesini et saye de seta se fazano e siano al alteza de dicti drapi de raso e veluti e tramati de bona seta ben cocta e purgata, sotto pena de ducati cinquanta d'oro per peza, da essere applicati per una terza parte a la regia et ducal camera, una altra terza parte alla camera de essi mercadanti, et l'altra terza parte a li accusatori o vero inventori de le predicte cose.

Item, hanno ordine et *ut supra* che da mo inanze li sendali sive tafetalli se fazano con le cimosse de seta fina et non de reffo ne de altra materia, et a l'alteza di brazo uno e terze due d'uno brazo, sotto pena de ducati cinquanta d'oro per caduna peza da essere aplicata *ut supra*.

Item, se ordena et *ut supra* che li bindelli de seta da mo inanze non se fazano ne se possano fare se non de bona seta ben cocta et ben purgata e longhi de braza trenta sei per caduna peza sub pena *ut infra*, e che, da qui a calende de novembre proximo a venire, quelle peze de bindello che non sarano a la dicta mesura sive longheza siano compite de altro simile bindello, ita che se trovano tuti a la dicta mesura de braza trentasei per caduna peza e passato dicto termino chi contrafarà e sarà trovato haver contrafato cosi el mercadante como lo maystro sarà punito in ducato uno d'oro per caduna peza de essere applicato *ut supra*.

. *Item*, se ordena *ut supra* che da mo inanze persona alcuna, de quel grado et stato voglia se sia, non olsa ne presuma a tirare ne a far tirare argento biancho ne adorato che non sia a la bontate de dinari undeci et grani vinti, e che non si possa adorare ne argentare eramo ne recalcho ne altro metallo d'oro ne argento fino per tirare, excepto argento fino a la dicta bontate, in forma de argento biancho ne argento adorato tirato, sotto la pena de ducati cento d'oro per caduna volta et per caduno contrafaciente da essere applicata *ut supra* e essere privato del mestere.

Item, se ordena *ut supra* che in termino de octo giorni proxime a venire, caduna persona, di qual conditione voglia se sia, che si trovarà havere alcuno oro o vero argento tirato contrafacto, cossi misso in opera como altramente, l'abia consignato in le mane de li prefati domini abbati d'essi mercadanti, sotto pena de ducati cinquanta da essere applicati como di sopra per caduno contrafaciente, e caduna volta certificando caduna persona *ut supra* che passato dicto termino, se si trovarà alcuno havere contrafacto, sara punito et condempnato como di sopra.

Item, se statuisse et *ut supra* che persona alcuna et *ut supra* non possa ne valia, directo ne per indirecto, per se ne per interposita persona, tenire ne fare tenire oro ne argento tirato per suo cuncto ne specialitate, se prima non sia aprobata e descripta nel numero de dicti mercadanti, e questo sotto pena de ducati cinquanta d'oro e de perdere le robe predicte per caduna volta e caduno contrafaciente, da essere aplicata *ut supra*.

Item, se statuisse et *ut supra* che da mo inanze persona alcuna et *ut supra* olza ne presuma usare de la mesura de la Lana da Lione per vendere o alienare alcuna quantitate de drapo d'oro o argento o seta, nec etiam bindello se dicta lana non sarà bolata del bollo del comune de Milano sotto pena de ducati venticinque per ogni volta e per caduno contrafaciente da essere applicata *ut supra*.

Item, se ordena *ut supra* che non sia alcuno tentore da mo in anze che olza ne presuma atengere ne fare tengere, per se ne per interposita persona, directo ne per indirecto, alcuna quantità de seta de qual colore voglia se sia che non sia ben cocta et purgata a la debita rasone, ne fare ne far fare *ut supra* artificio alcuna de altra sorte per far cresere ne alterare dicte sete, sotto la pena de ducati cinquanta d'oro per caduno contrafaciente e caduna volta da essere applicata *ut supra* et privati del mestero; e che li factori, famegli, lavoratori e garzoni de essi tentori siano tenuti et obligati ac possano accusare dicti tentori contrafacienti a li presenti ordini e serano tenuti secreti, et haverano la sua terza parte de la pena predicta.

Item, se statuisse et *ut supra* che dicti tesitori et li filatori de seta che sono et serano ne l'avenire non possano ne valiano per sè ne per interposita persona, directo ne per indirecto, vendere, cambiare, obligare ne alienare ne tenire alcuna quantità de seta, di qual maynera, voglia se sia, al cuncto suo ne a posta sua, sotto pena de ducati cinquanta d'oro d'essere applicati *ut supra*, et la amissione de dicte sete da essere aplicate *ut supra;* e che dicti factori, lavoratori, garzoni et *ut supra* li debiano e possano accusare si contrafarano al presente ordine, e serano tenuti secreti, e li sarà data la sua terza parte de la pena.

Item, se statuisse et *ut supra* che dicti filatori, per se ne per interposita persona, directo ne per indirecto, non possano fare ne fare fare alcuno artificio di qualuncha maynera se sia perfare cresere ne alterare le sete fora di sua natura a casa sua ne in altro loco sotto pena per caduna volta et caduno contrafaciente de ducati cinquanta d'oro da essere applicati ut supra et esser privati del mestere.

Signato : Baldesar de Seregnio, abas. Johannes Thomas Rottolus, abas.

Publicatum super platea arenghi et in brolleto communis Mediolani et ad Pischariam, et ad pontem contrate sancti Raphaelis Mediolani per Andream Pisonum, tubetam regium, die sabati xvii augusti 1510, sono tubarum premisso.

2º Lettres ducaux pour la concession des statuts.

Ludovicus, etc. Dilectis nostris Abbatibus Mercatorum auri argenti et artis sirice Mediolani salutem. Accepta supplicatione presentibus involuta quam ad vos transmittimus, cum in ea narrata condignam provisionem exposcere judicaverimus pro subditorum nostrorum et aliorum bono et utilitate ac hujus inclite civitatis nostre Mediolani ornamento et honore, volumus et ita vobis committimus quod ordines et statuta, de quibus ipsa supplicatio mentionem facit, tendentia ad utilitatem et commodum reipublice et per nos concessa inconcusse per opportuna juris remedia et per penas et mulctas camere nostre applicandas observari et exequtioni mandari faciatis prout jacent, et in ceteris fraudibus ac aliis in eadem supplicatione narratis pro virili vestra resistatis et provisionem convenientem adhibeatis, ita quod omnia sincere et bono ordine peragantur et nemini justa conquerendi occasio relinquatur. Et hæc omnia non obstantibus quibuscumque inhibitionibus in contrarium quovismodo et quomodolibet factis quas quatenus predictis adversentur et contrarie sint in totum tollimus.

Datum Mediolani die xxiij julii 1510 et regni nostri xiij^{mo}. Per Regem Mediolani Ducem, ex rellatione Consilii: Fr. Caynarcha, Jacobus Philippus.

3º PROCLAMATION DE CES STATUTS.

Non obstante che el serenissimo et christianissimo Re de Franza e duca nostro de Milano (quale Dio omnipotente defenda in longo e felice stato) nel anno corso 1504, et dapoi in qua, habia concesso et confirmato certi ordini et statuti ad supplicatione de domini li Abbati e mercadanti de oro, argento e sete de Milano, cosi circha la loro jurisdictione como etiam l'alteza, bontate de li argenti et oro, drapi foresterii et qualitate sue, quantuncha de le altre cose pertinente a dicta mercantia et arte, como più largamente se lege in dicti ordini, publicati ad le scale del pallatio del comune de Milano et a li carubii e ne li altri lochi consueti per li trombeti del comune de Milano, et etiam de la prefata Regia Majestate de dicto anno 1504 mesi et giorni se contene in quelli; et havendo la sua sacra regia Majestate havuto querella e supplicatione da certi de la inclita sua città de Milano de la inobservatione de qualchi statuti et ordini de quelli, in grande dampno de la republica et etiam de foresterii et vergonia non poca de la presente città de Milano, è parso a la sacra Majestate, quale tene bon cuncto de quelle cose che sono ad utilitate e benefitio ac honore de dicta republica e de dicta sua cara citate de Milano, noviter scrivere a li dilecti soy abbati de dicti mercadanti, e cometergli che li ordini e statuti de liquali ne fa mentione dicta supplicatione, che tendano ad utilitate e comodo de dicta republica e per sua Majestate concessi e confirmati, inconcusse, per opportuni remedii de rasone, e per pene e mulcte a la camera sua da essere applicate, fazano observare et mandare ad executione como jaceno, e ne le altre fraude e altre cose de le quale la dicta supplicatione narra con ogni suà posanza, resisteno e conveniente provisione adhibischano, ita che ogni cosa cum sincero e bono ordine siano facte e a nessuno sia lassata justa causa de lamentarse, e queste tute cose non obstante caduna inhibitione in contrario per caduno modo facte, le quale, in quanto siano contrarie a le predicte cose, in tuto sua Majestate le tolle et annulla.

Date a Milano, a 23 de Luyo proxime passato de l'anno presente 1510, subsignate : Jacobus Filippus et Julianus Caynarcha, et sigilate del solito sigillo regale e ducale.

4° AUTRE PROCLAMATION DES SYNDICS.

Pro mercatoris sirici, auri et argenti.

Benche de mandato de li egregii homini Baldesar de Seregnio, et Johanne Thomaso Rotulo, abbati de li mercadanti da oro, argento et seta de Milàno, in quela parte commissarii per regie et ducale lettere fin al di de xvii de agosto proximo passato, fusseno publicati certi ordini e provixione facte per il bene de la republica, *presertim* circha l'alteza de li drapi d'oro, argento o seta che erano in telaro, quali non erano a la debita altezza secundo la forma de li statuti d'essi mercadanti da l'ora a calende dizenaro proximo a venire per ogni modo fusseno forniti; et passato dicto termino, sel se trovarà alcuno havere de tali drapi de quale sorte voglia se fusse in telaro che non fusseno de tale alteza, sarebeno puniti irremissibilmente ne le pene de le quale se fa mentione ne li dicti statuti, e secundo meglio se contiene in epsi ordini et cride;

Nondimeno è venuto a notizia a li egregi homini Domini Johanno Thomaso da Castelleto et Leonardo da Osio, de presente abbati d'essi mercadanti, che sono alcuni quali hano anchora in telaro et in casa de tali drapi non alti a la dicta sua misura e non li hano tali drapi forniti in tempo debito

ne notificati, e deliberando dicti Domini Abbati, in questa
parte commissarii regii et ducali, provedere a tal morbo et
insolentia, per bene de la republica, et inherendo a le predicte cride facte *ut supra.*

De hovo fano fare crida publica et commandamento a
caduna persona, de qual stato e grado se sia, che habia in
telaro alcuna tela de oro, argento o seta, che non sia a la
debita alteza *ut supra,* fra giorni octo proximi a venire, le
debia havere con effecto dato in nota a lo offitio de li prefati
Domini Abbati, et il nome et cognome de chi sono tale tele
et drapi, a cio se li possa fare debita provixione. E questo
sotto pena de ducati cinquanta d'oro da essere applicati a la
regia et ducal camera per la mitate, e per l'altra mitate a la
camera de li prefati mercadanti, per caduno contrafaciente
·et per caduna tela di tal sorte, e de perdere tale tele. *Signata :*
Leonardus Oxius, abbas. Johannes Thomas de Castelleto,
abbas.

Publicata super platea Arenghi et in Broletto novo comunis Mediolani et ad pischariam, per Stephanum Oldanum,
tubetam regium, die sabati quarto mensis januarii, sono
tubarum præmisso.

16 bis.

(25 août 1500).

*Inquisitio contra eos qui post Ludovicum Sfortiam
captivatum denuoque debellatum latitabant seu fugam
arripuerant. Millesimo quingentesimo die 25 Augusti.*

Hæc est quaedam inquisitio et titulus inquisitionis quæ fit
et fieri ac formari vult et intenditur per magnificos regios
et ducales consiliarios ac deputatos, instante spectabili juris
utriusque doctore domino Johanne Birago, regio et ducali
procuratore fiscali in dominio Mediolani, contra et adversus

Comitem Jo. Antonium de la Somalia,
Jo. Galeaz Vicecomitem,

Magistrum Aloysium Marlianum,
Alexandrum Marlianum stradiotum,
Jacobinum Cribellum,
Aluisium et fratrem de Landriano,
Badinum de Papia,
Antonium Mariam Cribellum,
Marcum Antonium de Cropello alias de Lavello,
Johannem de Mirabiliis,
Gasparem Vicecomitem,
D. Hieronynum de Carcano,
Comitem Bartholomeum Cribellum,
Ambrosium de Mayno,
Alexandrum de Cremona [1],
Aluisium de Latuada,
Loduisium Cribellum [2],
Comitem Antonium Cribellum,
Ludovicum Vicecomitem,
Alexandrum Borromeum,
Jo. Hieronymum Vicecomitem [3],
Petrum Martyrem Stampam,
Oldradum Lampugnanum,
Comitem Guidonem Taurellum,
Johannem de Landriano,
Bon Galeaz de Castronovate,
Jo. Angelum de Baldo,
Federicum de Baldo,
Ludovicum de Baldo,
D. Michaelem Marlianum,
Octavianum de Figino,
Nicolaum Arcimboldum,
Comitem Ludovicum Bergamum,
Siggeum Gallaranum,
D. Hieronimum de Castiliono,
Federicum Gallaranum,

1, Ce nom est effacé.
2. *En marge*, Remissio in [Panig.] N, f° 40.
3. Ce nom est effacé.

Bernardinum Thebaldum,
D. Lazarum Inviciatum,
Dominicum Petrobonum,
Eneam Cribellum,
Luchinum Cribellum [1],
Balthasarem Magiolanum.

In eo et super eo quod ad aures et notitiam prefatorum dominorum deputatorum, fama publica precedente et clamosa insinuatione subsequente, non quidem a malivolis neque suspectis personis, sed potius ab honestis, veridicis et fide dignis, et maxime ex mero et puro officio et diligenti investigatione predictorum deputatorum, et ex arbitrio, potestate et baylia predictis deputatis, concessis et attributis per Christianissimum et Serenissimum Regem ducem nostrum, etc., et etiam ex indiciis habitis et receptis, pervenit, et per modum notorii, quod, cum prefata Regia Majestas quiete et pacifice teneret et possideret dominium et statum Mediolani Majestati sue hereditario et legitimo jure spectans et pertinens, et in dominio ac statu ipso locumtenentem, senatum et alios magistratuum ordines posuisset et teneret, et juramentum fidelitatis et homagium ab civibus et incolis civitatum, terrarum et locorum ipsius dominii recepisset; debellato jam et profligato Ludovico Sfortia, qui antea predictum dominium et statum per aliqua tempore indebite occupaverat, et ipso Ludovico divino auxilio et viribus predicte Majestatis fugam arripere coacto ad partes Alamanas; et existente notorio et manifesto ac publico quod prefatus dominus Ludovicus erat inimicus et hostis notorius et publicus predictæ Majestatis Regiæ; ecce quod suprascripti superius inquisiti inimici, hostes ac rebelles predictæ Regiæ Majestatis, malo modo, scientes, dolose, tractate et appensato, animo et intentione infrascripta maleficia et delicta contra predictam Majestatem Regiam committendi et perpetrandi, de mense januarii proxime preterito, de facto et

1. En marge : Remissio et gratia di D. Enea in libro N. 7, fol. 51.

omni timore divino et juris postposito, machinarunt et tractarunt et consilium inierunt de privanda Regia Majestate dicto dominio et statu Mediolani, et de expellendo locumtenentem Majestatis suæ et alias gentes quæ nomine ejusdem in dominio ipso erant, et de introducendo et retrudendo suprascriptum Ludovicum Sfortiam, hostem et inimicum predictæ Regiæ Majestatis jam expulsum *ut supra* ad capiendum et occupandum predictum dominium et statum Mediolani; et quo facilius possent predicta executioni demandare addunarunt et congregarunt multas et multas gentes armatas in domibus eorum habitationum et alibi in civitate Mediolani et extra; et facta ipsa congregatione et exeuntibus jam personis ipsis armatis in magno numero, seduxerunt et instigarunt, circa finem predicti mensis januarii et principium februarii proxime preteriti, populum ac gentes populares et alios civitatis Mediolani et ducatus ad suscipiendum arma, quæ susceperunt; inducendo et induxerunt maximum tumultum et maximam perturbationem in ipsa civitate Mediolani, itaque præ timore cives et habitantes in ipsa civitate non audebant secure per stratas accedere, exercitia et mercimonia cessaverunt, et porte et apotece clause tenebantur; et non contenti de predictis, sed mala malis addendo, existente ipsa civitate Mediolani in dicto tumultu et congregatione armorum et in dicto tempore *de quo supra*, ausi fuerunt clamare et seu clamari facere, *tempore de quo supra,* palam et publice et per stratas patentes, nomina hostilia et inimica predicte Majestati, videlicet : « *Moro ! Moro ! Duca ! Duca !* », expresse demonstrantes et palam fatientes se. facere ea quæ faciebant ad finem retrudendi et introducendi predictum Ludovicum Sforzam, hostem et inimicum predictæ Majestatis, in dictum dominium et statum Mediolani; et dum predicta fierent, auditi fuerunt etiam dicti superius inquisiti et rebelles, animo et intentione *quibus supra*, dicto tempore *de quo supra*, mittere nuncios et ambassiatas et litteras ad instigandum et solicitandum predictum Ludovicum Sfortiam hostem et inimicum *ut supra*, in partibus Alamaniæ existentem, ut

veniret sine dilacione ad invadendum predictum dominium
et statum Mediolani; sibi pollicendo et pollicebantur dare
auxilium, consilium, opem et favorem ad occupandum dominium ipsum et expellendum locumtenentes et alios qui
pro predicta Regia Majestate in dominio ipso erant; et
eodem etiam tempore, occasione predictorum quæ animo et
intentione quibus sic faciebant et committebant, coegerunt
et intulerunt predictum locumtenentem regium et alias gentes regias *de quibus supra*, metu et timore ipsorum superius inquisitorum derelinquere ipsam civitatem Mediolani
et ab ea recedere; providendo etiam et providerunt quod
strate publice claudarentur (*sic*) et obturarentur, et seu im-
pedirentur, ne gentes regiæ possent per civitatem ipsam
ire et redire; et aliquas etiam personas ex gentibus regiis,
tam armigeris quam aliter, hostiliter capiendo et capi faciendo et acceperunt ac capi fecerunt : itaque demonstra-
runt expressam et manifestam rebellionem et defectionem a
predicta Regia Majestate, et sese inimicos et hostes ac rebelles et auctores rebellionis exhibuerunt in omnibus et per
omnia predicte Majestati Regie; et hæc omnia ante diem
secundam februarii proxime preteriti.

Item, in eo et super eo quod, dum predicta civitas Mediolani et ducatus jam esset in maximo tumultu armorum *ut
supra*, et propter instigationem predictorum superius inquisitorum, suprascriptus Ludovicus Sfortia, hostis et inimicus
Regie Majestati *ut supra*, misisset ex partibus Alamaniae
cardinalem Ascanium Sfortiam, ejus fratrem, sine aliquo
numero gentium armatarum, aut saltem tali, quod posset
justum metum neque ullam vim incutere nec inferre; ecce
quod predicti superius inquisiti rebelles *ut supra*, non contenti de predictis, sed mala malis addendo, animo et intentione *quibus supra* circa principium mensis februarii
proxime preteriti, iverunt obvii predicto cardinali Ascanio
venienti nomine et ad utilitatem predicti Ludovici Sfortie,
hostis et inimici *ut supra*, et cum gentibus armatis ipsorum
suprascriptorum inquisitorum stipparunt et associarunt; et
in ipsam civitatem Mediolani, cum magno applausu et leti-

tia introduxerunt et associaverunt; induxerunt quoque et instigarunt alios cives et habitantes Mediolani ad sociandum et introducendum *ut supra* predictum cardinalem Ascanium; clamando et clamarunt, et clamari faciendo et fecerunt nomina infesta et inimica Regie Majestati *ut supra* in maximum damnum et vilipendium predicte Regie Majestatis; tantas gentes congregarunt et in armis posuerunt quod audebant et ausi fuerunt insequi, capere et occidere non solum particulares personas ex gente regia, sed etiam exercitum Regie Majestatis; itaque coegerunt metu et per vim ipsum exercitum a dicta civitate Mediolani recedere, et recessit propter vim et metum dictarum gentium armatarum, per suprascriptos superius inquisitos *ut supra* rebelles unitarum et congregatarum; et infra paucos dies in dicto mense februarii, veniente etiam predicto Ludovico Sfortia, hoste et inimico *ut supra*, ab eis inquisitis *ut supra* solicitato et instigato, ad dictam civitatem Mediolani, ei obviam accesserunt, et cum ultro et sponte in dominum et ducem suum receperunt; ac ei auxilium, opem, consilium et favorem prestiterunt et prestari fecerunt, et curaverunt in multis et diversis modis ut possent se tueri et perseverare in occupatione predicti statûs et dominii Mediolani et in privatione de eodem statu et dominio predicte Regie Majestatis, et ita perseverarunt usque quo divino favente auxilio et viribus exercitûs regii predicti Ludovici Sfortiæ exercitus debellatus exstitit, et ipse Ludovicus Sfortia in captivitatem regiam devenit, videlicet de mense aprilis proxime preterito; et tunc suprascripti superius inquisiti, animo et intentione *quibus supra* et mala malis addendo, conscii scelerum et facinorum suorum, ausi fuerunt fugam facere et fecere a predicto Mediolani dominio, tanquam hostes, inimici et rebelles predicte Regie Majestatis; et licet fuerint per publicum proclama, nomine Majestatis sue factum, vocati ad comparendum coram senatu Mediolani, sub penis in edicto ipso comprehensis publicato die decima octava aprilis proxime preteriti, tamen pravum et malignum eorum animum demonstrantes, suprascripti superius inquisiti com-

parere contumaciter recusarunt, quin imo absentes stete-
runt; aliquid semper mali contra predictam Regiam Majestatem et statum suum machinando et machinarunt, et iterum per aliud proclama evocati ad videndum procedi ad
executionem dictarum primarum cridarum et ad declarationem penarum in eis contentarum, prout latius in dictis
secundis cridis continetur publicatis die decima septima
junii proxime preteriti, etiam atque etiam, animo et intentione *quibus supra*, in eorum contumacia et pertinacia perseverarunt; non desistendo nec desistunt tractare, machi-
nari ac instigare aliquod malum contra predictam Regiam
Majestatem et dictum ejus statum et dominium Mediolani.
— Dominicus.

Super quibus omnibus, *etc.*, postea vero suprascriptis anno
et die sabbati quinto mensis, suprascripti, *etc.*, deputati
commiserunt et imposuerunt Filippo de Bussero officiali
quatenus vadat ad dictas scallas pallatii et ad alia quæcumque loca necessaria ad citandum dictos *ut supra* inquisitos
et ad eisdem statuendum terminum sex dierum proxime
futurorum ad legittime et publice coram predictis dominis
deputatis comparendum ad deliberandum et respondendum
ipsi inquisitioni et sese ab ea defendendum et excusandum
et quod ipse servitor dimittat et eam affigat ad ipsas scallas
pallatii. — Dominicus.

1500 die lune septimo mensis septembris in terziis rettulit
Filippus de Bussero, servitor et officialis, se citasse suprascriptos ad Arenghiam quæ est super lobia de oxiis et ad
scallas palatii Broletti Mediolani, et dimisisse et affixisse
copiam suprascripte inquisitionis sono tube et egisse et
fuisse in omnibus et per omnia prout supra continetur.

Item, die mercurii nono suprascripti mensis septembris in
terziis retullit suprascriptus Filippus servitor et officialis se
citasse suprascriptos in locis suprascriptis et dimisisse et
affixisse copiam *ut supra*, sono tube.

Item, die Jovis decimo suprascripti mensis septembris in
terziis, *etc., ut supra*.

TABLE DES MATIÈRES

Toulouse, Imp. DOULADOURE-PRIVAT, rue St-Rome, 39. — 6631